民国总理档案

宋国涛◎著

人民日报出版社

图书在版编目(CIP)数据

民国总理档案 / 宋国涛 著. —北京：人民日报出版社，2011.8
ISBN 978-7-5115-0540-8

Ⅰ.①民… Ⅱ.①宋… Ⅲ.①总理-列传-中国-民国
Ⅳ.①K827=6

中国版本图书馆 CIP 数据核字(2011)第 136771 号

书　　名：民国总理档案
作　　者：宋国涛

出 版 人：董　伟
责任编辑：朱　岩
封面设计：段　芳
版式设计：李艳春

出版发行：人民日报出版社
社　　址：北京金台西路 2 号
邮政编码：100733
发行热线：(010) 65369527 65369512 65369509 65369510
邮购热线：(010) 65369530
编辑热线：(010) 65369523
网　　址：www.peopledailypress.com
经　　销：新华书店
印　　刷：北京晨旭印刷厂

开　　本：1/16
字　　数：280 千字
印　　张：26.5
印　　次：2011 年 8 月第 1 版　　2011 年 8 月　第 1 次印刷

书　　号：ISBN 978-7-5115-0540-8
定　　价：46.00 元

前 言

在中国近代史上，从1912年到1928年是北洋军阀统治时期。在北洋政府更替的执政集团里，国务总理并不是一个“稀缺”职务，数不清的更迭与替换，最短命的内阁只有6天，真可谓你方唱罢我登场。

北洋政府时期是一段风起云涌的岁月，一大批军阀政客、官僚名流演绎了一段中国近代风云变幻的历史，这一时期的历届内阁总理更成为影响那段历史的主角。潮起潮落，跌宕起伏，各色人等上演着一出又一出喜剧、悲剧、丑剧、闹剧。

2011年是辛亥革命百年纪念。100年前，中国废除帝制，建立了共和，这是一个划时代的历史转折。今天，把民国政府总理的一些重要事件重新梳理，把历史人物的真实面貌予以揭示，看看这段历史，究竟告诉了我们什么。

当我们审视民国历届总理的人生轨迹，可以看出在那充满动荡的年代里，一个个鲜活生命在历史漩涡里的种种辉煌、尴尬、无奈和痛苦。适逢乱世，方凸显忠臣良将，那么，忠臣良将是否都有一个完美的结局呢？读完本书，会带给我们更多的回味与思考。

正所谓古今英雄论成败，千秋功过任评说。伴随着历史前进的脚步，历届的内阁总理，做出了各自不同的抉择，他们的最后岁月，荣辱各别，让我们思索，给我们启示。

民国总理档案

MINGUOZONGLIDANGAN

目录

第1任

唐绍仪：半生浮华半世闲

(1) 结袁成为“铁哥们” …………………… 4
(2) 东床快婿配娇女 …………………… 5
(3) 南北和谈遇尴尬 …………………… 7
(4) 首届内阁创历史 …………………… 9
(5) 不当总理当县长 …………………… 12
(6) 命丧“孤岛”上海滩 ……………… 14

第2任

陆征祥：梦断巴黎修道院

(1) 舞场结识洋美女 …………………… 20
(2) 初识外交途险恶 …………………… 22
(3) 背负卖国恶骂名 …………………… 23
(4) 梦断巴黎欲断肠 …………………… 25
(5) “拒签英雄”凯旋归 ……………… 28
(6) 远离尘世避纷扰 …………………… 31

第3任

赵秉钧：风雨乱世出英雄

(1) 传奇人生多际遇 …………………… 36
(2) 逼清退位得赏识 …………………… 37
(3) 成败皆缘当警察 …………………… 38
(4) 蒙受冤屈诉予谁 …………………… 40
(5) 何时揭开真谜底 …………………… 42

第4任

段祺瑞：为官廉洁守清贫

(1) “六不总理”远贪欲 ……………… 51
(2) 酷爱棋牌信佛教 …………………… 52
(3) 反袁称帝主共和 …………………… 54
(4) 民族气节爱国情 …………………… 56
(5) 临终嘱咐警后人 …………………… 59

第5任

熊希龄：慈善爱国终不悔

(1) 湘西凤凰赛神童 …………………… 67
(2) 维新志士险丢命 …………………… 68
(3) 婚姻情感有艳福 …………………… 71
(4) “名流内阁”遭短命 ……………… 73

(5) 钟情慈善成绝唱 …………………… 77
(6) 最后归宿善清静 …………………… 80

第6任
孙宝琦：稳重练达显老成

(1) 护驾慈禧交好运 …………………… 86
(2) 莱阳事件躲劫难 …………………… 86
(3) 滑稽搞笑闹“独立” …………………… 88
(4) 外交之途幼稚儿 …………………… 90
(5) 棘手之事难绕开 …………………… 91
(6) 老成持重最听话 …………………… 93

第7任
徐世昌：武夫时代文治梦

(1) 宦海沉浮不倒翁 …………………… 99
(2) 分合结盟称弟兄 …………………… 102
(3) 一朝觅得总统位 …………………… 106
(4) 偃武修文谋和平 …………………… 107
(5) 爱国忠贞重晚节 …………………… 110
(6) 诗书画作见真功 …………………… 112

第8任

伍廷芳：游走倘在儒侠间

(1) 纯正“海归”念故乡 …………… 119
(2) 剃发剪辫第一人 …………… 121
(3) 法律人士称“五叔” …………… 123
(4) “弱国外交”靠打拼 …………… 127
(5) 南北议和纵捭阖 …………… 128
(6) 铁杆追随孙中山 …………… 130

第9任

李经羲：政坛流星倏忽过

(1) 云贵总督阶下囚 …………… 136
(2) 结识朱德受益多 …………… 139
(3) 挺起民族脊梁骨 …………… 141
(4) 奏请立宪冲在前 …………… 144
(5) “政治会议”似怪物 …………… 146
(6) “短命总理”逢乱世 …………… 147

第10任

汪大燮：郁闷压抑不得志

(1) 涉足外交难作为 …………… 154
(2) “五四”运动泄密者 …………… 156
(3) 总理任期仅两天 …………… 158

(4) 慈善事业伴终生 …………………… 159

第11任

王士珍：为人正直轶闻多

(1) 阴差阳错入仕途 …………………… 164
(2) 血战朝鲜军纪明 …………………… 165
(3) 小站练兵露锋芒 …………………… 166
(4) 行事果敢得赏识 …………………… 167
(5) 治国治家均有方 …………………… 171
(6) 潮起潮落居要职 …………………… 172
(7) 退出政坛还故乡 …………………… 174

第12任

钱能训：是非功过难评说

(1) 攀附大树好乘凉 …………………… 180
(2) 历史责任难脱逃 …………………… 182
(3) 艰难组阁受掣肘 …………………… 183
(4) 南北议和伤脑筋 …………………… 185
(5) 造福百姓富家乡 …………………… 187

第13任

龚心湛：民国政坛匆过客

(1) 名门望族出合肥 …………………… 192
(2) 密谋诱捕孙中山 …………………… 193

(3) 精于商略擅财经 …………………… 195
(4) 缓冲百日代总理 …………………… 197
(5) 遁入佛门度晚年 …………………… 200

第14任

靳云鹏：官场沉浮难为主

(1) 自古雄才出贫寒 …………………… 206
(2) 高人指点涉政坛 …………………… 207
(3) 两度出山任总理 …………………… 211
(4) 政治麻将传笑谈 …………………… 213
(5) 落寞下台办实业 …………………… 216
(6) 笃信佛教度余生 …………………… 217

第15任

萨镇冰：御敌抗顽真栋梁

(1) 萨氏健儿驰海上 …………………… 223
(2) 甲午海战泪沾襟 …………………… 225
(3) 重建海军志犹存 …………………… 227
(4) 默许革命情意切 …………………… 230
(5) 眷恋乡土建功勋 …………………… 231
(6) 晚洒余热留青史 …………………… 233

第16任

颜惠庆：纵横捭阖多建树

(1) 近代外交出名宿 …………………… 239
(2) 寓居天津意澜珊 …………………… 241
(3) 既当总理擅经商 …………………… 243
(4) 敲门之旅向光明 …………………… 245
(5) 老骥伏枥志不移 …………………… 251

第17任

梁士诒：浮华之后见落寞

(1) 活学善用有真才 …………………… 257
(2) 劳工事件惹纷争 …………………… 259
(3) 逼清退位马前卒 …………………… 261
(4) 一朝选在君王侧 …………………… 263
(5) 拥袁复帝背恶名 …………………… 266
(6) 半生毁誉任凭说 …………………… 268

第18任

王宠惠：乱世奇才声显赫

(1) 学贯中西功底深 …………………… 275
(2) 蜚声国际法学家 …………………… 278
(3) 涉外交往争权益 …………………… 281
(4) 谦谦君子重品行 …………………… 285

第19任

王正廷：奥运先驱强国梦

(1) 奉化少年爱体育 …………………… 291
(2) 纵横政坛锋芒露 …………………… 292
(3) 维护尊严强外交 …………………… 295
(4) 现代体育创始者 …………………… 297
(5) “奥运之父”留英名 ……………… 298

第20任

张绍曾：宦海沉浮不由己

(1) 立志振武救国家 …………………… 306
(2) 喋血兵谏谋共和 …………………… 307
(3) 镇守边陲建功勋 …………………… 311
(4) 退而不休思国事 …………………… 312
(5) 黑夜赴宴遇刺亡 …………………… 313

第21任

顾维钧：民国第一外交家

(1) 远渡重洋苦求学 …………………… 321
(2) 亮剑巴黎震四方 …………………… 323
(3) 外交奇才受人敬 …………………… 325
(4) 几度婚姻留佳话 …………………… 328

第22任

黄　郛：谤誉参半受争议

(1) 趣味相投忙结拜 …………………… 337
(2) 蛰居天津图再起 …………………… 339
(3) 短命内阁未长久 …………………… 340
(4) 屈辱外交酿惨案 …………………… 341
(5) 投降媚外惹众怒 …………………… 345

第23任

许世英：三朝重臣铸英名

(1) 护驾有功得擢升 …………………… 353
(2) 官场腾达任驰骋 …………………… 354
(3) 司法专才权位重 …………………… 356
(4) 爱国忠贞守气节 …………………… 358
(5) 造福百姓受人尊 …………………… 360
(6) 为人处世重品行 …………………… 364

第24任

胡惟德：外交英才名声鹊

(1) 力挽狂澜赴国难 …………………… 371
(2) 清廷退位见证人 …………………… 374
(3) 出使欧洲重维权 …………………… 377
(4) 获塑铜像享殊荣 …………………… 378

(5) 两次会议做贡献 …………………… 379
(6) 政治生涯达顶峰 …………………… 381

第25任

杜锡珪：政坛强人驰海疆

(1) 早年结识萨镇冰 …………………… 387
(2) 追求革命举义旗 …………………… 388
(3) 保卫武汉立战功 …………………… 390
(4) 反袁护法志不移 …………………… 391
(5) 军阀混战互厮杀 …………………… 393
(6) 爬上政坛最高层 …………………… 396

第26任

潘　复：乱世官场善融通

(1) “江北才子”办实业 …………………… 402
(2) 善钻官道奔仕途 …………………… 403
(3) 攀附奉系求腾达 …………………… 404
(4) 寓居天津未清闲 …………………… 407

附：北洋政府历次内阁变化简表 …… 409

第1任

唐绍仪：半生浮华半世闲

他是留学美国的“海归”，深受西方政治思想熏陶，中华民国历史上两次南北和谈代表，民国政府首任内阁总理。启蒙袁世凯告别清廷帝制，曾与袁义结金兰，成为密友，终因不满袁世凯大权独揽而愤然辞职。他是孙中山民主革命的坚定支持者，“当了总理再当县长”，最终被家中“来客”刀劈斧砍“定点清除”。

小 档 案

姓名：唐绍仪，又名唐绍怡，字少川

籍贯：广东珠海

父亲：唐巨川，上海茶叶出口商

儿女：共育有4子8女

长子：唐榴，族名宗辰，复旦大学毕业，获文学士学位

四子：唐梁，由美国总统胡佛资助赴美国留学

六子：唐健，留学英国，学习建筑

长女：唐宝珠

五女：唐宝玥，夫婿顾维钧，留学美国

十二女：唐宝坤，留学美国获硕士学位

十三女：唐宝珊，留学英国学习护理学

简 历

1862年，1月2日出生。

1874年，被清政府选派赴美留学，考入哥伦比亚大学。

1881年，奉召回国，入天津水师附设的洋务学堂读书。

1885年，到天津税务衙门任职。

1889年，驻朝鲜龙山商务委员，驻朝鲜汉城领事。

1896年，10月任中国驻朝鲜总领事。

1898年，9月因奔父丧返国。

1901年，任天津海关道。

1904年，任清政府全权大臣赴印度与英国谈判西藏问题。

1906年，任全国铁路总公司督办、税务处会办大臣、邮传部左侍郎。

1907年，任奉天巡抚。

1910年，任邮传部尚书。

1911年，第一次南北议和，任北方总代表。

1912年，3月由袁世凯任命为国务总理。

1912年，6月辞去总理职务。

1917年，参加广州护法军政府，任财政总长。

1919年，第二次南北议和，任南方总代表。

1920年，退居家乡。

1928年，中山县训政实施委员会主席。

1931年，3月任中山县县长，广州国民政府常务委员。

1932年，任西南政务委员会常务委员兼中山县县长。

1938年，9月30日在上海寓所被暗杀。

（1）结袁成为“铁哥们”

唐绍仪初识袁世凯，是在清廷的藩属朝鲜。

1884年，奉命率兵平息朝鲜内乱的袁世凯，途中偶遇一位持枪守门的中国青年，意气凛然，气度不凡，袁世凯勒令士兵后退，与这位中国青年互道姓名，方才得知这位青年名唐绍仪，来自广东，美国哥伦比亚大学毕业后，由清廷派为税务帮办，两人则惺惺相惜，无话不谈，随之成了密友，这是唐绍仪与袁世凯的密交之始。

唐绍仪出生于广东省香山县唐家湾（今珠海市唐家村），自幼到上海读书。在濒海临边的中国沿海省份，不少人赴港澳求学或出洋谋生。此时，中国的大门已被西方的坚船利炮洞开，清朝统治阶层为之震撼，一些有识之士为挽救清朝统治危机掀起了一场“师夷长技以自强”洋务运动，开始了中国向西方学习的道路，在这场洋务运动中就包括派遣出国留学人员到西方学习先进的制造枪炮的技术。少年早成的唐绍仪深知，到西方国家留学是抬眼看世界的最佳途径。

唐绍仪自幼攻读经史，极有颖悟力。12岁读高级塾馆时，塾师发现他不同于一般学生，常常在学堂上夸赞这位学生。恰巧，清廷为培养“新学人才”，正到处寻觅可造之才，当时已送两批留洋学童出国。得知到清政府每年选派聪颖幼童赴美留学的消息后，唐绍仪多方努力，作为第三批派遣生赴美学习，从小学进入中学，后考入哥伦比亚大学学习文科。唐绍仪尚未完成学业，便被清政府以留学生“中学荒废，不堪管束”为由强令召回。血气方刚的唐绍仪，依依不舍地登上了返回中国的远洋巨轮。年轻气盛的唐绍仪，在中国留美学生中具有广泛影响，是最年轻的留美学生之一，他在美国留学时结识的老朋友、后来成为第31任美国总统的胡佛，在其回忆录中多次提到唐绍仪，称赞其“为人正直，有才干，对中国的未来怀有远大的抱负。”

几年的留美学习和生活，成为唐绍仪人生轨迹中的重要一段，对他今后的人生产生了巨大影响，为后来他的各种政治和外交活动成就的取得奠定了一定基础。

唐绍仪回国后，先入天津水师学堂补习，后来以九品县丞补用职衔，进入天津税务衙门当翻译，此后被派往朝鲜办理税务，在这里知遇了影响其前途与命运的袁世凯。

唐绍仪不仅向袁详细介绍了从出国留学到赴朝鲜任职的经过，还向袁推荐了《孟德斯鸠法意》、《欧洲新政史》、《万国国力比较》、《日本宪政略论》等政经书籍，阐述了他的“治国方略”，袁世凯虽然听得似懂非懂，但心中暗暗思忖，威武少年必将“担当重任”。

袁世凯出身草民，既未中科举，也没有出洋留学，对自幼赴海外留学、中外皆通的英才少年唐绍仪十分看重，遂奏报朝廷称唐绍仪“理当重用”。此时的袁世凯一言九鼎，清廷正式下达诏书任命唐为“驻朝鲜交涉通商书记官”，这个官衔属“五品顶戴”的中层要员。在此期间，唐已成为袁世凯在朝鲜纵横驰骋的“左膀右臂”，唐袁两人成为志趣相投的挚友。在朝鲜期间，唐绍仪与袁世凯建立了深厚友谊，事业上也飞黄腾达，1889年底被委任为驻龙山商务委员，即驻朝鲜汉城领事，在任上表现出干练的外交才能。直至1898年9月，唐绍仪因奔父丧返国，结束其出使朝鲜近10年的外交生涯。

可以说，仪仕途之路上，没有袁世凯，就没有唐绍仪。

(2) 东床快婿配娇女

唐绍仪因自己所具有的“海归”背景，在其长期的仕途生涯中，时刻关注，并着力促进近代中国留学教育的发展。1902年，唐绍仪出任津海关道兼北洋大学堂督办，主持北洋大学堂全面事务，资送34名学生出国留学，开创了北洋大学堂规模性留学教育的先河。1905年，唐绍仪推动中国公使馆介绍唐宝潮报考法国圣西尔军校，唐宝潮成为“中国留学生之入法国陆军学校之第一人”，也是近代中国陆军留学第一人。1908年，唐绍仪作为退还庚款事向美国致谢的专使出使美国，这次美国之行，成功促使清政府接受美国建议，解决了庚款用途问题，除掉了庚款留美成行前的最大障碍，还在留学生中遴选了他的乘龙快婿，日后也成为国务总理的顾维钧。

1908年12月2日是宣统皇帝登基之日，唐绍仪率领清廷秘密使节团前往美国，访美期间，唐绍仪邀请在美留学生代表访问华盛顿，与留学生代表共聚一堂。席间，唐绍仪谆谆告诫青年学子，要认清时局，顾全大局，完成学业，报效国家，他极具煽情的语言，引起了年轻留学生的强烈共鸣，此时的留学生代表、日后成为民国国务总理的顾维钧进入了唐的视线。此时的顾维钧，能言擅写，才华出众，在欢迎宴会上发表演说，言简意赅，极具鼓动性，受到唐绍仪的格外赏识。会后，唐绍仪出人意料地私下接见了顾维钧，并对他表示欣赏与鼓励。

欣赏之余，唐绍仪则另有盘算，即把自己心爱的女儿唐宝玥许配给顾维钧。

唐宝玥端庄大方、性情温柔，会英语，受过良好的西方教育，是唐绍仪的掌上明珠。唐绍仪有心将顾收为乘龙快婿，便千方百计提供方便，创造女儿唐宝玥与顾维钧接触的机会，以各种名义邀请顾维钧到家中做客，亲自安排两人都能同时参加的野餐聚会。两人朝朝暮暮，频频相约，很快就坠入爱河。顾家父母看到儿子攀上内阁总理的千金，深感求之不得。一对青年男妇女彼此相识后，男才女貌，互生好感。才子佳人的美妙结合，得到了双方家庭的认可。顾维钧铭感唐绍仪的知遇之恩，同时唐宝玥的端庄大方、温柔贤淑，给他留下了美好的印象。唐宝玥先为父亲对顾维钧的赞不绝口而生发钦慕，相处一段时日，深深为顾维钧的人品、风度的魅力而倾倒。

顾维钧是唐绍仪亲自选定的女婿，很少有什么意见与夫婿相佐，唯在其婚礼日期上，责令他们婚礼改期。原来，唐绍仪为了迎娶第三任夫人吴维翘，选定的日期与女儿的结婚日期为同一天，顾维钧只得将原来定好的日期推迟两天。父女俩先后在公共租界体育场公园（现虹口公园）举行婚礼，成为沪上报纸的炒作焦点。

天有不测风云，婚后的唐宝玥红颜薄命。1915 年顾维钧奉命出任驻美公使，迈出了他日后成为民国杰出外交家的第一步，此时的唐宝玥陪伴夫婿前往。顾维钧活跃于外交舞台，唐宝玥精心照料小家庭，还要经常出席各种交际活动，周旋于外交场所。在从华盛顿赶赴美国东部城市费城的路上身染重疾，抢救无效不幸身亡。顾维钧突遭沉重打击，陷于无比的悲哀之中。念及旧情，顾维钧不惜重金，将唐宝玥的遗体运回国内厚葬。直至离开大陆前，顾维钧还经常前往唐宝玥的墓前祭扫。

唐绍仪对这位女婿一直厚爱有加，就任内阁总理后，特意将顾维钧推荐给袁世凯任总统府秘书兼内阁秘书，顾维钧对此受宠若惊，发奋努力，成为著名外交家，并与岳父一样，成为民国的内阁总理。

（3）南北和谈遇尴尬

1911 年（农历辛亥年）10 月 10 日，武昌城楼的隆隆炮声，彻底震碎了中国几千年的帝国梦，敲响了清王朝封建统治的丧钟。

武昌起义成功后，革命军迫切需要成立一个统一的中央政府。此时清政府已经名存实亡，今后“和平与战争”的问题，不在于革命军与清廷之间，而在于革命军与挟北洋实力自重的袁世凯之间。一时间，“非袁世凯不能收拾残局的声音甚嚣尘上”，所以，决定中国前途与命运、影响中国局势走向的南北和谈，就是在革命军与袁世凯之间之间展开的。

时势造英雄。拥有超强谈判能力的唐绍仪，全权代表“皇族内阁总理”袁世凯，参加南北和谈，从幕后走向了前台。

12 月 9 日，唐绍仪乘坐专列离开北京，他以“清廷不足保全，而共和应当推动”为自己参加议和的指导思想。在南下途中发表宣言，称“对民主共和充满信心。”

12月18日，南北代表在上海英租界南京路市政厅举行和谈首次会议。代表北方的清廷首席代表，就是袁世凯的亲信唐绍仪。南方谈判首席代表是伍廷芳。按照当时的传统和惯例，会场摆放的是一条长长的会议桌，南北双方的代表分坐两列，伍、唐两人面向而坐，分列于各自阵营的首席。

会议开始，南方首席代表伍廷芳发言，提出两个先决条件：一是南北双方各自控制的势力范围一律停战，为谈判创造良好的氛围，如果边谈边打，或者打打停停，难以谈出好的结果；二是北方必须正式承认民主共国国体，因为这是革命的目的，如果没有这个共识和基础，双方就不必谈下去了。

唐绍仪指出，对于第一个条件，北方可以做到，并可令驻汉口部队自现有防区后撤100里，以显示北洋军的诚意；关于第二个条件，“国体”问题事关重大，自己不能做主，必须请示清廷的袁世凯内阁，但可以不急着做出决定，而是把这个问题交给一个“临时国会”去表决。唐的想法得到了袁世凯和隆裕太后的认可。

南方代表伍廷芳虽对唐的答复不太满意，但却认为可以成立“国民会议”就“国体”问题进行讨论，并提出了具体设想，即“国民会议”代表按每省三人分配名额，开会地点选在上海。

唐绍仪再次回应说，自己不能作主，将立即把此建议电告北京的袁世凯。

和谈进行中，孙中山于12月25日归国。袁世凯收到唐的电报后，正在凝眉沉思，寻求应对之策，却传来孙中山在南京就任临时大总统的消息。南京方面发出的通电称：“本日在宁开临时大总统选举会，到会者十七省。孙中山先生当选为临时大总统，特此通告。”南京临时政府也致电黎元洪“今日参议院选举副总统，经全数投票，举我公充任”。

袁世凯两眼盯着桌子上的电报，很生气地说：“既然已经选出了临时大总统，那我的位置在哪儿呢？还是不必谈了吧！”称唐与伍廷芳商定的“国民会议”代表权分配方案未经袁本人同意，应视为无效，南方革命军共占领14个省，而北方只占领8个省，名额悬殊太大，北方处于明显的劣势地位。同时，袁世凯指责唐绍仪擅自同意南方提出的条件。唐绍仪看到自己作为一个傀儡代表毫无用武之处，只好黯然引咎辞职，袁世凯迅即批准了唐的辞职请求。唐绍仪在南北和谈中，热闹开局，匆匆收场，其背后的真正原因是，袁世凯逼看到孙中山就任临时大总统后，自身感到恐慌与焦躁不安。

(4) 首届内阁创历史

从袁世凯被临时参议院选为临时总统的那一天起，袁就不再称“新举临时大总统”而称“本大总统”，其独揽大权之急迫心情可见一斑。根据《临时约法》确定的责任内阁制，袁对首届内阁阁揆要员早已胸有成竹，他心中的人选是他的老朋友和外交方面的重要帮手唐绍仪。唐绍仪在被派为南北和议时的北方首席代表时，袁就已安排了他未来角色的伏笔，因为唐绍仪和南方革命党人相处甚洽，又深通洋务，和英美关系都搞得不错，所以在袁世凯的班底中，唐绍仪是个能够被中外接受的理想人选。

3 月 13 日袁世凯正式向南京参议院提名唐绍仪为内阁总理，南京参议院予以同意。3 月 25 日唐绍仪亲来南京，29 日列席参议院发表政见，并将新阁名单提请表决。

出任总理之初，唐绍仪抱有极大的政治抱负，他挑选蔡元培、宋教仁、陈其美等同盟会骨干成员入阁，使担任教育、农林、工商总长，使同盟会会员在政府中占据多数，又被称为“同盟会内阁”。尽管如此，对于关键性的几个岗位，如外交、内务、财政、军事、交通等重要部门，都被袁世凯所控制，同盟会得到的教育、司法、农林、工商等，基本上属于冷衙门职位。组阁之后，唐绍仪在蔡元培、黄兴的推荐下，宣誓加入了同盟会。由此，引发了清朝遗老遗少的不满，也大大出乎袁世凯的意料。袁世凯虽然力嘱唐绍仪“尽量与革命党方面搞好关系”，但没想到唐会转的这么快。

唐绍仪勤于公务，注重办事效率，唐精神振作，每天 5 点起床，逢星期一，三、五召开国务会议，二、四、六谒见袁世凯，注意办事效率，呈现一派新气象。作为受过西方教育的首任内阁总理，唐的行事作风与清廷官员明显不同，处事也十分倾向同盟会，袁越来越感到唐总理的陌生与不可思议。

唐绍仪虽然是袁世凯的老朋友，但在首届内阁中却处处受到北洋系军人的排挤。自唐绍仪正式就任内阁总理后，很有意依照《临时约法》的规定，成为真正意义上的责任内阁，这反而被认为是绍仪唐“挟革命党以自重，有独树一帜之意”。

袁世凯虽然与唐绍仪是交往数年的“铁哥们”，但其多年来大权独揽的习性难改，对唐绍仪推行责任内阁制，“事事咸恪遵约法”甚为不满，在用人、财政、遵守《临时约法》规定的总理附属权等问题上，两人的裂痕加深。特别是唐绍人“重用革命党人”的闲言闲语不断传到袁世凯的耳中。一天，唐绍仪正在对袁世凯陈述政见，袁世凯听得心不在焉，后又忽然很不耐烦地说：“少川，我已经老了，你就来做总统吧!”这突如其来的话，使得唐绍仪大吃一惊，这才明白，俩人亲密的哥俩关系已经走到了尽头。

在当时的政治环境下，唐绍仪想真正建立责任内阁实在勉为其难。在他的内阁班子中，内务总长赵秉钧根本不把唐放在眼里，从来不出席国务院会议，凡遇重大问题都直接向袁世凯请示汇报。财政总长熊希龄也把唐绍仪搞得焦头烂额，因为首届内阁成立时，最艰苦的莫过于财政问题，仅北京一地，每月需款就达350万元，实际能够到库的收入连三分之一都不到，财政上的捉襟见肘，把唐绍仪压得喘不过气来。唐绍仪是国务会议上主张发行公债，遭到强列抵触，政府的日常运作，基本要靠向外国财团借款来维持，英美德法组成的四国银团，提出种种苛刻条件，使唐内阁面临巨大压力。在筹款方面，唐绍仪反对英、美、德、法四国银行团提出监督中国财政的无理要求，引起了袁世凯、财政总长熊希龄及四国银行团巨头的合伙攻击。

压力归压力，在唐绍仪的艰难运筹下，向六国银团借款与国内发行公债双管齐下，首届内阁还没有到揭不开锅的地步，真正给这位首届内阁总理致命一击的，还是出在他的老朋友袁世凯身上，也就是“直隶都督”问题。

1912年6月初，直隶省议会选举曾加入同盟会的王芝祥为直隶都督。在袁世凯眼里，直隶都督就是北洋大臣，位高权重，地位重要，卧榻之旁岂能容得了他人？必须是自己的心腹才行。按照惯例，各省都督都应由咨议局推选，唐绍仪拟任命直隶议会推选的时任南京留守府军事顾问王芝祥为直隶都督，这就与袁世凯的想法产生了冲突。袁世凯的霸道作风再次显现，他既不与唐绍仪商量，也没有经唐内阁副署，就直接任命王芝祥为“南方军宣慰使”，并立即发布命令。唐绍仪见《临时约法》已遭到破坏，深感“袁之种种行为，存心欺骗民党”。唐绍仪因执拗不过袁世凯而大受刺激，遂蒙生退意。这次事件最终导致了唐绍仪与袁世凯分道扬镳。

几经辗转反侧，唐绍仪痛下决心，以国务总理身份直书袁世凯：“绍仪现因感受风热，牵动旧疾，恳请给假五日，赴津调治。惟总理职务关系重要，不容一日旷废，并乞大总统于国务员中简派一员暂行代理。”

1912年6月15日，深感孤立无援的唐绍仪，连读两遍辞职信之后，身穿便服，带着两3个随从人员，悄然乘坐一辆人力车来到至北京前门车站，搭乘当日头班火车，直奔天津而去。

袁世凯虽然对唐未萌生挽留之意，但念及几十年的旧交，感到贸然决裂实在有点过分，便派秘书长梁士诒赴天津慰留。唐与梁本就私交甚笃，一肚子苦水倾泻而出，溯源及往，历数与袁世凯数十年交往细节，到如今两人的决裂，动情之处，不胜唏嘘。

唐梁对袁世凯的性格和为人都颇为了解，知道大势已不可挽回。彻夜长谈之后，次日凌晨，梁士诒乘火车返京复命，也算对袁世凯有所交待。袁世凯得知唐绍仪去意已决，随即在唐的辞呈上批复“准辞”，同时还不忘故作正经地绕个大圈子，称赞唐绍仪“南北奔驰，为民国效劳备至，及就任总理，经营擘划，错节盘根，困苦艰难，非可言喻，……出于至诚,不得不谅其苦衷，遂厥初志，应即准允请免国务总理本官，任为政府高级顾问。”

唐绍仪于民国元年3月13日由袁世凯任为国务总理，至6月28日辞职获准，前后不过100多天，唐内阁就此瓦解。这是中华民国的第1届内阁，竟如此短命，显示出民国初年中国政坛的多难与诡异。

唐绍仪辞职，引发了首届中华民国政府的巨大动荡，教育总长蔡元培、司法总长王宠惠、农林总长宋教仁、署理工商总长王正廷四位内阁要员联袂请辞，即使袁世凯发出“我代表四万万国民慰留你们”的“诚挚”哀求，也未能阻止他们拂袖而去。

按理说，袁唐这两位有着20多年交情的秘密政治伙伴组成的新政府，应是相得益彰的，但事实并非想象那么简单。唐绍仪是一位受过西方政治思想熏陶的总理，一上任便开始按照共和政体的要求，去实施总理的职责。唐绍仪在向参议院阐述政见时，展示了他的远大理想：要振兴外交实业，尤其在用人机制上“务贵新不贵旧”。而且，在责任内阁体制下，唐内阁要代替总统对国会负责，总统只能虚居荣位，这些主张袁世凯哪能接受？两人的关系开始出现裂痕。唐绍仪的辞职，充分表明人治的强大与法治的脆弱，总统不经内阁总理副署而发布人事命令，这一破坏《临时约法》的严重“违宪”行动，并没有引起太多的争论与异议，这当然是因为对于法治和民主还不熟练的缘故。

孙中山对唐绍仪的去职深为惋惜，他说：“内阁中唐少川辞职后，虽然名义上还有党人在内阁中担任总长，只怕没有多大力量，又为官僚所化，也就很难依靠了。”在孙中山的心目中，唐绍仪是一位始终为共和而奋斗的勇士，他的悄然离去，无疑会削弱维护共和的力量。

(5) 不当总理当县长

总理是指中华民国内阁总理，县长是指广东省中山县的县长，在这个世界上，有这么一个人，先做总理，后当县长，两个职位相差如此悬殊，听起来几近不可思议。

辞职后的唐绍仪又回到了上海，与其说他是韬光养晦，不如说他成了政坛的看客。隐居乡里的唐绍仪，不知何时能够再遇到历史对他的召唤。直到1929年，他就任中山县训政实施委员会主席，发誓要“将中山县建设成为全国各县的模范”，似乎显示出他有再次施展政治抱负的雄心。

南京国民政府成立以后，唐绍仪任国民党中央监察委员、国民党政府委员。

1931年，唐绍仪出任起自己的家乡香山县（时已改为中山县）的县长，他以此为抓手，集中精力实施建设模范县的计划。该计划包括基本建设、发展实业、加强农渔业和乡村建设、引进外资和发展教育诸方面，而以开辟唐家无税商港为重点。

此时的中山县，社情民情十分复杂，曾有被任命为县长而不到任的前车之鉴，更有人对孙中山的故乡望而却步。但曾经身居内阁总理高位的唐绍仪却毫无顾忌，他不计名位高低，待遇多寡，自告奋勇地走马上任中山县长。

唐绍仪毫不计较七品芝麻官位卑职贱，把县长的工作做得有板有眼，绝不糊弄。在带领当地的乡亲修马路、建医院，甚至还野心勃勃地想在中山县的海岸上建成一个大海港。至今中山还流传着他的逸事，说他修马路的时候，碰到土地公公挡路，民工不敢动，他就用手杖敲敲土地公的头，然后让民工下手。马路修好之后，下水道的井盖老是被偷，于是他下令在井盖上铸上“盗买与盗卖，均罚50元；报信或引拿，均六成充赏”字样，后来就没有人偷了。他为家乡的长远发展和建设着想，多次邀请省内外要人和专家前往唐家湾考察，编印《中山县发展大纲》，散发到港澳和海外，想方设法从各方面筹集奖金。他当县长期间，惩治贪，政清廉，革除官吏衙门陋习，坚持微服察访，及时解决一些实际问题，有“布衣县长”之称。

唐绍仪对乡情亲情看得很重，在他回老家后，为了缅怀母亲，他特地在母亲坟前建了一个平台和一座房子，房子是当时“中山县政府”的办公地点。每当办公累了，唐就走出房子，站在平台上，远远望去，就是母亲的坟墓，于是唐将其起名为“望慈山房”，并亲笔书写“望慈山房”四个大字，嵌在屋楣上。以前的平台如今成了老人活动中心，而当初的房子也变成了一栋两层的红砖楼，成为唐家中学的办公点。

唐绍仪还是一位热心公益事业的人。1910年唐绍仪回家乡唐家湾，在鹅峰山麓建了私人花园“共乐园”，寓意是“官民共乐”。他亲笔书写竹刻对联：“开门任便来宾客，看竹何须问主人”。唐绍仪在“共乐园”内建了两层楼阁，命名为“观星阁”。每逢农历初一、十五晚上，他就喜欢登上观星阁，抬头仰望繁星。1932年唐绍仪设了10多桌酒席，宴请了乡亲父老，当众宣布将“共乐园”赠给“乡民委员会”。为了防止亲属在他死后反悔，唐令其妻室子女都在“赠送书”上签了字。现在这里古树参天，成为乡民休憩和游客观光的好地方，入园门口有巨石为屏，上有集句联：“知者乐水仁者乐山，百年树木十年树人。”

唐绍仪以做过总理的身份去当县长，在民国时期好像并没有引起多大的反响，他这种为人与处事的作风却颇受后人称道。

(6) 命丧“孤岛”上海滩

上海市武康路40弄1号、2号（解放前叫福开森18号、20号）两栋房子，掩映在一座巨大的花园里。远远望去，房子顶端意大利式纹饰，在僻静的武康路上，显得十分典雅、高贵。这里就是唐绍仪被刺的寓所，这里发生的事情，既出乎意料，又疑窦丛生。

袁世凯倒台后，黎元洪继任总统，力邀唐绍仪为外交总长，满怀希望赴京上任的唐，却遭到了张勋等北洋将领的联合抵制，唐再次愤然由京返沪。这时，国内政治愈加混乱，唐绍仪与孙中山等在上海通电反对桂系军阀，正式脱离军政府，赴上海坚持斗争。唐绍仪与孙中山的政治主张发生分歧，唐绍仪认为孙中山所倡导的总统制与建立责任内阁制的理想不符，两者因政见各异而分道扬镳。

此后的相当长一段时间，唐绍仪寓居上海数年，他先后与人集资创办了一家人寿保险有限公司，还自任董事长，并多次拒绝北洋军阀的拉拢利诱。

南京国民政府成立后，唐绍仪虽是“党国元老”，但没有显赫的职位，挂名为国民党中央监察委员和国府委员，算作蒋介石的高级顾问，但在政治上逐渐消沉，平日或寄情于山水，或闭门吟诗，对政治几乎是不闻不问。后来，唐绍仪举起家迁居上海，不愿再参与政治，在上海寓居闭门不出。他在法租界购房住下，安心乐意过上寓公生活，极少出头露面。街坊邻里见到这位极富修养、亲切和善的老人，只做一般性的点头交往，谁也不会料及，他们的邻居竟然是民国首位国务总理、清朝的一品大员。

晚年的唐绍仪，长年寓居上海，虽然已远离政坛争斗的硝烟，但并未逃脱各种政治势力的围剿与袭扰。

抗日战争爆发后，唐绍仪不顾各界劝说，继续留在上海，他关注“七·七”事变后的中国时局，并不时就抗战问题发表言论。然而，日本侵略军占据上海后，却打起了唐绍仪的主意，日方有意利用唐绍仪在南京组织伪政府，并制定的秘密的“南唐（绍仪）北吴（佩服）计划”，以取代蒋介石为谈判对手，并秘密派遣日本驻中国特务机关长、老牌特务头子土肥原“做唐绍仪的工作”。国民党蒋介石对此气愤不已，暗中对唐绍仪表示“浓厚兴趣”，不断派人游说，并以官衔厚禄相笼络，希望唐能为其所用。同时，蒋介石又指示军统局负责人戴笠，派得力人员到上海监视唐绍仪的动向。

此时，日本特务机关与国民党特务组织围绕唐绍仪，展开了激烈厮杀。

唐绍仪看到身边形势的险恶，遂将妻室子女送往香港，只身滞留上海。日本与国民党两派围绕唐绍仪的争夺，使唐绍仪迅即被裹进了政治恶斗的旋涡。

1938 年 9 月 28 日上午，日本特务头子土肥原秘密会晤唐绍仪，在唐绍仪女婿、清末两广总督岑春煊之子岑德广的带领下，来到唐绍仪位于上海法租界福开森路的寓所，双方进行了长时间交谈。潜伏于上海的国民党军统特务，派人秘密跟踪，全程监视了双方会谈的经过，但对会谈的详细内容仍一头雾水。

唐绍仪退居上海后，整日深居简出，逍遥自在，平素在家中，则以欣赏古玩自娱，尤对瓷器有特殊兴趣，每每摩挲把玩，爱不释手。他唯一的爱好的是欣赏古玩。令他没有想到的是，他的这一爱好却引来了杀身之祸，日后的命丧刀斧，竟也与此直接有关。

1938 年 9 月 30 日，上海的天空阴雾笼罩，黄浦江上凄凉的气笛声刺破灰暗的天空。上午9时许，一辆黑色小轿车在租界福开森路一座漂亮的花园楼房前嘎然而止，几名不速之客来到唐的寓所求见。守在唐宅门口的保镖向唐秉报称：来者系古董商人打扮，小汽车就停在门前，求唐先生看几件货。因唐绍仪平时有收藏古董的爱好，遂答应在客厅里看货。

来人在客厅坐定后，从一个破旧的纸箱子里拿出几件清花古瓷瓶。唐绍仪很高兴，把瓷瓶拿在手中详细鉴别，爱不释手，反问询问究竟哪一个瓷瓶的年代久，色彩好。并且不停地说："这一次拿来的一个，确实比那一个好，一经比较，优劣立见。"由此可见，唐绍仪与这位"古董商人"已经不是初次见面了。

唐绍仪选定几件古董之后，便吩咐站在一旁的仆人上楼取钱。就在仆人上楼之十几分钟后，惨剧发生了，客厅里传来凄厉的惨叫声。仆人下楼看到，唐绍仪已经倒在血泊中，弃之一旁的利斧上沾满血迹，刺客已悄然逃遁。仆人将人事不知的唐绍仪送往医院抢救，但因流血过多，且年迈体衰而死。

消息传出，上海舆论一时大哗，有人怀疑唐绍仪为日本人所刺，有人怀疑是国民党特务所为。唐绍仪在家被"来客"用利斧劈死，成为清末民初名人中死得最惨的一人。这起案件也成为民国一大疑案。

唐绍仪究竟是民国以来的重要人物，而且军统方面并没有掌握到唐氏反对国民党蒋介石的确切证据，于是引起国民党元老们的极大不满。为了平息风波，蒋介石下令拨付唐氏家属丧葬费5000元，将其生平事迹宣付国史馆，褒扬这位78岁的老人，同时蒋介石、汪精卫、孔祥熙、林森、于右任、居正、宋子文、孙科、陈果夫、陈立夫等国民党军政要人，也都相继发来唁电，对唐的不幸遇害深致哀悼……这么一来，唐绍仪被刺一案，使人感到更加扑朔迷离，讹传四起。直到近10年来，研究民国史方面的专家们仍在探讨唐绍仪的死因。

第 2 任

陆征祥：梦断巴黎修道院

他是民国早期中国政治、外交舞台上的风云人物，曾有过辉煌得意的人生历史。因亲手签下丧权辱国的“二十一条”而背负“骂名”，度过千夫所指的难熬岁月。他带领中国代表团参加巴黎和会而成为“拒签英雄”，警醒于外交舞台上并没有所谓的公理，比任何国民都渴望“真理战胜强权”。

小　档　案

姓名：陆征祥，字子欣，又字子兴

籍贯：上海

出生：1871 年 6 月 12 日

去世：1949 年 1 月 15 日

父亲：陆云峰，信仰基督教

母亲：吴金灵，信仰基督教

简 历

1871 年，6 月 12 日出生于上海。

1884 年，就读于上海广方言馆，后入北京同文馆习外文，尤精俄文。

1892 年，被派往彼得堡任驻俄、德、奥、荷公使许景澄的翻译。

1897 年，继任驻俄、奥、荷公使杨儒的翻译。

1899 年，与比利时一将军的女儿培德结婚。

1903 年，任驻俄公使胡维德的参赞。

1906 年，升任清廷驻荷兰公使。

1911 年，转任驻俄公使，同年改入天主教。

1912 年，从驻俄大使任所返国出任外交总长。

1912 年，6 月唐绍仪辞职后代理总理。

1915 年，再次任外交总长。

1917 年，任王士珍、钱能训内阁的外长。

1919 年，以外交决长身份出席巴黎和会。

1922 年，任北洋政府驻瑞士公使。

1926 年，夫人培德病逝后移居比利时。

1935 年，升为司铎（神父）。

1946 年，任比利时修道院荣誉院长。

1949 年，1 月 15 日病逝于比利时布鲁日城。

（1）舞场结识洋美女

陆征祥出生于上海，幼年时就被送上海的外国语言学校学习洋文，加之父母的教育和家庭环境的熏陶，其外文基础较好。20岁出头就奉清政府指派出国，到清廷驻俄公使馆服务，因其聪明好学，外文水平又好，深得驻俄公使许景澄的赏识，其职位也一路窜升，由普通的使馆翻译人员，升至二等参赞。

跳舞交际是外交官的必修课，陆征祥任职驻俄外交官期间，经常出席应酬性的酒会、舞会，陆懂洋文，对外交礼节非常娴熟，又很善于应酬，所以在各国驻俄使节的应酬聚会上常常出尽风头。

尤其是陆征祥从少受到良好的西方文化熏陶，不但精通俄语，且英语、法语极为流利，英俊潇洒，谈吐文雅，经常穿着笔挺的西装，而不是像旧式清廷驻外官员那样脑袋后面拖着一条长长的辫子，在各种应酬场合，只在陆征祥出现，往往成为女性注目的焦点，时常博得各国外交官夫人的好感。

一次看似平常的舞会，陆征祥引起了一位比利时少女的好奇。灯红酒绿衬托之下，舞池中的男男女女翩翩起舞，当少女得知陆征祥是来自古老东方的中国外交官时，感到大为惊奇，在她的印象里，清政府的外交官员都是身穿长袍马褂、顶戴雕翎、面无表情的迂腐之士，而眼前英俊少年，简直是一个英雄，一个叛逆。陆征祥虽然已算是社交老手，在外交场合也左右逢源、如鱼得水，但与这位高鼻子、鬈毛发的洋小姐共舞，他却不敢有过多的非份之想，略显轻松自如手臂挽住培德小姐的苗条腰肢，却依然保持着东方人的矜持与含蓄。然而，强烈的好奇心驱使着美丽姑娘要同这位东方帅哥交朋友，解开心中之谜。

一曲优雅动听的舞曲过后，美丽的比利时少女依偎在陆征祥身旁。她既兴奋又紧张，不停地提出问题，时用英语，时用法语，偶尔还夹着几个俄语单词。陆征祥被这位洋小姐提出的天真幼稚的问题，逗得开怀大笑。姑娘见陆征祥谈吐文雅，颇有风度，顿生爱慕。舞曲结束分手时，两情依依，竟不愿分手。于是，姑娘试探着提出约会要求，陆征祥爽快地答应了。在以后的几次约会中，两人愈谈愈投机，愈发倾心，难舍难分。

这位比利时少女就是后来成为陆征祥妻子的培德·博斐妇女士。培德她当时还是一名高中学生，祖、父两代都是比利时的将军，祖父是将军，父亲为陆军上校，堪称将门虎女，培德的父亲与比利时驻俄公使是亲戚，所以经常有机会出席上层名流的各种应酬和宴会。

尽管培德比陆征祥大十几岁，但她才貌出众，学识渊博，令陆征祥砰然心动，一见倾心。渐渐地，陆征祥发现自己真的喜欢上这个热情、纯洁而大方的洋小姐。

培德·博斐小姐不顾家人的劝阻，执意与东方少年陆征祥交往。学习之余，经常陪陆征祥出入各种应酬和交际场合，两人的关系日渐密切。在培德·博斐看来，培养了这位外交天才的中国，是那样的古老而又神秘，从陆征祥身上，他发觉古老的中国是个永远也猜不透的谜。

随着俩从交往的日益密切，彼此之间的羞涩和戒备已经跑得无影无踪，已经到了谈婚论嫁的地步。不料，此事遭到了双方家庭的强烈反对。深陷爱河不能自拨的一对恋人，他不顾长官训诫，也不顾家人、朋友反对，执意要结为夫妻。1899 年春，在俄国首都莫斯科，陆征祥与培德小姐举行了欧式婚礼。

婚后，两人相亲相爱，夫唱妻随双双出入于各种外交场合，培德夫人成了陆征祥的得力助手，两人感情笃厚，同甘共苦了 20 多年。培德精心照料着陆征祥的日常生活，并在政治方面积极为陆征祥出谋划策。陆征祥每遇大事，都向培德请教。在他心目中，夫人的地位跟父母和恩师同等重要，正如陆征祥感言：“生我者父母，助我者吾妻，教育以裁成我者吾师也”。

陆征祥与培德生活了一辈子，两人没有子女。漫长的岁月里，陆征祥带着他的洋夫人大部分时间住在北京。洋夫人像中国妇女一样，每日在家等候丈夫回家，闭门不出。晚年的培德积劳成疾，一病不起，医生认为北京的气候于她的身体不相宜，陆征祥便送她前往瑞士罗珈诺湖畔的益达别墅去休养。

不幸的是，培德病势日益加重，最后引起了脑溢血。陆征祥特为她去罗马朝圣，请求教皇的祝福。1926年4月16日，培德夫人谢世。随后，陆征祥辞去了中国驻瑞士公使的职务，拍卖家具，筹足丧葬费。翌年5月，将培德灵柩送往布鲁塞尔安葬。随即来到天主教本笃会圣安德诺修道院提出修行。

(2) 初识外交途险恶

19世纪的最后10年，中国在国际舞台上面临腥风血雨，帝国主义列强瓜分中国的狂潮一浪高过一浪，中国看起来已经是个奄奄一息的巨人，帝国主义列强，像一群饿狼一样争先恐后地扑上来，撕裂这个巨人的肢体，吞噬这个巨人的血肉。

1894年陆征祥刚刚进入外交界时，正逢中国甲午战败后《马关条约》签署。陆征祥的恩师许景澄痛心地对他说:“子欣，子欣，不可忘了马关，日后当努力洗尽国耻，收我失地。”

甲午战争后，中国面临着被世界列强肢解和瓜分的严重危机，对中国下手得最快的是沙皇俄国。受沙俄的侵略和欺凌，中国一次次陷入外交漩涡。对此，陆征祥有切肤之痛。当时，陆担任清廷驻俄公使杨儒的翻译，亲身经历了1901年“东三省交还交涉”事件最为艰难的时刻，清政府全权大臣杨儒难以忍受俄方的威逼和羞辱，不幸死于交涉任上，陆征祥陪同杨儒参与了交涉的全过程，陆后来回忆说，沙皇俄国财长维特将事先拟好的条约文本摆在案头，威逼杨儒签字，杨回答说，未奉清朝皇帝命令，不能签字。维特顿时拍案而起，咆哮如雷，出言不逊，骄横无礼，陆征祥身为杨的翻译，感觉心有余悸，悲愤不已。

中俄交涉中一幕幕屈辱的历史，使他经历了“弱国无外交”的残酷现实，也磨炼了陆征祥忍辱负重的意志。

1912年，陆征祥成为中华民国第一任外交总长，他踌躇满志，大刀阔斧推行改革，清除积弊。他在外交领域的卓著贡献，主要体现在对中国现代外交体制的建设。陆就任后，首先敦促国会通过“外交部官则”，外交部内设“一处一室一厅四司”，重新划分其职责范围，使“外务部”成为现代意义上的“外交部”。

陆征祥主掌外交其间，说服袁世凯同意废除清代由高官推荐外交人员的“保举制”，坚持选拔“不闹笑话之外交官”。陆就职后，先将所有部内留任人员免职，再重新依照专业考核，凡无外语外事专业者不予授职，袁世凯之侄儿也因此离任。至于外馆，陆征祥废止了清代由大使统筹包办使馆人事与财政权的旧规，外馆预算改由中央每年核拨决算，外馆正式人员皆须经中央政府考核任命。

民国时期军阀混战，政府各部专业化程度甚低，唯有外交部一枝独秀，培养了不少杰出的外交官，包括刚从美国哥伦比亚大学毕业返国即被延揽入外交部的“外交奇才”顾维钧，由此奠定了中国外交现代化的基础，为中国这一“弱国”争取到较多利权，陆征祥居功甚大。

陆征祥请大翻译家林琴南写下“不要忘记马关”6个大字，悬挂于总长办公室内，以志不忘马关条约的奇耻大辱。

国务总理唐绍仪辞职不久，陆征祥继任国务总理，上升到权力的顶峰。但陆征祥当国务总理时间不长，便因国内问题下台，随后任总统府高级顾问，再任外交总长。

(3) 背负卖国恶骂名

1915年，日本提出灭亡中国的“二十一条”，迫使袁世凯政府答应企图把中国的领土、政治、军事及财政等都置于日本控制之下的无理要求，陆征祥负责中国与日本的谈判。在日本的胁迫与威胁利诱下，袁世凯因急着当皇帝，需要取得日本的支持，便同意了“二十一条”，由外交总长陆征祥执行签字。

签字后，国内震惊，陆征祥一时为国人所痛骂，皆指他为卖国贼。这位风云一时的外交总长成为人人喊打的过街之鼠。由于受到人民痛骂，舆论指责，陆征祥也感到无颜面对国人，所以，后来袁世凯称帝，要封他为侯爵，他坚决予以拒绝，并偕夫人逃往北戴河暂避。袁世凯死后，陆征祥才回到北京，继续担任外交总长。

关于中日“二十一条”的签订，陆征祥曾在多个场合回忆和谈及签订过程。据陆征祥回忆，“二十一条”的签订很仓促。袁世凯得知日本公使日置益回国述职，请公使转达对天皇的问候。述职完毕，这位日本公使返回中国，不但向袁世凯转达了天皇的问候，还给袁“另外带了一点东西”，这就是“二十一条”，并要求袁绝对保密。

老谋深算、处事圆滑的袁世凯，对是否接受条约未置可否，而是将皮球踢给外交总长孙宝琦。孙宝琦当然不愿意接下这只烫手山芋，便把此事推给了刚从欧洲回来的陆征祥，并商请陆接替他出任外交总长。40岁出头的陆征祥风华正茂，自认能出任国家最高外交职务，是莫大的荣幸，深感国家面临危局时“天将降大任于斯人也”。

陆征祥受命于危难之际，袁世凯一面命陆率外交部门同日本谈判，并暗中延时间，一方面暗中逐步泄露内容，希望获得英美支持抗衡日本。陆征祥及中国的谈判代表与日方反复交涉，多次拒绝“二十一条”中的部分内容，迫使日本作出让步。

马拉松式的谈判持续到5月7日，日本看到中国国内反日情绪日渐高涨，则以武力威胁中国，并向中国发出最后通牒，限令于9日前答复。不过，凭着多年的外交要历，陆征祥当然知道“二十一条”的份量。签字前夕，他向袁世凯说：“从此我陆征祥千秋万代被人唾骂！”最终袁世凯政府在5月9日晚上11时接受“二十一条”中第1条至第4条的要求，并于5月25日完成签字。5月9日被全国教育联合会定为国耻日，称“五九国耻”。

令陆征祥聊以自慰的是，在“二十一条”中，最重要的第五项各条如“军器一律限用日本制造，警察中日各半，顾问遍设全国，并要扶助日本佛教传信”等内容，他却没有承认，“至少还保存了一点国格”。陆征祥认为，自己是职业外交家，签订“二十一条”的主谋及决策者是袁世凯，袁为得到日本对帝制的拥戴，明知会激起国人一片喧哗，仍然批准在文本上签字，陆征祥不过是其具体出面的代理人罢了，较之“亲日四大金刚”——曹汝霖、章宗祥、陆宗舆、汪荣宝，自己“多少还可以稍受原谅!”

陆征祥身为北洋政府外交总长，代表袁世凯政府与日本签订丧权辱国的“二十一条”，为此背下“卖国”的恶名，是他人生中挥之不去的阴影。陆征祥虽然是替袁世凯背恶名，但他始终对国家负疚，并不断为之忏悔而痛心疾首。时光流转，中国人民的抗日战争爆发后，他利用比利时报纸，将中国国内抗击日本法西斯的情况，介绍给爱好和平的欧洲民众。他还四处奔波，到欧洲各地发表演讲，介绍中国军民浴血奋战的情况，呼吁欧洲各国人民支持中国抗战，共同抵制日货。陆还利用传教的方式反抗纳粹对比利时的占领，一度还上了盖世太保的“黑名单”。

抗日战争结束后，陆征祥在比利时接待专程从中国国内赶来采访的记者时，仍然没有忘记他签署“二十一条”给中国带来的耻辱，再一次因签署“二十一条”向国人表示忏悔，更对中国取得抗战的胜利而高兴，感慨“在有生之年得见国家一雪前耻”，并祝贺和衷心希望国家从此走上振兴之路。回首 1915 年签订的“二十一条”，年过 70 岁的陆征祥感慨万千地说：“30 年来，我一直为此深深负疚。因此，从不愿和人提起这件事。即使被问到，我也礼貌地拒绝回答。先生不远万里而来探候，无以为报，乃简述往事。总归一句话：弱国无外交。”得知中国的抗日战争取得全面胜利，陆征祥无限感慨地说：“我初涉外交之时，正值中国被迫签订《马关条约》，今天，我看到被日本践踏的祖国领土主权一一收回。”

(4) 梦断巴黎欲断肠

第一次世界大战胜利的消息传到中国的那一刻，中华大地举国欢腾，上自大总统下至黎民百姓，无不沉浸“胜利”的喜悦之中。作为战胜国的中国政府收到了参加巴黎和会的通知，北洋政府决定，派出外交总长陆征祥、驻美公使顾维钧、南方政府外交部长王正廷、驻法公使施肇基、驻比利时公使魏震组等五人为代表，组成中国代表团，并任命陆征祥为代表团团长，去完成一项艰难而又意义重大的使命。

巴黎和会举行前，美国总统威尔逊的国会演说抛出了著名的“十四条”作为这次和会的主旨，其中表示，对于一切殖民地的处置，应顾全各殖民地居民的利益，大小国家都要互相保证政治自由和领土完整。受到美国总统威尔逊“十四点宣言”的鼓舞，陆征祥对和会抱有很大期望，视巴黎和会为千载难逢的机会，身为战胜国的外交总长和代表团团长，他希望在帝国主义列强的帮助下，一扫近年来中国所受的屈辱，在外交上打个翻身仗。出发前，陆征祥信誓旦旦地表示，要不负全国人民的重托，充分反映人民的愿望，在这次和会上要做到：“收回战前德国在山东的一切利益，这些利益不得由日本继承”，“取消1915年袁世凯政府对日本承认的‘二十一条’”，同时，要彻底结束德、奥等战败国家在中国的政治与经济的利益。

此时，全国上下也充溢着“公理战胜强权”的乐观。然而在代表名额上，欧美列强对中国正当权益的公然践踏，已经显露出此次和会恃强凌弱的本性。和会尚未开始，中国代表团即接到通知，原定给予中国的5个席位被减至2席。在中国代表团的再三努力下，会议才答应仍然是2个席位，但可以轮流派代表参加。

陆征祥深知此次和会之于军阀混战、民不聊生的中国，有着极为重要的意义。尽管陆征祥还是对美国总统威尔逊所宣扬“世界公理”抱一丝希望，但无论北洋政府还是陆征祥都很清楚，决定和谈成败的关键不是真理而是强权。

经过充分准备之后，陆征祥率团出征，踏上了赴法谈判的漫漫征程。当时，空中交通无从谈起，海上交通亦异常困难，陆征祥和伙伴们不得不先乘火车出山海关，经中国东北、朝鲜到日本，然后从日本横滨登轮横渡太平洋，途经旧金山、纽约，再穿过大西洋抵巴黎。

1918年12月，出席巴黎和会的中国代表团，在北洋政府外交总长陆征祥团长的率领下，乘火车离开北京。陆征祥一行从北京出关后，日本外务省即派专车在南满铁路迎接。望着窗外漫天飞舞的鹅毛大雪，天寒地冻的东北大地，到处是白茫茫的一片。瑟缩在车厢一角，冻得浑身发抖的陆征祥，虽然披着厚厚的棉衣，仍不能抵挡寒冷天气的侵袭。他浑身直打哆嗦，口中不时发出呻吟之声。身体消瘦、年近50岁的陆征祥，经不起寒冬腊月的一路折腾，刚到日本就病倒了，真可谓出师未捷。

经过漫长的旅途颠簸，陆征祥终于到达了巴黎。刚出车门，映入他眼帘的巴黎已不再是昔日灯火辉煌的浪漫，而是战后断壁残垣的颓丧。他无心对眼前的惨状发表自己的感慨，因为车站的月台上已经站满了欢迎他的中国人、外国人。这些人中有中国驻欧洲各国的公使、领事，有专程前来法国的驻美公使顾维钧、南方军政府代表王正廷等，甚至还包括一些自发来迎接的华侨代表。

1919年1月18日，举世瞩目的巴黎和会在法国巴黎凡尔赛宫召开。当时亮相巴黎和会的所有风云人物几乎全部出席，包括英国首相劳合·乔治、法国总理克里孟梭、美国总统威尔逊、意大利首相奥兰多，还有日本的西园寺公望和牧野。会议在英、法、美、意、日五大国的操纵下，讨论处置德国殖民地办法。日本代表提出，必须由日本继承德国在山东的权益，遭到中国代表的严辞拒绝，中日两国代表围绕山东问题展开了针锋相对的斗争。

英、法、美举行3国会议，在没有中国代表参加的情况下，决定将德国在山东的全部权益“让与日本”，并将有关条款列为对德《凡尔赛和约》的第156、157、158三条。

帝国主义列强在召开秘密分赃会议以后，英国外交大臣贝尔福召见中国外交代表施肇基、顾维钧，正式通告巴黎会议对山东问题的决定。贝尔福若无其事地说，山东问题不外乎两个解决办法，即“政治权交还中国，经济权给予日本”，其具体方案是，日本获有山东胶州租借地和中德条约所规定的全部权利，然后再由日本把租借地归还中国，但归还后日本仍享有包括胶济铁路在内的全部经济权利。

陆征祥看到对德和约全部文本草案后，立即提出抗议，谴责这种侵害中国主权、以暴易暴的野蛮行径。他当即发明声明指出："中国代表团对于巴黎会议所拟关于胶州及山东问题之办法，不得不表示其深切之失望之情。"中国代表正式提出对山东条款的保留意见。

陆征祥的严辞拒绝无济于事。美、英、法与日本代表经过讨价还价，最后仍将山东问题写入"对德和约"，并同时交付德国代表，允许德国方面于15日内可对草约内容提出异议。对此，陆征祥致电北京政府气愤地说："此次和会办法，种种情形，实堪愤懑"。他进一步指出，涉及西方列强各国，尚有15天限期，准许质疑发问，而涉及中国的内容，定稿前秘而不宣，定稿后也不可以讨论，实在欺人太甚。

外交总长陆征祥及中国代表围绕山东问题的抗议与交涉宣告失败，也使陆征祥通过和会"翻案"的梦想彻底被打碎。

(5) "拒签英雄"凯旋归

巴黎和会上，陆征祥遵循"无保留，不签字"的原则，四处奔走，多方活动，争取国内的支持与国外的同情。留法的学生也每日成群结队到中国代表团总部，要求明确保证，如不允保留，则拒绝签字，这些都使陆征祥深受鼓舞。

陆征祥率领的代表团在巴黎和会上惨败的消息传到国内，事实教训了原来对巴黎和会抱有幻想的人，立即引发了声势浩大的"五四"爱国运动。北京的学生首先起来用行动表示人民群众对帝国主义，特别是日本帝国主义，对亲日派的北京政府的愤慨，怒不可遏的学生群众，将矛头指向任袁世凯的外交次长、签订"二十一条"的外交代表曹汝霖，痛殴了正在曹宅的章宗祥，并放火怒烧曹宅。北京政府因此陷入严重的政治危机中。

"五四"运动爆发让北洋政府举棋不定，内阁大员议论纷纷，莫衷一是，时而同意签约，时而暂缓签字，陆征祥和代表团始终得不到明确的指示，只能孤军奋战，努力争取山东权利。远在巴黎的陆征祥，正在焦急等待着北京政府关于“对德和约”应否签字的指示。

北洋政府收到陆征祥发来的请示拒签电报后，外交委员会连夜召开紧急会议商议对策，决定复电陆征祥“不在和约上签字”。徐世昌也在审阅完发给代表团的拒签电稿后，命令国务院拍发。但徐世昌的决定被段祺瑞否决了。这时，北京政府的大总统是徐世昌，实际掌握北京政府权力的是投靠日本帝国主义的段祺瑞，段在1918年10月起不担任国务总理，而任“参战督办”，统率着用日本贷款喂养的所谓“参战军”。

段祺瑞深知，一旦拒签和约，将激怒日本，日本政府对北洋政府的各种援助也有可能取消。段祺瑞当初扶持徐世昌作总统，就是看中他是个文人，容易操纵。果然，徐世昌看到段祺瑞决心已下，便指示国务院密电代表团签约。

北洋政府决定签约，国内再次掀起拒签高潮，政局也更为动荡。继曹汝霖等3人被罢免后，徐世昌的亲信内阁也随之倒台。自称“做一天和尚撞一天钟”的看守内阁，在和约签字日期快到时，竟给代表团发来了这样一份电报：“电饬巴黎各委员会，对于和约签字问题，令其审度情形自酌办理。”

北洋政府先是电令陆征祥在“对德和约”上签字，后迫于国内形势的强大压力，又向陆征祥发出紧急电报，令陆征祥根据情况“自酌办理”，其实是使出了逃避历史责任的“损招”，把决定签字问题这是关乎国家前途命运的“烫手山芋”扔给了陆征祥！

左右为难的陆征祥，面对政府的无能深感失望和悲愤。怕签字激起民愤的北洋政府一度电令陆征祥签字，随后又觉不妥，要求陆征祥自己拿主意，心力交瘁的陆征祥住进了当地的圣鲁克医院里。留法学生包围了陆征祥所住的医院，要陆表态，陆十分坚定，他向学生代表明确表示“不允保留，决不签字”，学生们还久久不愿离去。当地留法学生组织推荐一位女代表与陆征祥谈判，她在花园里摘了一段玫瑰枝，藏在衣服里，在接近陆征祥时，突然顶住陆征祥的腰，声色俱厉地说：“你要签字，我这支枪不会放过你。”

陆征祥在致外交部电中表明心迹说：“祥1915年签字在前，若再甘心签字，稍有肺肠，当不至此。惟未奉明令免职以前，关于国际大局当然应有责任。国人目前之清议可畏，将来之公论尤可畏。”这时，陆征祥为国家和民族的利益，已抱定破釜沉舟的决心。

1919年6月28日，“对德和约”签字仪式在巴黎富丽堂皇的凡尔赛宫举行，而中国代表的席位却一直空着。中国代表团在陆征祥主持下，拒绝前往凡尔赛宫签约，并致书和会，声明中国对中德和约有最后决定权。声明指出：“和会对山东问题与中国以不公正之判断。此即强迫中国不签字和约。盖中国代表签字和约，则自失其公正、正直、爱国之心也。故中国代表将此问题，申诉世界，听其不偏不倚之判断。”

陆征祥痛定思痛，毅然表示决不向蛮横霸道的西方列强低头，拒绝在“对德和约”文本上签字，开创了自1840年鸦片战争以来中国外交史上前所未有的先例。陆征祥后来在《回忆与思考》一书中说：“我自觉有义务不再服从政府的命令，这是我生平第一次。”被誉为“拒签英雄”的陆征祥，声望也获得了空前的提高。陆征祥维护了国家的利益，顺应了全国人民的民心，也写下了他人生史上光彩的一页。

巴黎和会落下帷幕，陆征祥收拾行囊，离开法国途经意大利回国，刚一踏上祖国的土地，他便受到了数以万计群众的欢迎。

陆征祥抵达上海吴淞口时，数千名群众挥动小旗，旗上书：“欢迎不签字代表！”人山人海，盛况空前。当晚，陆征祥一行抵达上海北站，火车站聚集了上万民众，上海方面组织了盛大的欢迎仪式。陆征祥乘专列由上海返回北京，沿途各站都有群众结队欢迎，群众把陆征祥称为“拒签英雄”。

巴黎和会上西方列强的恃强凌弱的强盗行径，使陆征祥无比气愤，更令他深感失望和痛心的是北京政府的懦弱与无能，而回国以后，有所谓的“山东省民众代表团”居然到北京政府外交部门前围攻和羞辱他，声称如果陆征祥不签字，日本帝国主义便会对山东人采取报复行动。陆征祥心力交瘁地感叹说：“为了国家的利益和民族的尊严，我没有在和约上签字，结果惹得某些政府高官和不明真相的群众对我群起而攻之。在他们眼里，我可以得罪自己的政府和同胞，但日本人是万万得罪不起的！”

要谈巴黎和会，要谈五四运动，不能不提到陆征祥；一提到陆征祥，又不能不为近百年来主宰中国历史命运者的政治道德和精神素质而扼腕叹息。

(6) 远离尘世避纷扰

陆征祥退出政坛后，以精神重塑为核心，构建了一套铲除社会弊端，进而拯救中国的方案。他不仅呼吁通过树立基督信仰去除私欲，也要求以基督宗教文化来完善儒家文化，同时更希望把儒家文化推向世界以消除隔阂。尽管陆征祥所提出的救国理念有着诸多缺陷，但在20世纪前半期众说纷纭的救国论中，仍不失为一家之言。

陆征祥出身于宗教世家，父母都是虔诚的基督徒，早年的陆征祥就与修道院结下了不解之缘。青年时代的陆征祥，以良好的外语功底随清末外交家许景澄出使俄国，担任许的翻译。许极力反对陆在交际场合结识并迎娶比利时籍太太，在许景澄三番五次的警告下，陆征祥与培德姑娘难剪情丝，无奈之外的许大使只能睁眼闭眼予以“放行”，但幽了一默：“子兴(陆征祥字)！你学外国学得很彻底，连太太都娶了外国的。将来假若没有儿孙，你太太又先你过世，希望你能进修道院去，这是外国的习惯。”没想到一语成谶，在陆征祥晚年，这句玩笑话变成了事实！

陆征祥身为北洋政府的外交总长和总理，在袁世凯的逼迫下，与日本签署了丧权辱国的“二十一”条，由此背上了“卖国贼”的骂名。在以后的日子里，陆带着强烈的负罪感，走上了一条漫漫的忏悔之路。

1926年，与陆征祥共同生活27年的比利时籍培德夫人去世。1927年，年近6旬的陆征祥辞去中国驻瑞典公使之职，告别中华民国官场，在比利时布鲁日的圣安德诺修道院正式出家，成为了一名修道士。这位大名鼎鼎煊赫一时的八任外交总长、内阁总理，晚年却脱离红尘遁入空门，远在比利时当了洋和尚。

陆征祥在晚年作出的人生重大选择，也并非是一时冲动和心血来潮。实际上，巴黎和会的结果并未出乎陆征祥的预料。当时很多中国人对巴黎和会抱有不切实际的幻想，认为“公理必将战胜强权”，列强会站在中国一边维护中国的权益。作为外交家，陆征祥当然比一般民众对国际政治的实质要了解得更多，对巴黎和会既有期望更有谨慎，但和会的结果还是让他大失所望。1915年签署“二十一条”后产生的负罪感、对北洋政府内外政策的绝望，加上夫人培德去世所带来的打击，使陆征祥最终选择放弃荣华富贵，前往比利时出家清修。

陆征祥在修道院的日子也并非消极遁世。

除了基督教经典的修习，就是每天学习外文，他本来就精通英、法、俄文，尤其是法文，现在又精通了外国人以为中国很难学会的拉丁文，他对中外哲学进行比较研究，得出了不亚于苏格拉底、柏拉图的结论。当纳粹铁蹄踏碎比利时国土时，陆征祥所在的圣安德诺修道院也被德军充做了军营，包括陆征祥在内的修道士全部被赶出了修道院，这位昔日位高权重的民国国务总理，开始饱尝生存的艰辛，但这并没有动摇他反对强权的信念，他开始利用传教的方式反抗纳粹对比利时的占领。二战结束，盟军解放了比利时，被迫四处逃亡的陆征祥回到了阔别已久的圣安德诺修道院。为了嘉奖陆征祥虔诚的宗教信仰和不畏纳粹强权的精神，罗马教皇亲自任命他为比利时圣伯多禄修道院名誉院长。

晚年的陆征祥感慨说自己做官37年，两袖清风，如果不是走上了当外交官这条路，恐怕早就饿死了。在修道院期间，他多次表示，自己20多年没有看到祖国了，非常思念，希望能有机会回去看看。然而，1949年初，当中国人民解放战争风起云涌，胜利的曙光就在眼前，陆征祥却走到了自己的生命尽头。此时他仍然挂念着战乱中的祖国，当修道院长到医院看望他时，病危的陆征祥用力说出了“中国”二字。1月15日，中国现代史上唯一的一位“修道士总理”病逝，终年78岁。

第3任

赵秉钧：风雨乱世出英雄

他出身孤儿，家境贫寒，靠个人奋斗，成为清末民初政坛上的一代枭雄；在袁世凯担任中华民国大总统期间，被提拔重用的第三位国务总理；他拥有天才与勤奋，是中国历史上第一位死在任上的内阁总理，可惜的是，他死得不明不白，几乎成了千古之迷。

小 档 案

姓名：赵秉钧

字号：字智安，别号烟客、坪林外史

籍贯：河南汝州

出生年月：1859 年

去世年月：1914 年 2 月 26 日

简 历

1859 年，出生于河南汝州。

1878 年，考秀才未中，投左宗棠楚军，随军进驻新疆。

1883 年，在伊犁任堪划中俄边界办事员。

1889 年，改捐典史，分发直隶省。

1891 年，任补直隶新乐县典史。

1895 年，调署东明县典史。

1895 年，任直隶保甲局总办统率巡抚营，以“长于缉捕”闻名官场。

1897 年，调署东明县中汛管河巡检，并署开州下汛中判。

1899 年，调署天津北仓大使，题补献县管河主簿，不久捐升知县。

1902 年，5 月任保定巡警局总办。

1902 年，8 月任天津南段巡警局总办，创建天津侦探队和天津巡警学堂。

1903 年，将天津、保定两处巡警学堂合并为北洋巡警学堂。

1905 年，12 月担任巡警部右侍郎。

1911 年，11 月任袁内阁民政部大臣。

1912 年，3 月出任北京政府内务总长。

1912 年，7 月 14 日代理财政部总长。

1912 年，8 月代理国务总理。

1912 年，9 月 25 日任国务总理。

1913 年，7 月 17 日任步兵统领。

1913 年，12 月 16 日接替冯国璋任直隶都督，加陆军上将衔。

1914 年，2 月 19 日兼任直隶民政长。

1914 年，2 月 26 日在天津督署被凶手下毒暗杀。

(1) 传奇人生多际遇

在河南省汝州市临汝镇临西村小寨南坡下，至今仍然完整地保存着一座古老建筑“保安楼”。“保安楼”下有一座标准化豫西风格民宅小院。这便是当年民国总理赵秉钧的出生地。赵秉钧的辈份位居他这一门赵氏家族第六代，官居民国一品，想当年真是权倾朝野，显赫一时。

赵秉钧的人生际遇很有意思，赵秉钧是个孤儿，早年丧父，不久母亲又病故，家境极其贫穷，小时连名字也没有，说起他的姓，赵是百家姓之第一姓为姓，名乃天子脚下第一人（秉国之钧），生日是他自定的正月初一，其真实性究竟如何已无从可考。赵秉钧膝下无子女，他先是收养了一个义子，后来另择堂兄的次子立嗣，以续后统。

迫于家境贫穷的压力，赵秉钧幼年寄居于舅父家。曾在家乡一个仕宦人家做书童，他生性慧黠，强悍而有胆识，颇得主人欢心，因此获得自修学习机会，掌握了一定文化知识。加上自幼聪明能干，学啥通啥，在家乡店铺当伙计时，帮助路过此地的官员修好了一台座钟，从那时起，赵秉钧得到这个官员的赏识和器重，于是就把赵秉钧也带了出去。从此，赵秉钧离开家乡，开始闯荡人生。

1878 年，赵秉钧考秀才未中，遂投入左宗棠楚军效力，赴新疆平定阿古柏之乱，隶张曜所部随军出嘉峪关，进驻新疆，东征西讨，作战勇敢，以马术建长，屡建奇功，因早年作战在戈壁滩曾被风雪掩埋三天，幸得不死，但身体受重伤，落下残疾，据说后果还很严重。收复伊犁时，赵秉钧又参加了中俄边界的勘察谈判。鉴于在新疆平乱的出色表现，赵秉钧被任命为新乐县典史。此间，他以“长于缉捕”而闻名官场。

赵秉钧介入军政门槛，也与袁世凯有一定的渊源。赵秉钧专攻侦探警察两门，机智殊众。袁世凯小站练兵，慧眼识英雄，将赵拔于草莽，颇受重用，从此赵一直是袁世凯身边的智囊式人物，深受袁的信任。

1900年，义和团兴起，八国联军入侵。赵秉钧因缉捕义和团有功，颇为袁世凯所赏识，奏保以知州留直隶补用。

袁世凯继任李鸿章直隶总督位后，奏保赵秉钧为保定巡警局总督，以知府后补，加盐运使衔。赵秉钧任职期间购阅上海书局翻译的外国警察制度书籍，见识渐增。赵秉钧与袁世凯的日籍警察顾问三浦喜传一起，参照东西方国家现成的法律典范，拟定了警务章程，创设警务学堂，选募巡警500人，分布保定城内外，维持治安，成绩昭著。

八国联军撤退以后，袁世凯任命赵赵秉钧为天津南段巡警局总办，日本人伊藤次郎为帮办，原田俊三为顾问。赵在天津筹建了中国最早现代警务系统，创办天津侦探队及天津警察学堂。不久将天津、保定两所巡警学校合并，改称北洋巡警学堂，并在各县设立巡警传习所。赵应该是我国警察学校的创始人，为中国现代警察制度之先河。

（2）逼清退位得赏识

袁世凯调任军机大臣后，赵秉钧在北京创设巡警部，升任右侍郎官职，后清政府改革官制，巡警部改为民政部，将工部、礼部、太常寺、鸿胪寺等归并在内。

袁世凯要逼迫清廷退位，但又不愿承担骂名，就暗中唆使赵秉钧等人出面。赵秉钧知道这是讨袁欢心的天赐良机，于是格外起劲，逼迫孤儿寡母隆裕太后和溥仪下诏退位，向来无主见的隆裕太后只有拖延哭泣。御前会议上，赵秉钧公然提出，南北两政府同时退位，另在天津组织临时政府。王公大臣默不作声，满洲少年亲贵则誓死反对，赵秉钧厉声喝道：“今天开会，明天也开会，议来议去至今都议不出所以然来，内阁只得引咎辞职！”说罢扬长而去，满洲王公贵戚吓得面如土色。事后，赵秉钧干脆直接摊牌，威胁隆裕太后说，如能主动退位，将保证优待皇室，否者革命党催命，“将有不可测之事”。此时清廷实权和军队都牢牢控制在袁世凯手中，无可奈何的隆裕太后只好从命。

是赵出于对袁的忠心，也是由于职权所任，赵秉钧在劝清廷退位起了很大作用。辛亥革命之后，袁世凯把政府第一任内务总长的职位交给了赵秉钧。

袁世凯篡夺了中华民国临时大总统地位之后，论功行赏自然少不了赵秉钧，赵在唐绍仪总理内阁中出任内务部总长。不久，唐绍仪被逼辞职，继任的陆征祥又遭到议院弹劾。赵秉钧于1912年8月当上了袁世凯时期的第3任国务总理。在赵秉钧出任国务总理期间，一边组织北洋军阀政府，实行独裁专制，一边指使特亲信暗杀革命党人。这时的赵秉钧，自然成了袁世凯的御用工具。

办警务办得很像样的赵秉钧，为什么忽然有一天做了中国的内阁总理？这是因为第1任总理唐绍仪，虽然也是袁世凯的亲信，但不幸的是留学过美国，受美国民主思想的影响，因此跟总统袁世凯怎么也弄不到一起，只好自己开溜。遗下的位置，袁世凯交给谁都不放心，最后把昔日的警察头子赵秉钧弄成了总理。

（3）成败皆缘当警察

赵秉钧是袁世凯得力的智囊式人物，深得袁的信任和厚爱，在仕途上一路窜升。

1901年《辛丑条约》签订后，列强欺侮中国，不允许在天津驻军，在八国联军面前惨败的古老帝国，不但颜面顿失，天津作为北京的重要门户，无疑将失去戍卫首都的能力。

正在为清政府训练新军的袁世凯灵机一动，挑出3000名新军作为警察进驻，并转手交给部下赵秉钧，进行了3个月的短期警察训练。

这个年代的大多数中国人，对“警察”是什么东西还没有十分清晰的概念。封建统治下的帝国臣民和黎民的百姓，更为熟悉的，是那些挎着腰刀，拎着铁链，在百姓面前耀武扬威、在洋人面前四肢发软、整天四处抓人的“捕快”。

简单的训练之后，赵秉钧带着这支队伍，开进了天津城，古老的天津城顿添一道别样风景。3000名年轻士兵身穿黑色制服，除承担起军事戒备的任务，同时间亦负责全省巡警、消防、户籍、营缮、卫生等公共事务。由于有专门的警察维持社会秩序，天津市的社会治安一扫过去的混乱局面。据当时的报纸记载，曾经经历过六月间不见窃盗者之事，期然洋人亦叹服不已。

这支警队设有拘留所、备差所和军乐队等等一套完备机构，“为服务与管理群众而设，以防患未然、排解纠纷而作”。警员的选则，“必须性情温和、朴实，举止端方，做事严正，保卫民众，不得索谢”。赵秉钧的确也很能干，在一个没有警察的国度里，从无到有，制度、规则、训练，把个警务建设搞得井井有条。仅半年时间，天津就被洋人描绘成世界上拥有最好的警察制度的城市。

在权力与舆论的推动下，由赵秉钧一手建立的现代警察制度，就在中国各个省份逐步推广，并显现出了惊人的生命力。其时北京局势混乱，八旗兵集中城内，有屠杀汉人企图报复传说。赵以其在巡警界之影响力，利用姜桂题所部毅军，将旗营一律资遣至城外，更换旗籍巡警，强令商店开业，戏院演唱，北京秩序遂恢复平静。所以，曾有英国在华记者报道称，北京的大街上，警察居然帮一个推粪车的老乡将翻倒的车抬起来。他惊叹道：在过去，你能想象这种事吗？后来，朝廷新政，设置警察也是新政之一，赵秉钧水涨船高，爬上了中国警界的最高位，实际上成了中国警察的开山祖。

有史书评价，赵秉钧“生性慧黠，强悍而心细”，因为警察工作十分出色，他也成为袁世凯手下的得力干将。赵秉钧感恩戴德，眼里只有袁世凯，不见大清朝了。

(4) 蒙受冤屈诉予谁

宋教仁是民国初年政坛要人，同盟会员老，他为了实现政党内阁主张，谋合小党为大党，以同盟会为基础，联合统一共和党，国民共进会、国民公党、共和实进会，改组为国民党。国民党的组成，宋的策划和贡献最大，因而成为实际的领导人。

袁世凯授意赵秉钧加入同盟会，以窥探革命党人内部之虚实，遂与宋教仁交往甚密。宋教仁住在北京城外，经常夜间进城，到赵秉钧密室私谈，至天明始离去。宋教仁以政客手腕推崇赵无所不至，允诺国会成立后拥其为国务总理，甚至选为总统。赵秉钧亦推崇宋为大党领袖，组织政党内阁。宋教仁有时竟将党中秘密尽情吐露，赵秉钧亦告以北洋底细，似亦无所隐讳，由是两人交欢。

宋教仁谋杀案是民国初年轰动全国的大案要案，而种种风言风语使赵秉钧难逃干系。

1913年的宋教仁，从政治背景讲，与孙中山、黄兴以及国民党内一部分人政见相左。南京临时政府时代，宋力主责任内阁，而孙中山则坚决不作没有实权的总统，力主总统制；后来宋主张定都北京，与孙、黄意见不同。一部分革命党和同盟会中人对宋颇不满。所以宋被刺身亡后，也有人指称是国民党激进势力所为。

做了总理的赵秉钧，做的事情还像是警察。当时，交出了政权的革命党人，尤其是实际主持党务的宋教仁，特别热衷于通过国会的选举，获得议会多数，从而组建政党内阁，再次掌权。为了这个目的，革命党人拼命扩大组织，吞并小党，拉人入伙，拼凑了一个大党国民党，赵秉钧也成为被拉的对象。出人意料的是，对“党”一窍不通的赵秉钧，居然一拉就动，肯欣然加入。于是，袁世凯告诉国民党人，好了，你们希望的政党内阁实现了！党人一时也欢天喜地，乐不可支。可是，过了一段，发现这个身为党员的总理，根本不听党的话，依旧惟总统的马首是瞻，心里未免凉了半截。

1913年3月20日晚，上海沪宁火车站。宋教仁一行人从候车厅走到检票口，突然，一个身材矮小的汉子从阴影中蹿了出来，对准宋教仁抬手打出一枪，然后飞快地逃出了火车站。消息传开，举国震动，江苏省警察厅责无旁贷，承担起了侦破和缉拿凶手的重任。

宋教仁谋杀案发生在上海，是由租界巡捕房负责侦破的，从破案开始，中国政府就致力将案子引渡到中国警方审理，在北京的内务部、司法部和江苏警方共同努力，租界巡捕房将宋案所有文件、物证和人犯转交给中方。

宋案在全国引起轰动，警方收到相关证据材料后，很快查清与赵秉钧和袁世凯有关。举国人心震动，舆论为之哗然。1913年4月30日，总统府秘书长梁士诒建议袁世凯：“此事只有先免赵秉钧的职，改任唐绍仪，另组内阁以平民党之气，至于赵秉钧有无嫌疑，再待国民评判，庶可缓和。”

袁世凯采纳了梁士诒的建议，立即将赵免职，初拟由唐绍仪继任，后改为陆军总长段祺瑞暂代国务总理之职，赵秉钧所兼任的内务总长职务，则由次长言敦源代理。

赵秉钧为官多年，常年负责警务，民政，中规中距，没有什么特别劣迹和恶名，他几乎没有杀宋的动机，如果仅以所谓“宋要来做总理，我往哪搁?”这种荒唐理由，似乎是难以服从的推论。

宋教仁在上海遇刺时，赵秉钧正在北京参加国务会议，当时每逢周二、四、六召开国务院例会议，由内阁总理召集，各部总长和秘书长出席，并有秘书作会议记录。相关史料详细记录了赵秉钧在宋案发生后的第一反应，1913年3月21日上午，国务院正开国务会议，国会选举事务局长顾鳌突然闯进会议室向赵总理报告：前门车站得上海来电，宋教仁昨晚在沪车站被人枪击，伤重恐难救云云。这是北京方面得到的有关宋教仁遇刺消息的最早电报。赵秉钧总理大惊失色，当即离席，环绕会议长桌数次，自言自语：“人若说我打死宋教仁，岂不是我卖友，哪能算人?”各总长相顾均未发言。这时，忽然接到通知，袁世凯请赵秉钧总理，赵秉钧即仓皇去见袁世凯。

从这些现场记录来看，宋教仁被刺似乎出乎赵的意外，事先他并不知情。如果他事先与闻刺宋计划，则决不会有此强烈意外之感，以致严重失态。

第一届国会选举，由于袁世凯和赵秉钧们还不知道怎样操控，结果让国民党占了便宜，捞去了近半数的席位，成为国会第一大党。宋教仁踌躇满志，准备进京做总理了。没想到，半路杀出个武士英，对着这位国民党最能干的领袖开了两枪，未来的宋总理伤重不治身亡。消息传开，举国震动，中央政府当然要江苏地方严查，务必缉拿凶手，江苏警察厅也就真的严查，结果还就真的查出了凶手，一步步追上去，发现背后指挥者为应桂馨，并查出了应跟内务部秘书洪述祖和总理赵秉钧的往来函电多件。就这样，赵秉钧有了嫌疑，然后，武士英不明不白地死了，应桂馨不明不白地死了，最后，赵秉钧也不明不白地死了。

行刺宋教仁这件事，唐德刚先生认为不是袁世凯干的，而是底下的人，包括赵秉钧揣摩袁世凯的意思，自作主张。不过，话又说回来了，赵秉钧安排刺杀这活虽然干得不怎么样，但办警察办得还是蛮有成效，连中央首长做的案，地方警察居然都能查出来。

行刺宋教仁这件事，有人认为不是袁世凯干的，而是底下的人，包括赵秉钧在内，他们揣摩袁世凯的意思，自作主张。当然，赵秉钧肯定有事，但袁世凯也脱不了嫌疑。因此，现如今较为通行的说法是“宋教仁被袁世凯指令赵秉钧派人刺杀于上海车站”

（5）何时揭开真谜底

宋教仁在上海遇刺身亡后，上海警方强力缉凶，赵秉钧理应为自己亲自调教的警察队伍感到骄傲。宋教仁遇刺后仅3天，上海警察便抓住了线人应桂馨与凶手武士英，效率之高，令人叹为观止。凶手武士英、谋杀犯应桂馨被捕后，在应夔丞家中搜出赵秉钧给他的密电码一册及密函一件，还有内务部秘书长洪述祖指示应桂馨行刺的函电多件。因此赵秉钧引咎辞去总理职务。

此后，应桂馨从上海越狱逃往北京，向袁世凯索要暗杀宋教仁的酬金和被许诺的官职，袁世凯亲自派军政执法处侦探长郝占一，在京津铁路沿线的杨村，用电刀将应桂馨杀死。赵秉钧对袁世凯这种言而无信的行径和毒辣的杀手颇为不满，一面私自发电通缉暗杀应桂馨的凶手郝占一，一面当面抱怨袁世凯说："你这样做，以后谁还敢和你共事？"

袁世凯佯装不知推脱罪责，表面上对赵秉仍保持和气，又将赵秉钧改任为直隶总督。但他在心态上已对赵秉钧产生了反感情绪。

仅仅过了10余天，1914年2月27日晨，赵秉钧的私宅中传出一阵阵撕心裂肺的哭嚎。"总督病死了！"消息不胫而走，此时的赵秉钧只有50多岁。

当时，各大报纸的报道是，赵秉钧在天津直隶总督署突然中毒，"腹泻头晕，厥逆扑地"，七窍流血而死亡。更有报纸写的生龙活现，称赵秉钧之死是"1913年受袁世凯指使，布置特务暗杀宋教仁。案情揭露，改任直隶总督。袁世凯为灭口，次年把他毒死"。

赵秉钧死后，袁世凯得知消息，立即下令按照陆军上将例从优议恤，特派朱家宝及其次子袁克文赴天津治丧，并发给治丧银10000元。先后派陆军上将荫昌和秘书长梁士诒前往致祭，并送去一幅祭幛，上题"怆怀良佐"四个大字。袁氏称帝后，追封赵为一等忠襄公。面对如此礼遇，赵秉钧之死真是袁世凯暗中谋害吗？

据有关史料记载，赵秉钧突然死亡，更偏向一种突发的急症。当时的《大公报》称：自从2月以来，赵秉钧一直抱病办公，在应桂馨遇刺后，还曾经多次前往北京晋见袁世凯，之前并无什么异常之事。赵都督过于劳累，怔忡旧症发作，通过医治有所好转。

26日下午，赵秉钧在都督府与手下议事，夜晚，回到私宅。这一天晚饭前，赵秉钧服用一服中药，饭后又开始批阅文件。他的家人提醒他注意身体，但赵秉钧并没有在意。半夜，手下又端来中药请他服用。一切都没有异常。到早晨5点钟左右时，腹中阵阵剧痛使赵秉钧从睡梦中惊醒。他赶忙披上一件衣服，被搀扶着走进了厕所，一阵阵上吐下泻将赵秉钧折磨得头昏眼花。他的家人急忙派人将天津最有名的军医官屈永秋、徐德顺和名医王延年请来，医生连续为其注射了强心针，其间有药力作用，导致赵秉钧脉搏跳动几下，但没有任何根本性好转，3位名医见此也毫无办法，无奈地摇摇头告辞离开。最后赵秉钧在当天上午死亡，其家属、医生等人也都疑惑不解。

很快，多事的民国在新年之初又开始流传一个传言：刚刚在天津死去的直隶都督兼民政长赵秉钧，是被大总统袁世凯暗害致死。

也有人认为，认定赵秉钧是被袁世凯毒死，多少有点过于武断。赵秉钧死于1914年2月26日，离“宋案”（1913年3月20日）将近一年，按照袁世凯雷厉风行的作风，哪有灭口的事情拖上一年的？

赵秉钧死于袁世凯之手的说法本来就是一桩历史疑案，并无确凿证据，所谓事出有因、查无实据而已。真正严谨的史书最多只能以“疑似”作结。其实，如果袁真的处置赵，一则可能是惩处其办事不力，二则担心其手中握有不利于袁的把柄，当然也有“灭口”的考量，出自袁的深思熟虑，是雷厉风行还是须仓猝行事，似乎与袁的真实意图无关。

赵秉钧死前知袁世凯下的毒手，怕牵连家人，不敢声张，只“以葬身陵麓(光绪皇帝的陵墓)，近先帝为嘱”。赵秉钧死后，他的家人把他埋葬在梁格庄兴隆山南麓的光绪陵附近，将兴隆寺搬迁，寺庙外作为他的家祠，现仍有遗址。

赵秉钧是中国历史上第一位死在任上的内阁总理，死得不明不白，成了千古之谜。不过，赵秉钧本色其实是个警察头子，对于警察来说，不明不白的死，也是应有之义，不算太奇怪。

到底是谁杀了宋教仁？赵秉钧又是如何死的？众多史书，众说纷纭，历史就像是一个任人打扮的小姑娘。至少到现在为止，不得不遗憾地说，这些仍旧是一个谜。

第4任

段祺瑞：为官廉洁守清贫

他一生甘于清贫，被人称为“不抽、不喝、不嫖、不赌、不贪、不占”的“六不总理”；他喜用私人，刚愎自用，并无出色的战功和军事理论，但不乏非凡组织才能，善用政治手腕和军事手段维护自己的统治，他在民国史上享有“三造共和”之美誉；六次主政，几上几下，数次组阁，几进几出，是北洋军阀中少有的铁腕人物，是继袁世凯之后威权最盛的北洋军阀。

小 档 案

姓名：段祺瑞，原名启瑞

字号：字芝泉，晚号正道老人

籍贯：安徽合肥，祖籍江西饶州（今波阳）

出生：1865年3月6日

去世：1936年11月2日

毕业院校：天津武备学堂，柏林军校

祖父：段佩，字韫山，官至淮军统领

叔父：段从德，淮军将领

父亲：段从文，在家务农。共育有三子一女，段祺瑞排行老大

母亲：范氏，家庭妇女

原配夫人：吴氏，宿迁举人吴懋伟之女。育有一子一女

继室：张佩蘅，江西巡抚、都察院左副都御史张芾之孙女，育有四女

妹妹：段启英，排行第二，长嫁陈家，后因丈夫早故依兄长生活

长弟：段启辅，排行老三，字碧清，在家务农

幼弟：段启勋，排行第四，字子猷，曾任北洋军第二镇参谋

简 历

1865年，3月6日出生。

1872年，入家乡附近私塾读书。

1879年，因家道中落从私塾辍学。

1881年，到山东威海投奔叔父从军任司书。

1883年，5月10日母亲范氏去世。

1885年，9月以优异成绩考入天津武备学堂第一期预备生，分入炮兵科。

1886年，与宿迁举人吴懋伟之女吴氏在合肥结婚。

1887年，11月以“最优等”成绩从天津武备学堂炮科毕业，被派往旅顺督建炮台。

1888年，冬天以第一名的成绩被获准与其它四位同学到德国留学。

1889年，春天到德国，以官费入柏林军校学习炮兵，后留在兵工厂实习。

1890年，秋天学成回国，派任北洋军械局委员。

1891年，调任威海随营武备学堂教官。

1894年，7月在“中日甲午战争”中与学生一道为阵地搬运炮弹，抗击日军。

1896年，天津小站任新建陆军左翼炮队第三营统带，兼行营武备学堂炮队兵官学堂监督、代理总教习。

1898年，9月9日以炮队学堂监督身份受到清廷升叙加衔。

1898年，12月统领新建陆军编为武卫右军炮队赴日本观操。

1899年，12月随袁世凯率武卫右军到山东镇压义和团。

1900年，5月18日原配吴氏在济南病故。

1901年，5月31日娶袁世凯义女张佩蘅（江西巡抚、都察院左副都御史张芾之孙女）为继室。

1901年，在直隶总督袁世凯保奏下“以知府仍留原省补用，并加三品衔”，“兼充武卫右军各学堂总办”。

1902年，5月参与镇压广宗县景廷宾起义。

1902年，6月任北洋军政司参谋处总办，全面主持编练新军。

1902年，7月9日升“道员留直隶补用，并加二品衔”。

1902年，8月9日因镇压直隶广宗、威县反洋教团众“劳绩”，被袁世凯保奏，准赏戴花翎，加“奋勇巴图鲁”勇号。

1903年，12月4日任清廷练兵处军令司正使，加副都统衔，与王士珍、冯国璋并称为“北洋三杰”。

1904年，6月任北洋陆军第三镇统制官，辖第五协、第六协、马协。

1905年，5月调任北洋常备军第四镇统制官，辖第七协、第八协、马协。

1905年，9月转任第六镇统制。

1905年，10月任清廷北洋军河间府秋操“北军”总统官。

1906年，2月复任第三镇统制，驻宝鼎，兼督理北洋武备各学堂。

1906年，3月17日补授福建汀州镇总兵，仍留北洋原任。

1906年，5月8日任清廷保定“陆军行营军官学堂”督办。

1906年，10月任清廷河南彰德秋操“北军”总统官。

1907年，10月16日被授镶黄旗汉军副都统，专门督办陆军各学堂。

1908年，10月17日任会考陆军留学毕业生主试大臣。

1909年，12月29日再次任陆军第六镇统制。

1910年，5月25日以督办北洋陆军学务有功获赏头品顶戴。

1910年，12月18日加侍郎衔，外放任江北提督，驻江苏清江浦，负责本地治安。

1911年，11月任第二军总统官由钦差大臣袁世凯指挥与武昌起义的革命军激战。

1911年，11月18日兼任第一军总统官并署湖广总督，官位正二品。

1911年，12月14日与冯国璋移交第一军军统关防要卷，驻师湖北孝感，以武力镇压革命军。

1912年，1月26日秉承袁世凯意旨联名四十六名北洋高级将领电促清廷退位。

1912年，2月5日联合第一军八名协统以上将领发代奏电再次逼宫。

1912年，2月17日署理陆军部总长，有训练、调遣军队和提拔军官的权力。

1912年，3月29日任中华民国首届内阁陆军总长。

1912年，9月7日被袁世凯任命为陆军上将。10月9日特授勋一位，给予二等嘉禾章。

1913年，5月1日任陆军总长代理国务总理。

1913年，7月17日卸代总理。

1913年，7月19日再代理国务总理，

1913年，8月26日任熊希龄内阁陆军总长。

1913年，12月10日任陆军总长暂代领湖北都督。

1914年，2月13日任陆军总长兼领河南都督。

1914年，6月30日任袁世凯设立的京师将军府建威上将军，管理将军府事务。

1914年，10月8日获袁世凯颁发的一等文虎章。

1915年，2月1日领衔十九省将军致电北洋政府反对“二十一条”。

1915年，5月30日称病请辞陆军总长获袁世凯抚慰。

1915年，8月28日被正式免去陆军总长职务。

1916年，3月22日复出任参谋总长。

1916年，4月22日代徐世昌为政事堂国务卿兼陆军总长。

1916年，5月8日撤销政事堂恢复国务院和总理名称任国务总理。

1916年，8月21日再次任国务总理兼陆军总长，组织责任内阁。

1917年，5月23日被黎元洪免去国务总理之职。

1917年，7月17日被黎元洪重新任命为总理兼陆军总长。

1917年，11月辞去陆军总长和国务总理职务。

1918年，3月23日被冯国璋任为国务总理，组织第三次“段内阁”。

1918年，10月10日因冯国璋代理总统期满而辞去总理职务。

1918年，11月15日专任督办参战事务处督办，仍把持朝政。

1920年，7月28日被总统徐世昌免去边防事务处督办职务。

1924年，11月24日就任临时执政，再次上台，成为中华民国的元首。

1926年，4月20日通电下野，退居天津日本租界当寓公，自号“正道居士”。

1936年，11月1日因胃病突然发作在上海病逝，终年七十二岁。

(1) “六不总理”远贪欲

段祺瑞在清末民初中国扑朔迷离的政治舞台上曾经显赫一时。他出身行伍世家，饱尝世间冷暖；身怀救国之志，却无法施展强国才华；受新式军事教育和有留学欧洲的经历，但思想和行为方式受中国传统文化影响很深；他曾是继袁世凯之后控制中央政权的军阀首领，却在生活方式上保持着相对的清廉。

段祺瑞“不抽不喝不嫖不赌不贪不占”，人称“六不总理”，他信佛吃素，为人严肃刻板，不苟言笑，生活朴素，清廉如水，无积蓄房产，一生中除了收过冯玉祥的几块南瓜再也没有收过礼。

逢年过节时，按照习俗，给段祺瑞送礼的人更是络绎不绝，但段祺瑞只是在每人的礼品中挑一样最不值钱的留下，其余的一概退回。有一次江苏督军齐燮元送他一扇镶嵌着各种宝石的围屏，他的家人喜欢得睡不着觉，好几个人不约而同地半夜爬起来摩挲。可他只轻轻一挥手，就叫人把东西抬出去了。只有冯玉祥送过他一个大南瓜他全都收下了，因为实在没有办法把南瓜再切一半还给冯玉祥。张作霖给段祺瑞送来一些东北特产，并不是多么值钱的东西，但段祺瑞死活不肯收，最后在张作霖副官一再恳求下，才收下两条江鱼。

段祺瑞从年轻到年老，穿衣服就没逃过邋里邋遢的样子。他在家里总是一件长衫，头上一顶瓜皮帽，任谁见了他，也想不到他会是个国务总理。他出门的时候，当然也会穿军装、礼服，不过不管多么考究的衣服，穿在他身上也都显得随随便便，有时候西服领带都会歪到一边去，他也浑然不觉。

段祺瑞从来没有做过生意。他家里日常用品都是从铺子里一针一线买来的，和他家来往最多的是北京前门外大栅栏瑞蚨祥。当时的那些人谁不想巴结这位实权派的国务总理大人？可他却没有在任何一家银行投过一文钱的资本。堂堂的总理之家，居然常常会像平民小户一样，有经济周转不灵的时候。实在挺不下去了，段祺瑞也会写张白条，到附近的哪家银行去借上个千八百元的，这一笔笔的账段祺瑞记得十分清楚，等到他有了钱去还款时，哪家银行都知道段祺瑞的“好记性”。

段祺瑞一生清廉，没有购置过一处房产和地产，甚至连合肥老家也没有一处住房，在北京住的房子是袁世凯赠送的。段祺瑞在台上当政时还有地方借钱，等到他下野隐居天津后，他家的经济状况就彻底窘迫下来。他已经住不起“公馆”，而只能住“私宅”了，到天津之初，住的是他的部下魏宗翰的公馆，后来搬出日租界，租住在英租界47号一套房租较低的住宅中。

段祺瑞在位时，尽管经常要接济老家的亲戚等客人，但政府的拨给还是可以满足这些开支的。由于没有财产与积蓄，段祺瑞下野后，生活一下子便没了着落，所幸他的部下、学生众多，这时候不得不依靠他们的接济。段祺瑞开始亲自过问日常开支，亲自审查日常详细账目，想办法尽量节约开支。他的一日三餐多以米粥、馒头、素菜为主，四季衣着均为布制。他家的仆人也已减到了最低数，由于人手不足，他和夫人姨太太们经常要亲自做些简单的家务，多亏魏宗瀚邀约一些当年的老兵，自愿轮流前来站岗放哨并帮助料理些宅内杂务，宅中才不至于到黄叶满阶无人扫的地步。

“不抽、不喝、不嫖、不赌、不贪、不占”这就是段祺瑞，人称“六不总理”。他除了躲在书房里下棋、打牌，没有别的任何嗜好。面对灯红酒绿，金黄银白，他虽为世间俗人但也从未动心。段祺瑞可能是天性寡欲，再加上后天修炼成的自制力，才能在那样的乱世里做到“出污泥而不染”。即使段在最后的日子里，仍然保持了做人的尊严。位高权重，家却清贫，这样的生活习惯是值得赞颂的。

(2) 酷爱棋牌信佛教

说起段祺瑞，作为民国年间的大人物，也是一个传奇人物，为人一向古板严肃，不苟言笑，给人的印象是不太好打交道。他一生不蓄私财，不徇私情，不拥兵自重，这在军阀中，无论如何也算是难能可贵的。段祺瑞的平时生活很有规律，一年到头基本没有什么变化。一般情况下，他都是在家吃早饭，随后上书房看公事；办完公事后去衙门，中午再回来吃饭。如果说他有什么独特爱好，那就要算下围棋了。

吃过中饭后，段祺瑞一般会在内客厅睡会儿午觉，然后有客的时候会客，无客的时候就与棋手们下下围棋。晚饭之后，段祺瑞照例要打一会麻将或下几盘围棋。

很多人知道段祺瑞是国务总理，人称“段合肥”，但不知道他非常喜欢下围棋，可以说一生酷爱围棋，他曾资助和支持一大批围棋选手，包括后来加入日本籍的国手吴清源，段因此被称作“中国围棋的大后台”。在他周围的一大批棋手，经常陪段下棋，高兴的时候，段还会给他们一点小钱以自乐。据说，那些棋手和段祺瑞下棋时，心里都十分清楚，既不能赢段祺瑞，因为段的自尊心很强，赢了他会很不高兴；但也不能多输，因为多输的话，会让段祺瑞看不起。

段祺瑞自 1926 年被冯玉祥将军赶下台后，隐居天津，不久就成了虔诚的佛教徒。他日常除喜欢诵经外，就是搓麻将、下围棋。

段祺瑞 1933 年离开天津来到上海，定居在上海霞飞路（今淮海中路）上海新村附近。一起与他来到上海的除身边服侍人员、侄子段宏纲外，还有北方围棋名手刘棣怀、顾水如。到上海后，段祺瑞牵头办起了“上海弈社”，聚拢了一大批上海围棋名手。后来与张静江等一批棋手汇合，南北交流，促使围棋活动日益兴盛，上海成为全国围棋名手汇集的中心。

段祺瑞与吴夫人所生长子段宏业，虽然从小寄养在亲戚家，十几岁才回到段祺瑞身边，没有机会受到良好教育，但与段祺瑞一样，十分喜爱围棋，是当时围棋界里响当当的人物。正因为如此，段祺瑞对段宏业十分喜爱，督责甚严。但并没有为他的前途铺平道路，而是教育他从最低层做起，靠自己的能力一步步向高处攀登，尤其注意在围棋对弈中教育儿子。

有一天，他命人摆好围棋盘，父子俩对弈，结果做儿子的输了。段祺瑞见状老羞成怒，大骂道：“下棋是雕虫小技，你连这方面也不行，真是没用!”

第二天，父子俩又持黑白子厮杀起来，这次段宏业赢了，但段祺瑞还是怒不可遏，大骂儿子既无大志也无大才，只能在这些消遣功夫上表现。

段祺瑞年近七旬时，还带病和日本著名棋手吴清源对弈，并且偶尔还能胜了吴清源。吴清源做段府的棋手时年纪还小，也最受段祺瑞的喜爱。他在和段下棋的时候到是毫不客气，俩人经常能下个旗鼓相当，但随着吴清源水平的不断提高，段祺瑞和他对弈往往输多赢少，后来也就不再和他下了。吴清源后来入了日本籍，成为日本围棋界的一流高手。除了吴清源之外，段还资助过一位棋手东渡日本深造，回国后成为一名杰出的棋手。

(3) 反袁称帝主共和

段祺瑞在史上有“三造共和”之美誉，即致电逼迫清帝退位、讨伐张勋复辟、抵制袁世凯称帝。“三造共和”是段祺瑞的政治资本，是他抬高自己打击别人的法宝，故他常以此自诩。在反对袁世凯称帝的声浪中，人们对孙中山、蔡锷反袁的态度容易接受，而对段祺瑞的选择往往不大容易理解，因为段祺瑞是袁世凯的铁杆兄弟，袁世凯将自己的义女嫁给段祺瑞，两人关系自不必说。

段祺瑞和袁世凯的关系可谓源远流长。段祺瑞自 1896 年袁世凯天津小站练兵时起，开始追随袁世凯，两人的关系可谓一荣俱荣，一损俱损。袁世凯初到天津小站主持练兵，一天他发现少了一个人，那就是段祺瑞，他连忙问道：“段祺瑞呢？段祺瑞怎么没来？”一旁的唐绍仪告诉他，段正好回家完婚去了，但已经发电报催他尽快来报到。袁世凯闻知段祺瑞结婚后返回天津，礼贤下士，亲自前往车站迎接。几天后，段祺瑞在天津一家饭店举行婚宴，招待小站的各位将领和同僚，袁世凯又同荫昌出席祝贺，给了段祺瑞很大的面子。袁世凯还把宴会的所有花销都记在自己的名下，令段祺瑞感恩不尽。民国初年，段祺瑞妻子病故，他的续弦夫人张佩蘅是袁世凯的义女，所以袁、段二人除多年袍泽关系外，无形中又成了亲戚。

在北洋系统中，袁世凯倚重的两员大将是段祺瑞和冯国璋，较之冯国璋，袁世凯对段祺瑞更是高眼相看，恩宠有加。

段祺瑞性格坚定，蛮横粗暴，令人生畏，因此被叫做“虎”，袁世凯也正是欣赏他的这种虎胆、虎劲和虎威。

段祺瑞在小站练兵时就编著《编练章制》、《战法操典》等，成为袁世凯的主要智囊人物，他办事一向我行我素，即便与袁世凯等人商讨军事时，如意见不获采纳，也常露出不悦之色，有时还显得自命不凡。段祺瑞还先后担任过北洋新军第3、第4、第6镇统制等要职。在促成袁世凯再度出山，对清室逼宫，促成南北议和，镇压“二次革命”等重大事件中，段祺瑞谋划方略，调兵遣将，不遗余力，为袁世凯当上大总统和扫荡国民党势力立下了汗马功劳。

袁世凯就任大总统后，王士珍功成隐退，冯国璋外调南京，段祺瑞任陆军总长，实际主持北洋军务。在北洋军阀集团中，许多新生力量都是由段祺瑞培养起来的，后来形成了某种“只知段总长，不知袁总统”的局面，这也渐渐引起袁世凯的怀疑和担忧。

袁世凯称帝的野心日益暴露，其帝制活动日益公开，作为一名有十足影响力的军阀，段祺瑞却坚决反对称帝，并坚辞陈情“此事危及国家安危和原价身家性命，万不可做，万不可做”。段祺瑞反袁称帝的态度坚决，但基于当年的知遇之恩，在开始时依然苦口相劝：“总统，祺瑞自小站跟随总统，鞍前马后将近20年，总统知遇之恩，祺瑞没齿难忘。如今，国势危殆，倘有变动，后果不堪设想。祺瑞无知，赤诚可鉴，望大总统三思。”

走火入魔的袁世凯一心想要当皇帝，对段祺瑞的劝阻根本听不进去。段祺瑞的苦口婆心与虔诚表现被袁世凯认为是背叛。于是，在1915年5月31日段祺瑞称病请假，袁世凯正愁没有借口赶他，他一请假，老袁赶忙答应，同意段祺瑞去西山养病。

在袁世凯称帝的闹剧中，段祺瑞进行了消极抵制，没有参加在中南海居仁堂举行的百官朝贺。只是在公馆里对自己的亲信徐树铮慨叹“项城作孽啊!”段祺瑞反帝立场从未动摇，这一点对于倍受袁提拔，受袁照顾的段祺瑞尤为难得。后来，段祺瑞曾两次要求晋见袁，皆被袁世凯拒绝，直至最后被袁夺回兵权。

事情往往就是这样，真正忠诚的人，却常常忠而见疑；而把他往绝路上引的，却总是受到重用。段祺瑞反对袁世凯称帝，恰恰是段对袁世凯忠诚和负责的表现。可惜袁世凯不但不领情，反倒想算计他，真是让人叹气又可笑。

(4) 民族气节爱国情

在大多数人心目中，北洋军阀都是一些只会吹胡子瞪眼，面目可憎、祸国殃民的家伙。这种看法的形成当然是与诸多小说、电影的文学描写有关，然而，事实上并不完全是这样。“北洋之虎”皖系军阀段祺瑞曾六次主政，先后任直隶总督、北洋大臣、湖广总督等职位，经历过府院之争、张勋复辟、直皖战争、直奉战争、“三·一八”惨案等那个时期的重大历史事件，在19世纪末20世纪初社会大动荡的时代，是中国政坛举足轻重的人物，也是民国初期政坛上翻手为云、覆手为雨的人物，具有立体化的人格特点，其性格也具有多面性和复杂性。

在反对帝制方面，段祺瑞可谓旗帜鲜明。在对待“三·一八”惨案的态度上，段祺瑞也表现出了那个时期的政治家身上少有的人性与人道，这是政治家身上最宝贵的。

1924年，冯玉祥发动北京政变，段祺瑞被推为中华民国临时政府执政，1926年发生了了政府纵任军警屠杀爱国请愿学生的“三·一八”惨案，当学生游行队伍到北京铁狮子胡同执政府和国务院门前请愿时，执政府卫队在不加任何警告的情况下，向请愿队伍实弹射击，顿时血肉横飞，造成47人死亡，100余人受伤。段祺瑞因此被定格在屠杀民众的封建军阀形象上。

所有关史料披露，在袁世凯死后的一段时期，基本上勉强维持了统一的局面，局势相对和缓。“三·一八”惨案发生后，段祺瑞随即赶到现场，向死者长跪不起，之后又作出严厉处罚凶手的指示，并决定终身食素以示忏悔，至死都没有违背这一决定。1934年春天，段祺瑞胃溃疡发作，引起胃部出血，被送到医院治疗。由于段祺瑞身体虚弱，医生家人纷纷劝他开荤，以加强营养，段祺瑞断然拒绝：“人可死，荤绝不能开！”作为当时的一名政治人物，能做到这一点，是很不容易的。

在对待“二十一条”和日本人的态度上，段祺瑞也展示出一个爱国军人气度。1915年日本以赞助复辟帝制为诱饵想袁提出卖国“二十一条”，袁周围许多要员主张对日妥协。但在2月1日，段以陆军总长身份领衔19个省将军致电北洋政府，表示反对。“谓有图破坏中国之安全者，必以死力拒之。中国虽弱然国民将群体殉国。”并在5月8日独特异议，主张动员军队以强硬态度对待日本。虽被袁拒绝，但段祺瑞作为一名军人的浩然气节展现得淋漓尽致。

段在下野之后，即使在生活困难之时也未动摇其对日本的态度。

1926年，段祺瑞退出政坛后，曾长期寓居天津租界。此时，段祺瑞成了日本人拉拢的对象。日本关东军特务机关长土肥原数次到天津，秘密会晤段祺瑞，请段出面组织华北政府，日本愿以全力支持。但遭到了段的严辞拒绝。

1931年“九·一八”事变后不久，日本企图在占领我东三省之后继而控制整个华北地区，为了谋划组织华北傀儡政权，日本人在京津两地物色代理人，最后将目标锁定在段祺瑞身上。以日本人的眼光，段祺瑞是当年的亲日派领袖，与日本政府有种特殊关系，虽退隐后无权无势，但若能在傀儡政权中挂名，其影响不可小觑。

段祺瑞认定，自己一旦出来做汉奸，便会落得千古骂名，遗臭万年，但他又不敢断然拒绝日本人的要求，怕遭不测之祸。无奈之下，年近古稀的段祺瑞拖着衰病之躯，以“腿疾多病”、“女儿在上海读书”为借口，1933年1月千里迢迢来到上海，开始了人生最后3年的岁月。

段祺瑞看清了日本人的真实嘴脸，公开表明了自己的抗日态度。来到上海之后，他接受《申报》记者采访时说：“日本暴横行为，已到情不能感、理不可喻之地步。我国惟有上下一心一德，努力自求。语云：求人不如求己。全国积极准备，合力应付，则虽有十日本，何足畏哉？”“爱国朝野一致，救国惟有自救耳。”

虽然段祺瑞来到上海，也未能躲得了清净，受日本人指使一直想拉段祺瑞投靠日本的王揖唐，就一刻也没有闲着。王揖唐曾是段祺瑞的旧部属，死心塌地为日本人效力卖命，极力拉拢段祺瑞重返天津，并闹出了一场沸沸扬扬的密电风波。

事情的原委是这样的，王揖唐为了拉拢段祺瑞，给段发了一封稀奇古怪的电报：“玉裁诗集，已预约五部，余诗接洽，再待奉告。王赓。”

在外人看来，这封莫明其妙的电报似出版商之间的购书合约，而段祺瑞却心知肚明。电文开头的“玉裁”，原指清代文字学家段玉裁，但此处则隐喻段祺瑞，“五部”乃指中国的“华北五省自治”，电报署名“王赓”即王揖唐。王揖唐，字慎吾，初名志洋，再名什公，后又改名为赓，字一堂，号揖唐，别号逸塘。王揖唐因善于钻营和投靠日本人而被称为“华北第一奸”，抗战至此胜利结束。稍后,国民政府公布了惩治汉奸条例,开始在全国范围内整肃汉奸。抗日战争胜利后，国民政府军事委员会北平行营主任李宗仁给时任军统局局长戴笠发了一份绝密电报，命其立即逮捕华北高级汉奸，戴笠首先就把目光投向了王揖唐。

看完了王揖唐的密电，已经铁了心与日本人决裂的段祺瑞，当机立断复电一封：“专电转陈。玉公谓：股东决不同，不约其他方面，切勿接洽。即已预约者，请作罢。”

王揖唐和段祺瑞来往的密语电报，竟被上海的媒体记者所获悉，准备通过媒体对外公布。段祺瑞主动接受上海报纸记者的采访，把他与王揖唐往来的电文公布于众。顷刻间，这封电报成了上海各大报的头条新闻，段祺瑞的爱国举动迅速传遍浦江两岸，再波及神州大地，赢得了人们的广泛赞誉和好评。

晚年的段祺瑞在日本人面前却保持了做为中国人的尊严，受到了上海各界的普遍好评。1953 年春，段祺瑞的女儿去北京，章士钊、李济深两位老人对她说："你想，政府买下你段氏一处产业，花 3000 元，使用你们的房产，也每月按粮价折款付给租赁费，何曾作为'敌产'对待？"由此可以看出，新中国政府也肯定了段祺瑞在晚年保持民族气节的表现。

(5) 临终嘱咐警后人

段祺瑞出身于一个军人家庭，祖父和叔父都是淮军将领，段祺瑞小时候主要受到祖父的影响，他在七岁的时候便被祖父段佩接到自己在宿迁的兵营，由此耳濡目染了军旅生活。尽管祖父给段祺瑞请了塾师带他念书，但年少时的段祺瑞却最喜欢舞刀弄棍，因为有了家庭殷实的生活环境，段祺瑞的童年生活过得还是很惬意的。

段祺瑞 14 岁那年，正值花样年华，他的幸福童年却戛然而止，引以为豪的祖父段佩突然在军中亡故，段祺瑞在军营中无以托身，只能将祖父的灵柩送回合肥老家安葬后。年仅 16 岁段祺瑞，只身一人步行 2000 多里，风尘仆仆数十天，赶到山东威海投奔堂叔段从德，在他的手下做了一名小兵。

尚未成年的段祺瑞只身来到威海，父亲段从文放心不下，赶到威海看望儿子，哪想到在回家途中被盗贼所害，年仅 39 岁。噩耗传到威海后，段祺瑞受到很大打击，但由于军务缠身，加之他是刚入伍不满两年的新兵，上级未批准其请假奔丧。不幸之中，打出接踵而至，8 个月后，段祺瑞的母亲因为哀痛过度，也不幸亡故。一年之内，父母双亡，段祺瑞这次才被批准回家奔丧。

回到家中后，看着自己年幼的弟弟妹妹，段祺瑞心情十分沉重。这时大妹妹也只有12岁，最小的弟弟才9岁。作为家中的长子，段祺瑞在父母双亡的情况下，必须承担起照顾弟弟妹妹生活的重担。弱冠之年，段祺瑞就要独撑3个幼年弟妹生活的重担。

家庭的变故和养家糊口的重担，磨练了他坚忍不拔的性格。段祺瑞发誓刻苦攻读，立志出人头地，他20岁考入北洋武备学堂，22岁以最优等成绩毕业，23岁以第一名的成绩被获准到德国柏林学习军事，揭开了他人生新的一页。

晚年的段祺瑞，在谈及进退得失和人生修养时，常常回忆起他幼年时的私塾老师，流露出对教师的崇敬和敬仰。段祺瑞很能记得人家的好处，受施不忘恩情。

段祺瑞是在8岁那年离家赴祖父任所宿迁读私塾的，在那里结识了他的私塾恩师侯老先生。由于年纪尚小，当时并未领会恩师的良苦用心，上学时不用功读书，对教师的批评我行我素。不过，段祺瑞成名后，却对这位启蒙老师十分尊敬。每逢侯老先生来京，段都待为贵宾，一日三餐相陪，开口闭口老师。侯老先生离京返乡后，段祺瑞不仅经常送衣送钱，还将老先生的旧居修葺一新。段祺瑞晚年的的生活虽十分窘迫，但仍坚持按时向侯老先生寄去生活用费。

段祺瑞另一位印象很深的塾师，是他在合肥念私塾时结识的许老师。直到晚年，段祺瑞还清楚地记得，那时学生都要把主副食带来塾中搭伙，师生在一起吃饭，厨房是由许老师的女儿负责管理的，学生们都称她为师姐。

段祺瑞因家里困难，基本上都是带些咸菜来，很少能从家里带来肉菜，但在一次吃饭时，却发现自己碗里有一块肉，便非常奇怪！这是怎么回事？学生哪有肉吃呢？他以为这是师姐搞错了，因为有肉的菜一般是给老师吃的，可他又不敢问。

可是从此以后，他经常发现碗里有好吃的。有一次他趁添饭时，跑到厨房去问，结果挨得师姐一顿数落：“碗里有肉你尽管吃就是了，管那么多干啥？”这时他才晓得是师姐的多情照顾，便心领神会，默默走开。往后数十年，他对此事一直记在心里。

国民革命军北伐，全国统一后，段祺瑞告别军政舞台，晚年退居上海，他便想方设法打听这位师姐的下落。通过合肥一位旧友辗转打听，居然把已经白发苍苍的师姐找到了。段祺瑞高兴地邀请师姐到上海见面。师姐回去的时候，段祺瑞还送她500元，聊表心意。

段祺瑞在清末民初的政治漩涡中争战一生，弥留之际，留下亲笔遗嘱“八勿”，其中蕴含的哲理，即使在今天看来，仍不乏警示及启示意义。

勿因我见而轻起政争，

勿尚空谈而不顾实践，

勿兴不急之务而浪用民财，

勿信过激言行之说而自摇邦本。

讲外交者，勿忘巩固国防；

司教育者，勿忘保存国粹；

治家者，勿弃国有之礼教；

求学者，勿骛时尚之纷华。

中华人民共和国成立初期，章士钊到北京后，曾将段祺瑞的“八勿”呈报给毛泽东。毛泽东阅后呵呵一笑说：“有功有罪，已经化敌为友了嘛。”

1936年11月1日，段祺瑞胃病复发，胃部出血不止，11月2日晚在上海宏恩医院去世，时年71岁。

民国总理档案
MINGUOZONGLIDANGAN

第5任
熊希龄：慈善爱国终不悔

他生于凤凰，是凤凰之子，人称熊凤凰；出身苗族，是民族骄子。家乡山水的灵性铸就了他百折不挠、自强不息的精神。民族文化的涵养给予了他乐善好施、爱民爱国的情怀。在民族灾难深重的艰难岁月，他创办学校，兴办实业，支持维新，拥护立宪，走向共和，养孤扶贫，奔赴前线，救死扶伤，以身许国，不记名利，鞠躬尽瘁，死而后已。

小 档 案

姓名：熊希龄

字号：字秉三，别号明志阁主人，双清居士，佛号妙通

籍贯：湖南省凤凰县人

出生：1870 年

去世：1937 年

原配夫人：廖氏，成婚不久即病逝

夫人：朱其慧，熊希龄的教师、沅州知府朱其懿同父异母妹妹

夫人：毛彦文

著作：《香山集》两卷

简历

1870年，7月23日出生于湖南湘西凤凰县。

1876年，6岁入私塾读书。

1877年，随改标来沅的父亲迁居芷江县城。

1891年，在省应乡试，中举人。

1892年，入京会试，中式贡生。

1894年，补应殿试，中进士，授翰林院庶吉士。

1895年，入湖北军营，被湖广总督委充两湖营务处总办。

1896年，由湖北反湘，协助湘抚陈宝箴行新政。

1897年，与谭嗣同等在长沙创办时务学堂，任学堂提调。

1898年，南学会开办，任议事会友；主持《湘报》报馆事务。

1898年，9月，戊戌变法失败，熊希龄被以“参与变法”之罪名革职。

1902年，在常德创办“启智书局”。

1904年，赴日本考察实业与工艺，回国后提出一系列计划设想。

1905年，以参赞衔随载泽等五大臣赴各国考察宪政。

1909年，晋四品卿衔，授东北三省财政正监理官，后又任奉天盐运使。

1910年，任东三省屯垦局总办。

1911年，以湖南共和协会会长名义致电袁世凯，督请满室“明诏退位”。

1912年，加入章炳麟发起的中华民国联合会。任吴淞中国公学校长。

1912年，4月任唐绍仪内阁财政总长。

1913年，赴热河任都统。

1913年，7月被袁世凯任命为国务总理，免去热河都统职。

1913年，8月就任国务总理兼财政总长。

1914年，2月9日被免去财政总长，2月12日被免去国务总理。任参政院参政。

1916年，3月10日被袁世凯任命为湘西宣慰使。

1917年，任平政院院长，八月辞职。11月在北京创办慈幼局，收养难童。

1918年，在北京香山静宜园成立香山慈幼院，任院长。

1919年，在上海成立中华慈善团体联合会期，任临时正主任。

1937年，12月25日因脑溢血在香港逝世，享年67岁。

(1) 湘西凤凰赛神童

在跌宕起伏的历史长河中，有多少人湮灭其中，又有多少人被后人所遗忘和敬仰。然而，在众多历史人物中，我们不能忘记，北京政府第一任财政总长、袁世凯执政时期任国务总理的熊希龄先生。

熊希龄出生于风景秀美、人杰地灵的湘西凤凰县，故居在古城北文星街的一个小巷里，东去不足200米便是秀丽的沱江。熊希龄出生时的故居，是一座由堂屋、卧室、厢房组成的四合院，出堂屋正门有一小天井，厢房数间环之。门、窗、墙大部分为木结构，其上或雕花或绘图案，造型大方，做工精美。房屋不大，但结构精巧，虽封闭而不死、敞放而不乱，是典型的苗族古代建筑格式，极富苗族情调。

凤凰，是古代传说中神奇的大鸟。它状如孔雀，羽毛五彩，声音动听，异常美丽。据说，它是吉祥的象征，落到哪里，就降福于哪里。说来也巧，这凤凰城还真是个人杰地灵的地方，20世纪就出了沈从文，黄永玉、熊希龄等闻名于世的传奇人物，加上它秀丽的山水，古朴的吊脚楼，更具传奇色彩。

关于熊希龄的出生，凤凰民间流传着一个故事，说是熊希龄出世的那天晚上，他的啼哭声特别响，满街的人家都听见。街邻们前往熊府去道喜说：熊老爷，贺喜你添贵子，这孩子哭声大，长大必成大器。那夜里满街清香扑鼻，人们断定这孩子将来一定是个朝中清官。

熊希龄在这栋小四合院里度过了他的童年。故乡的山水孕育了他刚直不阿、愤世疾俗的个性；苗族传统的家教养成了他正直善良、乐于施舍的秉性。

熊希龄幼时极有天赋，他6岁发蒙“闻一知十”，读一本《三字经》，只用三四天即能背诵。当时老师不给蒙童开讲，他却疑义很多，经常要求解答。

在私塾求学时，老师曾以“栽数盆花，探春秋消息”为上联，让学生对出下联，熊希龄稍作思索，即对以“凿一池水，窥天地盈虚”，先生惊赞：“经纶之才也！”老师命学生各自绘画一副，并题相应诗句，熊希龄独画一株棉花，枝叶俊秀，蓓蕾初绽，题句“此君一出天下暖”，先生一下惊愕：“此画堪称上品”。

熊希龄自幼勤奋好学聪颖过人，文采斐然。吟诗作对，大气浩然，因为禀赋出众、好学深思且勤奋过人，在少年时代便闻名遐迩，被誉为“湖南神童”。老师惊叹其才气，用一副嵌字联写道：“希有奇才，凿水窥天成妙句；龄虽幼小，登科及第占鳌头。”在这副对联里，老师以“希龄”二字嵌头，巧妙自然地颂扬了他的天资。

1888 年，熊希龄结识沅州知府朱其懿，从此改变了人生轨迹。熊希龄的聪明才智深为朱其懿所器重，朱保送熊至长沙湘水校经学堂读书。熊希龄在此期间，留心经世之学，最喜欢读顾炎武的《天下郡国利病书》和顾祖禹的《读史方舆纪要》等书，并接受公羊改制说，为他后来治世立论打下了坚实基础。正是在这里，熊希龄眼界大开，除了经史学问有长足进步之外，他特别钟情于历史与地理，这种修养最终成为他建功立业的基础。

1889 年，熊希龄进沅州府沅水校经堂读书，这是一所仿效长沙湘水校经堂创办的新型书院。在这里他阅读了大量新书籍，在思想上受到很大影响。1891 年，熊希龄以优异成绩毕业，同年秋考中举人，次年中贡士。

此后的成长道路上，熊希龄可谓一路春风，少年得志，才高气傲，一发而不可收。他 15 岁中秀才，21 岁中举人，25 岁中进士，35 岁出洋考察，40 岁出任民国首任财政部长，43 岁即登上国务总理的宝座。

（2）维新志士险丢命

已经踏入社会的熊希龄，胸怀报国之志，为国为民奔走呼号。青年熊希龄受梁启超、唐才常的影响，主张维新立宪，与梁启超、谭嗣同等致力维新。在百日维新期间，熊希龄提出“朝廷变法，首在兴学；兴学之本，先重师范”的主张，计划全面整顿湘省全部书院，以适应新法之需要。1893 年他给湖南巡抚吴大徵上书提出救国之道，如“兴教养”、“严吏治”、“立炮台”、“修城池”等，力求从学习西方的角度寻求经国济世的良方。

1894 年的甲午战争惊醒了中国人，也将故步自封、安于现状的湖南人惊醒了。他们从对湘军昔日战绩的迷恋中抬起头来，深感时变事迁，湘军的时代已经过去了。对此，谭嗣同说，湖南人“经此创巨痛深，乃始屏弃一切，专精致思，不敢徇一孔之见而封于旧说，不敢不舍己从人取于人以为善”，湖南社会风气焕然一新。熊希龄也以此为契机，在环境变化中一步步完成了自身思想的转变，从一个传统的封建士子转变为一个以维新变法为目标，以经国济世、御侮求强为人生大义的维新志士。

1895 年，清政府与日本签订丧权辱国的《马关条约》，熊希龄多次上书反对，触怒了慈禧太后而被革职。应湖南巡抚陈宝箴的邀请，熊希龄回到湖南，与谭嗣同等人参与新政，在长沙创办时务学堂，任时务学堂总办，与谭嗣同、梁启超、唐才常等组织南学会，推动湖南的变法维新，成为湖南维新运动中的一位重要人物。

这一时期，熊希龄与维新人士创办了在湖南具有广泛影响的《湘报》，他他通过汪康年在上海订购印刷机器和活字，并将机器运回长沙，成为该报的重要发起人和创办者。《湘报》第一号发刊词说：“熊君秉三，喜民智之乍开，欲慈航之普渡，乃鸠同志、集巨资，设湘报馆。”为办好这份宣传维新主张的报纸，熊希龄亲自订立了《湘报馆章程》，规定宗旨为“专以开风气、拓见闻为主”，并强调“首重知己”，“重在记实摘要”。熊希龄还为报馆制订了严格具体的工作制度和管理方法，以提高办事效率，保证报馆各项工作的顺利进行。

《湘报》的主要撰稿人梁启超、谭嗣同、唐才常等人，及当时部分时务学堂的学生，经常在报纸上刊登讲义、论文或文章，报纸上常有激烈的文字、言论以及慷慨激昂的陈词。熊希龄以《湘报》为据点，组织发表了大量言词激烈的激进文章，提出“革从前，唯泰西是效”和“一切制度悉从泰西”等主张，有些文章“过于偏激，惊世骇俗”，成为守旧势力攻击的把柄，受到顽固派王先谦、叶德辉等人的攻击，也引起清廷的“切齿痛恨”。

1896年，熊希龄毅然投笔从戎，进入两湖营务处，潜心探索古今中外各种军事制度。当湖南在地方上率先举办新政，兴起变法的时候，他又毅然辞去营务处总办职务，全力投入湖南的维新运动。此时的他，已是翰林院庶吉士。

1898年6月11日，清光绪皇帝颁布“明定国是”诏书，宣布变法，也就是历史上的戊戌变法开始。但是，对光绪皇帝此后颁布的一系列几十条改革诏令，除了湖南巡抚陈宝箴能认真执行以外，其他地方督抚都置若罔闻。戊戌变法仅仅实行了103天，慈禧太后即发动戊戌政变，大肆迫害维新人士。光绪皇帝本人被因禁中南海孤岛，维新领袖人物康有为、梁启超出逃香港、日本。

随后，以慈禧太后为首的封建顽固派势力捕杀维新志士谭嗣同、康广仁、林旭、杨深秀、杨锐、刘光第等六人于北京菜市口，史称“戊戌六君子”。其实，“戊戌六君子”本应是“戊戌七君子”，幸免于难的即是熊希龄，熊希龄在赴京途中因身患重病，未能按时到京，因而躲过一劫。

北京戊戌变法的失败，使湖南的维新运动也经历了一次大的震动，维新派遭到顽固派势力的强力打压。熊希龄不顾个人安危，在《湘报》上秉笔直书，对镇压维新势力的湖南头面人物进行猛烈的揭露和抨击，熊的文章犹如重磅炸弹，在反对派中引起极大震动和恐慌。于是，湖南政府方面停发了每月拨给《湘报》的200两银子，这一釜底抽薪之举，使《湘报》很快资金不足，无法支持，《湘报》刊发至115号时被迫停刊，熊希龄也受到“革职永不叙用，交地方官严加管束”的惩处。熊希龄万般无奈地离开了《湘报》，从此便匿迹衡阳等地，闭门读书，修身养性。

(3) 婚姻情感有艳福

熊希龄因出生于湖南湘西凤凰镇，在成名之后，被人尊称为“熊凤凰”，其才气和帅气又被称为“凤凰男”，他的婚姻生活也颇具传奇。

熊希龄的原配夫人廖氏，成婚不久便因突发急病而去世。

戊戌政变失败后，熊希龄被清政府“发交地方官严加管束”，但受到湖南地方要员的器重。常德知府朱其懿是熊的老师，见其新婚丧妻，颇为同情，认为熊是一个人才，把自己同父异母的妹妹朱其慧许配给他，过去的师生关系便成了郎舅关系。赵尔巽出任湖南巡抚后，对熊希龄也非常赏识，在他的举荐下，熊逐渐受到重用。清政府派五大臣出国考察宪政时，熊希龄以参赞名义随行。

熊希龄的夫人朱其慧提倡平民教育运动，受熊的影响也热心于慈善扶幼事业，与熊一起筹办和管理香山慈幼院。朱其慧不幸于 1931 年 3 月 25 日患脑溢血身亡，终年仅 55 岁。

朱其慧去世时，熊希龄已经 58 岁，爱妻先他而去，无比悲痛，他曾撰有挽联为：“以同德同心同情同志誓同患难，生死相期，三十六年如一日，谁知垂老分飞，事业未终难瞑目；舍爱儿爱女爱婿爱孙及爱屋乌，教养诸孤，千百余人将何依，那堪环境变异，触观无物不伤心。”此联可见熊希龄对妻室儿女的深厚情感，同时可见他济世拯孤爱民如子的宽大胸怀。

爱妻撒手西去，熊希龄一度没有再续弦之意，独自生活了几年。孤独的生活使他深感无内助之不便，特别是后来身体渐弱，不断生病，在朋友的劝说之下，始有续弦之意。可是，经多方牵线，也没有特色到合适的人选。熊希龄丧妻四年后，忽然有一天，朱其慧的一位族亲来家中闲叙，偶然向熊介绍了毛彦文女士。

毛彦文，1920 年考入北京高等女子师范学院，系美国密歇根大学教学学院毕业，回国后历任生复旦大学、暨南大学教授。熊希龄对毛彦文一见钟情，立即向毛彦文求婚。

虽然熊已到了“耳顺”之年，他不但每日派人给毛彦文送信，信中常附有他自己即时创作和手抄的诗词，情意之浓厚，措词之恳切，既有少年的轻狂和激情，亦有老人的持重和柔情。他还发动数位亲友登门劝说，甚至连他的亲生女儿也也被拉来代父求婚。在两个多月的爱情攻势中，熊希龄仿佛再次回到了青年时代。

毛彦文的芳心在强大的攻势下被熊攻占，在毛彦文这个年龄，需要得到一个好的归宿，她不想再在情感和生活中颠沛流离了，她后来回忆道：“当时反常心理告诉我，长我几乎一倍的长者，将永不变心，也不会考虑年龄，况且熊氏慈祥体贴，托以终身，不致有中途仳离的危险。”

1935 年 2 月 9 日，二人在上海结婚。一个是 66 岁高龄的前民国政府国务总理，一个是 37 岁正当年华的社会名媛，无论如何，总是奇闻一桩，这样的反差，为媒体提供了足够的噱头，为街坊提供了足够的谈资。参加婚礼的有五百多人，包括了章士钊、李石曾、潘公展、梅兰芳、杜月笙等各界名人。在新婚喜宴上，熊希龄谈了他的新婚感想，他说：“各位所谓我已老，殊不知所谓老少，不能单以年龄为准。老年人精神好，环境好，意志并不衰老，也可以和少年人一样的结婚。假如一个青年人精神不好，意志颓唐，时想自杀，他虽然年轻，亦可谓之衰老，那就必结婚。”

熊希龄与毛彦文在上海举行婚礼，婚后两人相亲相爱，毛彦文辞去教职，迁居北平，专心辅助熊氏经营香山慈幼院。从熊氏婚后写的许多诗词可以看出，熊对毛彦文十分宠爱。毛彦文以为找到了归宿，熊希龄想要“长久享清福”。然而，自然的规律是任何人都无法抗拒的。熊希龄虽然认为自己可以精神不老，但肉体的衰老则是事实。熊希龄与毛彦文结婚两年零十个月，熊则心力衰退突然病逝于香港，这段以争议开始却颇为美满的“奇缘”，以如此刻骨铭心的方式结束了。

熊氏去世时，毛彦文未满 40 岁。此后，她继承熊氏事业，在战争动乱年代四处奔走，艰难维持香山慈幼院运作，成为这个著名慈善机构的精神支柱。而她对熊氏的感情，不但没有因为熊氏的离去而消逝，反而愈加炽烈。

熊氏死后毛彦文未再嫁人，两人无子女。抗战胜利后，毛先后当选国民党北平市参议员和“国大”代表，1949年去台湾，1950年赴美国，先后在加州大学和华盛顿大学任教；1959年返台定居，1999年去世，享年102岁。

(4)“名流内阁”遭短命

袁世凯骗取孙中山的信任，就任民国第一任大总统之后，成立了第一届总理内阁即唐绍仪内阁。唐绍仪本是袁世凯的心腹，后因思想转变，趋向进步，遂加入同盟会成为会员。由唐组阁的内阁成员中，由于大多数系同盟会会员。所以唐内阁历史上称其为“同盟会内阁”。然而，这个内阁并不得袁世凯赏识，几经冲突，袁令唐辞职。

当时在唐内阁内任财政总长的熊希龄，因能力卓越被袁世凯发现。此时，袁世凯想拉拢进步党人组阁。对袁来说，由专制而共和，再由共和而恢复专制，不能变得太快，而熊希龄属于温和派，且好控制，邀他组内阁比较合适。在袁世凯眼中，熊希龄与普通官僚不同，他办事认真负责，有傻干的精神，与各党派特别是进步党有很深的渊源关系，正好可以利用，借其以党杀党，可减少各界的反响。

袁世凯欲授权熊凤凰组阁，主要是看中了熊的两个优点，一是熊有学问、名气大，二是熊无党派领袖的权威，易与人与接近。因为熊乃一介书生，虽然后来加入了进步党（统一共和党），但不是领袖人物，领袖人物是梁启超，所以进步党不是袁的对手，真正对手是国民党。

袁世凯将唐内阁解散，在经过两个过渡内阁之后，向国会提出由熊希龄重新组阁。

1913年7月23日，众议院对熊希龄任国务总理一事进行投票表决，以多数票同意而通过。7月30日，参议院最后投票表决，熊希龄以126票赞成、72票反对、4票弃权，获得通过，7月31日，袁世凯即正式任命熊希龄为国务总理。

熊希龄虽然并未做好就任国务总理的思想准备，参、众两院投票表决通过后，袁世凯亲自打来电话邀熊希龄出山。熊希龄组阁时提出“不问党不党，只问才不才”的基本方针，要组建所谓“名流内阁”。但袁世凯心里清楚，不管叫什么内阁，其主导权仍在袁的手里。

9月11日，熊希龄的“名流内阁”（又称“人才内阁”）终告组成：孙宝琦为外交总长、朱启钤为内务总长、梁启超为司法总长、汪大燮为教育总长、段祺瑞为陆军总长、刘冠雄为海军总长、张謇为工商总长、周自齐为交通总长、熊希龄兼财政总长、张謇兼农林总长。9月14日，熊希龄对外正式发表《就任国务总理布告》。同时，熊希龄还率领全体阁员出席了国会，对外宣布了他的8条施政方针。熊希龄的阁员中有几名是当世著名进步人士，又是一定社会贤达名流，所以熊内阁被称其为“名流内阁”，外界亦赞誉为“第一流人才内阁”，但内阁的人事权实在仍牢牢操控在袁世凯手中。

熊希龄出任民国总理后，很想为国家、人民竭智尽忠，干一番事业。9月27日，熊希龄在参、众两院议员暨各党代表茶话会上发表演说，提出要组织责任内阁，划清国务院与总统府的权限，努力把中华民国建成一个法制国家。他与梁启超等制定了关于内政、外交、军事、财政、实业、交通、司法、教育等详细规划的《政府大政方针宣言》，在政治上创立新政、力主共和，贯彻资产阶级法治精神，建立“真正共和国”；在经济上提出了一系列改善财政、繁荣经济的计划和基本法令，大胆提出了统一中央财政、开放实业发展经济的主张；在教育上提出“发扬中国的固有文化，对社会人心实行改造”。熊希龄在给袁世凯的一份呈文中指出：“共和成立，各省秩序未尽恢复，争夺相乘，毫无人道。其故由于旧日社会腐败，道德堕落，教育未普及，风俗因之日颓。今欲匡其不及，惟须由宗教着手，乃足以济教育之穷。”

熊希龄内阁是民国初年破天荒的第一个有政策、有阵容的内阁，这是它比前四期内阁更为受人关注的地方，也是它后来失败的关键所在。这些被熊视为内阁命脉的大政方针，在蓄谋推行封建军阀专制统治和扩张官僚资本主义经济势力的袁世凯那里，却四处碰壁。

熊希龄的施政方针与袁世凯的专制统治大相径庭，与袁世凯蓄谋推行的地主买办联合专制意图冰火不容。袁总统对熊总理时时、事事掣肘，欲迫其就范。袁世凯不是不赏识熊希龄的才干，而是要将他变成自己的鹰犬。熊希龄向来志向高远，秉性耿直，当然不肯沦为他人的附庸。

袁世凯拉熊希龄组阁，本来就是一个过渡，是利用"名流"来装点门面，对付国民党。当袁的目的达到后，"名流内阁"自然成为累赘。况且，内阁中袁的亲信也不把熊希龄这个总理放在眼里，自然，他一事无成。于是，熊希龄和袁世凯的矛盾日益尖锐。

袁世凯使出了最后的杀手锏——伪造"热河行宫盗宝案"，嫁祸于熊希龄。

1913年底，北京的几家有影响的报纸如《新社会日报》、《群强报》等，突然登出熊希龄盗取热河行宫古玩的新闻，指名道姓地刊载了一则骇人听闻的消息："现任国务总理熊希龄，为热河都统时将前清行宫内之古瓷器、书画取去200余件，已请律师向京师地方厅起诉"。堂堂国务总理公然和盗宝案有关，报纸毫不留情面，京城内外顿时轰动。

"盗宝案"究竟如何？原来，熊希龄于1912年12月任热河都统，那里有清朝皇帝的行宫，陈列了许多清室珍宝古物，每任都统到任，都对这里的文物进行检查，并向清廷报告。熊希龄担任热河都统以后，因正值库仑蒙匪叛乱，边务吃紧，他看到行宫古玩盗卖严重，加之房屋因年久失修，破败不堪，为保护这些珍贵文物，熊连续两次呈文袁世凯，要求修整行宫和整理陈列的文物，并建议将文物装箱运往北京，作价卖给民国博物馆收藏。

袁世凯批准了熊的建议，熊希龄从1913年5月开始，对行宫房屋进行修理，对陈列的文物彻底清查，他还颁发了13条清理办法，编制了各种清理表格，委任了两名清理官员，会同宫里的事务主官，费数月之功，分门别类，将行宫古物彻底清查完毕。

熊希龄本人对于古玩完全是个门外汉，既无赏鉴知识，亦无收藏雅兴。

在修整房屋和清理文物过程中，由于经费紧张，熊在经袁世凯同意之后，派人从宫中的古文物中，选了10多件稍贵重的瓷器，运往北京、上海变卖，得到一笔巨款，充作修缮经费。

但是，当熊希龄提出修整行宫和整理古玩的建议后，袁世凯表面上给予支持，背后又指使前清内务府官员暗中监视。内务府官员将熊希龄在北京、上海变卖的瓷器与其他被盗卖的古玩搞在一起，大约200多件，开列一个清单，要求袁世凯进行追查。袁世凯派人秘密调查此事，调查者根据袁世凯的意思，在调查报告上故意闪烁其词，暗示熊希龄有盗宝嫌疑。袁世凯接到这份调查报告后，故意压下不发。待熊希龄组阁完成、国会举他为正式大总统之后，才突然打出这张王牌。

熊希龄执行袁世凯解散国会的命令之后，袁世凯在通向帝制的道路上迈进了一大步。此时，袁世凯已不再需要熊内阁了，于是决定公开打压熊希龄，逼迫熊希龄下台。国会解散后几天，袁世凯所控制的御用报纸，接连几天在头版用大量的篇幅刊登熊希龄涉嫌“盗宝案”的消息，各报还发表了评论。

直到这时，熊希龄才明白中了袁世凯的圈套，掉进了他精心布置的陷阱之中，他只好自认倒霉。“盗宝案”成了熊希龄的一块心病，他本想出面为自己辩护，以保全人格，但又不便大肆声张，处境十分难堪。熊希龄本是读书人，既不齿于辨驳，又生性淡泊，所以只得准备引咎辞职。

袁世凯以自己精心罗织的“熊希龄热河行宫盗宝案”为由，指使其亲信讽劝熊希龄下台。无奈之下，熊希龄于1914年2月愤而辞职。

果然，熊希龄辞职后，热闹了几个月的“盗宝案”草草收场，报纸上有关盗宝的文章也就销声匿迹了。

熊希龄出任袁世凯北洋政府的国务总理，坐上国务院的第一把交椅，这是他从政历程的巅峰，同时也是他一生最受人指责和诟病的地方。从入主国务院的那一天起，熊希龄便注定无法逃脱失败的命运。袁世凯之所以让他组阁，并非真正看中他的雄才大略，而是想利用他和进步党帮自己“正位”，做正式大总统，然后解散国民党，进而搞垮国会，为复辟帝制铺平道路，以谋取更大的政治利益。

从 1913 年 9 月到 1914 年 2 月，时间不过半年，“名流内阁”便退出政治舞台。”熊希龄无可奈何地退出了北洋统治的历史舞台。在中国近代历史舞台上，转瞬间从幻想到失败，从退出到隐没，这是熊希龄在北洋军阀政治生活中的悲哀奋斗史！

(5) 钟情慈善成绝唱

退出官场的熊希龄，不像其他失意政客那样，在搜刮了大量的民脂民膏之后，躲在租界里当“寓公”，过着舒适安乐的日子。他居庙堂之高时，不忘心忧其民，处江湖之远后，仍时刻心忧社稷。数经沉浮的熊希龄深感茫茫宦海，遂转向慈善事业。

如果不是 1917 年京畿、直隶的一场大水，熊希龄的“退隐”生活可能会延续更久。

1917 年夏天，北京、河北地区发生了数十年不遇的大洪水，淹没了 100 多个县，近两万个村庄受灾。那场大水让京畿一带瞬间成为泽国，灾民逾 500 万人。赈灾中，熊希龄看到不少灾民因为缺衣少食而无法生存，把自己的儿女抛弃甚至标价出卖；有些父母带着儿女投河自尽或全家自杀，忍不住悲叹：“可怜这些孩子，他生下来并无罪恶，为何遭此惨累呢?”

已退出政界的熊希龄，奉命督办水灾善后事宜。熊自幼受母亲“恤贫拯荒，育婴施医”义举的影响，很懂得关心底层民众疾苦，他通过财政总长梁启超和外交总长汪大燮，向当局极力主张筹款，赈济灾区的饥民。国会讨论一致认为，只有他出来主持赈灾，此事才可行。

作为救灾赈灾的具体内容之一，熊希龄决定成立慈幼局，专门收容受灾儿童。他原设想慈幼局只开办数月，待水灾平定后，即可把这些孩子送回家。不料灾后仍有数百孩子无人认领。于是，熊希龄打算把临时性的慈幼局发展成慈幼院，以慈幼院收养和教育孤贫儿童。但当时北京城内没有合适的地点，大总统徐世昌与前清皇室内务府协商，将已废弃的前清皇室香山静宜园拨出，供慈幼院使用。这时的香山静宜园，因1860年被英法联军洗劫和1900年被八国联军焚毁，已是一片废墟。

1920年10月3日，熊希龄利用官款补助和水灾民捐创办的北京香山慈幼院，在香山静宜园旧址正式开院。这是香山自1183年（金朝）成为风景名胜以来，破天荒的事情。在此之前，这里是专供王公贵族、达官贵人赏玩的私家园林。

慈幼院创办初期，只有男女两校，主要工作是济贫抚孤，收养无人认领灾童及各地贫困儿童，经过数年的发展，成为有一个总院和六个分院的完善的教育机构，分院包括幼儿教育、小学、中学、师范、职业教育等。熊希龄自任院长，同时担任世界红十字会中华总会会长，他提出了“德、智、技、群”的四育办院方针和“培养健全爱国之国民”的目标。先进的教育理念，优秀的师资，完善的设施，使香山慈幼院很快成为誉满全国的最优秀的慈善教育机构，学校的建设和发展“为世所公认，称颂之声，遍于环宇”。

当时，熊希龄在慈幼院还收养了不少朝鲜共产党烈士的遗孤和中国死难烈士的后代。现在不少健在的慈幼院学生，每每忆及熊希龄的这种宽宏与达观之举，总是充满了敬佩之情。1927年，李大钊不幸遇害时，熊希龄不计个人安危将李夫人及两个子女接到香山保护，后转送中共地方党组织。1931年“九·一八”事变后，熊希龄以世界红十字会中华总会会长身份设立临时医院四所，难民收容所八处，救出伤兵千余人，难民15万余人。1932年，熊希龄的夫人朱其慧去世后，熊希龄毅然将全部家财共计大洋27.5万余元、白银6.2万两捐出，支持中国的慈善事业。

熊希龄一生赤诚爱国，在慈幼院每天的晨会上，他经常介绍国内外大事，面对日寇的侵略，他更是教导学童们要与国家共兴衰，与民族共命运。在全民抗战最艰难的时刻，熊希龄大声疾呼，国难临头，若不奋起抵抗，则国难家破之日将为时不远。“一二·八”淞沪抗战爆发后，他果断决定香山慈幼院中学男生全部停止文化课学习，集中进行军事训练，为奋战在抗日前线的中国部队培养后备力量。他在慈幼院组织成立了“卫国阵亡将士遗族抚育会”，积极筹集社会资力抚育殉难将士遗孤，在香山慈幼院组织男生作为义勇军开赴抗日前线，组织女生参加红十字救护队，开赴战区医院救助伤员。

如今香山上的双清别墅，就是熊希龄任香山慈幼院院长时的长期居住地。让双清别墅在历史上留下浓重一笔的，是1949年3月25日，毛泽东随着党中央由西柏坡进京住在此地，在此指挥渡江战役，筹建新中国，发表了一系列重要论著。毛泽东住在熊希龄所建造的香山双清别墅，盛赞熊希龄是“一个大好人”，毛泽东的名言“做一件好事容易，难的是做一辈子的好事”，说的就是这位湖南老乡熊希龄。新中国开国总理周恩来也说：“熊希龄是袁世凯时代第一流人才，是内阁总理。熊希龄的事，我看后就记得很清楚。”中共中央总书记胡耀邦1988年到凤凰视察时也说：“凤凰出人才，熊希龄当过国务总理，做过许多好事”。

在国难当头、民生凋敝、教育落后的旧中国，熊希龄“能以慈功垂社会，常留余德到儿孙”，“国计已推肝胆许，家财不为子孙谋”，是十分难能可贵的。他生前的作为是了不起的。香山慈幼院的学生们对他们敬爱的熊院长，始终感恩戴德，铭记在心。

“一生赤诚爱国，盼中华振兴；半世慈善办学，为民族育才。”这是在湘西凤凰古城熊希龄故居正室木门两侧的一副对联，它简要而准确地概括了熊希龄对慈善事业的钟情。

2010年7月23日是“近代慈善之父”熊希龄140周年诞辰，有中国网友公开致信联合国秘书长潘基文，呼吁将熊希龄诞辰日设为“世界慈善日”，在海内外引进轰动。为纪念熊希龄这位“慈善总理”的140周年诞辰，湘西凤凰古城熊希龄故居给幸运游客颁发制作精美的“好人证”，“好人证”背面是一代伟人毛泽东对熊希龄的高度评价：“一个人做一件好事并不难，难的是一辈子只做好事不做坏事，熊希龄就做了一辈子的好事。”

今天，至少每一个到香山观赏红叶的人，都应该记住香山慈幼院以及它的创办者熊希龄。

(6) 最后归宿善清静

“此君一出天下暖”。熊希龄的政治生涯虽然短暂，但在中国历史的星空中却闪耀着光辉。1919年积极投身于“五四”爱国运动，以外交协会的名义向徐世昌政府提出严正交涉，要求政府拒绝在巴黎和会上签字，释放被捕的所有爱国学生；1925年发生五卅惨案，激于义愤，熊希龄在京发起组织“沪案失业同胞救恤会”，集聚天安门，追悼死难者，会后结队游行，队伍达10万人。

1937年抗日战争爆发，熊希龄以世界红十字会中华总会长身份偕家人赶往前线救护伤员。在淞沪会战期间，熊希龄关心国事远远甚于关心自己的生命。他几乎天天盼着前方传来捷报。闻讯上海失守、南京沦陷后，他当场痛哭失声，悲痛欲绝。他决定立即离沪返湘，准备一边在长沙主持筹建香山慈幼院长沙分院，一边继续募集抗日救亡经费。

那时，长江航运已断。熊希龄与毛彦文不得不绕道香港，准备由香港转广州，再由广州坐火车返回长沙。谁知刚到香港不久，他就因战事失利刺激太深，精神负担过重，不幸猝发脑溢血于1937年12月25日清晨6时撒手尘寰，享年仅69岁。

熊希龄一生忧国爱民，一身正气。逝世时库无钱银，身无长物，丧葬全凭毛夫人借贷。逝世后暂葬香港，1991年迁厝北京香山熊氏墓园。墓园位于北京香山脚下，占地约六亩。

熊希龄一生淡漠名利，大总统黎元洪以他办理顺直水灾有功，特颁给“一等大绶宝光嘉禾章”，徐世昌任大总统时，为奖励他救灾办赈，又特授给他“勋三位”，黎元洪复任大总统时，再次授他“勋三位”，他都坚辞不受，并在辞呈中说：“希龄久离政地，……本毋意而热心慈善，只申养志之怀”。熊希龄南北赈灾，办理香山慈幼院，历时20多年，不仅从未支领过任何薪水，而且这样说道："虽于六年办理京畿工赈，亦属社会义务。事后曾蒙历任元首授予一等大绶宝光章及勋三位等奖，业经固辞不受，案藉可稽。以义始不以利终，聊表迂生之见；让于前而受于后，适贻无本之识"。这就是熊希龄对待"名"与"利"的态度。

熊希龄一生为学习国外经验，改革中国的政治、经济、教育呕心沥血，表现出一个大政治家"誓身许国、遑计死生"为民族，为国家奋斗不息，爱国不渝的浩然之气。

鲜为人知的是熊希龄还对我国瓷业的发展做出过特别的贡献。1905年，熊希龄在湖南醴陵筹建湖南瓷业学堂和瓷业公司，聘请国外技师，购买先进设备，大胆创新，在传统釉下青花的基础上，发明了釉下五彩的烧制技术。这些釉下五彩作品一经问世，即轰动国内外瓷界。先后参加南洋劝业会、意大利都灵世博会、巴拿马太平洋博览会，均获金奖。新中国成立后，醴陵釉下五彩恢复生产，成为国宴用瓷、国家礼品瓷、国宾馆专用瓷，被誉为"当代红色官窑"。

熊希龄后半生致力教育、慈善事业，创办北京香山慈幼园，教养六千余名灾童孤儿成才，功德无量。熊希龄先生是伟大的爱国者、慈善家和教育家，他的思想和实践为后人留下一笔宝贵的精神财富，受到世人的景仰。

熊希龄去世后，曾有一副纪念他的对联是："清代翰林，北洋总理，离归作庶民，熊氏宦途难展志；幼园稚子，社会遗孤，教养成英杰，香山慈善永留芳。"上联书出熊希龄先生因支持维新变法，被腐败的清廷革职"永不受用"，救国救民之志失落之感；下联赞颂他一生精力倾注慈善事业的精神和功绩！

他逝世后，南京国民政府为他举行了国葬仪式，并以国民政府的名义颁文："赈务委员会委员熊希龄，才猷卓越，字识谌深，辛亥光复以后，屡任要职，望实允孚。嗣后办理慈善事业，提倡民众教育，原力恢宏，功在社会。此次抗战开始，在沪创设伤兵医院及难民救护所，悉心赈济，成效昭然。近以中愤填膺，撄疾逝世，追怀往绩，轸悼殊深。应予明令褒扬，交考试院转饬铨叙部从优议恤，并由行政院转饬湖南省政府举行公葬，生平事迹，存备宣付史馆，用资表彰，而昭激劝。”

熊希龄的政治生涯是悲剧性的。虽然他在民国初年曾一度居于国务总理的高位，并有心想在他的任内把中华民国纳入资本主义法制建设的轨道；但是，遭到狡悍的一代枭雄、大总统袁世凯的百般钳制，使他无从施展自己的理想和抱负，最后带着抑郁、负气的心绪辞职下野。然而可贵的是：在政治上不能有为的熊希龄，并未因此消沉颓废，而是另行开辟着自己的人生道路，在旧中国兵燹迭起、灾荒连年、民不聊生的艰难岁月里，他利用自己的社会声望，在全国范围内救灾办赈，并手创驰名中外的北京香山慈幼院，教养孤贫。适逢日寇侵华事起，他又舍生忘死地奔走呼号，救死扶伤，为抗日救亡历尽辛劳，直至生命的最后一息。

“宦海倦游，还山小试慈幼院；鞠躬尽瘁，救世惜无老子军。”这是1937年熊希龄逝世之后，蔡元培为他撰写的挽联，形象地概括了熊希龄由“从政”到“从善”，再由“从善”到“救亡”的人生之路。

第6任

孙宝琦：稳重练达显老成

孙宝琦是晚清民国时期有一定影响的人物。在清末新政期间,他提出了政治、经济等一系列改革主张,并在任职山东巡抚期间给予实施。为推进预备立宪,他设立咨议局、推行地方自治等措施,使山东的新政走在了全国地方性行省的前列。但孙宝琦又效忠清廷,反对辛亥革命，这是由其自身的地位和社会阅历造成的。

小 档 案

姓名：孙宝琦

字号：字慕韩，晚年署名孟晋老人

籍贯：浙江杭州

出生：1867 年

去世：1931 年

家庭成员：5 个太太，8 个儿子，16 个女儿

简 历

1900 年，八国联军进攻北京，随光绪帝至西安。

1901 年，任驻德、澳、法等国使馆随员。

1902 年，升任出使法国大臣。

1905 年，回国代理顺天府尹。

1907 年，任出使德国大臣。

1908 年，回国充帮办津浦铁路大臣。

1911 年，任山东巡抚。

1913 年，9 月任北京政府外交总长。

1914 年，2 月代国务总理。

1915 年，辞去国务总理职务。

1916 年，任审计院长。

1916 年，4 月任财务总长兼盐署督办。

1916 年，6 月兼汉冶萍钢铁公司及招商局董事长职务。

1920 年，任经济调查局总裁。

1922 年，1 月任扬子江水道讨论委员会会长。

1922 年，4 月任外交部太平洋会议善后委员会副会长。

1924 年，1 月任北京政府国务总理，兼外交委员会委员长。

1925 年，2 月任淞沪商埠督办。

1926 年，任中法大学董事长。

1931 年，2 月在上海去世。

（1）护驾慈禧交好运

孙宝琦自幼好学，聪明过人。因受到其父亲的荫护，很快升任户部主事，后改任候补直隶道员，后担任军机处官报局局长，曾经创设育才学堂及开平武备学堂。

1900年八国联军进北京之时，慈禧太后和光绪皇帝仓皇出逃，孙宝琦是少数几个随驾护送的人，当时随护之人少得可怜，孙宝琦应该是真正身体力行的“保皇派”，受到慈禧太后的赏识。

孙宝琦晚年曾回忆到，护送慈禧“西狩”之路困难重重，因道路难行，仅有一辆小马车，也仅能容慈禧一人，光绪皇帝也只好徒步跟行，境况确实很惨。随行者之一驾车赶马，道路泥泞时，孙宝琦时常光着身子在后面推着马车。

西逃之路漫漫，孙宝琦的一路艰辛没有白费，因为孙的赤胆忠心在清廷上层留下了深刻的印象，所以自杨士骧接袁世凯职后，那空出来的山东巡抚就转到孙宝琦的头上。

（2）莱阳事件躲劫难

1909年孙宝琦回国述职，满清皇族念及旧恩，极力保荐孙宝琦当上了山东巡抚。他原本希望当上巡抚，这好日子说来就来了，但可惜孙宝琦没有这样的好运，上任后不久，黄河水频繁泛滥，山东各地到处都是饥民、流民，因连年歉收，加之沉重的苛捐杂税，普通百姓度日如年，聚众闹事此起彼伏，在有些地方越闹越大，孙宝琦巡抚的宝座还没坐热，就真正尝到了当巡抚别有一番滋味在心头。

1910年，山东莱阳及附件地区遭受严重自然灾害，“霜灾持续，杀麦殆尽”，面对颗粒无收，满地饿殍的局面，以莱阳教书匠曲士文为首的农民，展开了抗捐抗税抗粮的斗争，并发展成武装劫取官粮，围攻县城的起义。当然，说是农民起义，并不具有革命先行者孙中山所领导的那类起义，起义的性质也不可同日而语，主要原因是老百姓活不下了，有些人甚至要去拼命，但无论如何也没有到了想推翻满清朝廷的地步。

莱阳县境内有多处寺庙，庙产向来由各庙自行经管，并将收入的10%上缴。1910年，莱阳县以办学经费支出为由，将庙产收入提成比例提高至30%，引发各庙主持人强烈不不满。5月30日，各庙主持人集僧、道、尼姑700多人抵县署面见县令朱槐之请愿，交涉过程中，僧众失控，捣毁大堂，殴伤数人。朱槐之电请孙宝琦调兵镇压，逮捕闹事僧多人。僧人闹事与曲士文集众请愿本系巧合，县令朱槐之却疑为两者密谋已久。声言要继续捉拿曲士文等人，予以从重惩办，并向巡抚孙宝琦建议，派军队到莱阳。烟台候补道台杨耀林致电孙宝琦“莱事万急，速多派兵来”。

事件开始时，孙宝琦对莱阳农民的起义行为不太重视，因为他身处济南，周边广大地区也是遍地灾民，再加上得知山东的革命党也要闹事，孙宝琦就没有心思管远在胶东的农民请愿闹事了。孙宝琦责令莱阳县令朱槐之，以安抚为主，息事宁人为上策。

哪知事情直闹越大，到了最后没法收拾的地步。孙宝琦不得不出兵镇压，他想到了莱阳之南的胶澳租界地有“洋枪洋炮”德国人，遂写信向德国人求援。孙宝琦同德国驻胶州湾的海陆军当局约会，要德方“按约相助”，在胶潍一带增添马步兵二千，水师炮兵一千六百，内外勾结向农民起义军进行大规模的血腥镇压。

清政府历次镇压“农民起义”的有效办法，都是借洋人的“枪炮”，从太平天国到1910年的莱阳曲士文起义，这已是不成文的规矩。孙宝琦当时考虑，小小的莱阳乱民闹事，不值得大惊小怪，但事件的发展却没有他想象的那么顺利。孙宝琦借德国人之也未能灭了农民起义之火，就只得亲自派兵了。

1910年7月13日，孙宝琦下令出兵莱阳，在强大的武力镇压下，曲士文事件始被平息。随后，清廷官兵在搜捕逃散的起事者时，放火烧毁了多个村庄及民房，炮轰掠杀百姓几千人，造成空前浩劫，造成了广泛的社会影响。

莱阳曲士文的起义虽然失败，但该次事件也触痛了远在北京的摄政王载沣，载沣对于山东巡抚孙宝琦治御失策、激起民乱痛加斥责。载沣致函孙宝琦称："如不是看在当年给老佛爷推车的份上，当撤职查办"。如今，载沣仅以警告而草草收场。

(3) 滑稽搞笑闹"独立"

孙宝琦虽然仍坐在山东巡抚的位置上，但"山东独立"的阴霾仍驱之不散。

1911年11月13日，"山东独立大会"召开，山东各派政治势力的代表，如联合会的各界人士、同盟会的革命派、第五镇的官兵，以及商界、学界都派代表出席了大会，与会者近万人，表情尴尬、心情复杂的孙宝琦也应邀参加会议。

大会开始，与会者情绪热烈，众口一词：山东正在危急存亡、千钧一发之际，非立即宣布独立，否则决不能挽救当前的局势。但是，任凭群情激昂，孙宝琦仍然保持着那副顽固的面孔。

务实派人物力劝孙宝琦认清形势，顾全大局。而孙宝琦却说："吾为朝廷守土，土不能守，惟有死耳。即不死，亦不能率领诸君独立。"

立宪派人物要孙宝琦尽快表态，免得惹起众怒，局面不好收拾。孙宝琦却说："我是清朝官吏，清政府只要存在一天，我须尽一日之责任。"

同盟会会员纷纷厉声谴责孙宝琦的顽固态度，而他依然放言："政府一日不倒，则山东一日不得与清政府断绝关系。”

孙宝琦的这种顽固嘴脸与独立派形成水火之势，局面就这样僵持着。

晚上8时，同盟会与军队商议，不能再这样拖延下去，必须立即采取行动。在强大的武力威胁下，孙宝琦失去了温文尔雅的常态，面色苍白，直冒冷汗。他看到大势已去，人心难违，再这样磨蹭下去，局面将更加不堪收拾。他思考了片刻之后，便装腔作势地将头上的顶戴花翎摘下来，往桌子上一放，带着颓丧的腔调说：“大家既都认为独立相益，与山东有利，我也不坚持己见!”

“孙抚台已经承认全省宣告独立了!”顿时，全场一片欢腾。同盟会会员将已经印好的《山东独立宣言》张贴在会场的四周，会场响起了一阵阵的口号声：“山东独立万岁！中国革命万岁!”

颇为搞笑的是，虽然孙宝琦不同意“山东独立”，但在选举山东都督时，各派议论纷纷，意见统一不起来，最后仍然推出孙宝琦出来收拾残局。与会者异口同声：“正是孙抚台的顾全大局，山东独立才得以实现，况且他提出的四个条件我们也都已接受，我看就选孙抚台为山东都督吧。”大家先是沉默不语，后来突然起立鼓掌欢迎孙宝琦宣誓就职。孙宝琦也不推脱，慨然允诺，大摇大摆走到台上宣起誓来。

山东独立后，孙宝琦身为已与清政府决裂的山东军政的都督，仍循旧例在珍珠泉抚署召开会议，仍袭用独立之前所用政府关防，沿用清朝宣统皇帝的年号。身为山东都督，明里暗里仍然极力反对山东独立。

对于所谓的“山东独立”，清政府与顽固派恨之入骨，一直在酝酿着取消山东独立。袁世凯掌权后，这股势力形成为一股强大的力量。经过紧锣密鼓地筹划，顽固派伙同反对山东的各界人士，成立了名曰“山东全体维持会”的反独立组织，在济南召集会议时，孙宝琦也参加了会议，会议十分顺利地通过了“取消山东独立的决议”。

对于独立，孙宝琦本来就不赞同，而取消独立孙宝琦则是求之不得。一看时机已到，孙宝琦在会场上迫不及待地宣布取消山东独立，将都督改为巡抚，一切恢复旧制。山东独立轰然而起，倏然而倒所谓“山东独立”仅仅维持了13天。宣布独立是他，取消独立也是他。孙宝琦的处境既尴尬又滑稽，真可谓视政治大事为儿戏。此时的孙宝琦，内为清廷诘责，外被革命党人及广大民众声讨，腹背受难、心力交瘁的孙宝琦，对政事已无力处置，对政场也无心眷恋了，借机称病，躲入外国医院图个清静。12月17日，孙宝琦被正式解职离开了山东。

(4) 外交之途幼稚儿

孙宝琦所处的时代，中国尽管积贫积弱，但瘦死的骆驼比马大，毕竟是一个地大人多的大国，各国在考虑世界格局时都不能忽视它的存在。孙宝琦看到，欧洲强国之一的德国就曾想拉中国建立中德美三国同盟。孙是清朝庆亲王奕劻的儿女亲家，而奕劻是军机大臣，德国之所以直接找到了孙宝琦，就是想利用这一层关系，直接影响中国政府的外交态度。

1901年，孙宝琦出任驻德、澳、法等国使馆随员，补涉外交界。后升任出使法国大臣，1907年任出使德国大臣，对欧洲事务有了较多地了解。当时的欧洲的各国，都在寻求盟友。英国为保住它在世界上的领先地位，被迫放弃孤立政策，于1902年1月与日本结盟。欧洲强国德国为应对时局的进一步复杂化，决定寻求与其他国家联合，共同对付英日联盟。

经过反复考虑，德皇威廉二世选中美国。他与美国总统西奥多·罗斯福频繁交流，探讨建立联盟事宜。罗斯福也察觉到新崛起的日本是美国潜在的威胁，主张扩大联盟，吸收中国加入，形成中德美三国同盟。为此，威廉二世秘密会见出使德国的中国公使孙宝琦，告诉他说：“欧洲最强国为德国，亚洲最大国为中国，如果再加上美洲最富国美国成立三角同盟，对世界和平必有伟大贡献。”他的意图很明显，就是想通过中德美联合，压倒英日同盟。

孙宝琦借助于与清朝庆亲王奕劻的儿女亲家关系，周旋于德、美国两国之间。应德国政府之邀，他代表中国政府秘密会晤德皇威廉二世，但在如此重要的外交问题上，孙宝琦自己不敢做主，立即打电报请示奕劻，奕劻也不敢怠慢，马上上奏慈禧太后。

没想到，这位没有多少国际知识、更不知当时国际战略格局的太后老佛爷，根本看不清当时欧洲复杂多变的国际局势，也不懂得列强之间合纵连横的外交手法，只是轻描淡写地说，中德美国三国联盟很不错呀，怎么能不吸纳大英帝国加入呢？

真是匪夷所思！原来，慈禧太后在鸦片战争中吃了英国的大亏，可能是让英国的坚船利炮吓破了胆，只知道英国是世界上最强大的国家，中国要加入联盟，少不了英国的参与。

庆亲王奕劻同样稀里糊涂，更是搞不清国际形势，便附和慈禧太后的意见，给孙宝琦发电，让他向德皇转达太后的旨意。

孙宝琦没有自己的思想，也提不出具有真知灼见的外交主略，只是草草向德国方面转述中国政府的态度，从而错过了与世界两强结盟的时机。威廉二世听罢，暗自嘲笑中国外交的幼稚，但表面上却说："让英国加入未尝不可，但事前宜缜密，让我们三国接洽好再说。"此话的目的显然是为了稳住中国。

孙宝琦向德皇威廉二世汇报中国政府意见后不久，便奉调回国。日本知道了德国欲与中美两国结盟的消息之后，便从中作梗，捣乱破坏，阻挠德国皇太子出访中国。威廉二世看到，孙宝琦的继任者更加不堪重用，随之放弃了皇太子访华计划。此后，由于清政府倒台，建立三国同盟的事情也就烟消云散了。

（5）棘手之事难绕开

孙宝琦任北京政府外交总长期间，处理最棘手的一件事，就是日本向中国提出严重侵害中国主权的"二十一条"。日本驻华公使日置益向袁世凯亲自提交了"二十一条"的文本，并要袁保密。按理说，日驻华公使直接向袁世凯提出外交文书，是不符合国际惯例。

袁世凯收到条约草案后，始终没有认真翻阅和研究，只是一再表示这是外交部的事，不便直接干涉。但是，日置益坚持请袁世凯亲自阅看一下。日本公使走后，袁世凯翻开文书一看，对文的内容大为震惊。要求陆征祥召集外交总长孙宝琦、次长曹汝霖和参政梁士诒商议对策。

陆征祥邀请三人会谈，由孙宝琦任主席。听完了陆征祥关于会议原委的说明以及袁世凯的指示，孙宝琦发言说："日本公使一定还会来外交部递送文书，他已和曹次长讨论了好几个钟头。本人认为日本这次是找到了一个天造地设的好机会了，如今欧战期间，各国自顾不暇，中国内部也不宁静，日本这次手段毒辣，竟直接向大总统递送文书，这种藐视中国的手段都能使出，则必然会对中国施加武力的。"

孙宝琦讲完，大家面面相觑，对于这个棘手而严重的问题，谁也没了主意。经过长时间反复谈商，结果认为只有两条路可走：一是接受日方条件；二是利用谈判和日方讨价还价。当然还有第三条路是拒绝，可是拒绝就等于决裂，而事实上，这时的袁世凯政府是无法在武力上抵抗日本的。

孙宝琦先表示他个人意见，他认为眼前面临的问题是只有接受日本条件。曹汝霖赞成孙的主张。梁士诒则持反对意见，他说："不谈就接受，在外交上没有这种例子，我们必须和日方谈判，能谈到什么地步，也算尽了心，否则如何对国人和历史交代。"陆征祥赞成梁士诒的意见，于是这次会议有两个主张，各有两票支持。

第二天，孙宝琦谒见袁世凯，报告了三人聚会商议的情形，袁世凯听了以后未置可否，只是简单地说："很好，让我考虑一下，再作决定。"

孙宝琦前脚刚走，袁世凯后脚又召见陆征祥，他对陆征祥说："刚才孙总长来过，我经过慎重考虑，也主张和日方谈判，并且希望你能出任主席，主持这个谈判。"

陆征祥回答："这个谈判太困难，征祥体力不足，最好请总统另派干员。"

袁世凯说："精力不足，无关重要，我可告诉曹次长，要他多负谈判责任，并告诉日方，陆先生体力衰弱，需要休息。我全力付托你，你放心去谈判好了。"

陆征祥见袁世凯主心已定，也就只好接受。送走了陆征祥后，袁世凯又召见孙宝琦，告诉孙宝琦决定要对日本谈判。孙宝琦立即送上辞呈，请求辞去外交总长职务，并向袁推荐陆征祥任外交总长。

袁世凯于1月27日发布命令，任命陆征祥为外交总长，命令陆和曹汝霖负责对日谈判，同时任命孙宝琦为审计院院长。

（6）老成持重最听话

孙宝琦任内阁总理时已年过六旬，就晚清时期的政治官员来说，本已过了在政治舞台上雄心勃发的黄金时期，加之他本没有什么政治抱负，也缺乏宏大的政治理想，事前并未想到自己会当内阁总理，仅仅是想当一个坐领纹银的太平官而已。曹锟找到这位在前清做过督抚的孙宝琦出来组织内阁，可能正是看上了孙宝琦没有政治野心、容易掌控这样的特点。

孙宝琦天津赋闲，忽然有人把他追回来叫他组织内阁，他兴高采烈地回到北京来，才知道这件好事是他的妹夫颜惠庆从中做成的。

孙宝琦正式宣布就职之前，他标榜自己的内阁是"宪法"告成后的第一届正式内阁，表面上提出要"奉行宪法"，暗地里所想选择几位知心朋友入阁，不料曹锟开列出一张内阁官员名单，主要阁员的均已有主，外交顾维钧、内务程克、财政王克敏、陆军陆锦、海军李鼎新、司法王宠惠、教育范源濂、农商颜惠庆、交通吴毓麟。

孙宝琦看了这张名单，不由得倒抽了一口冷气：原来"责任内阁"的全体阁员都是由"总统"指派的。他吞吞吐吐地提出了一个意见，认为王克敏在国会中有查办案，不宜提出，请改提龚心湛为财政总长，曹锟就满脸不高兴地表示不能接受。孙觉得身为内阁总理，竟要照单全收，心中也不舒服，赌气跑到城外躲避喧嚣。但是，当他看见颜惠庆前来劝驾的时候，又觉得总理得来不易，便又不声不响地跟随颜回到城里来了。

所谓的“听话总理”可能就是由此而来的。

曹锟叫孙宝琦做国务总理，本来是看中了这位“老成练达”的旧官僚，能够百依百顺，不会像过去一样经常有府院政潮发生。自从孙上台以来，仍然以责任内阁自居，并且唠唠叨叨地提出这样一个计划，那样一套方针，这位“听话总理”似乎也不怎么听曹锟的话了。孙宝琦主张遵守宪法，总统做出的重大决定一定要尊重国会的意见，更使曹锟耿耿于怀。曹锟对孙宝琦的不信任与日俱增，曹锟对孙的感情也渐趋恶化了。

孙宝琦看到，总理这个位置很难再呆下去了，他又忽生一计，希望面见曹锟，讨到十几万元旅费出国旅行，曹锟却推病不见。堂堂一国总理混到了这个分上，是该让出位置的时候了。孙宝琦终于忍无可忍，以身患“头晕目炫、肝胃不和”等症为由，向曹锟提出辞呈。曹锟即于次日予以批准，由外交总长顾维钧代理总理。

第7任

徐世昌：武夫时代文治梦

他以“偃武修文”为执政主张，为人处事小心谨慎，不骄矜，不傲慢，不以党派示人；既能符合潮流，大办新政，也不疏远旧派权要。他兼收并蓄，广结广交，左右逢源，上下畅通，是中国历史上最会做官的人。他总结自己为官八字秘诀即圆通、沉稳、柔韧、机警，把官场上的“中庸之道”拿捏得恰到好处，因此而赢得“水晶狐狸”的称号。

小　档　案

姓名：徐世昌，字卜五，号菊存，一号菊人，晚号弢斋、水竹邨人、石门山人、东海居士

籍贯：远祖浙江省鄞县人，落籍直隶天津卫（古属东海郡），生长于河南省卫辉府府城

高祖父：徐印川

曾祖父：徐新菴

祖父：徐思穆

父亲：徐嘉贤

母亲：黎氏，顺天大兴县人；刘氏，安徽桐城县人

出生：1855年10月23日

去世：1939年6月5日

著作：《欧战后之中国》、《退耕堂政书》、《大清琨辅先哲传》、《书髓楼藏书目》、《东三省政略》等

简 历

1855年，10月23日出生。

1859年，入私塾开蒙。

1879年，与袁世凯结为盟兄弟，得袁资助北上应试。

1882年，入京应顺天府乡试，得中154名。

1886年，赴京应礼部会试，中176名，殿试列二甲第55名，授翰林院庶吉士。

1889年，授国史馆协修官。

1890年，赴保和殿考试，列二等，受任翰林院编修。

1894年，参加保和殿翰林考试，列三等第15名。

1895年，应考御史，列第26名，得召见。

1896年，奉命充任武英殿协修官。

1897年，袁世凯小站练兵时，任新建陆军营务处参谋。

1903年，任商部左丞，任京师铸钱厂经理财政处提调。

1904年，任兵部左侍郎。

1907年，东北改设行省，被任命为东三省总督兼三省将军事务。

1909年，任邮传部尚书，京浦铁路督办。

1910年，1月任协办大学士；7月补授军机大臣，授体仁阁大学士。

1911年，8月任协理大臣；11月改任军咨大臣，加太保衔。

1912年，力辞免军咨大臣。

1914年，5月被袁世凯任命为国务卿。

1915年，10月辞去国务卿职务。

1916年，3月再任国务卿。

1918 年，9 月被选为中华民国第二任正式大总统。10 月 10 日宣布就任。

1922 年，2 月辞去大总统职务。

1939 年，6 月 5 日于天津病逝，享年 85 岁。

(1) 宦海沉浮不倒翁

有人曾这样评价徐世昌："侥幸入词苑，学问非所长，终身未绾军符，戎事更非所习，谈笑从容，取功名如拾芥，仕清室忝握机枢，佐民国俨居元首。"

这段话的意是说，徐世昌没啥大学问，也不会领兵打仗，然而谈笑之间，取功名如同拾芥一般，满清政府的时候，官做到了协理大臣；而到了中华民国，则当上了大总统。徐世昌是乱世中国一个不折不扣的"太平官"，是中国历史上最会做官的人。

事实果真如此吗？

徐世昌的仕途之路是从结识袁世凯开始的。1912 年 3 月，袁世凯终于当上了中华民国临时大总统。徐世昌把袁捧上宝座，功莫大焉，一般看法，国务总理一职非徐莫属。然而，出人意外的是徐此时却激流勇退了。按照徐与袁的交情，这里正是徐世昌崭露头角、大显身手的好机会，但是，徐世昌并未锋芒毕露，而是隐居到青岛去了。这恰恰显示了他在官场上老到的一面。时局不明，即便他同袁世凯是老朋友，他也要看看再说。

1914 年 5 月，袁世凯根据新约法，改责任内阁制为总统制，袁世凯力邀其出山任国务卿，并托人捎话给徐"耐心静候也。"

徐世昌此时的态度仍然是不急不火，喜形而不露声色，以静制动。以他与袁的亲密关系和自己在北洋的威望，加上高超的政治手腕，超群出众，愈是不出山，呼声就越高。

经过两年观察，老练的徐世昌看出来，袁世凯的位子真的坐稳了，这才正式由幕后走到前台。等到袁世凯再次请徐世昌出山任国务卿之职，这时徐世昌动心了，入京当上了袁世凯的国务卿，并一度参与了洪宪帝制的活动。

徐世昌之所以静观其变，自有他独到的思维逻辑。他受清廷厚恩，任国务卿之前一直是“护帝太保”，但又暗中助袁，因而进退两难，只能托言力辞太保，离京闲居，暂避“一时之谤”。如果马上弃清报袁，难免遭到封建士大夫们的非议，于情于理都说不过去。还是先“过渡”一下，方显明迎新辞旧，不露痕迹。而闲居不仕，还可算作不负皇恩的前清遗臣。再则如前所述，眼下局势仍动荡不安，袁的宝座还不平稳，不如作个“局外人”以静观变化。

袁世凯称帝后，就曾称呼徐世昌、赵尔巽 、李经羲、张謇为“嵩山四友”，特许徐世昌不称臣，不跪拜，这位前清的翰林借助和袁世凯“结拜兄弟”的特殊关系，以不同于其他北洋要员的儒者风度，以和事佬的身份调解着各个派系的斗争，保持一种不温不火、平稳上升的政治身份，在民国初期错综复杂的政治斗争中立于不败之地。

徐世昌善观政坛风水，但又不露江湖之气，显示了民国之初政治家与众不同的素质。他阴鸷深沉、喜怒不形于色，游走于北洋军阀各派系之间，玩弄政治权术于股掌之中。

1915 年，袁世凯议帝制，徐世昌凭其敏锐的目光，立即判断此事引发祸端，但又不敢公然对抗袁世凯，也不能嘲讽“君主立宪 ”之辈是“不识时务”。袁世凯此时野心急剧膨胀，蓄谋恢复帝制，使袁氏子孙代代为帝。徐世昌却认为帝制实不为可，不得民心；但看看袁世凯为了“过一天皇帝瘾，死也无憾”的劲头，只得缄口不言，作壁上观；并为辞国务卿，以便将来可以局外人之身分收拾残局，留下转圜的余地。

袁世凯死后，黎元洪任总统，段祺瑞任总理。二人不久即发生府院之争，徐以北洋元老资格应邀抵京，先调解黎元洪和段祺瑞之间的权力斗争，后又调解直系首领冯国璋和段祺瑞的矛盾。

1917 年，总统黎元洪和总理段祺瑞之间的矛盾因参战问题而达到白热化的程度，作为北洋元老的徐世昌，应邀前往北京调解黎、段之间的矛盾，徐世昌左右逢源，两面都不得罪，展现出圆滑的政治手腕，结果，黎元洪撤了段祺瑞的总理职务，请徐世昌继任总理，同时段祺瑞组织人马在天津另立政府，也邀徐世昌为大元帅，徐世昌掌握主动，实现“双赢”。

黎、段冲突不断升级，张勋以调解为名带兵至天津，企图进军北京，复辟帝制。在这关头，徐世昌到天津劝说张勋放弃复辟，但张不听，到达北京后悍然发动复辟。徐世昌被任命为伪弼德院院长之职，但他坚决托故不就职，显出其政治上的老成。

袁世凯倒台后北洋军阀分裂为直奉皖三派，权力倾轧愈演愈烈，作为北洋元老的徐世昌再次被推向政治的波峰浪尖。1918 年 10 月，国会举行总统选举，冯国璋和段祺瑞都想争夺大总统的宝座，各不相让。为了协调二人的矛盾，国会通过协商决定，由中间派徐世昌任总统，冯和段都退到幕后。

皖系段祺瑞胁迫直系冯国璋下台，操纵其掌握下的“安福国会”进行总统选举，在办理选举以前，段祺瑞命令曹汝霖以铁路为抵押，向日本借款数千万，结果，徐以大多数票当选为总统。实际上，徐世昌的总统位置，是以对日借款数千万元而换来的。但这笔贿选款项并不是徐世昌自己借的，而由段祺瑞命曹汝霖办理的，因而他也不担任何的骂名。

在中国的官场上，就有这样的人，成事不是他的创意，败事也不是他的首恶，功夫都在“运作”上。这种官的模样和做派总是那么可爱，老成稳重，静若处子。

1918 年“双十节”那天，徐世昌宣誓就任中华民国总统，凭多年练就的身段和功夫，如愿以偿地登上了总统宝座。紧接着，在欧洲国家打了四年的第一次世界大战，以协约国一方的胜利而宣告结束。作为战胜国成员之一的国家代表，徐世昌可谓享尽了风光。11 月 28 日，紫禁城太和殿前的广场上举行了隆重的庆祝第一次世界大战胜利仪式，在数以千计的高官显贵、社会名流以及协约国和中立国公使的注视之下，身着盛装中华民国总统徐世昌，在各国乐队演奏的乐曲声中健步走上台阶，发表了庆功演说，并检阅了参战督办段祺瑞率领下的中国参战军仪仗队。庆功仪式结束后，徐世昌乘车回到了住所。这也许是徐世昌一生中最荣耀的一天。

徐世昌当政期间，虽然以老练和圆滑而在官场春风得意，但由于处处受人操纵，不可能在政治上有所作为。当孙中山领导的资产阶级民主革命迅速发展之时，面对新旧政治力量的消长，面对军阀统治的混乱和轰轰烈烈的革命形势，徐世昌这位毕生玩弄政治的人，虽有其深厚功底在胸，但也深感无能为力，仅仅作为一个看客而已。1922年，徐世昌又被直系曹锟赶下台，从此结束了政治生涯。

在北洋军阀各派系的斗争中，徐世昌惯以元老身分和居间调和者的角色因势操纵。徐世昌几经官场磨练而成为不倒翁，其为政之道就在于精通黄老之术，而极尽纵横捭阖之能事，在大是大非的紧要关头，常常能够城府在胸、内敛不张，心中之事而不为旁人所窥，是一位玩弄政治的高手。

徐世昌为人处事十分谨慎，绝不骄矜，以党派示人；他既能符合潮流，大办新政；亦不疏远旧派、权要，可谓兼收并蓄，广结广交，左右逢源，上下畅通，从而为重掌枢要铺平道路。

作为晚清入民国的大人物，有人曾这样总结徐世昌的为官之道。徐从晚清重臣，做到军机大臣，太傅衔太保，进入民国，做过国务卿，最后成了民国大总统。可细想起来，徐并没留下什么政绩，更没有属于他个人的东西，虽然一路大官做上去，但好像什么事也没做过。这样的人，你说他好吧，没做什么好事，你说他坏吧，也没什么坏事他是祸首；就是官运亨通，挡都挡不住。

(2) 分合结盟称兄弟

在晚清的众多封疆大吏中，爬上民国总统宝座者，只有袁世凯、徐世昌二人。俗话说，好事不出门，坏事传千里。皆因袁世凯为窃国大盗、祸国殃民而臭名昭著，而徐世昌一生则力主和平则鲜为人知。袁、徐在30多年的政坛打拼中，相互提携，谋臣和挚友的交情不同寻常。

徐世昌的发迹，盖因同袁世凯的相识。袁世凯与徐世昌喜成为结盟兄弟，是中国近代史上极不平常的事件，它影响了中国近代社会、大中华民族形成与发展几十年之久。徐世昌是如何同袁世凯走到一起的呢？

徐世昌远祖为浙江鄞县人，明末开始在京津一带经营盐业，后落户于天津。徐世昌的高祖徐城携家宦游，此后直到徐世昌的数代，都在河南为官，在徐世昌3岁的时候，徐家迁居到河南省城开封府双龙巷，于是他就有了第三个籍贯河南。徐世昌的父亲徐嘉贤，17岁时就敢于和太平军搏杀，勇冠三军，战斗中身负重伤，严重损害了身体健康，25岁那年就死去了。

徐世昌出生在河南的汲县（今卫辉市），1861年父亲徐嘉贤去世的时候，徐世昌刚刚7岁，正在私塾读书。徐世昌长到10岁的时候，祖父徐质夫也不幸病故，家中生计陷入困境。徐母刘氏出身桐城世家，知书达理，隐忍持家，挑起了家中生活的重担。

母亲非常重视对徐世昌的道德教育，据徐回忆，他小时候嘴馋，老想多吃一点，这时他母亲就会严厉地训斥他："现在就这样，长大还得了！"宁可将食物扔掉，也不给他吃。等他长大一点了，每次交朋友，他母亲都会暗中观察那人的人品，如果是有志青年，就拿好吃的招待他；如果是街头小混混，就立刻把人家骂走。

母亲对徐世昌管教甚严，虽家境贫困，即使典当家中物品，也要让徐世昌进私塾读书，并亲自监督孩子的功课。徐家族人也为此感叹道："汝苦心持家教子，异日必有成就，真我家功臣也！"因此，徐世昌自幼便熟知经史，且能吟诗作画，其价值观取向与人生旨趣，在童年时候就已经奠定了基础。

徐家祖上家大业大，一度还得到朝廷的敕封，历代子弟都走科举功名之路，曾出现过父子两代都曾担任山西巡抚的赫赫功名。少年徐世昌，虽有博取功名之心，无奈在经济上和精力上都不允许。曾有人问他的志向，他慨然说道："日后若能作官，定以俸钱多致宾客。"

到了20岁那年，徐世昌四处坐蒙馆奔生计，先后到河南的沁阳、淮宁、太康等地，或帮助县令整理文案，或在当地任家馆教师，贫困生活使他充满了对未来的不确定感。

1879年3月，穷困潦倒的徐世昌，受邀为淮宁县知事整理文案，结识了在陈州寓居的袁世凯。初次相见，即纵谈"当世之务"，彼此之间"互相倾服"。袁见徐青衣敝履，虽边幅不修却神采飞扬；谈吐间，显露出勃勃雄心与满腹经纶，赞道："菊人，真妙才也！"发出相见恨晚之感慨。

袁世凯喜读兵书，为人张扬不羁；徐世昌则老成持重，深沉谦逊；袁意气磅礴，徐则唯否因人，两人刚柔相济，正好互补。袁世凯非常倾慕徐世昌的才气，而徐世昌则认为袁世凯是一个有大志的人，相互倾慕之下，两人遂结为金兰之好。

因家境贫穷，当时徐世昌无钱赴应天府参加考试，袁即慷慨解囊，赠送了200两银子给徐世昌兄弟作为盘缠，以壮其行色，徐氏兄弟两人得已成行，果然争气，并同时中举；4年之后，徐世昌又中进士，先援翰林院庶吉士，3年后援编修。军机大臣、东阁大学士张之洞、翰林院掌院学士李鸿藻成为徐的师长。

翰林院是中国封建社会为科场尖子而设的最高机构，凡以科举进身之文士，无不孜孜以求。徐世昌并不急功近利，而是积极结交，疏通上下，同时勤苦读书，关心时事，作好各方面准备，以待时机。

甲午战败之后，袁世凯奉清廷之命在天津小站训练新军，苦于手下无得力的可用之才，便想到了结盟兄弟徐世昌，急邀徐世昌前来帮忙。徐一接到邀请，就欣然从命。别人想都不敢想的事，徐世昌做了。事实证明，这一步，他走对了。徐世昌日后的功名利禄，都在于他做了这么一个当时看起来很不可思议的选择。

1897年徐世昌离开翰林院来到天津，任袁世凯的新建陆军参谋营务处总办，成为袁世凯最重要的幕僚。徐全力以赴，总揽全军文案并参与机密，袁不在时且代理其职，很快成为袁的得力智囊。

小站练兵，是中国军队走向近代化的里程碑，袁、徐皆功不可设。徐世昌最先提出了比较完整的近代化军事理论，制订了中西结合的军制、法典、军规、条令及战略战术原则。后来的"北洋三杰"——王士珍、段祺瑞、冯国璋都是从小站新军中成长起来的佼佼者。

徐世昌在经历了家境困苦和考场搏杀之后，毅然投身小站的袁世凯，向日后仕途迈出了决定性的一步，意味着他买了官场潜力无限的绩优股。事实证明，徐的运气很好，他这关键性的一步迈出去，以后的富贵荣华居然全有了。徐世昌能够抓住小站练兵之机遇脱颖而出，原因有三：

一是受到袁的高度信任与尊重，言听计从，称之为兄；袁世凯对徐世昌一口一个“菊人兄”，视之为股肱之臣，徐世昌由此取得北洋背景，走向民国的政治舞台。

二是徐世昌是翰林出身，受到新建陆军中将领的尊重，都称他为老师，声望很高，这在军营中是很罕见的；他勤勉的工作态度加上他广博的知识，使他获得了冯国璋、王士珍、段祺瑞、姜桂题、张勋、曹锟等新军将领的尊敬，这也是他日后纵横民国政坛的一大资本。

三是徐世昌工作勤奋，肯于学习和钻研。徐到天津小站练兵时已经43岁了，可以说已经过了学习知识的黄金年龄，但徐常常在军营中秉烛夜读，苦学不缀，夜以继日地攻读英语，又设立专门机构编译西方军事学著作，并主张将当时最先进的德国与日本陆军的优点加以融合和吸收，以新的军事思想统筹训练及教育，成绩卓著，从而奠定了自己在北洋军队中仅次于袁世凯的地位，也达到了“以文修武、以军功进身”之目的。

徐世昌在袁世凯的资助下实现了封建知识分子“朝为田舍郎，暮登天子堂”的梦想，而袁世凯的投资也得到了丰厚的回报。袁日后天津小站练兵创建北洋军，在清末民初政坛纷繁复杂的斗争中崭露头角，成为国内外新旧各派重点拉拢的对象，炙手可热，权倾一时，徐世昌作为智囊人物功不可没。

徐世昌在小站练兵工作虽只两年多，成为日后在政坛发展的起点，也成为徐仕途中走向发达的转折点，此后累获擢升。1905年，袁世凯创建警察，保举徐世昌为巡警部尚书，负责京师的治安。

袁世凯被请出劝清帝逊位，功成后任中华民国总统，春风得意踌躇满志，1914年他请出“菊人兄”做民国的国务卿。但好景不长，袁一时糊涂断送了“中华民国”，也葬送了卿卿性命。徐世昌还算识时务，大节关头力谏袁世凯，虽未奏效，但对得起袁世凯的知遇之恩，不失为袁之诤友。

徐世昌与袁世凯作为结盟兄弟，相识于中国社会历史急剧变迁与动荡的时代，在30多年的宦海沉浮生涯中，相互提携，共损共荣，在政治、军事激烈斗争的旋涡中共创机遇，共迎挑战，真可谓英雄得遇时势，时势造就英雄。

(3) 一朝觅得总统位

在正式当选总统之前，徐世昌未明确表示是否愿意出任总统，这又一次显示其老到、独特的政治手腕。在选举中华民国第二届总统之际，段祺瑞、冯国璋相持不下，闹得不可开交。多面讨好、两面下注的徐世昌突然杀出，再次使出其圆滑的政治手腕，遂成为了总统的“最佳人选”。

看来，“中庸之道”确是在官场上保身保位的灵丹妙药，徐世昌因此而赢得“水晶狐狸”的称号。“水晶”指八面玲珑的性格，“狐狸”当然是狡猾、阴沉的代名词。

1918 年 9 月 1 日，总统权位大战的序幕刚刚拉开，徐世昌宅居北京东四五条胡同，参议院议长梁士诒和众议院议长王揖唐特往徐宅探视，敦劝徐出任大总统。

徐世昌见火候未到，再次故伎重演：“诸君何苦推我衰朽之人登台?”

梁士诒说：“除你之外，无人能解决时局。”

徐答道：“诸君以国家为前提，责我以大义，我亦无法。但是诸君举我，是希望我将一切事件办好，究竟我出山之后办得好不好，我亦无把握。”

徐世昌先给自己留足了后路，才在众人拥戴下出山。9 月 3 日，徐世昌策划了一个“安福俱乐部总统预选会”。到会者 384 人，徐共得了 383 票，其中有一人弃权，大家一致举徐为总统。此时，徐世昌觉得心中有了底数。

9 月 4 日，总统选举在位于北京宣虎坊桥的众议院正式举行。为了营造浓厚的选举气氛，众议院门前的树上布满彩架，中间嵌有金黄色的“总统选举会”五个大字。绒线胡同、宣武门大街一带，军警戒备森严，居民商铺奉命悬挂国旗。

选举正式开始，众议院议长王揖唐宣布："出席选举会的参议员131名，众议员305名，超过《大总统选举法》规定的须有选举人总数三分之二以上出席的法定人数，选举结果有效"。

身负重要使命的民意代表，排着"之"字形的队伍，投下慎重一票。投票结果结果没有丝毫悬念，徐世昌得到425票。当王揖唐宣布"徐世昌当选为中华民国第二任大总统"的话音刚落，会场上响起一阵阵的掌声和欢呼声。

选举会刚刚结束，徐树铮即通电告知各省督军："本日选举，天气晴和，人心静穆，议场秩序雍容，投票整肃，外人参观者，同声赞美，且谓既无武力作用，又无金钱关系，在历史上殊不多见。"

1918年10月10日上午，中华民国史上第一次总统交接仪式举行，风光无限的徐世昌乘汽车进了中南海，在典礼官的引导下，徐缓缓走到怀仁堂正中的大礼台。

9点整，临时大总统冯国璋由居仁堂来到怀仁堂，与徐同向中华民国旗行三鞠躬礼，礼毕，冯东向致颂词，徐西向致答词，词毕互相一鞠躬，典礼官送冯回居仁堂，冯即迁出中南海，结束其总统生涯。

10时整，胸前戴着大总统专有"大勋章"的徐世昌，在居仁堂向议长及议员宣读誓词，宣读完毕与议长议员同向国旗三鞠躬，然后，徐登上大礼台，面向内阁成员及文武百官宣读就职宣言，正式开始其总统使命。

曾国藩曾说过"李鸿章是拼命做官"，但拼命做官的李鸿章也赶不上徐世昌，李最终也没有过上一把总统瘾。两朝宰辅"水晶狐狸"徐世昌，并未拼了老命做官，但却官运亨通，不动声色地当上了总统。

（4）偃武修文谋和平

黎元洪去职后，1918年10月，徐世昌经皖系操纵的"安福国会"选举为总统，直到1922年下台，他标榜自己的执政主张是"偃武修文"。所谓

“偃武”，就是下令对南方停战，结束南北武力对抗；所谓“修文”，就是重用文臣，而排斥武人。

徐世昌为什么首先要提出“偃武”呢？

在国内方面，中国最大的问题是南北分裂，北京的北洋政府和广州的军政府事实上处于敌对状态。全国人民渴望和平的愿望非常强烈，为了反映民意，熊希龄、蔡元培等组织了和平期成会，梁士诒也组织了和平促进会，全国上下弥漫着一派祈求和平的浓厚氛围。

在国际方面，美国总统威尔逊和英国公使朱尔典先后向徐世昌提出南北和平动议，法、意等国相继表示支持。

徐世昌是在如此浓厚的和平氛围下当选总统的，即便是广州军政府，也在通电声明总统选举不合法的同时，善意提醒徐世昌不要被人愚弄。在全国上下反对争战、谋求和平之时，作为新任大总统的徐世昌也踌躇满志。在此后的半年中，他首先行使大总统的职权，主动下令对南方停战，努力调和南方和北方之间的矛盾，筹划“南北议和”会议。

于是徐世昌在就职15天后签署和平令，11月15日，他在北京召集各省督军会商和议，最终使这些桀骜不驯的军阀一致表示“服从总统”、“赞成和平”。次日，他发布了停战令，南北双方遵命停火。他十分高兴地说：“和平统一的时机已到，机不可失，中国的安危在此一举了。”

但是，徐世昌过于乐观了。次年2月在上海召开了南北“议和会议”，但未取得任何结果。盖因和谈的基础十分薄弱，南北军阀均拥兵自重，互不相让，尤其是段祺瑞坚持亲日主张，拒不让步。关于上海的南北和会，徐世昌曾说：“乃沪议中辍，群情失望，在南方徒言接近，而未有完全解决之方；在中央欲进和平，而终乏积极进行之效。……此就对内言之不能不引咎者也”。

针对“南北议和”裹足不前，在要和平、不要战争的浓厚氛围下，社会各界纷纷奔走呼号，呼吁重开和谈。徐世昌再次从中斡旋，多方努力，终于在4月9日且达成了一个“南北议和”的折中方案。但北京的“安福议员”又极力反对，致使和平的努力再次化为泡影。

南北议和停滞，北洋军阀内部也矛盾激化，终于在1920年7月爆发了直皖战争。吴佩孚杀入北京，把奉军赶出了关外，把段祺瑞赶下台，直系独霸北京。徐世昌马上下令解散安福系，清除了南北和谈的最大阻碍。徐世昌借势颁布了南北统一及筹办善后的命令，但随即就遭到孙中山、唐绍仪、伍廷芳等人的通电驳斥。不久，孙中山重组军政府，并就任非常大总统，准备武力北伐。南北议和就此告终，徐世昌的“偃武”政策遭到沉重打击。

徐世昌的“修文”与“偃武”是一项政策的两面。徐自身乃文人出身，在拥兵自兵的军阀之间左右折冲十分不易，其厌恶武将实属无可奈何，重用文臣自在情理之中。因此，在他当总统时期的国务总理或重要阁员如钱能训、龚心湛、颜惠庆、梁士诒、周自齐等，或出身翰林，或长于外事，或精通财政，都是当时公认的文才，政府的重要职务自然也是重文轻武。

徐世昌的“修文”的核心是“清静无为”，他表面上圆通、沉稳、柔韧、机警，实则倨傲、吝啬、拘谨、守旧，根本没有能力治理当时中国军阀混战、政局动乱的局面。

面对军阀武将争战不断，争雄不已，徐世昌实难做到真正的“偃武”，自然也难以做到真正的“修文”。“偃武修文”政策虽然符合当时中国人民的良好愿望，但在面对混乱不堪的武人争雄的严酷现实，徐的政策几乎毫无施行的空间，失败是必然的，他的失败是时代的悲剧。但他对当时政策修修补补，在缓南北争斗的紧张局势，谋求和平、促进和谐方面，还是做了许多卓有成效的工作，也起到了不小的作用。

1919年“五四“运动爆发，身为大总统徐世昌，虽然对学生的态度随着事态的变化而变化，但总的来说，这位前清翰林出身的文治总统，对学生和知识界的态度还是比较温和的。实际上，新文化运动和五四运动之所以能够蓬勃地展开，还是有赖于徐世昌“偃武修文”的治国策略所营造的宽松的政治环境。

徐世昌当总统的年代，夹在直、皖两派中间，并无多大实权，此时的中国，内忧外患，倭寇虎视眈眈，国内军阀割据，国民党不承认其合法性，工人运动蓬勃兴起。但就是他执政的这段时间，中国的民族工业蓬勃发展，社会思想也是中国历史以来最解放的，所以五四运动才没有遭到残酷镇压，共产主义思潮也得以兴起，报纸杂志言论大胆，也应归功于他“偃武修文”的实际效果。

（5）爱国忠贞重晚节

1922年直奉大战爆发，徐世昌被吴佩孚、曹锟“逼宫”下野，结束了他5年的中华民国大总统生涯，也从此结束了他从政40余年的风雨历程。

徐世昌退隐天津之后，自书“半日读书半日静坐之斋”匾额，立志不过问政治，不参与党争。他与北洋政府其他下野官僚不同，已经彻底断绝了“伺机而动”、“东山再起”的野心，在政治上明哲保身，不在暗中进行任何政治活动，不复有出山的任何念头。

徐世昌在天津隐居17年，几乎与政治绝缘，不关心政治，也从不阅看报纸上的政治新闻。1936年12月12日“西安事变”发生后，他摒弃了不读报的习惯，每天叫他的侄女念报给他听，甚至怀疑西安事变能不能和平解决。后来蒋介石接受了张学良的八项主张，他却不以为然，说蒋“纵然有些诺言，也许是权宜之计，过后可以不算数”。后来事态发展的结果，确被他不幸言中了。1937年“七七”事变发生，则改变了徐世昌的“闲居”心态，在中华民族面临生死存亡的紧要关头，作为一个中国人，他非常担忧国家民族的前途与未来，对国家、对民族忧心忡忡，他积极响应中国共产党关于建立广泛的民族抗日统一战线的号召，对身边的人郑重地说：“大敌当前，国内应团结协作，一致对外，方可挽救民族危机。”

抗战开始后，全国民众同仇敌忾，对汉奸走狗恨之入骨。此时，日本大特务土肥原贤二为了在华特色代理人，竟派人造访徐世昌，力劝徐出山为日本人做事，并信口胡言：“南京政府英美派当权，压制日本在华势力，使日本在中国的权利受到损失，日本被迫无奈才出兵与中国打仗。”劝客还以威胁的口吻对徐说："总统此时如能出山，与日本订立亲善条约，日本即可撤兵。"

听了这番话，徐世昌不禁怒火中烧，断然拒绝道："老朽年过八十，体弱多病，早就不过问政事，对此没有兴趣，你们另请高明吧！"

劝客碰了个硬钉子，只好灰溜溜地告辞离去。徐世昌当即吩咐门房："以后如果再来骚扰，别让其进我的家门。"

为了拖徐世昌下水，日本侵略者一计不成又生一计。1938 年初，侵华日军板垣师团长和大特务头子土肥原贤二大佐，分别约请徐世昌见面，但徐世昌却托病不出。无奈之中，日本人又派徐世昌的学生前往游说，甚至抬出末代皇帝溥仪来压迫徐世昌就范。

学生来到徐世昌的客厅，毕恭毕敬地说："承板垣师团长和土肥原大佐的委派，来拜见老师，请老师先出任华北领袖。一俟部署就绪，再请宣统皇帝到北京正位，老师千万别失掉这个千载难逢的机会。"

徐世昌曾经是清朝重臣，一向对宣统帝溥仪很尊重。1918 年 10 月 10 日徐世昌在怀仁堂举行就任民国大总统仪式，溥仪特派贝勒载润前往祝贺。次日，徐派使节黄开文入宫答礼，溥仪在养心殿亲自接见。在溥仪逊位后，他对清室经费、待遇等一直悉心照料。所以他在清朝遗老中素有"眷念故主"之名。但是，此时此刻，徐世昌清醒地认识到，这是关系到民族利益、国家主权和个人名节的大是大非问题，自己决不能只图忠于旧主而有丝毫的让步。因此，他严正地拒绝道："我年岁已高，精力不济，决不再有出山之想！"

这位学生秉承主子意旨，仍不识好歹规劝徐世昌："老师千万别丧失良机，出任华北首领，这是为了老师的晚节。人人都有个晚节，还望老师明白这一点。"

徐听拍案而起，勃然大怒地骂道："混帐！你们知道什么是晚节？像你们这样，贪于一时名利，出卖整个国家民族，违背天理良心，这才算晚节不保呢。"

徐世昌气愤已极，双唇颤抖，接着又厉声说道："你们知道什么是晚节？贪于个人一时利益，出卖国家民族，违背天理良心，这算是晚节吗？”

说罢，径直上楼而去。

此后，日本人和汉奸再也不打徐世昌的主意了。

(6) 诗书画作见真功

无论得意青云之上或失意山野之中，都对诗画情有独钟。

徐世昌退出政坛后，寓居天津，忙于吟诗作画，不问政治，徐是文人出身，诗、书、画都很有建树，他出身翰林，博学多才，文章诗词书画皆精，传统文化造诣很深。徐世昌寄情于诗词歌赋、书法绘画，净化自己的心灵，升华自己的人格，作为人生晚年最大的快乐，成为一个真正的“隐者”。

论诗文，他一生做诗过千首，也有佳作，晚年曾组织诗社，编撰诗集。并作有回乡隐逸诗一首“花月多情如梦幻，川原有恨入榛芜；客来关辅三霄路，臣本烟波一钓徒。”从中可以看出其飘然出尘之意。徐世昌有“总统诗人”之美称，终身创作不缀，辑有《水竹村人诗集》、《归云楼题画诗》、《拣珠录》等作品，共刊行8集76卷，可谓洋洋大观。后人评价徐诗“优浙而闲适，简洁而清远，抒写性情，旷然无身世之累”。

论绘画，他善山水和松竹，喜欢绘制扇面，造诣甚高，其代表作有《晴风露月四竹图》等，后人给予了很高的评价，称赞他的画作“平淡天真，意趣高古；笔锋凌厉，状如削玉；诗画相映，书画同体；神韵相连，清爽不凡。”

论书法，他的书法师承颜苏，博采众长，有《水竹□人临帖》、《石门山临图帖》等问世，并有《百砚谱》评砚专著。

徐世昌的诗文中，远离政治喧嚣的乡野别居俨然一派世外桃源景象。他的不少诗词和书画也都以“水竹村人”落款，源于徐世昌的出生地河南省卫辉市现今河南辉县市郊的水竹村，村里至今还存有徐世昌的私家别墅。1922

年之后，退出政坛的徐世昌在村中闲居，吟诗宴客，十分惬意。徐世昌十分喜爱这个村庄，便在别墅前面正堂上题写“归田别墅”。不过，此时他的才情也随着他的官运一去不复返了，所谓“归耕之志”、“宽大明德”只是为了装潢门面。

1936年3月，81岁高龄的徐世昌又回到辉县水竹村住了一段时间，写了一组对联共357副，此时的徐世昌不过问政事，过着真正的隐居生活，但从对联表现出的内容仍能看出其掩饰不住落寞消沉的心情。

在几任民国总统里，徐世昌可能是“最穷”的一个。除去置办的部分房产，徐世昌没有投资，他晚年把个人全部精力都投入到诗词歌赋、书法绘画、著书藏书的爱好里。他让家人在日常生活中节俭，但在著书藏书这些“有用的地方”却毫不吝惜。徐世昌主持编辑图书多达几十部，如《清儒学案》、《弢斋述学》、《欧战后之中国》、《东三省政略》等，有很多书都是他自掏腰包编纂的。退隐之后，徐世昌专门组织设立了“徐东海编书处”，历时数年，编《清儒学案》208卷，创作诗词5000余首，楹联一万余对，多为质量上乘之作。如不从政，徐世昌很可能成为国学大师或者书画名家。

晚年的徐世昌患病，经诊察被认为是膀胱癌。当时正值抗战初期，全中国人民都在积极抗日。寓居在英租界的徐世昌时刻关心着时局的变化，日本人尝试邀请他担任华北政府相关职务，被他严词拒绝。北京有关方面曾邀请徐世昌到北京治病，本来他的病情可以通过治疗得到缓解，但徐世昌担心自己离开天津后会被日本人胁迫，权衡再三，他选择了放弃治疗。

1939年，85岁的徐世昌在天津病逝，先是寄葬于天津桃园村原英国公墓，后同夫人一起归葬于苏门山东侧。

当时的国民政府下达的褒扬令称：“徐世昌，国之耆宿，望重群伦。比年息影津门，优游道素。寇临华北，屡思威胁利诱，逞其阴谋，独能不屈不挠，凛然自守，亮风高节……”

徐世昌作为民国初期政坛上的风云人物，承袭了中国传统知识分子的优良精神风貌，学识广博，推行新政，热爱国家，坚持和平，崇尚自然，既非一般的无聊政客，更非那些拥兵自重、祸国殃民的旧军阀可比。

综观徐世昌一生，他终究是一介书生，书生只能辅助名主，而少有成大事者。但书生有个优点那就是气节，在徐世昌身上表现出的那种儒家的“富贵不能淫，威武不能屈”的精神，却是那样的震慑人心，他也秉承了儒家倡导的注重操守、淡泊宁静的人生态度。

第 8 任

伍廷芳：游走倘在儒侠间

他在中国近代史上占有诸多“第一”，第一个法学博士，第一位香港立法局华人议员，创办第一家中文报纸，第一位取得外国律师资格，签订第一个平等条约。他是中华民国军政府的外交总长，主持南北议和，达成清廷退位；古稀高龄，冲破效忠君主的精神桎梏，毅然与君主专制制度决裂，投入革命洪流成为孙中山的战友，为建立和维护民主共和制度而奋斗。

小 档 案

姓　名：伍廷芳

字　号：字文爵，号秩庸

籍　贯：广东新会

出生地：新加坡

性　别：男

出生年月：1842年

去世年月：1922年

父　亲：伍荣彰

妻　子：何妙龄

岳　父：何进善

儿　子：伍朝枢

毕业院校：伦敦学院

主要著作：《伍廷芳集》、《中华民国图治刍议》、《美国视察记》、《伍秩庸先生公牍》

简 历

1842年，7月30日生于新加坡，后随父回国居广州。

1862年，担任香港高等法院译员。

1864年，与何进善牧师的长女、何启之姐妙龄女士结婚。

1870年，由高等法院调任巡理厅首席译员。

1874年，自费留学英国，入伦敦学院攻读法学，斯满后取得大律师资格。

1877年，成为第一位华人律师，同时又被港府选任为考试委员。

1878年，正式委派其为掌法绅士（后译太平绅士），开华人任太平绅士之先河。

1879年，律政司因事返英，港督委其署理。

1880年，第一位立法局华人议员。

1880年，与富商梁安等联名上书，请求成立华人商会。

1881年，他提议创建电车计划，建议其妻弟何启进行九龙湾填海工程。

1882年，进入李鸿章幕府，主持办理因北洋水师军舰停泊日本发生的“崎案”。

1896年，被清政府命为出使美国、西班牙、秘鲁公使。

1897年，返港省亲，受到港督罗便臣等香港军政要员热烈欢迎。

1899年，奉命同墨西哥签订《中墨通商条约》。

1902年，应召回国，授四品候补京堂衔，主持修订法律。

1906年，夫人何妙龄捐巨款建成何妙龄医院。

1907年，再次出任驻美、墨国西哥、秘鲁、古巴公使。

1916年，出任段祺瑞内阁外交总长，次年代总理。

1917年，追随孙中山赴广州参加护法运动，任护法军政府外交总长。

1921年，任广州军政府外长兼财政总长。北伐战争时，曾代行总统职权。

1922年，陈炯明被孙中山撤去广东省长职，兼任广东省长。

1922年，6月23日在广州逝世。

（1）纯正"海归"念故乡

中国近代史，是列强入侵、封建专制制度走向腐败没落的历史，也是中国陷入国弱民贫、愚昧落后境地的历史。为了救国济民，近代仁人志士开始向西方寻求真理，有些人靠阅读翻译著作间接了解学习西方文化，有些人走出国门直接、系统地接受西方文化教育，后者就是近代中国的"海归"派，其代表如容闳、伍廷芳、严复、孙中山等。

伍廷芳祖籍广东新会，出生于新加坡，幼年时随父回广州芳村定居，30多岁自费留学英国。从离开家乡"奋发走英伦"，到返回后出任李鸿章高级幕僚，他开游学之先河，海外留学经历极富传奇色彩，成为中国近代史上的一位政治、文化奇人，被誉为"继容闳之后中国留学教育最丰硕成果"。

伍廷芳出身华侨商人家庭，与传统的中国家庭一样，父亲期望他走科举仕途之路。在父亲的安排下，他从小就被送入私塾接受启蒙。但对四书五经科毫无兴趣，也没有通过科举跻身仕途以光宗耀祖的"远大抱负"，接受儒学为主体的中国传统教育较少，国学根底浅薄。反倒是清政府派遣学生赴英美留学的消息，引发了他的极大兴趣。他从小就怀着救国济民的宏愿，并期望在学成后投身国家改革和革命活动中来。

1856年，伍廷芳在亲戚陈言陪伴下到香港，进入英国圣公会创办的圣保罗书院学习。该校为吸引华人子弟入学，规定入该校就读的华人子弟，校方免费提供寄宿、衣服及部分补贴。这也是伍廷芳进入该校学习的重要原因。伍廷芳在圣保罗书院接受了系统的西式教育，"治英文、算学、格致诸科"。伍廷芳学习成绩优异，得到学校教师的一致好评。到毕业时，伍廷芳已经成为一个具有西学知识的新式知识分子。毕业后，伍廷芳被选拔为香港高等审判庭译员，成为港英政府机构中的一员，为成为他海外留学生涯的第一步。

1874年，伍廷芳得到父亲的资助，告别温馨的家庭，带着对西方文明的向往，自费出国留学，只身闯英伦，入林肯法律学院学习法律。林肯法律学院位居英国四大法学院之首，被视为是当时西方社会培育青年绅士、培养贵族的摇篮。伍廷芳之前，华人社会尚没有人来此攻读西方法律。

该校校规严格，学生必须住在学院里攻读12个学期，且必须在法学院餐厅内进食规定次数的晚餐方能毕业。这类晚餐可不是简单地吃饭进食，因为出席晚餐者全都是英国的法律界泰斗，是德高望重的权威人士，是英国拥有最高地位、最有学术德望之人，在这里，餐桌即传授知识的平台，餐厅即学术研讨的“餐吧”，在“吧”中，伍廷芳如鱼得水，既增长了学识，又结识了英国法律界的名流达人，这对他今后的事业大有裨益。

伍廷芳以顽强的毅力刻苦学习，修完了合同法、刑法、宪法、行政法、民事诉讼法和国际法等课程，尤以刑律、国际法最为擅长。除完成规定的课程外，还经常到议院去旁听，实地考察英国的宪政。经过3年的潜心苦读，伍廷芳从林肯法律学院毕业，获得博士学位，取得大律师资格，这是中国人第一次获此资格。留学英国，学习法律，是伍廷芳人生的重要转折，为他日后成为蜚声中外的外交家奠定了基础。

伍廷芳在林肯法学院毕业，获得法学博士学位，并考取了英国律师，他是中国第一位法学博士、第一位“外国律师”。

伍廷芳以自己留学英伦的亲身经历，建议朝廷多派学生到海外求学。他指出，在中国的外交界和法律界，由于大多数人不懂国际法，在处理外交事务时闹出很多笑话，国家迫切需要一大批既懂对外交往又懂国际公法的有用之材。而要造就这样的人才，唯一可行的办法，就是派遣具有培养前途的年轻人出国留学。

伍廷芳留学回国之后，在清王朝统治下，继续从事引荐西学、修筑铁路、改革外交与改法制等活动，作为一个近代中的“海归”，他没有像康有为，梁启超那样深厚的儒学根底和文学造诣，也没有自成体系的变法理论。然而，也正因为他具有较系统的西学知识，才能勇敢地挣脱封建纲常和传统势力的羁绊，最终转向民主革命。

伍廷芳活了八十岁，其中有三十年都在海外求学、供职，对于西方文化有较多认识和感受，这为他以后几十年的政治实践做了充分准备。伍廷芳海外留学经历极其丰富，言行举止不乏怪异之处，胡适先生曾如此评论过伍廷芳：“他在海外做外交官时，全靠他的古怪行为和古怪议论压倒了西洋人的气焰，引起了他们的好奇心，居然能使一个弱国的代表受到许多外人的敬重。”

（2）剃发剪辫第一人

剃发蓄辫，是满人进关后统治中国的强制措施。中国人不分男女老少，人人留长辫，这统治阶级区分富贵与卑贱的标志，这是中国人被征服被奴役的标志。顺治二年，朝廷下令剃发编辫，众人不从，一纸剃发令：“不从者斩”，几十万人头落地。孔子在《孝经》里有关“身体发肤，受之父母，不容毁伤”的古训，奴役着中国人的思想与心灵，若干年来，辫子成了洋人嘲笑、讽刺中国人的把柄，并视之为中国愚昧的写照。

留在中国人头上的长辫，已有二百多年，这条长辫就像一条盘缠在国人脖子上的毒蛇，时刻威胁着汉人的生存。同时，也是汉人受耻辱的二百多年。自从外国列强侵华以来，头上的长辫更成了洋人视中华民族为世界劣等民族的象征。从而使国人受尽了洋人之欺凌。在国外，这条长辫更招来了被人歧视的眼光，洋人在大街上可以任意辱骂、殴打华人，使中国人在洋人面前抬不起头。

1908 年，正值辛亥革命前夕，伍廷芳在上海率众发起了中国历史上最大的一次反封建的剪辫子运动，被称为“剪辫第一人”。

这年深秋，在伍廷芳的鼓动下，一批敢于冲破满清二百多年“剃发蓄辫”律令的年轻人，聚集在上海法租界霞飞路（今淮海路）一幢法国式洋房里，酝酿着一场震惊中外的剪辫运动。时任朝廷外务侍郎的伍廷芳，一阵阵慷慨激昂的讲话声不时传出窗外。伍廷芳大声喝道："自从外国列强入侵吾中国，签订了一系列不平等条约，并视吾中华民族为劣等民族，使吾中华民族在国际上抬不起头，被人瞧不起！头上的这条辫子，带给中国人的是耻辱，留给中国人的是丑样，还带来诸多不便与麻烦，当务之急就是一定要剪掉它！这条缠绕在中国人头上的辫子，就像一具特别的精神枷锁，结结实实地整整束缚禁锢了中国人有二百六十多年了呀！这条辫子是中国人受尽耻辱的二百六十多年，一定要将它彻底剪断！"

环顾四周，他提高嗓门激动地说："剪发会议，乃是卑人的光彩，真是不胜荣幸。"

一边说着，他一边不时地摇动着脑后的长辫："留在头上的这条辫子，是留在中国人身上的耻辱！"伍廷芳用手把辫抓在手中，表情更加激动，大声道："我们一定要割断该死的长辫子！

"对！"屋内响起了一阵激昂的高喊声和附和声。

在呼口号的同时，伍廷芳步入台上发表演说："剪掉发辫，现在已到了刻不容缓的时候了，同胞们，赶快行动起来，剪掉头上的长辫，剪掉国人的奇耻大辱，为国家的独立，民族的自信创造伟大的精神条件吧！"

屋内的喧哗打破了夜色的宁静，众人都把眼光投向伍廷芳。只见伍廷芒毫不犹豫地开始执刀剪，右手拿着一把大剪刀，左手抓着脑后的辫子，使劲地剪着又粗又长的辫子：一下、二下、三下……，此刻会场里一下变得鸦雀无声，似乎只能听到人的呼吸，一双双眼睛一眨不眨地注视着伍廷芳。突然——

"辫子剪掉了！"……

"伍大人把辫子剪掉了！"……

会场里一下又沸腾起来了，叫喊声，鼓掌声，议论声混合成了一首狂响曲。

"同胞们，剪掉长辫子的时候到了！"伍廷芳手抓着剪下的辫子，高高举起在空中甩动。伍廷芳的话音刚落，会场内外万头攒动，刹那间，剪发声响成一片，有自己为自己剪辫的，有请别人帮忙剪辫的。一条条长辫，在嚓嚓嚓的剪刀声中，纷纷掉在了地上，不多时，就把地板和石头马路都覆盖住了。

一批又一批剪发者涌向会场，使这次剪辫运动场面显得特别壮观，从楼上的窗口朝下看，人山人海，攒动的人头仿佛像一片起伏滚涌的波浪，满地的辫子越积越多，越堆越高。

“剪除长辫，洗雪耻辱，振兴中华，民族有望”。如今，人们剪掉了头上这条毒蛇般的长辫，剪掉了国人头上的奇耻大辱，中华民族开始扬眉吐气。

伍廷芳继续发表发表着自己的看法，从他的表情上看，脸上流露出一种激动的神态。

会场又响起了一阵暴风雨般的掌声。

辛亥革命推翻了封建统治。当时的上海军政府向市民出示了晓谕——“自汉起义，各省响应，凡吾同胞，一律剪发，除去胡尾，重振汉室。”

在公共租界，一些中国商人为了响应军政府的剪发运动，在租界内组织了“剪辫雪耻会”，利用租界内公所多、书场和戏馆多等优势，花钱包场子举行“剪辫宣传会”，邀请有名的艺人和租界内的理发高手到场，一场轰轰烈烈的剪辫子运动迅速由上海推向全国。

（3）法律人士称“五叔”

在中国法制史上，“法律”一词是在清末民初才被广泛使用的。中国法律的引进、建立与完善，伍廷芳功不可没。

在清王朝200多年漫长历史中，由朝廷任命的重要官吏，何止成百上千，但是，却没有一个系统受过西方教育，而且又拿到文凭，然后在香港又从事多年本职工作的律师。唯一的例外，就是伍廷芳。

1877年，通过律师资格考试、头顶林肯法律学院耀眼光环和法学博士金字招牌的伍廷芳，返回阔别多年的香港。返港后不久，就被批准为执业大律师。港英政府律政司经过认真审核，决定准许伍廷芳在香港法庭执行律师业务，伍廷芳因此成为第一位获准在英国殖民地担任律师的中国人，伍廷芳由此开始了自己的律师生涯。

伍廷芳赢的第一个回合，就是争取华人在港权利，废除针对华人的公开笞刑。时任港督轩尼诗，顺应历史潮流，宣布废除针对中国人的公开笞刑，却遭到在港英国居民的强烈反对和无理纠缠。广大华人针锋相对，推举知名人士联署签名信，请求英国女王支持港督轩尼诗，彻底废除香港笞刑。伍廷芳充分发挥自己的法律界的人脉优势，旗帜鲜明地支持港督，并将华人联署的两封请愿书交给港督，此后不久均获英女皇批准，从此香港正式取消笞刑。

初战告捷，伍廷芳在香港的名望迅速窜升。1880 年，伍廷芳被聘任为香港定例局（今称立法局）议员，这是一个相当重要的职位。接着，他被港督委任为“太平绅士”，港府立法局议员，开启华人进入香港殖民政府参政、议政的先河，为维护在港华人的权益，拓展了更为广阔的平台。伍廷芳以大律师身份参与案件的辩护，总能以渊博的法律知识、雄辩的口才为维护华人权益竭尽全力，他还以极大的热情投入到香港的社会福利、教育、商业等事业中，赢得了香港社会的广泛赞誉，华人皆尊称其为“伍叔”。

在香港执业的经历使伍廷芳强烈地感觉到，国家弱则华人律师无用武之地。他从此开始为废除治外法权进行不懈的努力。带着强国富民的梦想，1882 年伍廷芳离开香港回国。

19 世纪 70 年代，作为海外赤子的伍廷芳对于专制社会的祖国有了引进西方技术的起步感到由衷地兴奋。而他自己则从仰慕西方物质文明，进而认识到发展资本主义经济首先需要建立法治社会，于是决心从法律界着手，以此报效宗邦。

回国以后，伍廷芳先后出任商部左侍郎、外务部右侍郎、署刑部右侍郎等职。从 70 年代到 90 年代中国又蒙受了资本主义列强强加的更为酷烈的战争灾害，随着资本主义的缓慢发展，中国出现了资产阶级改良运动和革命斗争。1902年清廷被迫表示变法维新，凭着他在海外的法律求学经历、扎实的法律功底及在香港丰富的任职经验，受命担任清廷的修订法律大臣。

伍廷芳接受改订法律的任务颇为振奋，认为这是他施展才华的大好机会，他要以资本主义国家的法理和原则，改造封建主义的法律传统，乘机通过改旧律，订新律把资本主义的法律原则和一些既成条规、律例引入了中国法典。

强国先要强经济，伍廷芳从制定商法入手，主持制定了中国最早的商法。我国的商法始于清末。在此之前，历代封建王朝制订和颁布过一些有关商业活动的法令。但均是中央政府对商业的行政管理规定，不是真正意义上的商法。鸦片战争以后，帝国主义列强入侵，强迫我国开放口岸通商，并要求清政府颁布商业法令。国内各种商业机构纷纷设立，也要求法律予以保护和限制。朝廷也认为通商以振兴实业是建国之要政，要研究有关的法律应对，即令伍廷芳等人主持此事，先订商律。伍廷芳即组织人力，制定了“大清商律”，这是我国最早的商法。“大清商律”包括了多种有关商业的法念，实施后又不断完善补充，使之更臻完善，作为商部侍郎的伍廷芳，功不可没。接着，他又主持制定了商人通例、公司法、商会组织法、商人条规、破产法以及奖励发展工商业的多种条例规章。这些从西方资本主义国家引进的法律，尽管并不完全切合中国实际，但却成为中国订立商法的开端，促进资本主义经济发展直到了积极作用。

刑法是国家法律体系中的一个重要部门法，伍廷芳筹备开设修订法律馆，聘请中外通晓中西法律的知名人士和留学生，全面修订清朝的刑法，他废除了凌迟、枭首、戮尸、刺字等酷刑，缩小“缘坐”范围，把充军、流放、徒刑酌情改为习工艺、服劳役，主张轻罪禁止刑讯、笞杖改处罚金、虚拟死刑改为流放和徒刑；禁止沿用站笼、枷号、挺棍、老虎櫈、天平架等刑具；并规定满汉刑律划一。这样，修改的大清刑律就输入了按法定罪、人道主义、法律面前人人平等等资产阶级法律原则，在国内外产生了强烈反响，被认为是从法理上摒弃酷刑的一大进步。

诉讼是国家行使司法审判权的一种重要活动，伍廷芳借鉴英、美、法等国的诉讼法规定，起草了清廷的诉讼法草案，并陪审制度纳入其中，尽管当时还没有把刑事诉讼与民事诉讼区别开来，规定也很不完备，但从此中国总算有了独立的诉讼法。后来，清政府颁布了刑事诉讼法和民事诉讼法，并为以后建立刑事、民事和行政三大诉讼制度奠定了基础。

19 世纪 80 年代投身北洋幕府时，近代工业发展缓慢，建立法治社会的理想犹如落在石板上的种子，无法生根发芽。不无遗憾的是，1896 年后他再次出使美洲，所有这些工作，伍廷芳并未进行到底，随着清王朝的迅速覆灭，伍廷芳提出的一整套法律改革措施并未完全得到实行。但开创性的功绩不可泯灭。

制定法律不易，维护和执行法制则更难。伍廷芳不但在制定法律功不可没，而且是实施法治的坚定拥护者。

民国建立，伍廷芳继续为建立法治社会奋斗不懈。他坚持三权分立原则，主张司法不受行政干预，并创立文明审判制度。为此，他曾跟担任沪军都督的革命党人公开辩论，反复阐述维护公民基本权利是民主共和制度的核心内容，反对“越法肆行”。并因此跟革命党人一度疏远了。他强调中国政治欲有所进步，须先从司法一门入手；认为这是关系商民安居与国家富强、实现独立外交秘和收回治外法权的大问题。

1916 年 6 月，袁世凯的洪宪帝制梦破灭，黎元洪、段祺瑞分别出任总统和总理。北洋军阀出于排斥革命党的需要，邀伍廷芳任外交总长。1917 年春夏间，段祺瑞对外投靠日本帝国主义，对内依恃北洋军队，专横跋扈。为强迫国会通过对德宣战，沿袭袁世凯的故伎，他指使心腹组织公民团，围攻国会、殴打议员。伍廷芳对于武人拥兵干涉，破坏法制异常愤怒。他不仅与其他阁员一同辞职，使内阁陷于瘫痪，而且在北洋军阀势力包围的情况下，当黎元洪决定解除段祺瑞总理职务时，他毅然代理总理，副署总统命令，成全了法律手续。段棋瑞、张勋等通电指责解职令不合法，伍廷芳援引临时约法和民国成立后几届总理解职的先例，论证了他所副署的命令的合法性。段祺瑞唆使倪嗣冲等军阀以反对尚在二读阶段的宪法草案为借口，要求解散国会，并于 5 月 29 日反叛中央，宣布“独立”。黎元洪借助张勋平乱，张勋乘机拥兵要挟，强迫黎氏下令解散国会。对于这种违反临时约法的狂悖行动，身为总统的黎元洪慑于武人的淫威而屈服，伍廷芳则以代总理资格断然拒绝副署解散国会令。军阀政客对他威胁利诱，他坚定地宣称：头可断，此令不可署。这些维护法律尊严的铿锵之声，今天读来仍觉震聋发馈。

(4) “弱国外交”靠打拼

弱国无外交！这是一个放之四海的真理。

伍廷芳以精通英文，谙熟西方法律而进入直隶总督李鸿章幕府出任法律顾问，协助李鸿章兴铁路，开矿藏，并充当翻译，处理与洋人交涉事宜。伍廷芳深受李氏之器重与称赞，成为北洋通商衙门最通达外情的幕僚，因而很快得到提升。甲午战争期间以候补道而充头等参赞官，先后随张荫桓、李鸿章两度赴马关参加中日议和谈判，颇露头角，故而在甲午战争结束后，即于1896年被任命为出使美国、西班牙、秘鲁等国大臣。此时的中国外交，往往充满屈辱，唯有伍廷芳，为中国做过一次扬眉吐气的外交，签订了近代中国第一个平等条约《中墨通商条约》。

在伍廷芳的公使任上，墨西哥国会出台一条“禁止华工入境”的法令。清政府下令伍廷芳就近交涉，和墨西哥政府谈判。

在此之前，清政府曾抗议美国政府公布“禁止华工”的法令，但以屈辱的失败告终，伍廷芳虽然在美国国会痛斥议员们违背华盛顿的平等精神，无奈美国议员虽然明知理亏，却挡不住白人工会的压力，最终强行通过这一法令。

于是，墨西哥效仿美国，也提出了同样的法案。

令墨西哥政府没有想到的是，伍廷芳却在谈判桌上拍案而起，不但喝斥墨西哥政府，还“电请中国政府派兵船来”。次日，当地报纸纷纷予以报道，有的还配了中国海军舰船破浪行驶的照片。

墨西哥政府赶紧请美国政府调停，这场外交战以墨西哥废除“禁止华工入境”法令而告终。因此，伍廷芳说“弱国无外交，但可以有外交家”。

1907年，清廷命伍廷芳再度充任美、墨、秘、古之出使大臣。伍廷芳对这一任命是乐于接受的，因为他对中国官场的腐败现象深恶痛绝，能有机会再次赴美效力，对他来说实在是一个摆脱困境，施展才能的好机会。果不其然，他先后与美国签订《中美公断条约》（1908年10月），与秘鲁签订《中秘条约》（1909年8月）。同年11月，伍的《奏南美无约各国似宜订约遣使以保护华侨片》，为清廷采纳，开始建立了中国与中南美国家的外交关系；所有这些条约和建议都以维护华侨权益为中心，是具有积极意义的。当时，美洲华侨革命风气渐开，许多人参加了同盟会，更多的人慷慨捐款，购买军火，资助孙中山领导的武装起义。

在美国华盛顿外交圈，伍廷芳是最受美国政界和市民欢迎的人物，他对外交有很高的技巧，对国际事务亦有深刻的了解，他亦很善于掌理事务，使他成为这个古中国的一个最佳代表。

伍廷芳出使美国演讲，事后有个贵妇人对他说：“我十分佩服你。我决定把我的爱犬改名为‘伍廷芳’”。伍廷芳听了这番极端有损自己人格的话语以后，心中很是气恼，但他并没有把愤怒表现出来，而是用一种平和的口气“恭维”对方说：“很好，很好，那么您以后就可以天天抱着‘伍廷芳’接吻了！”

在美国市民面前，他态度和蔼，贵族的举止，随机应变及嘹亮的声音，在美国十分出名。美国外交界视伍廷芳为外交奇才，有人指出：“如果中国能出生像伍廷芳这样的人，这个民族是很有希望了！”

（5）南北议和纵捭阖

辛亥革命爆发，伍廷芳积极支持孙中山推翻帝制，建立共和的革命主张。他先后致函清朝摄政王载沣和庆亲王奕劻，劝告清帝退位，建立共和政体，一时轰动朝野。他还慷慨激昂地驳斥保皇派诋毁共和的谬论，为实现共和政体而努力。同年11月，上海光复，上海军政府成立。军政府急需经费，当时伍廷芳出任中国轮船招商局董事会会长，在他的提议下，该董事会借出42万银两给军政府作经费。

伍廷芳围绕着组织国民会议和临时政府等重要问题与袁世凯展开激烈的争辩。孙中山领导的南方临时政府与袁世凯为首的北洋军阀进行谈判，北方代表是唐绍仪，南方代表就是伍廷芳。

1911年12月中旬，南北和议开始，伍廷芳代表革命军政府与清政府代表为在中国建立民主共和制度展开唇抢舌剑的斗争。

1912年元旦，南京临时政府成立。孙中山任命伍廷芳担任司法总长。南京临时政府只存在3个多月，伍廷芳主要精力用于南北议和，捍卫民主共和原则，反对以权代法。他希望逐步建立完善的审判制度，反对在中央政府成立后沿用军事法庭。他主张在民国奠定后严守民主共和原则，反对军政官员不经司法程序随意捕人。为此，他曾受到一些革命党人的诋毁。

特别是袁世凯推翻原有协议、取消北方代表唐绍仪的资格之后，伍廷芳便跟袁世凯直接展开了针锋相对的频繁电争。他对于袁世凯顽固坚持君宪主张，中途撤销清政府的议和代表、推翻已达成的协议并悍然违背停战协议、纵兵骚扰都曾给予严正的谴责。对于张勋、倪嗣冲和其他一些地区的清朝将领的恃强逞暴，不仅及时予以揭露，而且指责袁世凯未尽管束之责，难辞其咎，表现了他建立民主共和国的坚定立场。

伍廷芳在南北议和中，坚持推翻清朝专制，反对君主立宪，主张建立共和。但由於袁世凯只许唐绍仪作代表参予讨论，没给予他签订协议的权力，使会谈不能顺利进行，伍廷芳对此极为愤慨。

1912年2月，清廷慑于革命势力，被迫宣布清帝退位。但革命果实为袁世凯所篡夺。伍廷芳对袁世凯窃夺总统职位表示不满，不与袁世凯合作，退居上海。在上海他被推选为“国民共进会”、“国民公党”、“共和党”的首领。这时伍廷芳体弱多病，很少理政，他正以“弃肉荤，甘素食，慎起居，吸清空”方式调理身体。但这期间他仍不忘推翻帝制，建立共和的理想。其时，社会上曾出现过一股攻击辛亥革命，鼓吹帝制复辟的舆论。伍廷芳针对这种舆论通过各种渠道发表意见，全面地阐述民主共和应从国民教育、人才培养、司法独立等方面加强综合治理。同时，他还指出辛亥革命建立共和是人心所向，不能因一时存在问题而横加指责，有力地批驳国内一些人攻击民主共和、复辟帝制的谬论。

伍廷芳坚决反对袁世凯称帝，指出“劝进团、请愿团绝不代表民意”，旗帜鲜明地斥责洪宪帝制“如同儿戏”。伍廷芳对袁氏派去游说他支持帝制的使者指出：“袁某切勿置身火炉之上”，表示要“维护民主共和国制度至万万年”。

(6) 铁杆追随孙中山

孙中山是中国资产阶级革命的先行者、民主共和国的缔造人，是 20 世纪中国人民前进的旗帜。孙中山缔造中华民国之时，中华大地尚处于新旧交替，内外交困的混乱局面，北方军阀弄权，南方人心离散。孙中山先生，矢志不移，坚定北伐，1922 年 4 月把军政府的大本营迁至广东韶关，因为广东省长陈炯明倒行逆施，阻挠北伐，故孙中山将其免职，而重新任命一位年逾 8 旬的坚定支持者兼任广东省长要职，此人就是伍廷芒。

伍廷芳追随孙中山，赴广州参加护法运动，任护法军政府外交总长、财政总长、广东省长。孙中山北伐时，他一度在广州行代总统之职，在清末民初政治生活中写下了浓墨重彩的一笔。

1909 年，身为驻美国、墨西哥等国公使的伍廷芳，曾致电清廷，呈报革命党从美国运送军火回国策划起义的消息，表现了他对清廷的忠诚与留恋，希望实现维新救国。同年底，他任满回国，途经欧洲，广泛接触了积极鼓吹革命的中华海外赤子，并联系朝政腐败、官场黑暗、国势衰微、民不聊生的社会现实，他自己长期怀抱的维新救国的热情渐趋冷却了。

1911年10月武昌起义爆发，全国大部分地区相继响应。伍廷芳受到革命潮流的推动，接受了革命党的邀请，奋然投身革命，积极支持孙中山推翻帝制、建立共和。他以古稀高龄，冲破了效忠君主的精神桎梏，毅然与君主专制制度决裂，投入革命洪流成为孙中山的战友，拥戴并跟随孙中山，为建立和维护民主共和制度共同奋斗。

伍廷芳终于看到了，仁人志仕致力改革维新不足以救国济民。两次帝制复辟的出现，使他认识到只有打倒军阀，才能捍卫民主共和制度，于是，再度追随孙中山与南北军阀顽强抗争，直到生命的最后一刻。尽管清朝孤臣孽子斥他为叛逆，一部分革命党的激进之士又把他看作是旧官僚。然而在生命的最后10年，伍廷芳皈依到以孙中山为首的进步旗帜下，协助孙中山把民主革命推向前进。

伍廷芳从一个维新改良的实践者，转变为缔造民主共和国的参与者，对于新制度的拥护和捍卫异常坚定执著，当他决定辞官隐居时，资产阶级革命高潮到来了。

他利用长期出使海外、在国际上有一定影响的优势，向世界舆论阐明中国民主革命的目的和政策，争取各国人民了解和同情革命党人。他单独上书摄政王，严厉指责清廷昏聩误国，标榜立宪维新却屡屡失信于民；他强烈促请清帝退位，指出革命风暴已经兴起，只有废除帝制、改易民主共和政体，才是满洲皇室的生路；公开谴责满洲贵族中的顽固分子妄图雇人刺杀革命党人的倒行逆施。

1922年4月，由于陈炯明阻挠北伐，孙中山免除了陈的广东省长、粤军总司令、内务部长等职务，任命伍廷芳兼任广东省长。陈炯明叛变后，伍廷芳亲赴楚豫舰慰问孙中山，向孙表达讨平叛逆、继续革命大业的决心。伍廷芳忧愤成疾，6月23日在广州病逝。葬于广州東郊一望岗（今越秀山体育场南端）。同年12月，在上海九亩地新舞台召开追悼大会，会场上悬挂着孙中山的亲笔挽辞："人亡国瘁"。

伍廷芳的追悼会由孙中山主祭，参加追悼的团体、个人达万人，追悼会持续了几天。孙中山亲撰悼词、祭文，对伍廷芳自辛亥首义之后对中国民主革命之贡献，予以充分肯定，祭词云：“公为国死，痛乃无期”。孙中山的祭文声情并茂，感情真挚，称伍氏为革命元老、先辈典型，对伍廷芳的历史功绩予以充分肯定，从而也奠定了伍廷芳革命家的历史地位。

中华人民共和国成立后，当地政府对伍廷芳墓进行了重修，在广州越秀公园内，还建造伍廷芳铜像，供人们瞻仰。

第 9 任

李经羲：政坛流星倏忽过

在混乱的北洋军阀统治的短暂时光中，乱哄哄“你方唱罢我登场”，李经羲仅仅做了 10 天的国务总理。李经羲是晚清显赫人物李鸿章之弟李鹤章的儿子，乃豪门巨宦之后，本人聪明精干，但在政坛并未声明显赫，一生中可圈可点的，就是当了云贵总督和国务总理。

小 档 案

姓名：李经羲

字号：字仲山，又仲仙，号悔庵，又有仲宣、仲轩、宓生等称，晚号蜕叟

籍贯：安徽合肥

出生：1859 年

去世：1925 年

简　历

1859年，出生。

1879年，优贡生。

1887年，任四川永宁道。

1901年，任广西巡抚、云南巡抚、贵州巡抚。

1902年，12月，署理贵州巡抚。

1909年，任广西巡抚。

1909年，升任云贵总督。

1912年，被选为在沪成立的中华进步党副主裁。

1913年，出任政治会议议长、参政院参政。

1914年，1月任约法会议委员会资格审定委员会委员长。

1914年，5月任参政院参政，6月出任审计院院长。

1917年，5月2日出任财政总长。

1917年，6月25日就职国务总理。

1917年，7月2日被免去国务总理职务。

1925年，9月18日在上海病逝。

(1) 云贵总督阶下囚

1909年末，李经羲到任云贵总督。那个时候，全国武装起义的形势已经成是风起云涌。滇越铁路通车以后，云南的革命志士，或者是包括其它地区的一些爱国志士，利用云南离中央政府比较远，清王朝以及后来北洋政府控制比较薄弱的特点，纷纷到云南聚集，使云南、昆明成为了革命的重要据点。翻开史书，这段时间云南和昆明的历史，多次走到中国历史的前沿，爆发了很多影响震动全国的事件，著名的“重九”起义就是其中之一。而李经羲正是在这次起义中成了革命起义军的俘虏。

时光悠悠，岁月匆匆，改写云南和西南历史的云南重九起义已过去整整百年了。重九起义是受武昌起义的影响而爆发的。继四川保路运动蓬勃兴起，同盟会号召各省组织起义，云南的护国志士黄毓英、李根源、罗佩金等人，就密谋在云南也发动起义，昆明革命党人奋起响应，起义的主要领导人是蔡锷，第二个主要领导人物就是当时云南陆军讲武堂的总办、后来做过陕西省长的李根源。

蔡锷当时很年轻，只有29岁，深受时任云贵总督李经羲的赏识，李曾委任蔡锷为云南新军第37协协统，辖下的第74标标统是罗佩金，该标管带则是唐继尧，这批人是蔡锷最早的班底，后来都成了护国英雄和割据诸侯。朱德也在74标2营当兵，后担任了排长，起义中又被指定为连长。

风雨欲来风满楼，以昆明为中心的云南，已经聚集了一大批革命志士，并掌握着带兵实权，为在云南发动革命作了很好的准备。随着全国形势的高涨，昆明的风声也越来越紧，革命力量正在加速聚集。

镇守一方的总督李经羲，感到了形势的严重性。他把忠于清廷的巡防营调到昆明，命令自卫队官兵加强警戒，做好应对各种复杂情况的准备。为保证军队的集中统一，李经羲限令新军上缴仅存的少量子弹，派出大批密探，收集军队动态，严防军队内部出现哗变、倒戈等情况。

驻守昆明的第19镇参谋官杨集祥是位保皇党，曾留学日本，他对革命党人在昆明的活动非常警觉，他与第19镇镇统钟麟同等人向李经羲密报："蔡锷、李根源、罗佩金三人积极开展革命活动，动作频繁，行动诡异。要镇压云南革命，必须先把这三个人抓起来。"

闻听此言，李经羲将信将疑，他留心对蔡锷、罗佩金进行观察，因为以前对二人比较信息，也没有看出什么可疑之处，尤其是蔡锷来到云南之后，李经羲委派蔡任37协统领，正可谓疑人不用，用人不疑。

但李经羲对这位讲武堂的总办李根源不摸底，从种种途径得知，李根源思想激进，在讲武堂经常发表一些出格的言论，应该将其调离。李经羲满腹狐疑，又向罗佩金询问李根源的情况，罗佩金拍着胸脯向李经羲保证"李根源没有问题，虽有时言词偏激，但并无革命野心。"

尽管有了罗佩金信誓旦旦的保证，李经羲心里总也放心不下，仍不时听到蔡锷、罗佩金、李根源三人准备闹革命的风言风语。夜半时分，李经羲紧急传唤蔡锷、罗佩金进见，三人相见，李经羲主动谈及自己"也愿意革命"，以试探蔡、罗二人的真实态度，但蔡、罗异口同声地矢口否认。接着，李经羲又命令罗佩金限日起程离开昆明，到外地筹办军务，接运军械，再次试探罗的态度，而罗佩金则欣然从命。蔡、罗两人的口头保证和实际行动，使李经羲暂时打消了疑虑。

稳住了李经羲之后，蔡锷、罗佩金、李根源等同盟会骨干成员分头行动，多次召开秘密会议，对起义进行了周密布置，加紧了起义准备的步伐，并表示要血战到底，并制定了详细的起义计划。鉴于形势日紧，担心夜长梦多，革命党人决定把起义日期定在10月30日午夜12时，即夏历辛亥年九月初九日重阳日，所以后来又称"重九"起义。

万事俱备，蓄势待发，众人推举蔡锷为总司令，担任起义的总指挥。为做好充分准备，确保万无一失，罗佩金提前换上士兵军服，精心化装后悄悄潜回第74标营区，争取骑兵营、机枪营的合作与配合。

10月30日晚，北教场新军第74标因搬运子弹，泄露了消息，不得不提前于晚8时40分发动起义。起义的枪声打破了暗夜的沉寂，北校场73标提前动手，一时火光四起，枪声大作，李根源等率部从北教场攻昆明北门，城内讲武堂学生打开城门，迎接义军，两军汇合，进攻军械局。此时清军占领了五华山，战斗形成僵局。双方僵持不下，战斗成胶着状态。

总督李经羲闻听北门、军械局遭到进攻，惊愕不已，一时间惊慌失措，急忙打电话给位于南校场的第37协协统蔡锷，命他火速前来镇压。

令李经羲没有想到的是，此时协统蔡锷、标统罗佩金正在传令集合队伍，发布起义指示。蔡锷慷慨激昂地传达起义的革命宗旨，布置作战计划，早已摩拳擦掌的官兵们高呼着“革命万岁”口号，整队出发。李经羲顿时乱了方寸，他虽对蔡锷、罗佩金先前的保证将信将疑，但做梦也没有想到，他们起义的脚步会走得这么快。

在蔡锷的指挥下，罗佩金率74标1、2营攻总督府，第3营攻五华山，支援进攻军械局的部队。作战中，朱德被任命为连长，在攻占总督衙门时，他机智勇猛，身先士卒。总督府有卫队五、六百人，机枪8挺，初时知新军弹药缺乏，用火力封锁，死守不下。不多时，起义部队的炮兵们在南城楼上架好大炮，几炮击中总督府的前厅梁柱，总督衙门内的清廷官员顿时大乱，有的被炮火击毙，有的甚至惊吓而死，哄然逃散。

战至31日凌晨，起义部队相继攻下了军械局和五华山。蔡锷等率74标入城，占领了总督府，大局已定。在整个起义过程中，起义部队露天宿营，秩序井然，对市民秋毫无犯，当地民众称其为文明之师。这次起义，革命队伍也死伤了百余名官兵。

朱德也在这一次战斗中初露锋芒，作为未来的一个军事家他第一次展现了军事才能，拿下总督府一看，云贵总督李经羲不在了，跑掉了，朱德急忙带领着人去追，就把李经羲抓到了，带回来交给了起义总指挥蔡锷。

起义军速战速决，杀死了第19镇统制钟麟同，俘获了总督李经羲。

李经羲本来视蔡锷为得意弟子，此时在这种场合相见，不禁怒火中烧。蔡锷见到李经羲之后，首先邀请李经羲，一起来举行起义，并规劝他说：“革命尚未成功，今后的路还很长，后面还有很多重要的事要干呀！”。

不等蔡锷说完，李经羲就破口大骂，称蔡锷“忘恩负义”，当然他更是在内心里骂自己：“我这个眼睛怎么看错了，把你们这些人都看错掉了？”

蔡锷深知，李经羲是李鸿章的侄子，不可能参与起义，但留在云南又会惹事生非，蔡锷一时不知如何处置。蔡锷与李根源等人商量后认为，李经羲对革命尚有功劳，于是以参议会的名义做出决定，礼送李氏全家出境，护送其乘滇越线火车离开云南，经越南、香港，前往上海。

李经羲由革命军护送，沿滇越铁路出境，当时革命正如火如荼，李经羲到达火车站时，就被新军强行剪去了辫子。蔡锷对外称此举叫做“礼送出境”，不但确保李经羲全家安全，蔡锷还送给他足够的路费，以应付路途之不测。应该说，蔡锷不但礼数到了，而且想的非常周全。但据有关文献披露，李经羲被“礼送出境”时，共带走了在云南搜刮的40000多两银子，并获赠银元4000元，甚至还带着总督的关防大印，好让他向清廷交差。

当然，对于“礼送出境”这件事情的处理，后来的人有不同的说法。有的人认为李经羲是清王朝在云南最高统治者，就那么把他放走，这是蔡锷革命不彻底的表现。

(2) 结识朱德受益多

几十年以后，朱德写了关于回忆云南重九起义的文章，其中有一首诗谈到：“生擒总督李经羲，丧失人心莫感知，只要投降即免死，出滇礼送亦宜之。”朱德的意思是说，在当时的政治环境下，这个做法也是可以的，是无可非议的。

之所以朱德对这种做法表示认可，不能不说到云南陆军讲武堂，不能不说到李经羲与朱德、李根源的交往以及李经羲对革命党人的态度。

云南陆军讲武堂，是1909年护理云贵总督沈秉坤为了培养清朝政府的军事人才办起来的，由清廷出资举办。同年冬，云贵总督李经羲到昆明上任，把新军第19镇的随营学堂也并入了讲武堂。极具讽刺意味的是，与清王朝统治者的愿望相反，讲武堂成了革命党发动武装起义的人才基地，为同盟会提供了重要的活动场所，革命党人事实上掌握了讲武堂的大权，使之成为西南地区团结革命力量的核心，培养出一批推翻清廷的军事将领。

讲武堂筹建时，总办（校长）由云南兵备处总办高尔登兼任，李根源任协办。在高尔登任内，学校规模比较小，发展较慢，影响也不够大。1910年4月高尔登辞职由李根源接任总办，迎来了讲武堂的辉煌时期，学生和教官人数大大增加。

李根源在日本留学期间就投身革命，他参加同盟会，创办《云南》杂志，召开云南独立大会，是一个比较活跃的同盟会员。在革命的洪流中得到了锻炼，他带着同盟会的革命宗旨，怀着推翻清王朝的反动统治、挽救民族危亡的伟大抱负回到云南。接手讲武堂之后，他选任了大批留日回国学生为讲武堂的骨干和教官，在这批人中，同盟会员占有相当大的比例，讲武堂开办之初的47名教职员中，同盟会员就有17人，如李烈钧、唐继尧、李鸿祥、罗佩金等。

李根源主持下的讲武堂，开展多种形式的革命活动，宣传革命思想，对学生进行爱国主义和反清革命教育。李根源给学生们讲述明初将领沐英驱逐元朝在云南统治势力的事迹，并在讲武堂上激发学生反清革命思想，表达推翻清王朝的决心。在课堂上，在野外实习中，特别是在给学生训话时，教官们用种种暗示、影射、举例、隐喻等来宣传反清革命思想。云南地处边疆，受到英、法帝国主义的侵略威胁，李根源等教官结合实际，就地取材对学生进行反帝救国教育，其影响在昆明迅速传播开来。

在革命精神及爱国主义双重教育下，讲武堂的学员们除了学习过硬，思想上也接受了革命思想。讲武堂的同盟会员还秘密开展组织活动，发展新会员，把扩大组织作为自己的重要任务。朱德就是1909年在讲武堂加入同盟会的，那时朱德刚刚进入讲武堂才几个星期，李根源对朱德的进步思想非常赞赏，从此与朱德建立了深厚的友谊。

朱德早年家贫，来报考讲武堂时，因无路费，就迈开双脚，从四川仪陇跋山涉水来到昆明。那天讲武堂报考时间已过，门卫不让进，朱德便与门卫大声辩解，适逢李经羲正在讲武堂巡视，闻其声派人前来查看，当知道此人是从四川步行到昆明来求学时，料其将来必有大作为，遂当场决定，破例录取，因为讲武堂不招收外省籍学员，朱德就以云南蒙自籍学员的身份考入丙班，第二年又以优异的成绩被选入特别班。

若干年后，朱德还多次谈起此事。李经羲慧眼识人才，成就了年轻有为的朱德，经过几十年戎马生涯的洗礼，朱德成了中华人民共和国的十大元帅之首。不仅如此，讲武堂第 12 期华侨学员叶剑英也成为共和国十大元帅之一，第 17 期学员崔庸健，后来成为了朝鲜的高层领导人。

讲武堂的革命活动，为清朝的云南统治者所察觉。一些极端仇视革命的军阀政客，把讲武堂的革命活动密报李经羲，还有人耸人听闻地报告称："讲武堂多革命党，虎大伤人"。更有人向李经羲进言"建议即刻解散讲武堂"。

在讲武堂面临被解散的关键时刻，李根源多方奔走，向李经羲进行解释，使李经羲放弃了解散讲武堂的念头。李经羲是清末最后一任云贵总督，也曾兼任讲武堂的总办，他自称云贵总督可以不做，但讲武堂不可以不办。这样，讲武堂的革命力量才没有遭到彻底的破坏和瓦解。

(3) 挺起民族脊梁骨

李经羲升任云贵总督主事云南期间，诞生了中国历史的第一座水力发电站石龙坝。当时中国的民族工业非常落后，电力事业更是一片空白，石龙坝电站的诞生，具有划时代的意义。然而，它也连接着一段不堪回首的苍凉往事。

早在李经羲赴云南就职前的 1898 年 3 月，法国驻华公使吕班就向清廷提出自越南边界至云南省城修筑铁路的要求，扬言修筑过程应由法国主导。

衰迈昏聩、气数将尽的清廷对云南的事务已经鞭长莫及，立即批准“可允照办”。滇越铁路建成后，不仅云南全省商务为法国人所掌握，而且云南政府也在法国政府的掌握之中了。

滇越铁路是 1910 年 4 月 1 日开通的，看着这条钢铁巨龙从眼前驶过，不谙时事的云南百姓除了争相参观，就是赞叹其神奇无边的力量。而出资修筑这条铁路的法国人，却把贪婪眼光盯上了云南的宝贵资源。

对此，身为云贵总督的李经羲早已洞悉。云南是中国的南大门，中国西南地区的经济命脉就尽在法国人的掌控之中了。正如法属越南总督杜美自河内发给法国政府的电报所云：“云南为中国天府之地，气候产物之优，甲于各行省。滇越铁路不仅可扩张商务，而且关系殖民政策尤深，宜选揽其开办权，以收大效。”

既然可坐收“大效”，法国政府当然不愿错失良机。滇越铁路即将完工之时，欲壑难填的法国人得寸进尺，即向清政府提出在石龙坝修建水力发电站的要求。

清末民初，不要说山间乡野，就是云南重镇昆明，也没有用上电灯。那里的昆明城形状就像一个灵龟，三面环山，一面对水。老街青石铺路，建筑木榫凿连。滇南风格的木雕，重檐雕镂的朱阁，把高原古城的厚重衬托出来。每到夜幕降临，湮没在阡陌小巷里的民宅老舍，家家都点上小油灯。盏盏油灯，灯光如豆，衬托出民风淳朴，也显露出经济的落后。

其实，久居边陲的云南官绅和民众，何尝不盼着早日用上电灯？当滇池之水即将转为灯光，市民们可告别千年油灯的消息传出后，人们简直不敢相信。他们更不敢相信，万里迢迢来中国的法国人，是真心发电来给中国百姓送来光明？李经羲与云南地方官员担心，“无利不起早”的法国人，继修建铁路之后再次提出修建电站，其真实意图是，在积贫积弱的中国南方，建立足以操控当地经济命脉的垄断力量，致中国民族工业和地方经济发展于危难之中。

清廷高官昏庸无能，地方官员并不全是糊涂透顶。在李经羲麾下，统揽全省经济事务的云南劝业道道台刘岑舫，就是一个明白人。他虽祖籍福建，但对云南充满乡恋之情。眼看法国人假修建滇越铁路之名，行垄断云南电业之实，急匆匆地提出立即求见刚上任不久的云贵总督李经羲。

在总督府见到李经羲后，刘岑舫直言不讳地慷慨陈辞："法国人借铁路用灯在云南修电站，恐怕是个名，日后大刮我省之财富，此才是实。云南乃中华之边地，历载军事要冲，虽军政开支颇重，财力入不敷出，但国人应有民族之志。可否招商纳股，筹资自办，以壮我云南之实业。"

李经羲虽初来乍到，对云南的情况不太了解，但对法国人得寸进尺的无理要求也愤恨不已。"办电站岂容他人复扰？要办，就自办。所需银两，官筹民集。"总督李经羲的话给刘岑舫撑了腰。

刘岑舫深知，所谓"官筹民集"，官筹肯定是要占大头。清朝末年的云南边陲，百姓生活苦不堪言，哪里有钱参股办电站呢？

于是，官府合资变成了商界主办。国家的内忧外患，撩拨着民族资产阶级有识之士的爱国心，充盈民族大义的民族工商界，希望通过此举"实业救国"。

刘岑舫邀云南商务总会总理王鸿图出面，联合十几位云南的富商巨贾，联名上书李经羲："中国人自己筹资办电站"。

李经羲看到中国人办水电站有了着落，深感"欣慰"，马上作出批复："从今起，25年内不许外人来滇办电。"

然而遗憾的是，为云南自办水电忙前跑后、尽心尽力的刘岑舫，却惹恼了朝廷。1910年5月，京城一道谕令，让李经羲查处自办发电人。李经羲虽于心不忍，但只能无奈地革了刘岑舫道台之职，将其开缺回了福建原籍。

临行前，李经羲前往送别刘岑舫，俩人惺惺相惜，相对无语。最后，李经羲动情地说："今迫于官府，让你事与愿违。若办电之功告成，你的功劳永铸滇史。"

闻听此言，刘岑舫激动得热泪盈眶："我乃福建平民，今解甲归田也无悔，望李总督宽心。如有朝一日，电站建成，祈望告成功之喜，以了心愿。"

刘岑舫郁郁寡欢地离开了云南，挥泪告别了他梦寐以求的水电站事业。临行那天，眼前虽然没有喧嚣的迎送、官轿的簇拥和热闹的场面，但当地众多百姓闻此消息，都自发地“聚于街头，缓缓相送”。

石龙坝水电站的修建过程，是清末中国民族多灾多难的一个缩影，我们可以看到一个时代的印迹，一段社会经济发展史，一幕曾遭受凌辱和侵略的悲剧，一部不屈民族浴血奋战的纪实。

1910年7月17日，石龙坝水电站正式开工建设。可以告慰李经羲、刘岑舫的是，经历了22个月的凄风苦雨，勤劳的中国人民用自己的双手在石龙坝建起了中国首座水力发电站。

石龙坝水电站峻工后，一位外国记者前往采访时写道：“在这个国家偏僻的内地，在那远离世界贸易潮流和与西方文化隔绝的地方，也已有人将西方技术成就移植到自己的土地上。”

世界上第一个水电站是美国创建的亚伯尔水电站，诞生于1882年。中国的水电站虽然比美国晚了30年，但石龙坝水电站的问世，挺起了一个民族的脊梁，铸就了一座不朽的丰碑，书写了中国人民不畏列强的奋斗史。

应该说，从发电的经济角度讲，石龙坝水电站目前的作用已微不足道了，但从历史传承的角度讲，石龙坝水电站将会永远矗立在中国人的心中。因为它是中国人民的骄傲，它是中华民族的丰碑。

（4）奏请立宪冲在前

清末预备立宪是开启近代中国政治制度变革的契机，其成败得失与各种政治势力之间错综复杂的权利纠葛密切相关。预备立宪也是清政府为挽救自身统治的重要举措，这一重要决策的形成，固然与来自外部的巨大政治压力有关，然而地方督抚们纷纷奏请立宪，也是一个不容忽视的因素，在立宪派的国会请愿运动中，地方督抚积极倡导设立责任内阁，李经羲就是促请立宪的积极发起者和重要的地方要员。

以李经羲为代表的各地督抚，为什么如此积极倡导责任内阁制？今天看来，主要有内外两方面的原因。

所谓外因，就是晚清中国面临深刻的民族危机，中华民族到了最危险的时候。其时，列强密谋瓜分中国，尤其是东北与西南边境地区，时刻面临着日本、俄国与英国等侵略扩张势力的威胁与渗透，时局颇为危急。

所谓内因，则是中央与地方的权力矛盾。载沣监国摄政以后，加紧中央集权，尤其是集权至皇族亲贵手中，其中利用预备立宪削弱地方督抚的权力以收归中央，是其重要的环节。这样便引起了地方督抚的强烈不满与抗争。李经羲所上奏折中，就曾严厉指责中央集权“欲争中央地方之权限”。

其实，早在1904年日俄战争爆发后，各地总督及各省督抚都看到了改革内政的紧迫性，更多的督抚认识到自强之路唯有立宪，由此揭开了督抚奏请立宪的序幕。正是在内外因素的共同作用下，发生了晚清历史上三次大规划的国会请愿活动。

第一次国会请愿时期，吉林巡抚陈昭常率先奏请从速组织责任内阁。他说：“今欲更张百度，咸与维新，莫如裁撤军机处，设立责任内阁，以各部大臣组织之，其上置一总理大臣，以统一各部。苟有失政，则全内阁之大臣连带以负责任，庶功过皆有所归，而庶绩自以日理。”

第二次国会请愿时期，署理两广总督袁树勋又奏请建立责任政府，认为政府“欲负责任，必自组织内阁始”。云贵总督李经羲则上奏认为，中国筹备宪政多年而无成效，“实因无责任内阁制度。”通过详细剖析有无责任内阁的利弊得失，恳请“皇上乾纲独断，亲简大臣，组织责任内阁，使各部尚书同为内阁之大臣，即以新设之内阁为全国行政之总汇。”

第三次国会请愿运动时，地方督抚策动了联衔会奏速设责任内阁与速开国会的行动。1910年9月8日，云贵总督李经羲通电各省督抚，提议各就宪政根本问题“条陈建策”，东三省总督锡良与湖广总督瑞瀓在回复李经羲的通电时，将此精神通告各省督抚。其初，各督抚多对此不以为然。李经羲与各省督抚经过一个多月的反复筹商，终于达成共识。10月25日，各地总督、各省巡抚联衔电请军机处代奏，主张责任内阁与国会同时并进，恳请“立即组织内阁”和“开设国会”。

在责任内阁与国会的关系问题上，虽然地方督抚与立宪派各有偏重，但在两者密不可分的认识上则是一致的。正如李经羲所言："二者如车两轮，如鸟两翼。"

在地方督抚和请愿民众的强大压力下，清廷被迫于1910年11月4日颁布上谕，宣布于1913年召开国会，并着手组织内阁。

如果说地方督抚自觉加入国会请愿的行列而壮大了运动的阵势，那么也可以说，正是声势浩大的国会请愿运动直接催生了责任内阁制。朝野两方面的言论从侧面反映了地方督抚在预备立宪进程中的重要作用。在这次督抚联合行动中，云贵总督李经羲起了倡导和组织作用。

在组织内阁的具体方式上，李经羲也发挥了重要作用。清廷有关"组织内阁"的上谕颁布后，李经羲着重指出，鉴于当时政务繁杂而财政经费有限的实际情况，应选择与国会关系最密切的事项提前办理，比如颁布宪法、议院法、选举法及各项法律，设立弼德院、审计院、行政审判院及各级审判机关，清理财政、厘定税法和会计法，筹备地方自治等。

在李经羲等的极力促请下，清政府接受了他们的建议，筹备立宪的进程大大加快了，其中将设立内阁、颁布宪法和议院法，设立行政审判院，颁布会计法等项提前办理。

1911年皇族内阁出台，虽然最终成为一场欺骗人民的政治闹剧，但从另外一方面讲，皇族内阁毕竟是形式上的责任内阁，毕竟是清政府走向立宪过程中的重要一步，毕竟是李经羲等地方督抚几番陈请的结果，李经羲等希望立宪早成的努力是不应被忘记的。

(5) "政治会议"似怪物

袁世凯就任正式大总统后，即着手解散国民党，使国会中占多数的政党不复存在，为了进一步扫除政治障碍，把解散国会提到了议事日程，虽然不能明令国会解散，但使出一招以“政治会议”取而代之。

政治会议是当时民国政坛的一个怪物，网罗了袁世凯属意的没有行政职务也不是国会议员的一些地位显赫之人，计有总统选派 10 人，国务院选派 10 人，每个政府部部门 1 人，每个省选派 2 人，李经羲被袁指定为政治会议的议长。袁世凯原来指定杨度为议长，为何改为李经羲呢？李不但是袁的老朋友，更是与袁同属清末的“都抚“派，曾领衔各省督抚、联名奏请提前立宪召开国会的主角，因此被袁器重。

李经羲领衔召开政治会议第一次会议，由于这个政治怪物并非国家立法机关，加之人员成份复杂，政治主张各异，对是否取消国会莫衷一是。但李经羲既然已经受命于袁世凯，又不能草草收场而交了白卷，无奈之下，李经羲召集政治会议第二次会议，向袁世凯提出两个法案，一是建议设立具有立法功能的“制法机关”讨论增修约法问题，二是建议国会议员立即停职，议员的给资与去留问题由政府和议员本人决定。

袁世凯利用这个御用的所谓“政治会议”的建议，于 1914 年 1 月 10 日下令解散国会。2 月 28 日下令警解散各省议会。在搬除了国会这个最后的绊脚石后，袁世凯在独裁的道路了更是放开了手脚，修改《临时约法》，实行总统制，延长总统任期，他所期望的中央集权遂大功告成。

走上独裁之路总要做点手脚，而袁做手脚的凭籍之一，就是李经羲任议长的这个不伦不类的“中央政治会议”。而议长李经羲，不过是袁世凯玩弄政治权术的一张牌而已。

袁世凯颁布约法之后，任命徐世昌出任国务卿，使得政治会议议长李经羲颇为难过，他到北京来，就是为了要作国务总理，想不到如今落了空。

(6) “短命总理”逢乱世

黎元洪任总统后，与时任国务总理的段祺瑞面合心不合，两人在府院关系、制宪等问题上矛盾尖锐，摩擦不断，在对德宣战问题上意见也不一致。

1917 年 5 月 23 日，府院之争中，总统黎元洪为排除段祺瑞的势力，下令免去段祺瑞的国务总理职务，遂向国会递交人事任免案，提议李经羲任国务总理，并迅速获得众参两院通过。黎元洪任命李经羲组阁，当然是想进一步巩固自己在府院相争中的地位，也是为了稳住北洋派、拉拢张勋。因为李经羲与北洋将领的关系密切，李经羲任云贵总督时，张勋是他的下属，这两个因素受到黎元洪的重视。

无奈，天有不测风云。李经羲的总理任命案刚刚获国会通过，就传来了安徽独立的消息，随后河南、浙江、山东、山西、奉天等省纷纷宣布独立，倪嗣冲脱离中央，陕西陈树藩、浙江杨善德、山东张怀芝、直隶曹锟、黑龙江毕桂芳等也先后宣布“独立”，汤化龙辞去众议院议长，反对李经羲当国务总理的声音一浪高过一浪。

在当时情况下，北京内阁的更迭必须取得各省督军的贺电，才敢登台，否则这个内阁就得不到足够的支持，也很难站稳脚跟。而此时张作霖通电要求解散国会和段祺瑞复职，李经羲不敢得罪段祺瑞的督军团，吓得躲在天津租界不敢进京就职，其间真空期先后由伍廷芳、江朝宗代理国务总理。

黎元洪迫切希望李经羲尽快就任国务总理，一再催促李尽快到北京就职。在黎元洪的催促下，李经羲提出必得有张勋进京保驾，才能就职。迫不得已，黎元洪接受张勋进京调停的建议，并被迫宣布解散国会。

5 月 31 日，黎元洪向张勋发出邀请电，请他到天津与李经羲联袂来京，共稳大局。次日，黎元洪又发出请张勋进京“调停国事”的总统令，张勋遂率领十个营约五千兵力从徐州北上进京。李经羲在张勋陪同下乘专车到达北京，才通电正式就任国务总理一职，同时兼任财政总长。

然而，张勋的想法与李经羲南辕北辙。张勋的政治意图在于扶持清室复辟，开历史的倒车。张勋等人进京后，赴养心殿叩见清逊帝溥仪，演出了一场复辟的闹剧。

李经羲出任国务总理和财政部长时，黎元洪、段祺瑞内阁组成还不到一个月，李上任后未捞到任何政治好处，很快就被张勋的辫子军赶下了台。危急之中，他化装成运煤工人，从东交民巷六国饭店东头的“水门”逃出，乘火车直奔上海，真正尝到了“五日京兆”的滋味。

李经羲国务总理的任期，理论上从1917年5月28日国会通过到7月2日止是35天，实际在任不到10天，人称“短命总理”。

1917年的4月到8月，大概是李经羲一生中间最繁忙的4个月，也是最具戏剧性变化的4个月。这一百多天里所发生的故事，使得李经羲最后一次体味到了政治人生的荒诞。

他退出政坛后，一度避居青岛，后辗转来到上海，从此在上海当起了寓公。威海路重庆北路路口的储能中学，过去曾是一片大花园豪宅。这片豪宅占地数十亩，由左中右3幢主楼及众多的裙房连缀而成，李经羲最后的15年，就是在这片豪宅里度过的。

初来上海时，李经羲还十分关注局势，后来则心灰意懒，再无出山之意，整天半卧在躺椅上，膝上坐着小孙子，享受起了天伦之乐。李经羲的一生，虽也曾踌躇满志，但在最高职位国务总理的任上，并未能够施展拳脚，其最后岁月也没有“青史垂名”。在上海含诒弄孙到1925年，李经羲终于病逝，享年66岁。

第 10 任

汪大燮：郁闷压抑不得志

他经晚清重臣举荐进入外交界，在政府中主要出使驻外公使，开展外交活动；他草拟了巴黎和会拒签电稿，“五四”运动中因泄密而受到责难；他在北洋政府时期历任要职，曾一度代理和出任国务总理，但仕途并不得志，晚年从事慈善事业。

小 档 案

姓名：汪大燮，原名尧俞

字号：字伯唐，一字伯棠

出生：1859 年

去世：1929 年

祖籍：浙江钱塘（今杭州）人，原籍安徽黟县

著作：编有《英国宪政丛书》、《分类编辑不平等条约》等

简 历

1859 年，出生。

1878 年，应童子试，考中秀才。

1889 年，考中举人，援例为内阁中书，升侍读、户部郎中。

1902 年，任留日学生监督。

1903 年，任外务部左参议。

1905 年，任驻英公使。

1907 年，回国后任考察宪政大臣。

1908 年，任邮传部左侍郎。

1910 年，出任驻日公使。

1913 年，任熊希龄内阁教育总长。

1914 年，任平政院长、参政院参政兼副院长、教育总长。

1916 年，出任段祺瑞内部外交总长。

1917 年，7 月任交通总长。

1917 年，11 月 22 日代理国务总理。

1919 年，任政府外交委员会委员长。

1921 年，8 月任“华盛顿会议中国后援会”理事。

1922 年，任外交部“华盛顿会议善后委员会”副会长，再任平政院院长。

1922 年，11 月 29 日再任黎元洪政府国务总理兼财政总长。

1925 年，先后出任全国防灾委员会委员长、外交委员会委员长、故宫博物院董事等职。

1929 年，在北京病世。

(1) 涉足外交难作为

汪大燮出生于1859年，中举人后，屡试不弟，后任内阁中书，保升侍读及户部郎中等职务。汪大燮命运的转折，在于同乡叶尔恺之举荐。叶尔恺是汪大燮的同乡，也是杭州人，历任陕西、云南、甘肃学政。依晚清官场规则，汪大燮受叶尔恺的举荐，结识了大学士张之万，入总理各国事务衙门，充任章京，由此开始涉足外交事务。

张之万是清末重量级人物张之洞之兄，与曾国藩接见日、英、法、美等八国领事，1882年为兵部尚书，入值军机处，兼署吏部尚书，官至大学士，他的外交思想对汪大燮产生了深刻影响。

汪大燮在外交舞台的兴起，还得益于总理衙门大臣张荫桓的赏识。张荫桓是清末外交事务方面少有的重要大臣，中日甲午战争中曾与邵友濂为全权大臣赴日谈判，1898年3月协助李鸿章与俄国签订《旅大租地条约》。

1898年4月，康有为等维新派人士在京组织保国会，倡言维新变法。清廷驻日公使裕庚秘密致函总理衙门，密告流亡日本的革命党人孙中山。汪大燮获知消息，急忙求救于总理衙门大臣张荫桓，力言“狱不可兴”。经汪大燮劝告，张荫桓明晓利害，遂“密嘱康、梁诸人弗再张皇”。汪大燮还通过《时务报》经理汪康年（汪大燮堂弟）与维新派人士互通声气。汪大燮有胆有识，深为张荫桓等赏识。1901年清政府改总理衙门为外务部，汪大燮升任外务部员外郎。1902年，外务部奏设日本留学生总监督，派汪大燮充任。

当义和团运动兴起时，西方列强借机发动八国联军侵华战争，随后强迫清政府签订《辛丑条约》。俄国更利用侵占中国东三省之机，胁迫清政府另订专约，要求特殊权利。此时，汪大燮以总理衙门章京身份，拟具说帖，力言“万不能于和约外，别订条约，致启各国效尤之渐”。此说帖经驻俄公使桂春呈奏两宫，成功阻止了俄国的图谋。

1916 年 6 月，汪大燮担任段祺瑞内阁的交通总长。1917 年 2 月，段祺瑞再任国务总理后，汪大燮出任外交总长，由此登上了外交舞台的顶峰。此时欧洲大地上正在进行着第一次世界大战。中国政府准备对德、奥绝交、宣战，但却因此事引发政争，直到 8 月 14 日，中国政府才宣布对德、奥宣战。汪大燮与陆征祥等在京的外交派为推动中国参战做过积极努力。当参战实现后，在汪大燮主持下，外交部积极与协约国集团谈判参战条件，尤其是直接与代管德、奥在华利益的荷兰驻华使馆交涉，维护中国利益。对德、奥宣战，为中国参与后来的巴黎和会打下了基础。

第一次世界战结束后，1919 年在法国巴黎召开会议，处理战败国和世界和平问题。作为战胜国，中国受邀派出了以外交总长陆征祥为首的代表团参加会议。鉴于代行外交总长职权的外交次长陈篆资历浅、声望低，难以应付外交大局。总统徐世昌便于 1918 年 12 月中旬设立外交委员会，请汪大燮出山就任委员长，“凡关于和会的各专使来电都由外交部送委员会阅核”。实际上，它是当时中国外交决策的最高机构。汪大燮还积极倡议组织了民间机构“国民外交协会”即“国际联盟同志会”，以作为政府外交的后盾。梁启超为国民外交协会理事长，蔡元培、王宠惠、熊希龄、张謇等为理事，时值梁启超漫游欧洲，汪大燮代理国民外交协会理事长职务。

1921 年 7 月，美国邀请中国参加即将在华盛顿召开的国际会议，目的在于解决巴黎和会遗留的远东问题，抑制日本在华的扩张势头。8 月，汪大燮联合孙宝琦、钱能训、熊希龄、周自齐等，发起组织了民间组织“华盛顿会议中国后援会”，并出任理事。不久，又受聘担任外交部顾问，讨论华盛顿会议一切问题。

由于中国代表团策略得当，在华盛顿会议上取得了少有的成功，迫使日本与中国签署《解决山东悬案条约》，同意将山东交还中国。汪大燮也因赞助华盛顿会议有功，于 1922 年 2 月再被外交部聘为高等顾问，4 月，又出任外交部“华盛顿会议善后委员会”副会长，积极为完全收回山东权益筹谋划策。

(2) “五四”运动泄密者

1919年5月4日，这天是星期日，北京街头清风送爽，刮着微风的天空飘着片片白云云。这一天下午1点30分，大约3000名北京大学的学生来到天安门广场，为抗议中国在巴黎和会上遭到西方列强的歧视，以及日本攫取德国在山东特权而举行集会。于是，便爆发了震惊中外的“五四运动”。

“五四运动”中，反帝爱国思想和民族主义意识刹那间得到释放和迅速地膨胀开来。外交次长曹汝霖顿时成为愤怒的青年学生切齿痛恨的活靶子，丢了官不算，还被永远地钉在历史的耻辱柱上。

尽管这一天已经整整过去近百年，但是，这次著名运动的导火线已为众所周知，那就是当时巴黎和会上中国外交的失败。而对于点燃“五四运动”导火线的始作俑者却鲜为人知。那么，究竟是谁点燃“五四运动”导火线呢?

丧权辱国的“二十一条”再次印证了“弱国无外交”这句至理名言。在巴黎，具体负责谈判的是外交总长陆征祥，中国代表团围绕山东问题的交涉失败，已被逼入签字与否的死胡同。面对困境，汪大燮主张拒签和约，但总理钱能训密电陆征祥签字。汪大燮愤而辞职，并命令结束外交委员会活动。

尽管如此，汪大燮仍然利用民间外交的渠道，发挥了出席和会的中国外交代表所起不到的作用。在这紧急关头，汪大燮以国民外交协会理事长身份发出建议，警醒国民和政府，拒绝在和约上签字。5月1日，汪大燮代表国民外交协会致电中国专使严正警告：“和平条约中若承认此种要求，诸公切勿签字。否则丧失国权之责，全负诸公之身，而诸公当受无数之谴责矣。”

5月3日下午4时，汪大燮立即召集国民外交协会会议，研究对策。国民外交协会理事熊希龄、林长民、王宠惠等三十余人与会。会议迅即做出决定，要求中国和谈代表拒绝在和约上签字。决议内容如下：（一）5月7日午后2时在中央公园召开国民大会，并分电各省各团体同日举行；（二）声明不承认“二十一条”及英、法、意等与日本所订关于处置山东问题之秘约；（三）如巴黎和会不得伸我国主张，即要求北京政府撤回专使；四、向英、美、法、意驻京使馆申述国民意见。

会议结束后，汪大燮亲自草拟了拒签电稿，并派人立即呈送给总统徐世昌，建议由国务院立即将电报发往巴黎。

巴黎和会屈服日本帝国主义的压力，作出把德国在我国山东的权利全部转让给日本的决议时，汪大燮彻底抛弃了“公理战胜强权”的幻想，感觉到了时局的不可逆转。回到家中的汪大燮，忧国之情未能释怀。他深知以己之力，无法挽回颓局，只有晓之于众，才有出路。

汪大燮想到，学生是不可忽视的力量，除了要求政府拒绝签字以外，他决定把这个消息告诉给北京大学校长蔡元培。5月2日，汪对蔡称，外交委员会已经开会做出决议，拒绝在巴黎和约上签字，并将会议结果呈报总统徐世昌。汪说，在此严峻形势下，学生不可以不有所表示。

蔡元培原本对巴黎和会寄予极大的希望，得知这一消息后，感到彻底失望。5月2日下午蔡元培在北大饭厅召集学生代表开会，讲述了巴黎和会帝国主义互相勾结，牺牲中国主权的情况，指出这是国家存亡的关键时刻，号召大家奋起救国。同时，蔡又转告了持坚决反日立场的北大学生许德珩。

北京大学最著名的学生社团是国民社和新潮社，国民社创办的《国民》杂志在北京大学有很大影响。许德珩等北大学生当晚召开会议，会上大家愈谈愈激愤，有人提议，由国民杂志社发起，约集北京各校同学举行一次示威游行，大家轰然响应。于是，会后由国民杂志社通告北大全体同学，于次日晚7时在北大法科第三院礼堂开学生大会，并邀请高师、工专、农专、法专等学校的代表参加。

当天许多学生团体，都纷纷召集自己的会议，商讨抗议办法。这些大大小小的会议，有些是公开的，有些是地下的。少年中国学会、爱国会、国民杂志社三个团体的少数成员，大约20余人曾秘密碰头，讨论如何暗杀卖国贼，如何举行暴动。最后决定派人密查曹汝霖、章宗祥、陆宗舆的行踪。最初的计划是打算在5月7日的国民大会上请曹汝霖等出席接受质询，后改为决定5月4日举行游行。

5月3日傍晚，汪大燮获悉国务院已发出密电，令代表团签字，汪大燮万分焦急。这时，外交委员会事务员叶景莘向汪大燮建议，将此消息火速通告蔡元培校长。

情急之下，汪大燮来不及过多思考，出门跨上马车来到北京东城区东堂子胡同蔡元培住所，向蔡透露北京政府当局准备电令中国代表在巴黎和约签字。蔡元培立即将这一消息转告北大学生许德珩及《新潮》社的罗家伦、傅斯年、康白情、段锡朋等，把拒签和约的希望寄托在爱国青年学生身上。

5月3日晚7时，北京大学全体学生和十几所其他学校学生代表在法科大礼堂召开大会。会议作出决议：(1)联合各界一致力争；(2)通电巴黎专使，坚持不签字；(3)通电各省，于五月七日国耻纪念举行游街示威运动；(4)定于星期日（即4日）齐集天安门，举行学界之大示威。“五四运动”就这样爆发了。

5月4日那天，共有32名参加示威游行的学生被反动军警捕去，其中北大学生20人。当日，教育部还发布第183号训令，要求蔡元培“严尽管理之责”，对不遵守约束、参加示威游行的学生“应即立予开除”。但蔡元培并没有去执行教育部的这一训令，相反，当晚亲临学生会场，向同学们表示：一定负责把32名同学保释出来。“五四运动”过程中，汪大燮与王宠惠、林长民等也竭尽所能，向北京警察厅总监呈请保释被捕学生。

1919年的“五四运动”，是中国近代史和现代史的转折点，北大校长蔡元培和北大学生在事件中的作用已为众人所熟知，但大多数人可能都忽视了其中的一个重要人物汪大燮。

(3) 总理任期仅两天

汪大燮内阁成立于1922年11月29日，结束于1922年12月11日。算起来只当了十天的国务总理。事实上，11月29日，总统黎元洪任命他再次出任国务总理兼财政总长，汪大燮于29日上午9时半通电就职，到了晚上9点就通电辞职，这是为何呢？

首先是因为他的外交使命尚未完成。当时正值《胶澳（青岛旧称）协约》协商关键时期，便允诺黎元洪再担任10天国务总理，而于12月4日辞去财政总长一职。12月1日，中日签署《解决山东悬案细目协定》及附件、换文，5日，签署《解决山东悬案铁路细目协定》及了结事项。11日，汪大燮依约辞去国务总理。

其次是他有职无权，也不愿陷入直系人部纷争。汪大燮成为国务总理，是因为黎元洪大总统利用总统特权提名而使其成为总理的，汪大燮内阁的阁员也是黎元洪提名的，而内阁名单一出台，就惹来曹锟、吴景濂、张伯烈等人的反对。曹锟的反对声明又得到了各地都督的响应，使汪大燮进退两难，内阁阁员纷纷托辞不肯赴任，汪大燮召集内阁会议只有两名阁员出席，其它各部均由次长代理。汪不愿兼财政总长，拟推荐黄郛担任，可是黎元洪却认为黄郛资望太浅而不予同意，汪大燮认为自己连推荐一个财政总长都无权力，因此愤而通电辞职。

到了12月11日，汪大燮代理国务总理10天之期届满。在他答应代理时，即是以10天为期。为了代理国务总理，他被保派骂得狗血淋头，10天受罪之期已满，他无论如何不肯延期，敦请王正廷代理总理职务。黎不得不另作打算，敦请王正廷暂行代理总理以待正式内阁产生。

12月11日黎元洪晚发布王正廷代理内阁总理的人事命令。王于14日通电就职，于是聊胜于无政府状态的过渡内阁，总算又有了。

（4）慈善事业伴终生

1922年12月，汪大燮再次被任命为平政院院长，同时兼任“教育基金委员会”委员。1925年段祺瑞出任执政时，任命汪大燮接替孙宝琦出任外交委员会委员长。

晚年的汪大燮除担任公职外，更热心于慈善事业。自1920年10月起，他连续担任中国红十字会会长，直到1924年3月卸任。1926年6月，张作霖死后，奉军撤往关外，为维持北京社会秩序，北京各团体联合组织了临时治安维持会，汪大燮出面担任副会长。不久，汪大燮完全脱离政治舞台，并登报谢绝担任任何团体的职务，但却一直担任由其发起创办的北京平民大学董事长一职，此前他还担任过该校校长。

1929年1月5日汪大燮哮喘病发作，病逝于北京，享年71岁。

第 11 任

王士珍：为人正直轶闻多

他是清末民初的风云人物，得到以袁世凯为代表的统治阶层的青睐，先后担任军政要职，并荣获德威上将军称号，与段祺瑞、冯国璋一起并称为“北洋三杰”。在特定的政治背景下，他的“强军救国”、“实业救国”的梦想未能如愿以偿，但凭着一颗正直的心，做了些亲民助民的事情，留下了许多趣闻轶事。

小 档 案

姓名：王士珍

字号：字聘卿，号冠儒

籍贯：河北省正定县

出生：1861 年 7 月 14 日

去世：1930 年 7 月 1 日

曾祖父：王朝凤，精通医术，长于书法

祖父：王履安，精医术外，崇尚武术，人称“戎马书生”

父亲：王如柏，兄弟三人

伯父：王如松

叔父：王如云。伯父早逝，王士珍就过继给了长房

简 历

1870 年，入私塾攻读诗书。

1876 年，在正定镇台叶志超属下当勤务兵，后任书办。

1885 年，入天津武备学堂炮兵科学习。

1894 年，赴朝鲜作战。

1899 年，赴小站练兵，任小站留守司令官。

1899 年，袁世凯署理山东巡抚，王士珍任军事参谋。

1903 年，任练兵处军学司正使。

1905 年，任直隶河间府秋操总参议兼操练处军政司正使。

1907 年，任命江北提督，执掌军政大权。

1912 年，清廷退位后，辞官退居家乡。

1917 年，任国务总理兼陆军总长。

1918 年，2 月“引疾告归”，被冯国璋封为德威上将军。

1930 年，7 月 1 日在北平去世。

（1）阴差阳错入仕途

幼年时的王士珍是个苦命孩子，父亲早逝，他与寡母相依为命，寄居在正定城内东门里伯母娘家，靠母亲替人做针线活艰难度日。王士珍长到9岁时，进入家乡的私塾读书，他学习勤奋，聪明好学，15岁时被正定镇台叶志超看中，给叶当了勤务兵。17岁时考入正定镇的总兵学兵队，不久就跟随叶志超来到山海关驻扎。

王士珍命运的转折起自天津武备学堂。天津武备学堂由清政府出资所办，清廷大员荫昌任学堂督办，也即校长。王士珍是1885年进入天津武备学堂炮兵科学习的，关于他是怎样进入学堂的，还有一段趣事。

当时，学堂督办荫昌从军队中选调中下级军官集训深造，直隶提督叶志超部下有名叫黄世珍的福建籍军官被选入册，不知何故，临近入学的时候黄世珍却不辞而别。这突出其来的变故让叶志超不知所措，他正左思右想寻找良策的时候，勤务兵王士珍进屋端茶送水。看到气质儒雅、办事精明的王士珍，叶志超颇为赏识，便直接问道：“上报的武备学堂学员中黄士珍走了，我有心让你顶替，愿意不愿意?”

王士珍谨慎地说：“能有求学上进的机会，我自然求之不得，只是我不是军官，不够资格。”

叶志超说：“在南方口音中王、黄相来不分，我看你就顶替黄士珍吧。”

对突然而来的机会，王士珍没有任何思想准备，只是满口应承“一定好好学习!”

由此，在叶志超的运作下，王士珍顺利进入武备学堂学习。

王士珍从小就有刻苦努力的习惯，加之他珍惜难得的机会，更加刻苦用功。炮兵科的操练课很多，在练兵场上时常能看到他的身影。一个学期下来，他拿到多个考核第一，成为第同届学员中的高才生，深得督办荫昌的赏识。

时光飞转，转眼间期满毕业了，王士仍仍旧回到叶志超部任职。王士珍在天津武备学堂炮兵科学习3年，毕业后回山海关任炮队教习。他采用西法教学，学以致用，博得上司的称赞。荫昌升任两江总督后，点名推荐王士珍为江北提督。一个意外的机遇，成为王士珍步入仕途的跳板。

古往今来，英雄都是不问出身的。昔日勤奋小兵，日后军中英雄，都与王士珍后来的勤奋努力有关。把人做好了，做其他任何之事，都是没有问题的。至于历史之功过，口水之是非，乃不足道。

(2) 血战朝鲜军纪明

王士珍在天津武备学堂学习的知识很快派上了用场。

1894年朝鲜爆发东学党起义，朝鲜政府请求清政府出兵协助镇压。日本政府为了加快侵略的步伐，正寻找发动战争的机会和借口，也极力怂恿清政府出兵。直隶提督叶志超奉命赴朝助战，王士珍带领随营炮队官兵随叶志超开赴朝鲜驻守在牙山。不料日本也出兵朝鲜，兵力不断增加，远远超过驻朝清军。

这年7月，日本海军不宣而战，爆发了丰岛海战，结果清军遭到惨重损失。丰岛海战之后，王士珍随叶志超撤退到平壤，与入朝的清军左宝贵部会合，兵力达1.5万余人。清军英勇奋战，但终未能扭转败局。辽宁总督左宝贵在指挥作战中不幸阵亡，叶志超继任为平壤清军的总指挥，继续与日军作战。

9月12日，临平壤城下硝烟弥漫，大批日军兵临城下，情况十分危急，王士珍所在的驻守牙山清军，防守在大西门至七星门带的阵地上。王士珍观察地形后向叶志超提出建议，单纯的城防战难以有效抵抗，且处处被动，应把军队部署地城外山头上，出奇制胜，日方到来时方能主动应战。但叶志超认为王士珍年轻无实战经验，对其意见未予采纳。

侵朝日军分四路猛攻驻守平壤的清军，叶志超指挥清军官兵奋起抗击，朝鲜军民也给予了有力支援。王士珍率领的炮队，坚守在城上顽强作战，给日军以重大杀伤。突然，一颗弹片飞来，击中了王士珍左手，无名指被削掉了一截，另一颗弹片击中了他的额头左上部，顿时划出了一道长长的伤口。

战斗更加激烈了，疯狂的日军四面合围，清军像潮水般溃退，平壤终于失守了。王士珍率领残余的炮队官兵杀出突围，连夜奔驰，由于天黑昏暗，南北不分，不知所向，幸亏王士珍携带一份地图，按照地图指导的方向，星夜疾行，抵达了朝鲜义州。

王士珍率炮队官兵到达义州时，已经是人困马乏，饥渴难忍，部队只好在一个村庄休息时。士兵忽然在农户的乱柴下发现埋藏的两个大缸，其中一个装着衣物，另一个是满满的一缸面粉。几天几夜没吃东西的士兵们纷纷围拢过来，王士珍严明军纪，命令不准动用老百姓的东西。这时，一个胆大的下层军官来到王士珍前哀求道:“王大人，咱们别的可以不动，是否可以取些面粉充饥，不然弟兄们都支持不住了。”王士珍望着疲惫的士兵沉思片刻，点头同意了。临行前，王士珍喊来勤务兵问道：“咱们还有银子没有?”勤务兵将剩下不多的银子双手捧上，王士珍数也没数，全部放进缸里，原样封掩好以作回馈，然后率队离去。

(3) 小站练兵露锋芒

甲午战争以后，清政府从惨败中看到必须用新法训练军队才能维持其统治，于是命袁世凯在天津小站练兵。袁世凯让北洋武备学堂督办荫昌为他推荐军事教学人才，荫昌即将毕业于武备学堂的高材生王士珍、段祺瑞、冯国璋等人，一次提名推荐，袁世凯全部录用。王士珍被任命为督操营务处会办兼讲武堂总教习，不久升任工程营管带、德文学堂监督。

王士珍上任后，完全按照近代德国陆军的营制、操典训练士兵，聘请德国军官担任教官和督操官，全部使用外国造新式武器，在他的训练下，士兵个个虎虎生气，威风凛凛。1897 年，兵部尚书荣禄奉诏到小站检阅新建陆军。王士珍将工程营设制的水雷、旱雷、踩雷及各种武器一一演习，再加上新建陆军比旧军军容整齐，荣禄大加赞赏。

1898 年 2 月，荣禄再次到小站检阅新建陆军，路过海河时，虽然河面不宽，但是春寒料峭，水面上尚有没有融化的冰冻。王士珍用特制的帆布做浮桥，搭在冰面上上。步兵、骑兵、炮兵从桥上通过，就像走在平地上一样。这种帆布桥稍加整理后，就可以成为一叶扁舟，可供游人渡河，还可以拆卸开来进行折叠收藏，也很方便携带。

荣禄身为军机大臣，看了以后非常高兴，检阅部队时也来了精神，等到检阅完毕回去再过海河时，王士珍仍然为他架设此种帆布浮桥。此时荣禄担心天气已渐暖，万一冰河解冻了会有危险。王士珍上前报告说："不用担心，三天后冰冻方解。"

荣禄兴趣盎然地踏上浮桥，结果的确如此。荣禄被王士珍的料事如神而深深折服了，回到自己的寓所以后，特地准备了宴席，专门宴请王士珍，王士珍身价倍增，备感荣幸。

既然有了荣禄的赏识，袁世凯更是恩爱有加，此时清政府派袁世凯任山东巡抚，袁立即让王士珍率两名亲信去山东巡视。不到一个月，王士珍就将山东沿海各要隘、军营情况全部了解清楚，连驻兵计划也作了周密安排。返回后立即向袁世凯作了汇报，袁世凯听了汇报非常高兴，立即委派王士珍为小站留守司令官，指挥各军依次从小站开赴山东。

王士珍得到袁世凯的赏识与重用，为其以后的仕途铺平了道路。

(4) 行事果敢得赏识

1899 年冬，袁世凯署理山东巡抚，王士珍任军事参谋。时局变化不定，济南、泰安、东昌、曹州等数十州郡义和团运动风起云涌，原山东巡抚主张安抚，而袁世凯主张痛加剿办，格杀勿论。

作为袁世凯的幕僚，王士珍提出了一整套镇压义和团的策略：对义和团成员先行劝解，然后以武力相威胁，如果仍然不服从，先把首犯抓起来杀掉，一旦群龙无首，再把其余人员就地解散。

袁世凯认为王士珍的建议可行，便在山东全境推而广之，同时让王士珍参谋山东全省军务，此令一出，山东各路团民死伤惨重。

袁世凯、王士珍对义和团的血腥镇压，惹起了欲借义和团排外的部分清朝贵族的不满。1900年6月，满清贵族派了一个义和团的首领，去找袁世凯，称该首领偷了满清贵族的令箭，询问应如何处置？

这时王士珍挺身而出，应声说道："请交给我来审问吧！"立即将义和团首领以盗窃满清贵族令箭之罪推出斩首。

袁世凯听说此事后，立即问王士珍："审问得怎么样？"

王士珍回答："已经处决了。"袁世凯顿时醒悟，佩服王士珍处事"明决"。

实际上，义和团运动因和清宫廷内部矛盾纠和在一起，让很多无辜的老百姓死在枪炮之下。对于义和团是镇压、是安抚，决定权都在清廷的上层，有时是慈禧一人说了算，况且王士珍当时只是一个巡抚的军事参谋，他没有任何处置人的生命之权力，一个军人只是以服从命令为天职。王士珍对义和团的做法，很大程度上表明了袁世凯的态度和行事风格，王士珍对待山东境内洋人的态度，也大体如此。

在八国联军侵华战争中，各国在华的传教士、商人，纷纷逃往山东避难。王士珍令手下士兵组成便衣队，沿途保护，并帮助租赁车船，资助粮食、衣服、川资，竭尽庇护之能事，赢得洋人垂青。这期间，袁世凯邀请德国驻胶州总督到济南阅操。德国总督看到袁世凯所练新军确比旧军操练精准娴熟，赞扬主持操练的王士珍、段祺瑞和冯国璋为"北洋三杰"。

这所谓的"三杰"，又被人们称为袁世凯的"龙、虎、豹"，王士珍被推为"三杰之冠"，称"北洋三杰"之龙。在北洋军阀势力中，有人将善操权谋于腹中的王士珍称为“北洋之龙”，将常行凶残于外形的段祺瑞称为“北洋之虎”，将忠于北洋且善于打仗的冯国璋称为“北洋之狗”。此三人中，段祺瑞赴德国学习过炮兵，冯国璋曾赴日本考察近代军制和日本军事，王士珍并未出过国。王士珍是“北洋三杰”中年龄最大的，在政坛常以“名士”自居，潇洒超脱。在民国政坛上，段祺瑞、冯国璋是袁世凯的左膀右臂，心腹爱将。善于权谋的袁世凯对他俩并不完全放心，常常用王士珍予以制衡，形成三足鼎立局面。因此，王士珍时隐时现，一时出来主持大局，一时又隐没还乡，悠游山林，极为神秘。拟之为“龙”，大概有“神龙见首不见尾”之意。

1901 年冬，袁世凯升任直隶总督兼北洋大臣，提拔王士珍为步兵第一协统领，兼理全军操防营务处。袁世凯为了扩张军事实力，大肆筹饷练兵。次年 1 月派王士珍、王英楷赴正定、大名、冀州各地，会同地方官，四处选募壮丁，集中保定编练北洋常备军，成立北洋常备军左右两镇，王士珍任左镇翼长，是袁世凯的得力干将。

1903 年，清政府根据袁世凯奏请在北京成立练兵处，王士珍被任命为练兵处军学司正使。在此期间王士珍极受袁世凯信赖，凡是重要军事要务，袁必问王士珍是否已经审核过，上奏或下发的文稿，袁世凯也一定让王士珍圈阅修改，临发前还要让王审阅。因此当时不少人称王为“龙目”，即袁的“眼睛”。袁世凯向慈禧太后保奏说：“王士珍多年随臣当差，知之最悉，切实可靠。”这个时候，王士珍与段祺瑞、冯国璋等人一起，为北洋军编订常备、续备、后备各军章制，并编订营制、饷章，奠定了王士珍在政界、军界的雄厚基础。

1905 年，袁世凯以北洋军左右两镇为骨干，拼凑了北洋陆军 6 个镇，王士珍为第六镇统制。同年 10 月，清政府抽调两万余名北洋陆军在直隶河间府举行秋操，任命王士珍为总参议兼操练处军政司正使。在王士珍指挥下，秋操自始至终井井有条。各国驻华官员被邀前往参观，纷纷赞赏王士珍的组织管理才能和指挥能力。河间秋操在外国人面前为清廷争了光，慈禧太后发现王士珍是个人才，亲自召见，当面一一质询，王士珍不卑不亢，回答振振有词。自此王士珍深得清廷的宠信，破例授王士珍内蒙古副都统，赏一品顶代。

王士珍和袁世凯既是工作关系，也有共同利益，但是他们还是有根本区别的。袁世凯是一个权欲狂，他不惜一切代价要得到至高无上的权利，他性格奸滑狡诈，最后落了个历史骂名。然而王士珍忠君爱国，性格谦让，锋芒不露。王士珍得知，慈禧曾密旨："袁世凯这个人要用就用，不用就杀掉，以免后患。"袁世凯当总统后，王士珍退隐家乡正定。袁世凯曾多次函电交驰，请王士珍担任要职，随后又派袁克定等人来正定，但都被王士珍谢绝了。袁世凯称帝时，王士珍持反对态度。袁世凯曾多次恫吓，王士珍都不为所动。对于袁世凯的卖国行径，王士珍是坚决反对的。

王士珍的声誉远远超出冯国璋、段祺瑞二人之上，人称"三杰"之首。王士珍木讷寡言，办事认真，待人平和，气度深沉、毅勇，富于军事才略，在官场上也表现出与众不同。

清朝末年的官场上流行摆架子、比排场，每有官员出巡，往往搞得鸡犬不宁，百姓怨声载道，王士珍对此恶习深恶痛绝。清政府任命王士珍以陆军部侍郎衔外放江北提督，提督府驻地即现在的镇江市，王士珍只带了一名仆从轻装赴任。赴任途中，日落西山时分，王士珍见前方有一村镇就命随从前去找客店，准备休息一夜，明日再往前行。不料，这个随从找遍了所有大街小巷的客店，都说客满不能留客。王士珍感到纳闷，没有办法，吩咐随从到村边偏僻处找一找，看有没有可留宿的客店。不一会儿随从回来说："找到了，但不能住客房，只能住草棚。"王士珍询问其中的原因，回答说："因为一有知府到江北上任路过此地，下戒严令，今夜不准任何过路人在此留宿。"王士珍听了说："也罢，就住草棚吧!"想不到二更时分公差前来查店，发现草棚里有人就要拿他们主仆二人示问，王士珍万般无奈只好亮明身份，把写有江北提督的宫灯打了出来。这时把公差吓坏了，急忙回去禀报，知府得知是未来的顶头上司，马上前来表示谢罪。王士珍听那知府言谈粗俗不堪，便问："你是不是捐的官呀？"回答说："不瞒大人，下官是捐了银子。"王士珍说："你还没有到任上，就这么骚扰百姓，像你这样到了任上，又怎能为民办事呢？"

(5) 治国治家均有方

王士珍被清政府任命为江北提督后，执掌军政大权，统辖现今的上海周边诸镇，兼理盐漕事务，成为赫赫有名的一方大员。王士珍经常告诫家人要低调勤俭，不要张扬奢侈。王士珍亲笔写了一幅对象贴在正定老家的屋门上，上联是“求名求利只求己莫求人”，下联是“惜衣惜食非惜财实惜福”。他经常以此对联为题给家人和后辈们讲解其中含义，并告诫要去照办。王士珍的一个侄子在外面犯了错，王士珍知道后十分生气，严词训斥后，令其长跪前厅，家人均不敢近前讲情。最后王士珍说：“仰不愧天，俯不愧地，抚不愧心。”要求儿孙要照这样做人。

王士珍任步兵第一协统领时，常有宗亲族人请求谋差，王士珍均婉言谢绝，从不任亲用人。有一次，王士珍的堂弟通过其夫人让文书私下写了一封推荐信，王士珍知道后大怒，痛斥夫人，同时告诫宗亲族人以此为戒。

王士珍是家乡正定职位最高、声誉最好的一位历史人物。他忠君报国、德威兼备、荣辱不惊，为正定历史文化增添了色彩。

当时清政府有规定，地方库银要定额逐级上交。如库银亏损，加罪地方官，如库银有盈余，由地方官自己支配。王士珍在任上经营得法，库银充盈，于是就用剩余的库银，在正定城内西门里购置宅基地，建起相邻两套宅院。

其中的一套宅院，平面布局为凸字形。按当地风俗，这种布局是最忌讳的。有人说王士珍有女无儿，是因为宅院不四整、缺角，这一个角恰是邻居的一块菜地，是邻家赖以谋生之地，无论王士珍出多少钱，就是不卖。有人给王士珍出主意，动用官府势力对邻居强行拆迁，王士珍并没有这样做，一再坚持买卖要坚持自愿，不能因为自己盖房子补上这个角，就对别人强拆强迁，这样不公平也不合理，再说了，邻家的菜地没有了，以后的日子怎么过?

按理说，以王士珍当时的权力、地位和财力，他完全可以强买强卖，但是王士珍却迁就了，不“以强凌弱”，而“宁可王宅缺一角”。这在当时的官场，的确是很难得的。

1912年溥仪退位后，王士珍遂辞官回家，到家乡正定的王家公馆隐居。他茶余饭后常到城墙边走走。一日他发现几个新驻防兵丁正在拆城墙，即上前询问。拆城墙的兵丁属奉系军队，不知王士珍是什么人。只见王士珍平民穿戴且说话和气，就没放在眼里，只是粗野地骂了一句。王士珍好言相劝，不料被兵丁扬手打了一个耳光。他只好默默离去。时隔不几天，这些拆墙的兵丁全被调走了。原来王士珍回到家后，即与该驻军的上司联系，陈明城墙防洪及军事上的重要性，要求制止拆城墙。王士珍当时虽不在位，但资历声望较高，所以驻军上司得知此事后，为防止出现更大更多的意外，就急忙调走了驻正定的兵丁，保住了正定城墙。

(6) 潮起潮落居要职

清廷退位后，王士珍辞官还乡，不再过问政事，想着过几天太平日子。袁世凯窃居临时大总统后，急需得力人才，多次函电催促，力邀王士珍出山，都被王婉拒了。袁随后又派专人来正定请王士珍担任要职，再次被王士珍婉言谢绝。

1914年夏，袁世凯派其子袁克定及北洋僚友等数人专车至正定，临行前袁世凯对儿子袁克定说：“此次赴正定，责任重大，如果不能把王公请来，你就不要回来了!”

袁克定身负重托，率一行人直奔正定王府，毕恭毕敬转达父亲之意，坚持请王士珍出山，王仍执意不从。袁克定只得怏怏而回。

袁世凯铁了心要请王士珍出山，一计不成又生一计。

袁克定回京后不久，段祺瑞去南方视察，回京时路过正定，段祺瑞预先打电报给王士珍称“拟在正定下车，前往王府登门拜访”。

闲居家中的王士珍，闻讯到车站迎接。

段祺瑞乘坐的专列徐徐开进正定车站，段派亲信下车，请王士珍上车会见。两人正在谈话间，火车已经悄然开走了，无奈之一，王士珍被骗到了北京。

袁世凯隆重设宴欢迎王士珍赴京，同时任命王士珍为模范团筹备处筹备员，授陆军上将。5月9日袁设立陆海军大元帅统率办事处，任命王士珍为六大办事员之一，但在六人之中王的实权最大。

1915年段祺瑞不满袁世凯称帝行为，装病请假。袁派王士珍署理陆军总长。不久袁下令免去段祺瑞陆军总长职务，由王士珍正式接任。

袁世凯死后，黎元洪继任大总统，段祺瑞任国务总理，“府院之争”愈演愈烈，黎元洪下令免去段祺瑞的职务。段祺瑞离开北京去天津，联络各省督军，要用武力赶黎元洪下台。黎元洪任命王士珍为京畿警备总司令。

在黎段之间的矛盾闹得不可收拾时，别有用心的张勋借进京调停之名乘机拥清废帝复辟。6月14日，张勋的辫子军到京，王士珍命令步兵统领江朝宗用电话通知守城部队打开城门，辫子军像潮水一般涌进城内。

有不少人将王士珍下令打开城门，视为赞同和支持复辟的重要的举动。但也有这样的文献记载。张勋复辟时，王士珍任陆军总参谋长兼京畿警备司令，当时王士珍找到步兵统领江朝宗说:“复辟就在顷刻之间。”江说:“我们去报告总统吧。”他们上了汽车还未开动，迎面冲过来一辆汽车，全是持枪荷弹的士兵包围了他们。二人无可奈何被劫持到南池子张勋的住处。进入张勋的密室，张轻蔑地瞟了江朝宗一眼说：“你怎么不开城门?”江说：“非有总参谋长的命令，不到时候不能开城门。”张问王士珍：“聘老，你怎么样呢?”王士珍没有办法，只好下令打开城门，在复辟既成事实以后，才放了王士珍和江朝宗。由此可以看出，在这个事件中，王士珍实际是被迫下达命令的，似乎谈不上支持张勋搞复辟。

7月1日，王士珍随同张勋等把12岁的溥仪抬出来宣布清帝复辟，张勋、王士珍等7人为内阁议事大臣，授王士珍参谋部尚书。7月3日段祺瑞誓师讨逆。各省军阀也由拥护复辟变为保卫共和了。复辟分子纷纷东逃西散，只剩下了王士珍和陈宝琛。段祺瑞又重新当上了国务总理，王士珍因维持京城秩序有功，继任参谋总长。

1917年9月1日，孙中山就任广州护法军政府大元帅，宣布段祺瑞为民国叛逆，出兵北伐，开始了护法战争。段祺瑞气势汹汹地要武力统一南方，而冯国璋则主张和平解决，提出“和平统一”排斥段祺瑞，段不得不于11月15日辞职。由于王士珍赞成冯国璋的“和平统一”政策，冯于19日任命王为北洋政府国务总理兼陆军总长。此时王士珍达到了他政治生涯的顶峰。

(7) 退出政坛还故乡

王士珍组阁后，段祺瑞通过报纸对王内阁大肆攻击，又唆使他人进行倒阁活动。王士珍被迫于1918年2月“引疾告归”，冯国璋封其为德威上将军。两年后，王士珍辞去所有职务，退出了军政界。

王士珍生在家乡正定，出生在一个贫苦的家乡，对家乡怀有浓厚的感情。尽管官于高位，但仍然以普通民众的身份出现在父老乡亲面前，对此，他的亲属及乡邻都很乐意回忆与他相遇的往事。

王士珍每次回老家，不管是骑马坐轿，一过五里铺便止步住，一是因为村东口立有梁阁老神的神道碑，他对梁阁老十分敬重；二是因为自己在王氏家族辈分较低，所以逢乡亲们便热情打招呼，问长问短，十分亲切可敬。有一次王氏家族要举行一个隆重典礼，邀请王士珍参加，届时为欢迎王士珍归来准备了盛大的乐队和欢迎人群。到了那天左等右等，不见王士珍归来，过了午时还是不见踪影，其实王士珍得到消息后便从小道悄悄进村了。族长找到王士珍责问道：“你当了大官，是光宗耀族的事，我让人迎接你，也是理所当然，不知道你这么不给面子！”王士珍连忙赔笑道：“你老人家别生气，都是我的错。”王士珍接着又说：“您老人家有所不知，没做官的人想当官，当了官才知道官场险恶，就像我，说不定哪天会变成乞丐呢，又有什么值得张扬、显摆的呢?”族长闻言连夸王士珍明事理，有出息。

一次，王士珍在回老家的路上遇到几个士兵，要强行征用他的轿车，车夫不肯，王士珍示意拉他们一程，说：“我一生带兵，知道他们也不容易。”上车后走了一段，车夫问：“你们知道这是谁的车吗，这是王大人的车。”吓得几个当兵的马上就跑了。

一次，家乡一位村民推着独轮木车吃力地前行，上面装有瓷盆、沙壶之类的易碎品，走到一个小小土坡前，由于人单力薄，好长时间也推不上去，王士珍正好走到此处，上前帮了一把，谁知村民没料到有人助力推车，车子微微倾斜，险些失去重心，急得大喊：“你这人怎么搞的，连车也不会推，尽帮到忙。”王士珍急忙道歉：“是我不好，是我不好。”于是重新调整姿势，帮村民推过了这个坎，推车人停下来休息，旁人问他，你知道刚才帮你推车的人是谁吗？是王大人，王士珍。推车的村民先是愕然，后感激万分。

诸如此类，在王士珍的家乡，还有许多传闻，似乎都是正面的。比如，回乡不坐轿不骑马，外放赴任途中住草棚，在正定隐居时替老乡推过车、帮老乡找过牛等。如此看来，王士珍在北洋军阀林林总总的人物中，还是有一点好名声的。

王士珍晚年在正定老家隐居，从不过问政事，1930 年 7 月 1 日，王士珍因患肠癌，病逝于北平，终年 70 岁。

民国总理档案

MINGUOZONGLIDANGAN

第 12 任

钱能训：是非功过难评说

他出生于风景秀美的江山水乡，年纪轻轻即当上封疆大吏；作为徐世昌的心腹，靠徐的擢拔而一路青云直上；他艰难组阁，枉费心机，尽受派系恶斗的窝囊气；他登上国务总理宝座不久即爆发“五四”爱国运动，备受责难中黯然下台。

小　档　案

姓名：钱能训

字号：字傒丞、干臣

籍贯：浙江嘉善人

出生：1870

去世：1924 年 6 月 5 日

简 历

1898年，中进士。

1899年，留馆为翰林，散馆后授编修，转员外郎。

1903年，应经济特科考试，中进士，任监察御丞。

1906年，任巡警部左参议，后升至巡警部左丞。

1907年，4月徐世昌出任东三省总督，任右参赞，后升任顺天府尹。

1910年，8月徐世昌为军机大臣，钱亦随入军机，旋升任陕西布政使。

1911年，以布政使护理陕西巡抚职。

1913年，10月任北洋政府内务次长、约法会议议员。

1914年，任政事堂右丞，继任礼制馆副总裁，襄助徐处理政务。

1915年，1月被袁世凯授为中卿。

1915年，10月任平政院院长兼文官高等惩戒委员会委员长。

1917年，12月任内务总长，兼代国务总理一个月零三天。

1918年，10月兼代国务总理。

1918年，12月20日任北京政府第十三届国务总理。

1919年，辞去国务总理职。

1920年，8月应聘为外交部顾问。

1921年，任华盛顿会议中国后援会主席。

1924年，6月5日病逝于北京。

（1）攀附大树好乘凉

民国初年，中央政府的内阁总理，像走马灯一样换来换去。在这些总理中，确实是有一位姓钱的，名叫钱能训。

钱能训是浙江嘉善人，《论语》“君子尊贤而容众，嘉善而矜不能”，故曰嘉善。位于浙江省北部的嘉善县，地嘉人善，与上海市松江县接壤，人们的口音也跟上海话很接近。从很早的时候，嘉善人要进城市办事不去杭州，而去上海，因为交通很方便。著名的江南水乡西塘镇，就属于嘉善县。

嘉善人崇尚读书，故嘉善籍贯的各行各业知识分子数不胜数。嘉善县古代唐朝出了一个宰相陆贽，艺术类名人有元朝的大画家吴镇，民国总理钱能训也是知识界的代表。

钱能训于1870年出生，1898年中进士，翌年留馆，为翰林，散馆后授编修，历任刑部主事、员外郎、郎中、监察御史、广东和湖北乡试主考官、广西学政等多个职务。1903年，因得到左都御史裕德的保荐，参加经济特科考试，后升监察御丞。

从晚清末年到民国初年，钱能训的荣辱升降，始终是与徐世昌分不开的。

清政府于1905年10月8日设立了巡警部，从而统一了全国的警察机构，产生了中国最早的中央警察机关，奠定了近代中国的警察制度。受袁世凯推荐，徐世昌担任清政府巡警部尚书。因受知于徐世昌，在徐任巡警部及民政部尚书时，钱能训先后任巡警部左参议、左丞，民政部右丞等要职，并成为徐的心腹。

1907年东三省改制，徐世昌出任东三省首任总督，旋即奏调周树模、钱能训为奉天左右参赞参与帷幕。这个时候，徐世昌尊敬周树模，而亲近钱能训，很快提拔钱能训升任顺天府尹。同年，徐世昌被免去直隶总督兼北洋大臣，调任外务部尚书、军机大臣。徐世昌在军机大臣任上，强力推荐钱出任陕西布政使，此时巡抚杨文鼎一直未到任，钱又以布政使护理巡抚。从此，钱便跻身于督抚封疆大吏之列。

民国成立后，钱能训凭借与徐世昌等人的老关系，又屡次出任政府要职。1913 年 10 月 16 日，钱出任北京政府熊希龄内阁之内务部次长。1914 年 3 月，以蒙古、西藏、青海三省区的各额被选为约法会议议员。同年 5 月，袁世凯在总统府内设政事堂，改国务总理为国务卿，以徐世昌为首任国务卿，时钱能训被任命为政事堂右丞兼任礼制馆副总裁（总裁为徐世昌），与左丞杨士琦一起成为徐的得力助手，协助徐世昌处理日常政务。钱由徐世昌的引荐，深受袁世凯的器重。1915 年重月，被袁授为中卿，10 月 24 日又署理平政院院长，同时兼任文官高等惩戒委员会委员长。1916 年 4 月 22 日，又正式被任命为平政院院长。1917 年 8 月，时任副总统的冯国璋继黎元洪之后代理北京政府大总统，同年 11 月段祺瑞因对南战争失败引咎辞去内阁总理一职，初由汪大燮代理，紧接着改由王士珍署理，12 月 1 日钱能训出任王内阁的内务总长。1918 年 2 月 20 日，王士珍在皖系的攻击下辞职。钱一度又暂时兼代国务总理，为时仅一个月零三天。3 月 23 日，段祺瑞重组内阁，钱蝉联内务总长。

1918 年 9 月 4 日，徐世昌继冯国璋之后被皖系操纵的安福国会选为大总统并于 10 月 10 日正式宣誓就职，段随即请辞内阁总理职，专任参战督办，训练参战军、边防军、以践与冯国璋共同引退之诺言。于是，徐以内务总长钱能训暂时代理国务总理。在钱代阁期间，因徐世昌通电尊重和平以谋统一，所以在 11 月 15 日就和战问题召集督军会议，总统、全体阁员均出席，讨论问题共五项，其中第一项即停战撤后，此时欧战告终，经外交团劝告，和平空气几乎弥漫全国，因此段祺瑞及各省督军不得不附从其议。16 日，令前方各军队罢战退兵，至 20 日，广东护法军政府亦宣告停战。12 月，徐世昌提请国会参众两院讨论通过对钱的任命，12 日，钱能训正式组阁出任国务总理。23 日，徐在总统府成立善后讨论会，由钱兼任会长。1919 年 1 月 11 日，内阁进行改组，钱兼任内务总长。

纵观钱能训的官场生涯，每一次提拔，每一步擢升，背后都有徐世昌的影子。

(2) 历史责任难脱逃

钱能训登上总理宝座不久，爆发了“五四”爱国运动，关于“五四运动”中钱能训的表现，许多文章都有所涉及，有的文章里，他被写成对历史有罪的人，也有人撰文为他进行辩护。但不管怎么说，镇压“五四”运动与他有关系，虽说不是直接参与，但他总是当时的内阁总理，逃脱不了历史责任。

时欧战告终，美国总统威尔逊发起和平会议，于1919年1月1日由美、英、法、日等帝国主义国家在法国首都巴黎召开会议。中国是第一次世界大战的参战国和战胜国之一，亦被邀请出席。会上，中国代表提出日本归还山东问题，日本代表立即表示反对；随后，英、法、美三国代表为此举行会议，并提出一项解决山东问题的办法，即把以前德国享有胶州湾权利让与日本，日本将山东主权自动的交还中国，并许日本保留德国所享有的经济特权，且许以特殊铁道警官之聘用。对于此项解决办法，中国代表表示反对并提出抗议，三国亦无表示。时任大总统的徐世昌与国务总理钱能训在国内外的压力下表示赞同我出席和会代表的意见，决定不在和约上签字。可是，徐树铮惟恐天下不乱，与段祺瑞一起坚决主张签字，使徐世昌、钱能训左右为难。

钱能训虽身为北京政府内阁总理，然而上有大总统徐世昌的决策权力，间有段祺瑞的颐气指使的屡屡干政，还要受到徐树铮的不断压迫，又适逢巴黎和会中国外交失败的严重时刻，钱举步维艰。后来，中国外交失败的消息一传到国内，举国愤怒，终于爆发了轰轰烈烈地反帝爱国的五四运动。经此运动，钱内阁成员残缺不全，最后终告瓦解。6月13日，钱能训被明令免去国务总理职务，以财政总长龚心湛暂时兼代。

钱能训正式担任总理从1918年11月开始。但是他官运不好，第二年赶上“五四运动”。6月13日，“五四运动”达到高潮，钱能训引咎辞职。有人说，他的行动从反面鼓舞了当时的学生运动，让学生们以为一上街示威游行，就可以把总理拉下台。其实，事情远非这么简单。“五四运动”的兴起不是偶然的，它有深刻的社会根源。辛亥革命后，外国侵略者，特别是日本帝国主义加紧了对中国的侵略。妄图把中国变成它独占的殖民地；封建军阀为了维持反动统治，极力勾结帝国主义，大量出卖国家主权。内忧外患，日甚一日，民族危机，迫在眉睫。这场伟大的革命运动，就是在中国社会基本矛盾日益深化的基础上发生的。

“五四运动”从本质上说，是一场轰轰烈烈的反帝爱国运动。由于全国人民的共同斗争，使五四运动的直接目标——惩办卖国贼曹汝霖、章宗祥、陆宗舆和拒签对德和约，得以实现。

对钱能训在此期间个人的作为，随着时间的推移，人们会逐渐持有较为客观的评价。当时让钱能训出任内阁总理，是徐世昌排斥吴佩孚之计，完全受徐世昌操纵。上台不久即逢“五四运动”爆发，钱又稀里糊涂地下了台。由此可见，钱能训左右个人政治命运的能力和空间非常有限，他无法逆转历史发展的大趋势。

(3) 艰难组阁受掣肘

钱能训正式组阁在国务总理任上实际只有半年的时间，即1918年12月12日至1919年6月13日。其间因南北分裂，北洋军阀内部各派系矛盾重重，政坛斗争此起彼伏，使他作为阁揆大伤脑筋的事层出不穷。

首当其冲的问题是，新内阁如何在用人问题上摆平。当时段祺瑞虽然已经离开内阁，但他一方面拥参战军实力，一方面挟安福系大多数议员，其关于事涉政府用人等重要问题，大半一意孤行，对于内钱阁，根本就“不在其心目中”，处处使钱能训穷于应付。

钱能训代理总理两个月后，总统便向参众两院提议，让钱能训正式出任总理。两院照例举行投票，钱能训得了多数票。徐世昌当即下令，任命钱能训为国务总理。

钱能训正式上任，自然要重组内阁，继续兼任内务总长。外交总长一职，亦由原来的陆征祥担任，因为陆征祥还在法国开会，暂时由次长陈箓代理。司法总长朱深，教育总长傅增湘，海军总长刘冠雄，都没有变动。交通总长曹汝霖免去财政总长的兼职，另外任命龚心湛为财政总长，撤去陆军总长段芝贵的职务，改用靳云鹏出任。

应该说，这样的人事安排基本是换汤不换药，几个关键的内阁位子，总是在那几个人的小圈子里换来换去。

在错综复杂的人事关系中，更使钱能训难办的是如何对段的心腹号称“小徐”的徐树铮。时徐树铮任西北筹边使，这本是总统徐世昌的调虎离山之计，因为小徐企图保段卷土重来操纵北京政权，莫说钱能训对此大伤脑筋，就是号称“老狐狸”的大总统徐世昌亦无可奈何，于是把小徐调到远离京城的蒙疆去发展。

当时外蒙古活佛哲布尊丹巴在库伦 (即今蒙古乌兰巴托) 要求自治，北京政府对此一无办法：而徐树铮两赴库伦，竟然使外蒙古取消自治，为国家可谓建立殊勋，因此徐树铮更恃才傲物，愈加骄纵，更不把国务总理钱能训放在眼里。

接下来，就是关于钱的问题。总理姓钱，但确为钱的事而发愁。在组阁之初，陆军总长靳云鹏和财政总长龚心湛即因索款发军饷过年关的问题发生争吵，闹得不可开交，使钱能训束手无策，后来经段祺瑞出面调解，方告平息。

由此看来，局势似乎在一夜之间就转危为安了。其实不然，各省的军阀意气用事，不顾国家利益，专顾自己，一做了督军，便成了富翁。而中央政府只有支出，没有收入，叫他这个姓钱的总理如何支撑？

所以总统徐世昌想出个办法来，靠借债度日，以整顿实业为名，由财政、交通两位总长出面，东挪西借，还以各种公债名义向人民借贷，不一而足。钱能训组阁前夕，历年的借债除外债不计外，积欠中国银行及交通银行的款项，已经多达8000万以上，渐渐导致两家银行周转不灵。银行快要支撑不住了，内阁的财政部也无计可施，只得再向国民借贷，发行短期公债券，结果还是苦了平民百姓，富了那些达官贵人。总理钱能训也无可奈何，国库空虚，民财耗尽，他这个总理只能救急，也难以救贫。

新内阁组成了，总要开始做事吧？处理完内部的人事与财政问题之后，钱能训把注意转向了处理外部事务，他派外交委员顾维钧、王正廷、施肇基、魏宸组四人赴欧洲，和外交总长陆征祥一起参加巴黎和会；又令朱启钤南下江宁，作为南北会议的全权代表，会同江苏督军李纯等人，开始议和。广东军政府也推选了政务总裁唐绍仪，做南方的总代表，到上海举行和谈，死活不肯到江宁。双方在举行和谈的地点上，又费了一番口舌，最后经江苏督军李纯调停，请朱启钤前往上海，答应南方的请求，才开启了议和的大门。

(4) 南北议和伤脑筋

关于南北议和，是钱能训当上总理后处理的一件大事，也是对其执政能力、处理复杂矛盾的的重大考验。对此，钱能训伤透了脑筋。

徐世昌当选大总统后，为了标榜追求和平、谋求统一的政治理想，提出南北议和的目标。徐世昌于1918年上任之初即提出："不在弭乱之近功，而在经邦之本计，不仅囿于国 家自身之计划，而必具有将来世界之眼光"。徐世昌认为要想中国"立于世界而成国"，首先要实现南北统一，而统一南北的方法，"固宜尊重和平"，召开和会进行谈判。

另外，随着第一次世界大战即将结束，以英、美为代表的西方列强重新审视他们的对华政策，反对日本支持皖系制造中国内战以便独霸中国的局面。在徐世昌就任总统典礼上，各国公使即致词“希望南北早日统一”。美国总统威尔逊也在致徐的贺电中即提出劝告，希望徐世昌尽快“统一南北，而于各国国际公会中占应有之地位也”。

而徐大总统的政治抱负，落实到内阁总理钱能训头上，就是不折不扣的政治任务。徐世昌授意钱能训致电西南军阀，以“欧战现将结束，行及东亚问题，苟内政长此纠纷，大局何堪设想”规劝西南方面“宜先就事实设法解纷，而法律问题俟之公议”。

作为内阁总理的钱能训，秉承徐的旨意立即致电西南军阀。钱能训同南方军政要人如陆荣廷、岑春煊私交颇深，双方私下派人联络，电报往返，经多次磋商，矛盾焦点最后聚集到了三个主要问题有待解决：一是和谈的人数、地点和名称，二是段祺瑞主持的参战军的存废问题，三是陕西停战问题。南北双方在这三个问题上有着明显的意见分歧。

经过钱能训的多方奔波、数次撮合，加之五国公使准备提出措词严厉的谈判劝告，南北双方总算达成了基本共识，终于1919年2月20日使南北议和会议在上海旧德国商会地址举行。

北方先后派朱启钤、王揖唐为总代表，南方先后派唐绍仪、温宗尧为总代表。开会不久，双方因陕西停战及取消参战军与停支参战借款问题相持不能解决，南方代表通电停止和议，北方代表亦向北京政府提出辞职。后来虽又复会，但讨论数日，亦无结果。最后南方代表提出一揽子的八项条件，北方代表难以接受，和议遂告破裂。

这次上海南北议和，从1919年2月20日开幕到5月13日正式破裂，在此期间，南北双方共进行了8次正式会议，议议停停，直到会议收场，未能产生任何实质性的结果。徐世昌未能实现上台之初提出的政治抱负，钱能训也颇感尴尬与无奈。如果南北议和成功，本可成为钱内阁的一项政绩，可结果又恰恰事与愿违。

卸任国务总理职务，北京政府又任命钱能训为苏浙太湖水利工程督办，然而，钱能训不太熟悉水利工程，也不想沽名钓誉，遂于次年8月自动辞职。不久，应聘为外交部顾问。1921 年 8 月 21 日，钱能训与熊希龄、汪大燮、谷钟秀等人发起组织“华盛顿会议中国后援会"，在成立大会上，钱任主席，同时与汪大燮、孙宝琦等人一起被举为该会理事。随后，理事会发表声明，反对华盛顿会议协商议程，反对少数国家的秘密协商，主张山东应无条件归还中国。

1924 年 6 月 5 日，钱能训因病在京去世，终年 55 岁。

(5) 造福百姓富家乡

钱能训从总理位置上辞职之年，才 49 岁。用今天的政治眼光看，还是青年。钱能训辞职之后，投身实业救国事业，办溥益糖业公司，组织中华懋业银行，呼吁建立国家传染病防治处，督办太湖水利工程，忙得不亦乐乎。

就像他官运不好一样，他的命运也不顺，1924 年 6 月 5 日他病死于北京，享年 54 岁。当年 7 月，移柩故乡浙江省嘉善县，葬在嘉善县城外 3 公里处的惠民镇惠通村钱氏故茔。前民国总统徐世昌撰写了墓志铭。

当地人听前辈们说，钱能训下葬那天，灵柩从嘉善船运过来，3 公里长的华亭塘，河港里全是官船，鼓乐喧天，场面很大。

有时候，历史对一个人的评价难免抱有偏见，但嘉兴民众却记得钱能训对家乡的贡献。据历史记载，他曾为嘉兴府所属数县的农民减赋出了力。钱能训于 1919 年出任以前，当时嘉兴府各县的田赋从历史上遗留下来，数额巨大，农民负担沉重，甚至出现逃荒现象。为此，当时在京的 19 名官员联名，向北洋政府递交了减赋书，钱能训是其中的主要成员。后来北洋政府核准了这个提议，将每亩的赋税减了三分之一，钱能训为故乡百姓做了件好事。

在民国政府官僚里面，钱能训先生是属于比较尽职比较有良心的。他因巴黎和会中国受辱而下台，其实他并应负最主要的责任。辞职之后，他积极推动收回青岛主权活动，担任了华盛顿会议中国后援会主席。1922 年华盛顿会议决议将青岛归还中国，钱能训是有贡献的。

鉴于此，“文革”结束后，嘉善县有关部门决定重新修复钱能训墓，县政府还为此拨了专款，把已经破碎的墓碑，完整地拼凑好，重新竖立在墓地，在墓地的四周还修建了围墙。

第13任

龚心湛：民国政坛匆过客

如果以青年、中年和老年来划分其一生的话，可能他更怀念青年时代的意气风发，也快慰老年时代兴办实业的得心应手，唯独那涉足政坛的中年时代，他与无数被卷入那场名利漩涡的人们一样，到头来才发现，所谓名利不过是一场过眼云烟。

小 档 案

姓名：龚心湛，原名心瀛

字号：号仙舟

籍贯：安徽合肥人

出生：1869 年

去世：1943 年

先祖：龚鼎孳，曾任康熙年间礼部尚书，与钱谦益、吴伟业并称为“江左三大家”。龚心湛是龚鼎孳的第十三世孙

简　历

1869 年，出生于安徽合肥。

1889 年，作为外交随员出使英、法、意、比四国。

1898 年，历任广东同知、广州府知府等职。

1907 年，任巡警道。

1909 年，任云南临安开广道。

1911 年，任云南提法使。

1912 年，任汉口中国银行行长。

1912 年，7 月任财政总长、9 月任武昌造币厂厂长。

1913 年，安徽省议员、赈抚督办、国税筹备处处长。

1914 年，任安徽财政厅厅长。

1915 年，调任广东省财政厅厅长未到任，后任采金局总办。

1915 年，6 月任财政部次长兼盐务署督办、稽核署总办。

1916 年，任参政院参政。

1918 年，11 月，任安徽省省长。

1919 年，任财政总长兼代理国务总理，三个月后辞去总理职务。

1924 年，任段祺瑞执政府内务总长，兼任扬子江水道讨论委员会委员长、赈务总办。

1925 年，11 月任交通总长。

1926 年，致力于兴办实业，任众多公司总经理、董事长职务。

1942 年，3 月任华北政务委员会谘议会议委员。

1943 年，病逝于天津。

（1）名门望族出合肥

在民国初年的这段历史上，是混乱的北洋军阀统治时期，在16年的时光中先后有29人44次组阁，“你方唱罢我登场”。在这29人中竟有4位是合肥人，他们分别是段祺瑞、李经羲、龚心湛和贾德耀。

合肥有四大姓，“龚张李段”。这后面的3位，分别是张树声（清末淮军将领）、李鸿章和段祺瑞，而这个“龚”姓，在明末至清顺治康熙年间出了个礼部尚书龚鼎孳，到了光绪年间又出了个四川布政使龚照瑗，再到民国年间，龚家又出了龚心湛这个民国总理。龚家在几百年间人才辈出，堪称名门望族。

龚心湛的先祖龚鼎孳，字孝升，号芝麓，中国文学史上的“江左三大家”之一（另两位是常熟钱谦益和太仓吴伟业）。龚鼎孳在清初历任刑、兵、礼三部尚书，他与其弟龚鼎孠是合肥稻香楼主人。

安徽合肥有个著名的“逍遥津公园”，人们提起它就会想起三国名将张辽“威震逍遥津”的故事。时光荏苒，到了清末光绪年间，逍遥津成为合肥官僚龚心钊的私家花园。这个龚心钊不是别人，从名字上就能看出来，他与龚心湛是堂兄弟，而合肥龚家到了龚心湛这一辈，已经繁衍了13代。龚家祖籍江西临川，历经20代，元朝末年转迁合肥，到7世孙龚鼎孳时，合肥龚家发展至顶峰。

龚照瑗与龚心湛是堂叔侄关系，龚照瑗做官的时候，龚心湛正因为家境贫寒而读不起书。8岁那年，龚心湛在父亲的安排下到上海投奔龚照瑗，与龚照瑗的两个儿子龚心铭、龚心钊一起读家塾，然后一起入国学馆。心铭、心钊兄弟循着他们父亲龚照瑗的老路，考科举求功名，而龚心湛却喜欢新学选择了英语。龚心湛9岁时只身去上海投靠时任苏淞太道的三伯父龚照瑗，与龚照瑗之子一道入国学为监生，后来他仰慕新学，考入金陵同文馆，

1890年，21岁的龚心湛从金陵同文馆毕业，奉派随出使英、法、比、意钦差大臣薛福成常驻伦敦。龚心湛年轻好学，办事干练，深得薛福成赏识。1893年其伯父龚照瑗接替薛福成任大使，龚心湛由随员被提拔为参赞。在此期间，清廷组建北洋舰队过程中，涉及大量订船和借款事宜，多由薛福成、龚照瑗交龚心湛承办。

龚心湛几代均为外交领域的知名人士，龚照瑗的儿子龚心钊1909年被任命为驻英属加拿大总领事。龚心湛的侄辈龚安庆1933年任驻伊尔库茨克总领事。龚安庆的侄辈龚镇洲曾被孙中山派往南洋诸国宣慰侨胞，筹集款项，他病故后周恩来董必武邓颖超联名电唁“有德有年，功在民国”。中华人民共和国成立后，龚镇洲的两个女儿龚普生、龚澎，分别官至外交部国际司司长、驻爱尔兰大使和外交部新闻司司长、部长助理。毛泽东主席还曾风趣地对龚澎说：“你们家革命派占了多数嘛!”

(2) 密谋诱捕孙中山

龚心湛在驻英公使的随员任上，参与了震惊世界的密谋诱捕孙中山的事件。当年孙中山被诱捕后的幽禁地波德兰区覃文省街49号，即龚心湛供职的清廷驻伦敦公使馆，现为中华人民共和国驻英国大使馆。

1895年，孙中山广州起义失败后，先出走日本，后辗转至美国。但他并不知道，清廷早已对他的行踪进行了严密的监视。

1896年9月25日，孙中山乘坐“麦竭斯底”号轮船轮船横跨大西洋，从纽约出发到达伦敦，此时接替薛福成任清政府驻英大使的龚照瑗，接到驻美大使发来的密电：“现据纽约领事施肇曾探悉，孙文已于9月23日搭白星轮船公司的麦竭斯地号，至英国利物浦登岸。”

清政府正在到处缉拿孙中山，曾令驻英公使龚照瑗“不惜一切代价捉拿孙中山，死活不论”。龚照瑗接到密电已是深夜，第二天立即派使馆参赞——英国人马格里前往英国外交部，要求英国政府协力缉拿孙中山，并提出可否依照香港、缅甸引渡条款行事。英方表示，该条款不适用于大不列颠国本土，不能引渡孙中山。见依靠英国政府无望，龚照瑗便另想一招，雇佣私家侦探诱捕孙中山。

9月30日，孙中山抵达利物浦，并于当晚乘火车到达伦敦。

10月11日，那是个英国人享受生活的星期天，孙中山对清政府暗中派人监视没有丝毫察觉，正在路上行走时，引起了两位“广东老乡”的注意，两人“且行且语，步履舒缓”，孙中山的左右分别增加了“两人陪同”，他们请孙中山到家里坐坐“烹茶进点，略叙乡谊”，孙中山原本谢绝，但在一阵“情意诚挚非常”的推拉之后，孙中山已经到了路边的房子，“正趔趄间，忽闻邻近之屋门窘然而辟，左右二人挟予而入。”于是，孙中山在到达伦敦11天左右就被清朝驻伦敦公使馆诱捕幽禁。

龚照瑗派人把孙中山关押在使馆内三楼的一间小屋中。孙中山被囚期间，龚心湛主持过几次审讯，但并没有审出个所以然。孙中山在自撰的《伦敦蒙难记》中回忆起当时的情况：“被诱擒于伦敦，牢于清使馆十有余日，拟将弟捆绑，乘夜下船私运出境，船已赁备，惟候机宜。初六七日内无人知觉。弟在牢中自分必死，无再生之望，穷则呼天，痛痒则呼父母。人之情也。”这段话现在读起来时那么真实和感动，一句“人之情也”，将孙中山在伦敦被幽禁时的无助和担忧表露无遗。

被软禁的孙中山不甘坐以待毙，他向窗外扔求救纸团，向使馆中英籍职员申诉并试图感化他们。终于孙中山感动了英国人柯尔，他在女管家贺维的鼓励下，答应替孙中山送求援信给康德黎。康德黎是香港西医书院的创始人，孙中山在香港时的医学导师和朋友，1887年孙中山21岁时，由广州博济医院附设医校转学到西医书院就读，与康德黎交往弥密，感情甚笃。康德黎住在与清廷驻伦敦公使馆不足百米的覃文省街46号，得知消息后挺身而出，向伦敦的地段警署和新闻界揭露了清使馆在英国本土滥抓中国公民并欲偷运回国的消息，一时间社会舆论哗然。英国《环球报》以《惊人消息!》为题，首先披露了孙中山在伦敦被绑架事件。接着，伦敦各报均以特大标题相继报道，许多伦敦市民到使馆外抗议。

龚照瑗觉得，再囚禁下去使馆方面将陷入更大的被动，只好决定放人了事。但龚照瑗把这个宣布放人的差事交给了他的侄子龚心湛。

1896 年 10 月 23 日下午 4 点半，驻英使馆参赞龚心湛出面宣布，恢复孙文的自由！来接孙中山离开使馆的英国外交部特派专员，苏格兰场警署侦探长和康德黎应龚心湛请求，带孙中山从侧门悄然步出清使馆。

龚照瑗因此事落了个“办事不力”的评价，被慈禧撤了职。1898 年龚心湛归国，后到广州，被李鸿章任命为广州知府兼洋务局会办。

有趣的是，1924 年直奉战争后，段祺瑞入京任临时执政，龚心湛被任命为内务总长。1925 年孙中山去世时，段祺瑞以“足肿”为由派内务总长龚心湛代表他和执政府前往吊唁， 3 月 24 日，北京临时执政府内务总长龚心湛、次长王来等，致祭于前临时大总统悼孙中山之，并致祭文曰：“呜呼！惟公诞灵岭表，腾迹海隅。愤一姓之专制，为革命之先驱……”。

待到第二天新闻界有感于龚心湛从孙中山伦敦蒙难到此时治丧将近 30 年，居然两次亲历，于是调侃龚心湛与孙中山真乃“生死之交”。

(3) 精于商略擅财经

辛亥革命爆发后，龚心湛在前两广总督周馥的儿子周学熙的推荐下，当上了中国银行汉口分行的行长，开始了继外交官之后的财经生涯。

周学熙也是安徽人，与龚心湛算是同乡。周是继盛宣怀之后，声名最隆、成就最大的官商。他出身官宦世家，父亲周馥早年追随李鸿章，官至两广总督，也是一个著名的洋务派大臣。他跟袁世凯关系紧密，一度成为北洋政府的财政操盘手。周氏实业庞大，是民国初期规模最大的实业集团之一。周学熙一方面精于商略，另一方面与官府人士渊源很深。周学熙与当时正冉冉升起的政治新星、山东巡抚袁世凯意气相投，袁世凯的一个儿子与周学熙的妹妹结婚，于是亲上加亲，结成官商同盟。

周学熙推荐龚心湛当上中国银行汉口分行的行长，自己则出任陆征祥内阁的财政总长，在自己的职权范围内，他迅即任命龚心湛任武昌造币厂厂长，接着，又举荐龚心湛出任安徽财政厅厅长，安全把持了安徽的财经命脉。

龚心湛利用当上安徽财政厅厅长的有利时机，与段祺瑞往来密切，频频向段祺瑞示好。皖系为提高湛的资望，促使总统徐世昌于1918年11月任命龚心湛为安徽省省长，龚成了安徽政商两界通吃的人物。1919年1月11日龚被任命为北京政府财政总长，龚任安徽省长虽然时间不长，但却为他涉足北京政权，成为皖系骨干在京、津两地发展的基础。在龚心湛任安徽财政厅厅长期间，他就与周学熙等人在北京筹办中国实业银行，龚心湛调任广东财政厅厅长时，他也没有赴任，而是转而担任采金局局长，开始了由政到商的"采金"之路。

经过多年的努力，周学熙以天津为基地，创建了一个为世人瞩目，在其后几十年中享誉海内外的"周氏企业集团"，投资领域包括了燃料、建材、纺织、五金、交电、机械、金融多种行业，形成了以启新、滦矿、华新三公司为核心的庞大资本集团。掌握着公路、铁路和运河的运输主动权；企业内部拥有自己的电力系统和给水系统。总资本高达四千多万元，这是一个在当时令人咋舌的数字。此时周已成为中国北方最盛名的实业家，与南方的状元资本家张謇有着"南张北周"的称号。

周学熙在财界商界取得的成就，为龚心湛退职后在天津发展实业奠定了基础。龚心湛1926年去职后兴办实业，先后担任中国实业银行总经理、中孚银行董事、开滦矿务局议董长，唐山启新洋灰公司总经理。其中，唐山启新洋灰公司即是周学熙创办的，在龚心湛的手中，唐山启新洋灰公司的发生脉络，充分印证了民国初年官商勾结在民族工商业发展中的作用。

启新洋灰公司的前身是1889年建立的唐山细绵土厂，1906年北洋大臣袁世凯命令周学熙从英国人手中收回重办，改名为启新洋灰公司，周学熙在创办启新洋灰公司之初，以极少的代价收买了唐山细绵土厂的全部资产，实际上这是借国家的“公帑”开办私人的企业，显然不是一般人所能办到的。就这样启新洋灰公司本身没有掏出一分钱，却完成了自己资本原始积累。

在龚心湛任总经理期间，启新洋灰公司靠官宦的势力还取得了贷款的便利和利息的低下，在资金匮乏的近代企业发展史上，如此优惠的条件恐怕不多见。启新洋灰公司在创办与发展的过程中，靠以周学熙、龚心湛为代表的官官僚势力，完成了资金的原始积累。

龚心湛利用在官场的人脉关系，使启新洋灰公司在经营过程中获得了大量的特权，如设厂专利特权、市场销售特权、运输经营特权、原料优先采购特权等。单靠官势圈地运动的特权，就获取了巨大利益，对中国底层民众来说，土地是生活的依靠，也是唯一最大的财产，公司发展用地本应按市场价来操作，但是，启新洋灰公司凭借政治上的特权“所需地亩，竟持官威，随意圈用”，而且，如果当地人民据向理论“即加以违抗罪名，而受差傅之累，远逐他乡者有之，更有拘至县府，陷身监狱者有之，直至完全将地亩强卖之后，方能脱此，因而倾家败产流为游民者，何至百数十人”，造成了广大人民的痛苦。然而，在启新洋灰有限公司成立30周年之际，蒋介石竟亲笔题词：“挽回利权”。

靠着启新洋灰公司等的运作，龚心湛也随之成为天津赫赫有名的实业家。

（4）缓冲百日代总理

1919年“五四运动”爆发后，国内人要求“拒绝在对德和约上签字”，“外争主权，内惩国贼”，“诛曹汝霖、章宗祥、陆宗舆”。在巴黎的中国代表团收到国内团体大量来电，要求拒绝在巴黎和约上签字。北京政府批准曹汝霖、章宗祥、陆宗舆“辞职”。6月10日徐世昌申请辞大总统职，被议会挽留。内阁总理钱能训一筹莫展，只好辞职。

龚心湛在几派斗争中，成为缓冲人选，龚虽属于皖系，但与徐世昌也有交情。在双方相持不下时，徐世昌于1919年6月13日任命时任财政总长龚心湛代行国务总理。

“五四运动”是中国人民反对帝国主义、封建主义的爱国运动，其反帝爱国运动爆发的导火线是“山东问题”。龚心湛刚刚出任代理总理，全国就掀起拒签巴黎和约的请愿浪潮。6月19日早，山东省议会、山东学生联合会、山东报界联合会、山东农会、山东教育会、济南总商会等6团体选派的请愿团赴京请愿，群众相送，万人巷空，代表誓言：不达目的，绝不生还，与送行者挥泪相别，场面如易水悲歌。

龚心湛所面对的局势是：国内进一步壮大的、同政府尖锐对立的人民群众的力量，国会的不合作，吴佩孚等将领的强烈抗争和英、美在华势力的不满。这一切使签字问题上的斗争更加复杂、尖锐，使政府“既不敢轻为签字之主张”，“又不敢轻下不签字之断语，左右掣肘，而地位益臻困难”。本来就十分脆弱的龚心湛内阁，几乎完全失去控制局势的能力。

既然龚心湛无法在签字与拒约之间作出选择，他就干脆不作任何决断，任其发展，推诿到底。龚心湛对报界发表谈话时说：“巴黎和会，英、法委员暨美大总统威尔逊氏，暨担保归还胶州与中国，中（国）政府对于和约签字问题，则决定按照协约国所建议者办理。故近日政府电饬巴黎各委员，对于和约签字问题，令其审度情形，自酌办理。”

这是个十分圆滑的谈话，既表示按列强的意见办，以讨好列强；又不给中国代表团任何明确的指示，而令其“自酌办理”，以免承担任何责任。

6月20日上午，山东请愿团前往新华门递交请愿书并请求面见总统，徐世昌避而不见，代表遂同跪于新华门外，号哭之声感天动地，时值倾盆大雨，无起立者。李大钊曾说“我们要常记念着新华门前的哭声”。自中午坚持至晚10时，最后军警督察长宣布21日由代总理龚心湛接见。当时山东请愿团提出三项要求：拒签和约；废除高徐、济顺铁路合同草约；惩办卖国贼。

6月21日，山东请愿团前往国务院，面谒代总理龚心湛。龚心湛奉派接见请愿代表，对三项要求一味敷衍，代表们遂再次要求面见总统。

6月23日，徐世昌接见山东赴京请愿团代表，徐世昌却骄倨昧良，无动于衷，以外交困难为藉口，转弯抹角地进行敷衍应付。并说山东代表提交的请愿书，须由国务院代总理龚心湛批复，又把皮球踢到了龚心湛这边。

随着6月28日和约签字日期的迫近，拒约的斗争进入到最后阶段。25日，众议院通过一项给政府的建议案，指出："倘政府不顾舆论冒（贸）然签字，势必惹动全国反抗……应请政府即日训令巴黎议和专使，如山东问题不能另行保留时，全约切勿签字，以示决心而顺舆情。"

6月25日，山东请愿团接到国务院书面批示后，内容竟与徐世昌的口头答复大同小异。代表们十分愤懑，全体代表赶到国务院，面见龚心湛，郑重声明：若奉此批不能归见山东父老并将原批退回，要求重批。龚在代表们"语皆悲愤，坚决不可动摇的气氛下，只好答应重批。"

6月27日，山东请愿团会同北京学联等团体数百人，集体到总统府请愿，表示如不切实答复，誓死不离开。徐世昌拒不接见，代表们在新华门坐等，徐被迫再次接见。代表终于接到了代总理龚心湛对请愿书的第二次批复："关于山东问题，所有各代表陈请不能保留，即拒绝签字等情，昨亦经电达专使遵照在案。……所称高徐、顺济路约一节，查该路约原系草约，自必多方磋议，力图收回，绝不续订正约……"北洋政府迫于全国轰轰烈烈的群众运动压力，不得不接受了民意，未敢在丧权辱国的和约上签字。

与此同时，围绕南北议和以及北方议和代表问题，国内各派势力闹得不可开交。徐世昌派朱启钤为南北议和北方总代表，南方军政府特派唐绍仪为南方总代表。朱启钤表示拒绝再任南北议和北方总代表之后，广州护法军政府总裁岑春煊与龚心湛商谈南北统一问题。安福系推出王揖唐为北方议和总代表，这一提名遭到了广州军政府和直系吴佩孚的坚决反对，纷纷通电指责。为此，龚心湛以总理名义通电各方："王公才识过人，为元首所识拔，于法律确能负责……，并经确定，克日成行，势难挽回，若因人问题使会延滞，和平中梗，启衅二字别有所归。"

直系大佬吴佩孚接电后，固执己见，两次发电给龚心湛，坚决反对王揖唐为北方议和总代表，并对安福系的行为大加指责，甚至连龚心湛也捎带着一起骂了。

龚心湛在外交、学潮、内政、南北和谈，以及各派势力相互斗争中，既感支撑困难，又感到正式组阁无望，遂于1919年9月24日向总统徐世昌递交辞呈，辞去本兼各职，龚在辞职书中写到：“张良借箸，愿有补于一时；傅说和羹，本难调以众口。”

龚心湛从上台到辞职，代理总理任职时间总共103天。

在北洋政府交替更迭的执政集团里，国务总理并不是一个“稀缺”职务，因此龚心湛的大名并没有引起人们太多的注意。他仅仅3个月的任职，在他个人的政治生涯中，虽然堪称为顶峰，但却多有勉强之意，于他内心深处其实是最不得意的一段时间。

（5）遁入佛门度晚年

龚心湛辞职后，由陆军总长靳云鹏暂代国务总理，财政次长李思浩暂兼代部务。1924年10月18日，第二次直奉战争时，冯玉祥发动北京政变，囚禁曹锟，免去吴佩孚本兼各职，导致直系失败，冯等请段祺瑞入京维持局面，联名电请段祺瑞任国民军大元帅，并联合奉系军阀张作霖，推举段祺瑞为北京临时政府执政。

段祺瑞入京出任中华民国临时执政，任命龚心湛为内务总长。在内务总长任上，龚心湛参与处理了清室人员和善后委员会的工作。1925年冬，国民军进驻天津等地，段祺瑞为摆脱困境，改组临时政府，龚心湛改任交通总长，1926年“三·一八惨案”发生后，内阁总辞职，龚从此脱离政坛，定居天津。

如果龚心湛的一生以青年、中年和老年来划分的话，他自己可能更怀念青年时代的意气风发，也快慰老年时代兴办实业的得心应手，唯独那涉足政坛的中年时代，与无数被卷入那场名利漩涡的人们一样，到头来才发现，所谓名利不过是一场过眼云烟。

1926年龚心湛回到天津做寓公，从此远离政治。

年轻时的龚心湛因为做过参赞，深得周馥赏识。在周馥的大力推荐下，龚心湛曾协助其子周学熙在发展实业等方面做了很多工作。而此时远离了政治的龚心湛再度与周学熙合作，滋滋有味地办起了实业。周学熙认为龚心湛性情温和，善于理财，社会声望高而又不独断专行，往往可以代他出面化解各种争端，因此两人在长期合作中工作顺利。

远离政治的纷扰之下，清静下来的龚心湛逐渐对佛教产生了兴趣，常以“将此身心奉尘刹，是则名为报佛恩”自励。民国后大悲院曾长期被有关部门占用，龚心湛等著名居士，前后奔波，向有关方面交涉收回了大悲禅院。作为一名居士，龚心湛积极捐款，把钱用在弘扬佛教文化事业上，这不能不说是对社会的一种贡献。

卢沟桥事变后，日寇动员龚心湛出山主持华北伪政权，龚断然拒绝。但日军又觊觎上了龚心湛创办的一些实业公司，多次欲实行军管。日本轻工业株式会社强行拆走了江南水泥厂的电机、钢磨等。龚心湛此时年逾七旬，仍不辞劳苦多方奔走。日军不但没有归还，反而给遭到日本人的羞辱。龚心湛对此恼愤不已，遂一病不起。

1943年12月，龚心湛病逝于天津家中，终年74岁。

第 14 任
靳云鹏：官场沉浮难为主

他两度担任国务总理，掌握军政大权，在北洋军阀统治时期显赫一时。论资望，他仅次于王士珍、段祺瑞、冯国璋等人，与皖系、直系、奉系等派系要人都有较深的关系，是民国初年一个“亦官亦商”式的旧官僚，他的官场沉浮，见证了民国初年的风云变幻。

小 档 案

姓名：靳云鹏

字号：字翼青

出生：1877 年

去世：1951 年

籍贯：邹县人邹县（今邹城市）人，后迁往济宁

简 历

1894年，投奔袁世凯的新建陆军，隶属于段祺瑞部下。

1902年，任北洋常备军军政司参政司提督。

1909年，经段荐举，调任云南清军第19镇总参议。

1910年，任浙江新军标统。

1911年，蔡锷在昆明发动新军起义时他在五华山抵抗，战败后化装成轿夫逃走。

1912年，秋天经段祺瑞举荐，任北洋军第5师师长。

1913年，8月暂行代理山东都督，并加陆军上将衔，12月正式任命。

1915年，被袁世凯任命为泰武将军，督理山东军务。

1915年，参与14省将军联名电请袁世凯登基。

1916年，通电劝袁世凯辞职而遭到忌恨，5月30日离任进京。

1917年，11月赴日考察，推行亲日外交。

1919年，进入内阁任陆军总长。

1919年，9月24日，被徐世昌任命他为国务总理。11月5日组内阁兼任陆军总长。

1920年，5月10日辞去内阁总理职务。

1920年，8月再度组阁兼陆军总长。

1921年，12月11日再次辞去内阁总理职务。

1926年，12月，被张作霖以安国军总司令名义任为内阁总理，遭吴佩孚反对。

1942年，3月任伪华北政务委员会咨议会议委员。

1949年，迁居天津。

1951年，1月病逝于天津。

(1) 自古雄才出贫寒

靳云鹏生于山东邹城普通农家，后迁往济宁。靳家兄弟姐妹 7 人，靳云鹏在 3 个兄弟中居长。早年家庭贫困，在靳很小的时候，父亲去世了，依靠寡母邱氏卖煎饼维持生计，靳氏兄弟姐妹也常走街叫卖，经常推着小车沿街卖水，或者代人搬运货物，以养家糊口。

靳云鹏幼年即担起生活的重担，知命安贫，乐善好友，性格也较为柔顺。有一年靳云鹏与弟弟一起外出卖水，不小水车溅了当地家绅孙尚书的儿子，当场被孙家的仆人暴揍了一顿，临走时还表示要再到靳家问罪，兄弟二人害怕至极，连夜用水车载着母亲和妹妹逃往济南，全家以经营染布为生。后来，靳云鹏母子又转赴烟台谋生，过着四处漂泊的生活。

靳云鹏 8 岁时入私塾读书，五、六年后，因家中生活拮据，便到南关柳行街当勤杂工。直到 1895 年 12 月，因生活所迫使投奔了袁世凯在天津小站督练的“新建陆军”，才使其生活处境才得以改变。

成年以后的靳云鹏，官至国务总理，但幼年的印痕仍留在他的身上，对童年时代家庭生活的眷恋，使得靳云鹏对母亲极尽孝道，老太太虽然目不识丁，却能安贫乐道，两个儿子虽已大贵，但靳家的家风仍然非常纯朴，袁世凯曾对靳云鹏的母亲赞不绝口，每逢袁世凯家请靳云鹏的老母吃饭，这位老太太必然带四包礼物：“鸡蛋十个，豆腐四块，煎饼六斤，咸菜一罐”，而礼单上则写的是：“吉子十个，都福赐快，坚兵禄金，贤才一贯”，袁世凯必然亲自点收，当场打开，与大家一起分享。

靳云鹏的母亲不但家风纯朴，还因成为“养育两个总理的奶母”而声名在外。原来，同样出任过民国政府总理的潘复和靳云鹏是同乡，后来又结成儿女亲家，除此之外，他们二人之间，还有一段更深的因缘。潘的父亲潘洁泉，在河南任州官时，其夫人生下潘复，那时靳云鹏的母亲，在山东济宁家乡里刚生了三儿云鹤不久，因家境贫苦，被潘家雇来给儿子当奶母，靳母便带着云鹤随潘家到河南任所，同时哺养云鹤和潘复，以致后来有“一个妈妈，奶出两个总理”的传说。

(2) 高人指点涉政坛

在北洋军阀统治时期，靳云鹏曾经是显赫一时的风云人物。他于1919年与1921年两度担任国务总理，掌握军政大权。这在乱哄哄的民国政坛也并不多见。

论资历，靳云鹏在北洋派中仅次于王士珍、段祺瑞、冯国璋等人，与皖系、直系、奉系等派系要人都有较深的关系。与其他北洋政客一样，靳云鹏当政时，身陷各种派系纠纷，在权力与利益的争夺中几经沉浮，见证了民国初年的风云变幻。

靳云鹏的出道、发家到在政坛崭露头角，是与段祺瑞的提拔与重用分不开的。

1895年12月，因生活所迫使投奔了袁世凯在天津小站督练的“新建陆军”，靳平时训练刻苦，勤奋好学，勤朴踏实，某次袁世凯巡查军营时，看到靳工作认真，好学不倦，遂予以提升，很快晋升为排长，后被选送到新建陆军附设炮队随营武备学堂第一期学习。该学堂监督为段祺瑞，受到段的知遇，后来转入隶属于段祺瑞的炮兵营服役，被段祺瑞所发现和认识，从而迈出了走向仕途的第一步。

1902年，靳云鹏任北洋常备军军政司参政司提督，1910年任浙江新军标统。

1909年由段祺瑞举荐去云南，任第19镇总参议。

1911年，靳云鹏调任云南新军督练公所参议。当时的云贵总督是李经羲，他非常重用一批日本士官毕业生如蔡锷、李根源、唐继尧、罗佩金等，担任重要军职，只有29岁的蔡锷，即被李经羲委任为云南新军第37协协统（旅长），罗佩金任蔡辖下的第74标标统（团长），靳云鹏感到，北洋派出身的军人常常受到冷落。

对此，靳云鹏曾劝告李经羲，尽量少用日本士官学校的毕业生，但未被李经羲采纳，靳云鹏就不断把云南的情况向袁世凯、段祺瑞等密报，以期得到段的信任。

以蔡锷为首的云南革命派将领密谋在昆明起义，准备发起震动全国的“重九”起义，靳云鹏事先有所耳闻，他与镇统钟麟同曾建议李经羲将李根源、罗佩金等派往外地出差，以分散革命派势力，使蔡锷孤掌难鸣。

靳云鹏在云南期间，对辛亥革命云南起义进行阻挠和破坏，受到袁世凯、段祺瑞的高度称赞，认为他“是个人才”。靳云鹏从云南回到北方时，袁世凯已被清廷起用，正在进行南北议和；段祺瑞这时担任湖广总督，并主持河南军事。段祺瑞见到靳云鹏后，即密电内阁，力保他赴京汇报云南当地的局势。

不久，南北和议告成，袁世凯窃取辛亥革命胜利果实，登上临时总统座位。同年经段祺瑞举荐，靳云鹏任北洋军第5镇统制，并会办山东军务。9月，靳云鹏被北洋政府授予陆军中将军衔。1913年4月，段祺瑞保荐靳云鹏暂署山东军务督理。8月，袁世凯任命靳云鹏代理山东都督，9月即改为实授。1914年，袁世凯废除各省都督，设立将军诸名号，任命靳云鹏为泰武将军，督理山东军务。靳云鹏在山东的势力及人脉关系，就是在这一阶段打下了深厚的根基，也为他以后在山东经办实业等，奠定了基础。

靳云鹏主政山东期间，正值第一次世界大战爆发，日本趁机强占胶东。靳云鹏的工作之一，就是应付日本军国主义分子。靳云鹏一切秉承段祺瑞的旨意，对于日本强占胶东等无理要求，则大多依顺。日本军人狡诈异常，无理要求层出不穷，靳云鹏既不敢对日军的无理要求公然驳斥，也不能有求必应，他采用的办法，就是“一推二拖”，小问题答应，大问题装不懂，总算没有发生大的纠纷。但由于他的妥协，日本人在胶济路沿线掠夺了矿业的经营权，获取了许多经营利益。

靳云鹏对山东革命党的镇压，则完全是按照袁世凯的意旨进行的。开始时，靳云鹏亦步亦趋，完全按照袁世凯的指示办理，后来袁世凯筹备帝制，胶东民军纷起反抗，势力很大，靳云鹏被逼无奈，只能阳奉阴违，见机行事。靳云鹏参与 14 省将军联名电请袁登基，请他速即大位，得袁授伯爵位；另一方面对讨袁采取敷衍态度，借以保全自己的地位。

1916 年 4 月，靳云鹏看帝制败局已定，反袁声浪进入高潮，在冯国璋、段祺瑞的策动下，与李纯等 5 人策划联名通电逼袁退位，因机密泄漏，被袁世凯所察觉。袁世凯决心把靳云鹏撤换掉。

而靳云鹏则先出一招，4 月 29 日致电袁世凯，劝其退位。袁世凯正愁找不到机会，收到靳的电报后，立即复电召他入京面谈，就在靳赴京的途中，袁下令免去了靳云鹏的山东督军职务。

靳云鹏劝袁退位未成，自己反被撵下了台。虽然他丢了官职，但却博得了一个“反对帝制”的虚名，为他后来在北京的活动增加了政治资本，从此他成为段祺瑞的亲信。

袁世凯去世后，段祺瑞总揽北洋政府军政大权。靳云鹏再次找到了机遇，决心死心塌地投靠段祺瑞，因而受到段的重用，集多个重要官职于一身。

段祺瑞非常信任靳云鹏，任命他为北京将军府果威将军、参战陆军办公处主任、边防军教练处处长、参战督办公署参谋长等重要职务。靳云鹏效忠段的武力统一全国政策和亲日政策，曾代表北洋政府与日本签订《中日陆军共同防敌军事协定》等 3 个丧权辱国条约，在执行段祺瑞的武力统一政策、参加欧战筹建边防军、操纵国会等问题上，完全是逢迎段的意志办事，出了不少力气。当时新闻界曾把靳云鹏列入段祺瑞“四大金刚”的首位。

所谓树大招风，靳云鹏因太过招摇、忘乎所以而四面树敌，引起了段祺瑞亲信徐树铮的不满。

徐树铮是江苏萧县人，秀才出身。北洋军阀皖系名将，文武双全，1905 年被保送日本士官学校，毕业后回国任段祺瑞部第 6 镇军事参议及第 1 军总参谋，是段琪瑞的得力助手，人称小扇子军师，曾于 1919 年率军收复外蒙古，名震一时。收回外蒙后徐不仅给总统发报还给孙中山发报，孙回电对徐大加褒奖。护法战争中，徐来到桂林，孙亲自迎接，见面的第一句话就说："徐君此来，慰我数年渴望！"可见孙中山对徐的欣赏。段祺瑞的亲信人物李思浩晚年说起皖段故事的时候，就曾经感慨："皖段没有又铮不足以成事，亦不足以败事。"可见徐的影响力。张学良对其敬佩有加，称为"上马杀贼，下马露布"。

徐树铮自以为风流自赏、豪气干云，曾赋诗曰："购我头颅十万金，真能忌我亦知音。"因此性格，徐树铮对靳云鹏名位在他之上很不服气，两人的矛盾日益尖锐。靳云鹏与段祺瑞的关系虽然较近，但他们的关系是在师友之间；而徐树铮则是段祺瑞的嫡系门生，段祺瑞更信任他。而且，徐树铮的政治关系简单，惟一的靠山就是段祺瑞；靳云鹏的关系则复杂得多，他和冯国璋是同学兼同事，与曹锟是把兄弟，和张作霖是儿女亲家。因此，段祺瑞对靳云鹏的态度有所保留。

靳、徐的矛盾逐步表面化，靳云鹏常被气得请假不办公。段祺瑞为了缓和两人的矛盾，曾从中进行过调解，但收效甚微。段祺瑞派靳云鹏代表他到外边做各方面的联系工作，以减少靳、徐的摩擦。但靳云鹏认为段祺瑞有意对他疏远，因而心怀不满。

1919 年初，徐世昌任大总统期间，冯国璋、段祺瑞一度相约同时下野，靳云鹏出任北洋政府钱能训内阁的陆军总长。段祺瑞虽然名义上已经下野，但实际上仍是"太上总理"。在一次内阁会议上，靳云鹏为替各军索要欠饷，与另一段系老政客龚心湛闹翻，互相谩骂，涉及到参战军的军费秘密来源。段祺瑞对此极为不满，把靳云鹏叫来，当面斥责。靳云鹏很生气，产生了离开皖系的念头。

1919 年 11 月初，靳云鹏终于实现了组阁的愿望。众参两院通过了他的组阁方案，宣告靳云鹏内阁成立。在北洋军阀直、皖、奉诸派系争斗中，靳云鹏觉得自己的翅膀硬了，他表面对段祺瑞恭恭敬敬，实际上已暗地里想和段分手，企图独树一帜。

靳云鹏组阁后想脱离皖系，不受段祺瑞的挟制。但段毕竟根基很深，手段老辣，他对当上总理的靳云鹏仍以老上司自居，把他看成是下属，在内阁员人选问题上，把控了主要部门的人选，确保皖系人选在内阁的主导地位，因此，在靳云鹏内阁，段派人物几乎包办了各部部一把手的席位，靳云鹏几乎成了光杆司令。没有段祺瑞点头，这些总长处处与靳云鹏为难，内阁形成的决议常常流产。在这些亲信的百般挑衅下，段祺瑞动不动就把靳云鹏叫来训斥一番，警告他“不要挟外援以自重”。靳云鹏只好忍气吞声，但对段祺瑞毫无办法。

靳云鹏视段祺瑞昔日的提拔重用于不顾，力图自成一派，在重大问题上独自做主，哪知靳云鹏处处受到段祺瑞的掣肘，甚至在行动上也受到暗中监视。他不但得罪了段祺瑞，与各派系也渐生嫌隙。在这种情况下，靳云鹏不得不提出辞职。1920年7月初，经徐世昌的批准，靳云鹏内阁宣布辞职，12月正式下台，结束了政治生命。

靳云鹏的政坛坎坷，真应了那句话：“成也段氏，败也段氏。”

（3）两度出山任总理

1919年11月，徐世昌任大总统，任命靳云鹏为国务总理，这是靳云鹏的第一次组阁。由于军阀互相倾轧，特别是与昔日有知遇之恩的段祺瑞闹翻，靳云鹏暗然下台。

就在靳云鹏下台的同时，直系的曹锟与奉系的张作霖组成15省反皖大同盟，准备以“清君侧”的名义发动战争，吴佩孚也自衡阳率直军北上至保定，准备讨段。慌乱之中，段祺瑞仓促应对，迅即在北京召集军事会议，调徐树铮的西北边防军在北京附近布防，同时成立定国军，段自任司令。7月14日，直皖两军在北京东西两面的京津铁路和京汉铁路线上的涿州、高碑店、琉璃河一带开战。17日，吴佩孚率兵突袭徐树铮的西北边防司令部所在地松林店，皖系部分高级将领被迫投降。接着，直军占领涿州并向长辛店追击。奉军也大军压境，作为直军的后盾。直皖战争历时5日，皖军大败。7月19日，段祺瑞被迫辞职。直、奉两系军阀遂控制了北京政权。

直皖战争结束，段祺瑞之败，又成全了靳云鹏。

1920年8月9日，在张作霖的全力举荐下，靳云鹏再度受命组阁。靳云鹏这次能实现组阁，完全是由于张作霖竭力推荐的结果。曹锟本来想举荐王士珍组阁，但由于张作霖再三建议，曹锟最后同意了由靳云鹏组阁。

靳云鹏在张作霖的推荐下授命第二次组阁，兼陆军总长。靳云鹏的组阁，等于是摘了直皖战争之胜的桃子，也是靳云鹏与张作霖之间达成默契的结果。作为曾经的皖系人物，靳在奉系、直系等之间旋涡中，左折右冲，如履薄冰。组阁伊始，靳云鹏提出了四点政治主张：一要促进南北议和，二要裁兵，三要整饬纲纪，四要整理财政。事实上，在那样混乱的政治环境中，哪一项主张也没有落到实处。

先说南北议和，靳云鹏表面上讲得很诚恳，暗中却接济饷械，支持广西陆荣廷反对孙中山。他还帮助袁祖铭组织定黔军回贵州，叫王占元拨人拨枪，要把北方势力扩大到西南。这样的政策主张，能够实现南北议和吗？

再说裁军，枪杆子就是实力的象征，靳云鹏深知如果没有兵权，在政治上就站不住脚。直皖战争这个活生生的例子就在眼前。因此，靳云鹏让别人裁兵，只是空喊一阵而已。

至于整饬纲纪与整理财政，醉翁之意，靳云鹏是想阻止各省军阀扣留国税而由他的内阁来统一分配，同时限制各地军阀自由招兵买马、克扣军饷等行动。

靳云鹏组阁后提出的政策主张，大多与各省实力派有利害冲突，因而很难得到足够的支持，自然没有办法兑现。各项施政策略无法推行，终于在1922年12月17日宣布内阁总辞职。

靳云鹏下台后寄居天津英租界过着寓公生活，并未忘情于政治。

直皖战争之后，直系和奉系军阀共同控制北京政权。直系取代皖系，反映英、美帝国主义在华势力的扩张和日本帝国主义在华势力的受挫；日本不甘心失败，扶植奉系，并促使奉、皖两系重新联合，对抗直系。双方矛盾剧烈，导致关系破裂，爆发第一次直奉战争。1922年12月7日，靳云鹏正式提出辞职。张作霖公开推荐梁士诒组阁，而吴佩孚一向反对梁士诒。梁士诒的上台，成为直奉关系恶化的导火索，导致了第一次直奉战争的爆发。

第一次直奉战争结束后，直系军阀控制了北京政权，积极推行其企图以武力统一中国的政策。奉系军阀也尽力扩军备战，准备再次与直系争夺中央政权。在政治上为了对抗武力统一政策，段祺瑞，张作霖，广东军阀建立了三角同盟而不愿意看到中国统一的帝国主义势力也对奉系进行了大力扶持，各方矛盾不可调和之际，又爆发了第二次直奉战争。

直、奉两系经过历年的征战之后，在天津“握手言和”。1926年12月，奉系的张作霖在天津蔡园举行会议，决定推出一个双方都能认可的人物组阁，再次想到了靳云鹏，此议一出，即遭到直系吴佩孚的坚决反对。

翌年，奉军更名安国军，张作霖拟组建安国军政府，再次提议靳云鹏出任内阁总理。蛰居多日的靳云鹏得此消息，以为总理一职非他莫属，于是跃跃欲试，不但写好了就职宣言，而且订出了救国16策。就在靳云鹏踌躇满志的时候，吴佩孚又从半路上杀出，更是坚决反对由靳组阁，给了靳当头一棒，从此他心灰意冷，断绝了出山的念头。

这两次组阁未成，皆因吴佩孚的坚决反对，使靳再次出任国务总理的梦想成为泡影。否则，靳云鹏可能出现第三次组阁的局面，真就是民国政坛三上三下了。

（4）政治麻将传笑谈

靳云鹏第二次组阁期间，曾经用打麻将的方式解决所谓的财政困局，在当时传为政治笑谈。

在奉系军阀张作霖的鼎力推荐下，靳云鹏在直皖战争后任国务总理，政府穷得叮当响，常因财政窘境闹穷，靳云鹏身为总理发不了军饷，各省就闹兵变，催款的电报似雪片一样飞来。

靳内阁的财政总长周自齐、交通总长叶恭绰，都是旧交通系人物，该系首领梁士诒自己企图组阁，于是发生了以叶恭绰为核心的倒阁运动。该系向来掌握本国的交通事业和银行事业。在旧交通系的把持下，本国银行团拒绝予以支持，因此 1921 年年初，北京及全国各地涌现了一片“闹穷”的浪潮。军费积欠达八九个月，靳云鹏内阁面临严重的财务危机。

由于军费积欠过多，各省兵变也就一个紧接一个。张宗昌所属暂编第一师在赣西兵变，宜昌、沙市发生兵变，直系精锐部队第 23 师在保定也因欠饷发生兵变。各省军阀因为催款无着，便在地方上截留国税，大肆搜刮。在北京城内，陆军、海军等部门甚至组织了“索薪团”向内阁要钱，“闹穷”的浪潮几乎把靳云鹏内阁冲倒。

靳云鹏没办法，于是请了张作霖、曹锟、王占元等人开巨头会议。这次会议，当时被称为巡阅使会议或者北方四巨头会议。

1921 年 4 月 25 日，王占元到了天津，会议就在这天开始。

第一天的会议在天津的曹家花园举行。张作霖与曹锟互不相让，首先展开了唇枪舌战，一个是要伸张自己的势力于长江流域，另一个是要保持自己的势力范围。

会议的最后一天是讨论财政问题，列席会议的曹锟四弟、直隶督军曹锐埋怨内阁在分配军费上不够公平：直军欠饷平均达半年以上，奉军欠饷不过两月；在最近的一个时期内，奉军借口“援库”，先后领到军费 200 万元和开拔费 100 万元，而直军仅领到 50 万元。

曹锐的话还没说完，靳云鹏就委屈地说：“你真不懂得当家人的苦处，现在各省的国税都被扣留，还伸出手来向中央索饷，你来当当这个家试试，真正‘巧妇难为无米之炊’啊！”

曹锐没好气地说：“你当不了家就不当。”

靳云鹏也站起来说：“我根本不要干，可是你没有资格说这句话。”

曹锐也不客气，直对着靳云鹏说：“你滚蛋好了。”

内阁总理靳云鹏跳着脚大声嚷着说：“我不干，我不干，我若再干这倒霉总理，就是王八蛋。”

关于做和事佬的王占元左面一拱，右面一揖，劝大家平心静气讨论问题，不要伤了和气。

靳云鹏一气之下，他打长途电话叫内阁替他预备辞呈，把内务总长张志潭、农商总长王乃斌叫到天津来办移交，并将眷属接回天津。

眼看着靳决心辞职，大家都不愿意看到撕破脸皮。最后还是张作霖和王占元出面说和，一场暴风雨才算过去。

为了缓得紧张关系，第二天，张作霖和王占元专门摆下酒席，曹锟、靳云鹏还算给面子，两人都到了。曹锐虽然仍心里有气，但还是和张作霖、王占元一起，共同发出了一个拥护内阁的联名电报，靳的面子赖以挽回，也就不再提辞职的话了。

经过了这次争吵，大家都不愿意在正式会议上闹得不可开交，所以这样重大而严肃议题便转移到了麻将桌上。北洋军阀的“大人物”每天搓麻将，叫堂差，与老百姓们搓麻消遣是两码事，说穿了，是官场交易的翻版，也是另一种行贿手段。

他们的麻将打得很大，输赢动辄数十万元，大输家总是靳云鹏。不言自明，靳云鹏打的是“政治麻将”，逢迎张、王两位巨头。因为靳输的这笔钱不是由他自己掏腰包，而由公款开支的。这一招还蛮生效，在麻将桌上赢了钱的巨头们不好意思再谈索饷问题了。

然而，“政治麻将”毕竟效力有限，再多的赌局都无法让靳云鹏把总理的位子坐稳。在直奉等系军阀多方面夹攻的形势下，靳云鹏处境困难。1922年12月7日，靳云鹏正式提出辞职。张作霖公开推荐梁士诒组阁，而吴佩孚一向反对梁士诒。梁士诒的上台，成为直奉关系恶化的导火索，导致了第一次直奉战争的爆发。

(5) 落寞下台办实业

“武夫当国”的北洋政府时期，纷纷扰扰的政客们你方唱罢我登场。那些当政的人在北京如日中天，过着生平最显赫的日子。可当他们因各种理由下台时，天津又是最多人的选择。曾在北洋政府占有很重分量的靳云鹏当然也不例外。

而当他失意下野，在天津做寓公后，又像大多数北洋同僚一样，致力于投资和办实业。曾对地位和权势有着无限欲望的靳云鹏，在寓居天津的岁月里，找到了生活的信仰和寄托。彼时的他应该比当初做国务总理时收获更多的快乐吧。

靳云鹏下台后，虽仍在静观时局，但凭他的直觉，要想在政坛东山再起，已经几乎没有可能了，遂把主要精力放在投资与兴办实业上。在列强瓜分在华利益的“华盛顿会议”上，由于美国嫉妒日本独占山东的特权，联合英法等国强迫日本人归还中国青岛及胶东附近一带的特权，并规定由中日双方协商，达成所谓“鲁案协定”。根据协定条款，中日双方应立即合资设立鲁大公司。

靳云鹏看准了这一迈入实业界的好机会，通过上层积极运作，又与山东当地财商人士密集往来，拉拢济南商会会长张肇铨等人组成中国资本团，与日本大仓系财阀勾结，以中日合办的名义成立了胶东鲁大矿业公司，靳云鹏担任公司的中方理事长兼总经理。靳利用当时山东督军田中玉的政治力量，拉拢济南各界投资，一时间，公司办的很是兴旺。

在掘到第一桶金后，靳云鹏多方运作，迅速接手了日本在欧战期间强占的德国人开办的胶东德华煤铁公司的经营特权。

除了鲁大公司外，靳云鹏对与他有关的济南鲁丰纱厂也非常关心。当时，鲁丰纱厂的经营权由大股东庄乐峰和他儿子庄云九所把持。庄乐峰自己担任董事长，其子庄云九担任驻厂常务董事。

靳云鹏认为有机可乘，事先联合黎元洪之子黎绍基、王占元、田中玉等大股东，在开股东大会前公开攻击庄氏父子营私舞弊的行为，使庄氏父子不得不知难而退。结果靳云鹏担任了董事长，黎绍基担任驻厂常务董事，其他出力的人分占了董监席位。靳云鹏迅即把济南鲁丰纱厂收入麾下。

在此基础上，靳云鹏兴办实业的规模迅速扩大，还在济宁等地开办电灯公司、济宁面粉公司等企业，他在济宁、济南等地广置房宅和田产。

据不完全统计，从 1908 年到 1926 年的 18 年中，靳云鹏独家投资或合伙经营的企业有 20 多家，拥有资产 6500 万元之巨。

靳云鹏创业成果辉煌，并不代表靳家都会经办实业。据载，靳云鹏曾以廉价买下了济南的 100 余亩荒地，准备开发利用。1916 年，靳云鹏卸任离济，百亩荒地除开拓马路占用部分外，穷苦百姓在此搭设窝棚，开荒种植，无人过问。

军阀混战暂时平息后，社会秩序较为稳定，资本主义工商业复苏。靳云鹏的二弟靳云鹗来济南开发这百亩荒地。靳云鹗计划在济南的经四路、经五路和纬二路、小纬二路之间约四五十亩面积的地段仿照上海“大世界”形式，创办一个娱乐场所，决定以古典小说《红楼梦》之大观园命名。因靳云鹗缺乏商业经验使此计划进展不大，最后并没有形成气候。靳云鹗在济南经营“大观园”娱乐场，远不及靳云鹏那样名声显赫，到 1935 年因患肺病去世。

（6）笃信佛教度余生

在政坛扑腾了大半辈子，忽上忽下犹如腾云驾雾一般，实在是由不得自己。下野后在实业方面找到了感觉，做了一些实实在在的事。

晚年的靳云鹏，算是彻底远离了政治。“七七事变”后，日本特务头子土肥原贤二多次派人劝靳云鹏放弃隐居生活，与日本人合作，组织华北伪政权，均遭到靳云鹏的婉拒。和那时的很多风云人物一样，在民族大义面前，靳云鹏保住了气节，躲开了政治的纠缠，去寻求心灵的平静。

抗战胜利后不久，蒋介石来到北平，通过天津市市长张廷谔请靳云鹏去北平会面，靳云也没有太给老蒋面子。张廷谔硬着头皮去请靳云鹏时，靳云鹏怒气冲冲地拍着桌子说："你看得起蒋介石，那是你的事情，与我有什么关系？还是各自高就吧……"说着叼着烟袋在张廷谔前面送客，一边走，一边说："既然骂浑蛋，就不应该送客；但是，我浑蛋是要骂的，客还是要送的。"反映了晚年靳云鹏无欲则刚的率真性格。

靳云鹏下台后最热衷的事并非经商，而是拜佛诵经，这成了他在天津生活的主要内容，也是他晚年的寄托。曾经担任过内阁总理和陆军部长的靳云鹏，在民国初年风云一时，下野后却幻想"立地成佛"，这种现象实在是近代天津社会中一个十分特殊的和有趣的现象。

1931 年靳云鹏开始皈依佛门，吃斋诵经，每天都到位于英租界广东路（今唐山道）由洋行买办陈锡舟创办的居士林去礼佛听经。他还在英租界 15 号路（今四川路）自家设立了佛堂，另一名军阀孙传芳在他的劝导之下，也开始笃信佛教。不久陈锡舟病故，租界里的居士林无人操持，靳云鹏与孙传芳遂与天津大盐商李善人的后代李颂臣商议办法，最后集资把坐落于老城里东南角的李氏家祠清修禅院改建为居士林。建成以后，靳云鹏自任林长，孙传芳任副林长。每周日由富明法师讲经，男女分坐，靳、孙二人分别坐于首席。

靳云鹏在津组织的佛教居士林所在地的胡同口电线杆子上立有一盏大莲花灯，写有"南无观世音菩萨"字样。天津市政府部门以有碍交通为由下令拆除，但靳不为所动，政府也拿他没办法，僵持一些日子，也就不了了之。

靳云鹏在天津有两处寓所，其中的一处位于英租界内，这是靳云鹏 1929 年以延福堂名义购自英租界工部局后建成的。靳云鹏住在主楼的一楼，由于他下台后热衷参禅拜佛，所以室内还设有佛堂。

1949 年天津解放后，靳云鹏搬入和平区南海路尚友村 1 号，这里有楼房 10 间，平房 2 间。靳云鹏在这里度过了人生的最后两年，1951 年病逝于这所住宅。

第 15 任

萨镇冰：御敌抗顽真栋梁

萨镇冰经历了前清、民国与解放初期的各个历史时期，历任北洋政府海军总长、国务总理、福建省长等要职，人称“肃威将军”，中国海军史上一位卓越人物，他扶贫济困，广造福祉，被人民大众称为“活菩萨”。因其非凡资历、赤胆忠魂、普世济民和学贯东西，堪称中华军人之楷模。生前享有隆声，死后享有美誉。

小 档 案

姓名：萨镇冰

字号：字鼎铭

籍贯：福建侯官（今福州市）人，原籍雁门，世居榕城朱紫坊

父亲：萨怡臣，字怀良，号纳吉，为诸生，以教书为生

毕业院校：马尾船政学堂

军衔：海军上将

出生：1859年3月30日

去世：1952年4月10日

著作：《古稀吟集》、《客中吟草》、《里门吟草》、《仁寿堂吟草》等

名言：行年九十，壮志犹存，乘兹款段，北望中原

简 历

1859 年，3 月 30 日出生。

1869 年，考入福州船政后学堂，学习航海驾驶。

1875 年，从船政学堂毕业，上“扬武”练船实习，远航外海。

1876 年，随福建船政第一批留学生出国赴英国留学。

1877 年，入英国格林威治海军学校学习行船理法。

1880 年，4 月留学期满回国。

1881 年，分拨到南洋水师，任“澄庆”炮船大副。

1882 年，调任天津水师学堂教习。

1886 年，任“威远”运船管带。

1887 年，任“康济”练船管带。

1889 年，以参将衔补用都司，升署精练左营游击。

1894 年，5 月晋副将，实授精练左营游击。

1895 年，指挥日岛炮台守兵奋勇抵御日军水陆两路攻击。

1895 年，甲午战败后被革职，回福建家乡以教习西学为生。

1896 年，出任吴淞炮台总台官。

1899 年，任北洋水师帮统，兼带“海圻”兵舰。

1900 年，任广东水师提督。

1912 年，任吴淞商船学校校长、淞沪水陆警察督办、上海江南制造局总办等职。

1916 年，任海军临时总司令、海军总长。

1917 年，5 月任李经羲内阁海军总长。

1917 年，7 月任段祺瑞内阁海疆巡阅使。

1918 年，11 月任靳云鹏内阁海军总长。

1919 年，5 月 14 日兼代国务院总理，8 月 9 日免兼职。

1921 年，5 月 14 日卸任海军总长职务，回闽任福建省清乡督办。

1922 年，5 月被北京政府授为肃威将军，10 月任为福建省省长。

1927 年，任南京国民政府海军部高等顾问。

1933 年，11 月支持十九路军在福州成立人民革命政府，赞成反蒋抗日主张。

1937 年，前往南洋考察，并宣慰侨胞。

1938 年，取道安南（今越南）回国。

1947 年，被推为福建佛教医院董事长。

1949 年，8 月福州解放之时发表文告拥护中国共产党。

1949 年，9 月为中国人民政治协商会议特邀代表。

1952 年，4 月 10 日在福州病逝，终年 94 岁。

(1) 萨氏健儿驰海上

据史料记载：萨镇冰的祖先是西域色目人。公元12世纪，其先祖萨拉布哈协助元世祖忽必烈征战南北，并最终建立元朝。萨拉布哈的长孙萨都刺(1284—1348) 出生于山西雁门，以文名世。元英宗时，被赐姓“萨”。萨都刺得姓后，取汉名“天赐”，是萨氏家族定姓之始。

元统元年，萨天赐之弟萨天与的儿子萨仲礼，到福建任福建行中书省检校，后定居福州，这便是萨氏“入闽始祖”。在随后的几个世纪中，萨氏家族被汉族文化同化，成为福建省的名门望族。

萨镇冰幼时家境清贫，而勤奋好学。1870年，年仅11岁的萨镇冰考进位于福建马尾的福州船政学堂第二期，学习天文知识和航海驾驶技术，是船政学堂历史上入校年龄最小的学生。毕业时名列第一。1872年，萨镇冰学完了全部课程以优异的成绩毕业，分配到“海东云”舰当见习二副，参加闽台海域的缉私捕盗巡航。1875年福建船政水师旗舰兼船政练习舰调到“扬威”练习舰，随着“扬武”的远航足迹遍至新加坡、吕宋岛、槟榔屿及南洋等地，萨镇冰开始了正式的海军生涯。

1876年冬，萨镇冰与方伯谦、严复等被派往英国留学，远赴英伦三岛的格林威治皇家海军学院学习行船管驾，成为福建船政第一批出国留学生。临行前，萨镇冰的父亲题写对联“家有健儿驰海上，国御顽夷赖栋梁”，亲自送爱子远涉重洋赴英留学。

1880年4月萨镇冰从英国留学归来。回国后的萨镇冰在“澄庆”舰担任了一年的大副，澄庆”号与萨镇冰日后将要管带的“威远”、“康济”舰同属“威远”级炮舰，似乎在预示着萨先生的与该级军舰的不解之缘。

同年，正忙于筹办近代海军的直隶总督兼北洋通商大臣李鸿章在天津创办北洋水师学堂，萨镇冰被李鸿章看中，调往天津北洋水师学堂充当教习，这对萨镇冰来说可谓人生一大机遇，也是他命运的转折点。学堂教习这个岗位，他一干就是 4 年。船政学堂的幼童真正转变成了一名中国近代海军军官，萨镇冰的人生轨迹也发生了转变。

萨镇冰在天津北洋水师学堂担任教习期间，著名作家冰心女士的父亲谢葆璋，正是天津水师学堂驾驶班的学生。冰心女士根据父亲的谈话，写了一篇名作《记萨镇冰先生》，详细记录了萨先生的“嘉言懿行”，文章一开头，冰心就动情地写道：

萨镇冰先生，永远是我崇拜的对象，从六七岁的时候，我就常常听见父亲说：“中国海军的模范军人，萨镇冰一人而已。”从那时起，我总是注意听受他的一言一行，我所耳闻目见的关于他的一切，无不增加我对他的敬慕。时至今日，虽然有许多儿时敬仰的人物，使我灰心，使我失望，而每一想到他，就保留了我对人类的信心，鼓励了我向上生活的勇气。

担任北洋水师学堂教习期间，萨镇冰的个人生活极其清简，平常总是布鞋布袜，呢袍呢马褂，从来没有穿过洋服，也从未穿过皮棉衣服。日常生活非常朴素，一生没有做过寿，也不受人的礼，没有各种嗜好，只有到了万不得已的时候才坐下打打牌，也是用铜子论输赢的。

谢葆璋从北洋水师学堂毕业后，曾做过萨镇冰的副职，后官升至北洋海军的中将，当过海军部的代总长，与萨镇冰一直保持着密切联系，南下北上几次搬家，客厅里总挂有萨先生的照片和萨写赠的一幅对联：“穷达尽为身外事，升沉不改故人情。”

1884 年，中法马江海战中方的惨败刺激了萨镇冰，他在教习的岗位上再也呆不下去，多次请求上前线，两年后如愿以偿，调到炮舰兼练习舰“威远”舰任管带。一年以后，北洋海军将刚刚改装完毕的练习舰“康济”号正式列装，萨镇冰旋即改任“康济”号管带。

“康济”号作为练习舰，具有作战和训练双重使命。舰上管带官阶不高，但地位却非常重要，既管作战，又管训练，兼任水师学堂的教学、考核任务，还负责北洋海军水兵的招募选拔。萨镇冰将“康济”号作为一所海上军校，以战带训，培养了一批又一批的优秀学生，日后这些学生成为中国近代海军的新生力量，萨镇冰也因此桃李满天下。

如果说在此之前的萨镇冰仍然是在海上学习和锻炼的话，那么，他真正大显身手的那一刻，则是在中日甲午海战。

（2）甲午海战泪沾襟

1894年，萨镇冰已是副将衔北洋水师精练左营游击，管带“康济”练习舰。7月25日，日本海军在鸭绿江口的丰岛海面对北洋水师实行突然袭击，挑起了甲午战争，战火很快蔓延到黄海、渤海、辽东半岛和山东半岛。

1895年1月30日，日军开始进攻威海，日岛保卫战爆发。萨镇冰负责防守的日岛炮台，因为地处出入威海湾东口的要冲而成为日军炮火重点打击的目标。

位于威海湾东口中央的日岛，原为在海浪中时隐时现的一片礁石，后从他处取土，在原有的礁石基础上填海而成的一座小岛，座约14亩方圆，全岛海岸线不足1000米，原本为陆军防守，后因故改由海军接手设防，1878年开始在此修建炮台，共开有4个大、中型炮位，装备有江南制造局制造的200毫米口径仿阿姆斯特朗地阱炮两门，120毫米克虏伯后镗要塞炮2门，另有4门机关炮。

为加强威海卫港的防卫，丁汝昌调萨镇冰率“康济”舰30名水手守卫南口日岛炮台。时值隆冬，大雪纷飞。日军以18艘舰艇分四批轮番进攻，并从已被日军占领的威海卫南北炮台以猛烈的炮火狂轰日岛。萨镇冰指挥日岛炮台守兵，奋勇抵御日军的水陆两路攻击。

海军管带萨镇冰，成了陆战指挥官。他命令“康济”舰在日岛附近海面抛锚，亲率水兵50余名登台防守，就是这几十名官兵和4门大、中口径的火炮，承受着日方10余艘军舰的舰炮火力以及已被日军占领的3座海防炮台里大口径要塞炮的猛烈轰击。面对敌方铺天盖地的弹雨，萨镇冰毫无畏惧之色，守台海军官兵受此感染，也无一人逃避。尽管实力悬殊，这支数十人的小部队依旧奋力操作着炮台里的火炮，不屈地向日舰喷射着怒火。

在日军猛烈炮火的打击下，萨镇冰带领台上官兵誓死拼搏、顽强战斗，在十分险恶的情况下，萨镇冰始终沉着指挥反击，苦战到到底坚持不退。

尽管萨镇冰率全体官兵浴血奋战，但终究力量单薄，难以持久抵抗。日舰的弹雨密集地倾泻到这小小的日岛之上。突然，敌人的一发炮弹击爆了日岛炮台的弹药库，在滚滚的黑色浓烟中，日岛炮台的弹药储备倾刻间化为乌有。

没有了弹药，守岛官兵处于被动挨打的极为不利地位。在此危急时刻，萨镇冰却依旧顽强地坚守在已被炸成一片废墟的炮台工事里，见主官如此，手下官兵皆无怨言，跟从萨镇冰继续承受着猛烈的炮火攻击。

直至提督丁汝昌下达撤退命令，萨镇冰才率部撤回刘公岛。自受命登岛布防到最后弃守，萨镇冰已在这个离敌人最近、又无后援、情势最为险恶的弹丸小岛坚守了 10 个昼夜。1895 年 2 月 16 日，在与日军殊死抵抗了 17 天之后，刘公岛守军弹尽粮绝，不得不放下手中武器。

黄海大战，乃至甲午战败，北洋水师全军覆没，主要将领基本上都死在疆场了，比如丁汝昌、泰增等自杀，邓世昌、林永生战死，方伯谦逃跑后来被斩。萨镇冰作为经历过北洋海军覆灭的军官，却顽强地活了下来，这不能不说是个奇迹。

甲午海战的失败导致北洋水师几乎全军覆没，北洋海军幸存者被一纸命令全部遣散，萨镇冰被革职回到福建家乡，本该叱咤海疆的海军军人，在相当长的一段时间内赋闲在家，以教西学为生。此时他父母已逝，不久妻子也过世了，萨镇冰囊空如洗，家计维艰，连两个子女也无法抚养，只好到官绅家庭当塾师挣钱糊口。不但日常生活陷入困境，更觉英雄无用武之地。

(3) 重建海军志犹存

萨镇冰经历了前清、民国与解放初期的各个历史时期，是中国海军史上一位卓越的人物。

中国近代海军肇创于洋务运动。在“富国强兵”、“利器练兵”、“固我海防”的洋务运动风潮中，清政府开始购舰买炮，大规模引进西方先进的科学技术，兴办近代化军事工业，建设新式海军。

甲午战争以清军失败告终，北洋水师全军覆灭，残存下的所有海军官兵遭革遣返乡，中国海军在北方的力量也被一扫而空，1896 当清政府决定重建海防和北洋海军，尝到了遣散海军的苦果，海军人才的缺失严重制约了重建海防的步伐。这时，被遣散回籍的萨镇冰等到了又一次崭露头角的机会。萨镇冰回到福州半年之后，两江总督张之洞礼聘他当吴淞总炮台官，不久升他为自强军帮统。

重出江湖的萨镇冰，双管齐下，大刀阔斧地重建中国近代海军。

其一，筹备海军学校。

军事院校是培养军事人才的摇篮。此时，中国急需大批海军人才，而北洋原有的海军学校——天津水师学堂，在八国联军之役中已毁于兵燹。于是，萨镇冰奉命择址另建海军学校。经过反复论证，最后他把校址选在了烟台。

当时，曾作为北洋海军基地的天津、旅顺、青岛、威海等港口相继被列强瓜分，在剩下的北洋港口中，烟台的条件相对较好。1902 年还成立了负责培训士兵的海军练营。海军练营设在东炮台附近，“正当海边，且内有余屋”。萨镇冰认为，这些旧营房稍加整修，就可以用作海军学校的校舍。这样，既能节省开办经费，又能节省筹建时间。

另外，萨镇冰选择在烟台建校也有“就地取材”的考虑。他在甲午战争中曾亲眼目睹文登、荣成籍的水手勇猛善战。因此，他决定在烟台建校，以便多招收一些烟、威一带的学生入校学习。

1903年冬天，烟台海校正式开办，当时称“水师学堂”，附设在海军练营内，萨镇冰亲自为学校制订了“开办水师学堂章程”。为适应快出人才的需要，萨镇冰进行了大胆改革，把学制从原来的5年缩短为3年，只保留驾驶专业，专门培养海军指挥军官。

烟台海校创建不久，便取得了骄人的成绩。

1906年，中国首次派遣海军学生赴日本留学，烟台海校就有24人入选，居各海军学校之首。同年，又有两人被选派到美国留学。此时，萨镇冰已成为中国海军的第一号人物，总理南北洋海军。在他的建议下，清政府决定扩大烟台海校的办学规模。

1907年，烟台海校的新校在金沟寨村以南建成，正式命名为“烟台海军学堂”。新校三面环山，东面临海，距离烟台港口约7华里，校园占地90余亩，校内建筑中西结合。

萨镇冰对新校建设十分重视。新校落成之际，正值烟台海校第二届学生毕业，萨镇冰亲自监考，还为学校题写了“才储作楫”四个字，寄托对学校的厚望。后来，这4个字被制成匾额，悬挂在学校的屋梁上。

其二，创办新式海军。

甲午海战的惨败给清政府以深刻教训。1898年，清政府商议重建海军，分别向英国和德国定购了“海天”、“海圻”等舰，鉴于萨镇冰的学识、经验和为人，拟任命萨为北洋海军水师统领一职，萨坚持不受，于是清廷便授予萨镇冰担任帮统兼“海圻”号管带。

八国联军侵华之后，清政府签订《辛丑条约》，议和大臣中有人提出将“海天”、“海圻”等5艘大型军舰出售，撤销一切防务，以表示中国绝无对外备战之意，以此讨好外国人，此提议已经提出，即遭到萨镇冰等的强烈反对，后来在萨镇冰等爱国将领的抗议下被废除。

1902年，萨镇冰开始统领全部北洋海军舰艇。萨镇冰到任之后，即开始对北洋海军进行整顿，萨镇冰不尚空谈，经常乘坐舰只与海上游弋视察，并亲自指导海军官兵联系航海驾驶技术以及演放鱼类、打炮靶、备战操练等战斗技术。

1909年，萨镇冰被委为筹备海军大臣和海军提督，开始重建晚清海军。他上任后，他总结了以往海战失败的教训，对晚清时期的中国海军进行了大刀阔斧地改革和重建。

首先，改革海军的体制编制，打破旧例，把南北洋水师的40余艘舰艇按舰种分为巡洋舰队和长江舰队2支舰队。同时，参照各国海军制度，制定了三等九级的大清海军官制（海军部暂行官制大纲），分机要司、船政司、运筹司、储备司、医务司和法务司等6个司，成立了直属朝廷的筹办海军事务处，下设军制、军政、军学、军枢、军储、军防、军法、军医等8司及参赞厅，统辖南北海军。

其次，改革海军的作战指挥系统，合并了过去分裂的南北水师，建立起统一的指挥系统，减少指挥层级，由海军提督直接指挥巡洋、长江两支舰队。

再次，加强了海军的科学管理，统一了官制、旗式、军服、号令，针对海军舰艇和装备不统一的问题，计划成立一个机构，专门负责购买和建造军舰，敦促实行维修、机器标准化以及船体检验制度等。这是中国近代海军第一次深层次改革和全面实行科学化管理。

1909年8月24日至9月24日，萨镇冰率众从北京出发，巡视了广东、福建、浙江、江西、湖北、安徽、直隶、山东、江苏等9个沿海（及长江）省的海防情况，考察了海军学堂、船坞，并参加了象山辟港典礼。10月16日，萨镇冰率廖景方、曾以鼎等23人乘船赴欧洲考察海军，先后访问了意大利、奥地利、德国、英国的海军学校和船厂，并向意大利订购炮舰1艘，向奥地利订购驱逐舰1艘，向德国订购驱逐舰3艘、江防炮舰2艘，向英国订购巡洋舰2艘。

1910年8月24日，萨镇冰等再次乘船前往美国、日本考察海军，参观了船厂及其他海军机构，向美国订购巡洋舰1艘，向日本订购炮舰2艘。

萨镇冰从美国和日本回国后，为了替海军寻找合适的港口，从渤海湾到海南岛，从南到北考察了25个地点。在国内国外系列考察活动的基础上，萨镇冰为海军制定了7年《筹办规划》：在7年内，中国海军应添置头等战舰8艘、各型巡洋舰20余艘、其他军舰10艘、水鱼雷艇3队；同时在编设海军舰队、兴办海军学堂、发展造船工业、建设军用港口等方面也做了发展规划。

几十年之后的1951年，中国志愿军在朝鲜战争的三次战役后打进了汉城，萨镇冰得知此事，回想起50多年前的甲午悲歌，当即作诗一首："五十七载犹如梦，举国沦亡缘汉城，龙游浅水勿自弃，终有扬眉吐气天。"

(4) 默许革命情意切

1911年武昌起义爆发，革命军一路凯歌高奏，迅速攻占长江重镇武汉。

正在上海的萨镇冰奉命率领舰队沿江而上，前往镇压革命军，去平息武昌起义。萨率部驻守刘家庙及武汉、九江之间。10月17日，在海军炮火轰击下，革命军占领的武昌刘家庙车站失守。当时革命军虽已得武昌，而清军与革命军仍在对峙。

10月25日，萨镇冰抵达武汉立即收到了湖北军政府都督黎元洪的来信，恳请他出面接任革命军都督职务。黎元洪早年毕业天津水师学堂，又曾在威海北洋舰队当过兵，与萨镇冰有师生之谊。黎元洪致函其师萨镇冰，情真意切陈明大意，信件先后通过海军起义军官朱孝先，瑞典籍红十字会人员柯斯递送。黎元洪在给各舰管带的信中写道："汉族存亡之机，在诸船主一臂之助。孰无心肝，孰无血诚，孰非炎黄子孙，岂肯甘为（满族）奴隶，残害同胞？请勿犹豫。"

此时，萨镇冰无动于衷。在萨镇冰看来，革命是清廷的叛逆，当然也是他的敌人。

10月27日，萨镇冰指挥舰队驶近城区，命令舰炮射击。革命军匆匆辙退。清军士气大振。此时舰上官兵群情激愤，私下扬言要发动兵变。当时，萨镇冰部下除了少数满族军官外，绝大多数都是福州籍官兵，他们公开同情革命政府。

此时萨镇冰处于两难境地，但他不愿意海军舰队陷入同胞自相残杀的战火之中。

萨镇冰命令舰队撤离交战区域，留下岸上清兵独自作战。次日朝廷命令其舰队继续炮击，萨镇冰以岸上有外国人为由拒绝再次开火。革命军受此鼓舞，对岸上清军发动反攻。

广大海军官兵本来就不满清政府的黑暗统治，不愿为清廷卖命攻打革命军。当舰队炮击武昌时，官兵们把炮弹都打到江堤边和稻田里。海军的消极厌战，很大程度上影响了清廷陆军的作战。当时，英国驻汉口领事朱尔典在给英国外交部的电文中就明白写道："水师提督萨镇冰所统之舰队，自始至今对于清军行为非常淡漠。"

萨镇冰目睹清政府摇摇欲坠，各省纷纷独立的局面，既不愿为清廷殉葬，也不愿公然易帜加入革命军，经过数日思考，他召集各舰管带提出离职之事，他对部属说："我去，以后军事，尔等各舰艇好自为之"。第二天，萨镇冰便以有病延医为名，离开舰队转赴上海。离职前，他在给黎元洪的信中称："彼此心照，各尽其职"。

黎元洪收到信后又致书萨镇冰："吾师抱救国之卓见，熟察现势，必知专制政体之必亡。"萨镇冰不想做清廷的罪人，又不愿当那为后人唾骂的历史罪人，于是选择了一条中间的道路。在此情形下，萨镇冰乃以有病需医为由离开舰队，搭乘英商太古公司轮船赴沪。

11 月 11 日晚，萨镇冰乘坐"江贞"号军舰离开武昌。他以离舰出走向部下暗示对起义的默许，从而消除了各舰官兵的顾虑。第二天，由副官汤芗铭等以他的名义命令军舰退向九江，而汤芗铭等于中途反正，参加革命。

(5) 眷恋乡土建功勋

告别海军的萨先生并未安作寓公，而是利用自己的声望和袍泽故交遍布全国之便利为家乡百姓谋福祉。萨镇冰引退后，在家乡福州致力于慈善事业。他热心家乡各项建设事业，同情关心民间疾苦，他在福州倡设孤儿院、工艺传习所、收容所等安置孤儿、残疾者，提倡医生义诊，接受福州开元寺住持宝松和尚等聘请，为佛教医院董事长。他函电海外闽侨募集巨资，佛教医院建成后以济世救人为本，施医赠药，僧尼、居士及贫民受惠存活者甚众。

身为职业军人，萨镇冰却有普世济民的普萨心肠。1926年7月，广东革命政府在国共合作下举行北伐。9月，何应钦率东路军入闽，北洋军阀孙传芳系的福建陆军第一师师长张毅率残部退败漳州，见福州守军单薄，企图夺取福州。11月底，张毅部窜至乌龙江南岸，受到陈季良将军兵舰沿江截拦，张毅部已渡江的两千多人缴械，张毅仓皇退守南通地区（当时称为南港）。这个兵痞出身的小军阀把打败仗的怨气和仇恨都发泄到当地民众身上，一路上大肆烧杀抢掠奸淫，使南通当地多个乡镇哀鸿遍野，民不聊生。南通的多条大街遭到焚毁，情况极为惨重。

萨镇冰看到南通民众处在水深火热之中，非常痛心。此时，萨镇冰已经年近70岁了，刚辞去省长职务，救灾本不是他的职责。他不顾年近古稀，奔赴南通各地，组织发动民众救灾，重建家园。他以“三山野老”的身份，邀请福州各界人士与商绅开会，详细介绍南通地区兵灾状况，发起成立“福州兵灾救济会”，筹集资金6万余元。他亲自督办救济事宜，购建材、买粮食，置衣被、买药品运到南通，及时救济灾民。

随后，萨先生发起成立“南港兵灾善后会”，动员海外华侨与各界人士踊跃损款。当地沿街数十家店铺经张毅兵痞洗劫焚毁后，一片焦土，萨先生把募集到的10余万元善款用于重建城区街道与灾民住房，在废墟上建起了几十间店铺，用花岗石铺就了200多米的街道，盖起了十几幢简易木瓦房，使无家无归的灾民得到安置。

萨先生又修建了道路和桥梁。道路全部采用宽条石纵横交叉铺筑。萨先生所建成的最大一座桥梁是“苏洲桥”。桥南北走向，长88.6米，桥面宽约5米，南北走向，是钢筋水泥结构的跨梁式大桥，为当时福州地区除万寿桥之外的第二大钢筋水泥结构桥。桥南端建有一座“苏南亭”，亭内立五块青石碑，碑上刻当时福州各界团体及人士、商绅、海外华侨等捐款人名单，桥正中一边护栏刻有萨先生亲书的“苏州桥”三字，竣工之日，他亲自题写了一首诗刻在桥栏上：“回忆当年涉病时，寒天没胫剧堪悲。桥成今日诸无苦，来往行人险化夷。”

从1927年至1929年的近3年中，他住祠堂，睡渔船，忘我从事兵灾救济工作。南通当地的百姓十分感念他的功德，称他为救苦救难的“萨菩萨”，特地在“苏洲桥”南头盖了“萨公长寿亭”，在亭内立了“萨公长寿碑”，并把农历二月二十六日，他的生日定为南通地区的“长寿节”，每年与其他民间节日同庆，纪念这位心系民生、关习百姓疾苦的海军将领。

抗日战争爆发后，他寄居四川重庆，已是76岁的老人，仍以极高的爱国热情，不辞辛苦，再次前往南洋各地华侨中宣传抗日，募集物资、医药器械支援抗日。

其实早在1908年，萨镇冰奏陈清政府今后每年派舰访问华侨较集中的南洋各地抚慰侨胞。清政府采纳萨镇冰建议，由他率“海圻”、“海容”二舰前往新加坡、印尼、越南等地抚慰侨胞，南洋各地侨胞甚多，闽籍华侨尤为集中，这是近代中国政府要员宣抚华侨的始端，萨镇冰也在华侨中广为传颂。

由于广大侨胞具有爱国爱乡的思想感情，萨镇冰心系海外赤子，博得广大侨胞的敬重与支持。回国后，他足迹历遍川、鄂、湘、黔、陕、甘、滇等7省体察民情，时间长达8年之久。

1948年是萨镇冰90寿辰，福建省各界人士齐聚福州，为一生戎马、从来没有做过一次大寿的萨先生祝寿，先生容光焕发，提笔手书“行年九十，壮志犹存，乘兹款段，北望中原”，英武不减当年。

(6) 晚洒余热留青史

萨镇冰的个人经历坎坷曲折，而又颇为传奇。

他具有北洋海军的身世，曾经历任过北洋政府、国民政府的海军高级将领，然后又做过蔡廷锴军政府的高官。从大清到民国，从北洋到国民政府，从国民政府又到新中国，如果加上蔡廷锴的军政府，可谓五朝老臣，真乃一奇人也。

到了晚年，蒋介石曾规劝他去台湾，但他深明大义拒不出走。1949 年 8 月福州解放之时，萨镇冰通电拥护中国共产党，为迎接人民解放军进入福州城做了不少有益工作，避免了福州陷于内战同胞相残的悲剧，有大功于中华民族。福州解放后，他受聘为中华人民共和国建立后任第一届全国政协委员、中央人民政府革命军事委员会委员、中央人民政府华侨事务委员会委员、福建省人民政府委员会委员。

萨镇冰不但是著名的海军将领，精通军队建设及作战理论，而且学贯中西，国学功底深厚，对诗联书法颇有造诣，其书法立轴成为文物界争相收藏的墨宝，其内容极富哲理内涵。1884 年悼中法马尾之战阵亡官兵题写挽联："东海喋血，七百忠魂死不瞑目；神州泣泪，八方义士生必雪耻"，1912 年给上海吴淞商船学校题写对联："若无后悔须勤学，各有前因莫羡人"，不但极富文采，也很有教育意义。换下戎装的萨镇冰，颇有儒者风范，并有《古稀吟集》、《客中吟草》、《里门吟草》、《仁寿堂吟草》等诗作传世。

1952 年 4 月 10 日，一代海军宿将、为中国海军的建立和发展献出了青春、热血以及激情的萨镇冰先生以九十四载高龄于福州与世长辞。终年 94 岁。临终前不久，萨镇冰还写道："国疆昔小而今大，民治虽分终必联，人类求安原有道，俗情狃旧尚无边，忘怀富贵心常乐，从事勤劳志益坚，所望群公齐努力，相扶世运顺乎天"。

萨镇冰一生爱国情浓，在海军建设、抵御外侮、维护海权和近代教育等方面都做了大量有意义的工作。萨翁去世后，毛泽东主席、周恩来总理等党和国家领导人均发来唁电，他的爱国精神，令人可钦可仰。中央人民政府给费治丧，福建人民政府举行公祭，葬于福州西门外梅亭。

第 16 任

颜惠庆：纵横捭阖多建树

他在政治生涯跨越晚清王朝、民国北京政府、民国南京政府、新中国四个重大历史阶段，三次正式组阁担任国务总理；他数次出任外交总长，担任过驻多国公使和重要外交谈判代表，在革命圣地西柏坡会晤毛泽东和周恩来，对中国近现代史产生了重要影响。

小　档　案

姓名：颜惠庆

字号：字骏人

籍贯：上海

父亲：颜永京，基督教牧师、教育家、圣约翰大学创办人之一

母亲：戚氏

出生日期：1877年4月2日

逝世日期：1950年5月23日

毕业院校：上海同文馆、美国弗吉尼亚大学

代表作品：《英华大辞典》

简 历

1877年，4月2日出生。

1894年，毕业于上海同文书院。

1895年，10月赴美留学，入弗吉尼亚州亚历山大市圣公会中学学习。

1897年，9月，入弗吉尼亚大学文学部学习。

1899年，6月从弗吉尼亚大学文学部毕业，获文学士学位。

1900年，8月任上海圣约翰大学教授。

1905年，受聘于商务印书馆担任编辑。

1906年，10月，进京参加清廷第一次欧美留学生考试，名列第二，授译科进士。

1908年，2月随驻美公使伍廷芳出使美国、墨西哥，任中国公使馆二等参赞。

1909年，任外交部主事。

1910年，兼任清华学堂总办。

1911年，任外务部左丞。

1910年，获授翰林院编修。

1912年，4月任北洋政府外交部次长。

1913年，1月出任驻德国公使，后调任丹麦公使。

1916年，兼任中国驻瑞典公使。

1917年，中德断交后移驻哥本哈根。

1919年，任中国出席巴黎和会代表团顾问。

1920年，8月受命署理北京政府外交总长、内务总长。

1921年，任北京政府外交总长，12月暂代阁揆6天。

1922年，辞去外交总长职务，改任内务总长等职。

1922年，1月，再次署理国务总理。6月12日任国务总理兼外交总长。

1922年，7月12日辞去总理职务。

1924年，1月任孙宝琦内阁农商总长。

1924年，9月任国务总理兼内务总长。

1925年，6月当选中华文化教育基金会董事长。

1926年，任国务总理并摄行总统职务。

1927年，移居天津，任天津大陆银行董事长、自来水公司董事长等职。

1929年，任南京国民政府外交部条约和会高级顾问，大陆商业公司董事长。

1931年，10月出任国民政府外交特种委员会委员，负责对美外交。

1931年，11月任为驻美公使、中国驻国联代表团团长。

1932年，2月5日作为中国首席代表出席国际裁军会议。

1933年，1月31日任中国驻苏大使。

1938年，6月当选国民政府第一届国民参政会参政员。

1941年，当选为中苏文化协会会长。

1942年，出任上海教会大学联合会主席。

1946年，11月当选“联合国善后救济总署远东区域委员会”主席。

1947年，任国民政府委员。

1948年，当选国民政府立法委员，6月坚辞。

1949年，10月出任全国政协委员、中央政府政务院委员、华东军政委员会副主席等职。

1950年，5月23日在上海病逝。

(1) 近代外交出名宿

作为民国时期的外交名宿，颜惠庆的一生与中国近代外交是不可分割的。

在中国近代外交史上，颜惠庆赫赫有名，最早缘于1919年他以中国代表团顾问身份出席巴黎和会，为捍卫中国主权与西方列强据理力争。颜惠庆进入外交界，是从参加晚清留学生科举考试开始的。

中国官派留学始于1872年，几十年间，留学青年回国后，任其自找工作，政府不管。许多留学生没出路，都信仰了三民主义，成了革命党。颜惠庆这样说："政府一面很想利用我等所受的现代教育和所具有的新知识为国家服务，同时又怕我们变为革命分子，推翻满清，心里至为矛盾。"解决办法就是通过留学生考试，给予功名，授予官职，为政府所用。

为此，清廷专门出台了《考验游学毕业生章程》，实行回国留学生录用考试制度，考试的方法和内容，大致相当于现代的公务员考试。这种亦新亦旧的留学生考试，表面上看是旧瓶装新酒，骨子里还是学而优则仕，其目的是吸引大量留学生回国为政府服务。

1906年，执教于上海圣约翰大学的颜惠庆，取道汉口赴京参加了的留学生录用考试，获得第二名，力拔头筹的是耶鲁大学博士陈锦涛。考场的主考官是外部侍郎唐绍仪，另两位考官是著名大学者严复和铁路工程师詹天佑，这种安排大概表明了清政府选拔人才的"文理兼蓄"。

鉴于颜惠庆优异的考试成绩，根据清廷关于驻外使领馆的律例规定，颜惠庆被即将出使美国的伍廷芳看重，1908年初随伍出访，担任中国驻美国公使馆二等参赞，从此开始了职业外交官生涯。驻美期间，他不仅认真工作，积累实践经验，同时还在乔治·华盛顿大学系统学习外交理论和国际法知识，为日后成为卓越的职业外交家奠定了坚实基础。

1920年7月直皖战争后，直系掌握北京政府，是年8月，靳云鹏组阁，颜惠庆任外交总长，担任了中国外交掌门人，这年他才43岁，从而开启了北洋外交中的“颜顾体制”时代。从1920年8月至1922年8月，颜惠庆担任外交总长，他对外交部进行治理整顿，使外交事务的自主性增强，抗拒外界干扰，逐步确立了自主外交思想。由于颜惠庆具有丰富的外交经验，精通外交，他担任外交总长这段时间，又被称为“外交系”主掌外交的时代。

作为一名著名的外交家，颜惠庆数次出任民国北京政府时期的外交总长，期间还担任过驻德国、瑞典、丹麦、美国等国的公使，驻苏联和出席国际联盟大会的中国首席代表。他曾参与了外蒙谈判、禁烟谈判、巴黎和会、退还庚款、华盛顿会议、中苏建交谈判等等一系列重大外交事件。

在众多的对外谈判中，颜惠庆为挽回中国权利，做出了巨大的贡献，对近现代中国的外交事务发挥了举足轻重的作用。在1932年1月召开的国联会议上，他援引国联盟约有关条款，提交了日本侵略中国案，促请国联大会和行政院制裁日本。颜惠庆在国联大会上，痛斥日本的侵华行径。他用英语演说，取得了极大成功。1932年9月，颜惠庆被派为参加国际裁军会议的首席代表。在会议期间，与苏联首席代表、外交委员会主席李维诺夫秘密进行中苏复交谈判，12月12日达成复交协议，签订了《中苏互不侵犯条约》。1933年，颜惠庆被任命为首任驻苏大使，因对南京政府政策的不满，颜惠庆毅然辞去驻苏大使职务，回国寓居。

颜惠庆曾三次正式组阁，担任民国北京政府时期的国务总理。虽然颜氏内阁多匆匆上台而后又匆匆解散，颜惠庆的政治抱负没有得到充分施展，但从另一方面也说明了其在中国近代政界有着卓越的地位。

颜惠庆出身于基督教家庭，自幼接受中国传统文化与西方文化的双重教育。这种中西合璧、古今通览的教育不仅使颜惠庆此后得以顺利进入外交界并取得巨大成就，同时也保证了颜惠庆在复杂的政治斗争中能够坚守个人操守，将国家利益始终置于最高位置。结束职业外交官的生涯之后，他并未将民族利益置于脑后，面对日益紧迫的时局，已逾花甲的颜惠庆为挽救民族存亡而不辞劳苦，四处奔走呼告。

颜惠庆从晚清末年一脚踏入外交界，其外交生涯在北京政府时期达到巅峰状态，在这期间，颜惠庆形成了自己的一套较有特色的外交思想并有着丰富的外交实践。他的外交思想在一定程度上反映了整个民国职业外交家群体的智慧，也反映了当时中国外交的国际国内局势，具有很强的时代特色。他的外交思想和外交实践对我们今天的外交仍有重大的借鉴意义。

(2) 寓居天津意阑珊

1926 年 5 月，颜惠庆辞去国务总理兼外交总长的职务，举家迁往天津。在天津居住了四五年后，于 1931 年以外交元老身份应南京国民政府征召，被任命为中国驻国际联盟代表团首席代表。至此，颜惠庆辗转国内外，结束了天津的寓居生活。但就是在这短暂的几年里，天津给颜惠庆留下了深刻的印象。

颜惠庆举家迁往天津之前，也曾来过这个北方闻名的商埠，但对这里并不熟悉。天津居住着不少他的旧友，多为退职官员，或下野军人。他选中英租界马场道一处洋楼，现为和平区马场道 76 号。他选定英租界安居，这个地方颇适合于家居生活，不仅区域街道开阔，拥有良好的市政管理和安全的居住环境，而且租界管理委员会依中英共治原则，双方各有五名成员。其他法国、意大利与日本租界，则全部由这几个国家驻津领事馆统辖，界内居住的中国人和其他国家侨民均无权参与管理事务。而华界、前德国租界、奥地利和俄国租界，不是路途偏远、出行不便，就是拥挤不堪，难得舒适清静之地，颜惠庆最终选定了英租界这个地方。

颜惠庆在天津寓居的时间不长，用他自己的话说，这段时间的生活是“迷人而有趣”的。下野的国务总理，当然并非天津的一介平民，而属于天津的上流社会。在颜惠庆看来，天津的上层社会各界名流云集，有退休的大总统，前国务总理和内阁总长，下野军阀和各省督军，此外，还有地方巨富望族。社会知名的银行家和实业家也齐聚天津。因为几乎全是巨富，所以这些名流大都不惜斥巨资修建豪华宅邸，尽情寻欢作乐。

虽然各方人士齐聚天津，混杂之中仍有其自然形成的社交圈子，可以用杂而不乱来形容。在这里，各政治派系集团，直系、皖系、奉系、国会议员、独立自由分子皆形成了相对独立的系统，纵然同处一城，鸡犬相闻，各派系成员都坚守各自的社交圈子，不越雷池一步。除非某些国际社交场合，否则绝少相互往来酬答。据颜惠庆的日记记载，只有当日本驻津部队司令官或日本总领事及其高级外交代表举行宴会或招待会时，被邀请的各派系头面人物才得以会面，在各派系人物齐集的宴席上，确实能暂时忘却昔日的仇恨，但那只是虚以委蛇、逢场作戏而已。

在天津期间，颜惠庆与几大军阀派系代表人物如徐世昌、曹锟、段祺瑞等人均有接触，这也是他在天津上流社会生活交往的重要组成部分。

颜惠庆对徐世昌印象深刻，徐世昌主要以诗文、书画消磨时光，此外还耕作园中，养花种菜。他经常提起当政期间的外交成就，尤其对华盛顿会议的谈判结果特别满意。眼看后来武人不能加以利用，深感痛惜。天津的媒体报道说他，下台以后的曹锟索居无味，常常郁郁寡欢，在颜惠庆看来，此类报道基本属实，曹锟闲居以后并未改掉昔日的脾气秉性，身边的人越来越少。徐世昌和曹锟都是下野的民国前总统，每逢寿辰，都要举行盛大宴会，只有到了这个时候，他们昔日的同僚旧部、亲朋好友前来恭贺致意，远离政治喧嚣的寓居生活，才多了一丝热闹。

另一位下野总统段祺瑞，是皖系军阀的代表人物，颜惠庆与之来往不多，但对其“处境较为寒酸”印象深刻。颜惠庆偶尔去段处拜访，他在天津没有自己的公馆，所居住宅是一位忠心旧部提供的，这对曾经叱咤风云的段祺瑞来说，的确有些寒酸。到天津以后，段祺瑞患有严重的坐骨神经痛和下肢风湿症，常常不得不把双腿放进冷水中，使其失去知觉，以减轻痛苦。虽经各种方法医治，但终不见好转。倒是中国传统的针灸，将针刺入穴位，可使病痛暂时缓解。段祺瑞花费大量的时间研究佛经，平日喜欢玩麻将牌，常以“八圈”为限，牌友们也必须在晚上 10 点钟之前散去。段祺瑞只吃素，客人来府应邀同席就餐，也是全素席，宾客往往不得已而敷衍其间。

（3）既当总理擅经商

颜惠庆在民国历任国务总理当中，以“最擅长经商”著称。移居天津之后，曾任天津大陆银行董事长、自来水公司董事长等职。要么是闲居无事，要么是想为自己以后在政坛复出打下点经济基础。

颜惠庆到天津以后，找到了他在天津的好朋友金融巨子谈丹崖。谈丹崖时任天津大陆银行总经理，银行总资本位居“北四行”（其他是金城、盐业、中南）之首，其人精明老练又富于爱国心。俩人彻底长谈，尤其不能容忍外商垄断中国商业贸易的状况，决定共同组建进出口贸易公司，打破外商垄断，振兴民族商贸业。

开办实业，说干就干。他们联系了曾担任过民国政府总理的龚心湛等大富商，在当时法租界成立了“大陆商业公司”，颜惠庆任董事长。

公司成立后，颜惠庆雄心勃勃，准备大干一番，聘李调夫为总经理，下设出口、进口、汽车三部。其间，曾聘请哈佛大学留学生、后来到上海成为著名戏剧家的洪深为公司秘书长。不久，洪深辞职赴沪发展，离开了“大陆商业公司”，秘书长一职特聘著名桥梁专家茅以升担任。

在颜惠庆的精心打理下，开业初期，公司业绩颇佳，因为仅限于大宗土特产的出口，业务单一扎实，公司业务在一段时间内颇为红火。

颜惠庆决定拓宽商业渠道，公司开辟了与各国名厂家的进出口业务，并有很好的收益。出口的产品主要是土特产，有猪鬃、肠衣、蛋品、花生、桃仁、棉花、小枣、草帽辫、中药等。进口的产品有威利斯奈和菲亚特的汽车、康果龙公司的地毯、英国的呢绒、法国巴黎的化妆品等。还与美国纽约的华昌贸易总公司等外国公司建立了进出口贸易关系。

在经过两年贸易红火后，业务范围扩展过快，经营项目过多，而商品进出口贸易又需累年经验始能贯通，他们缺乏历练，结果公司损失加重。这时，公司正副经理之间又出现了矛盾，公司开始走下坡路，加之经验不足及其他因素，颜惠庆决定偃旗息鼓，终止业务，公司最终停止了运作。

有人认为是颜惠庆不懂经营公司管理而造成的，但颜惠庆主要认为是经验不足所致。

虽然这个公司运营的时间不长，但颜惠庆诚实守信的名声已经在天津工商界传播开来，他担任董事长的其他实业公司，都能按时付给股东利息，即使突然爆发战争，也未能影响股息的支付，给他赢得了好的赞誉。

经商办企业的亲身经历，让颜惠庆对股份制经营有了新的认识，丰富了他的从商经验。在当时情况下，他参与投资的股份贸易公司，只要公司正常运转，能够按时支付利息，股东一般不会找公司的麻烦。

颜惠庆同时担任好几个公司的董事长，年度股东大会都由他主持，他都会尊重股东行使正当权利，详细公布公司经营状况，及时解答股东的质询，以防止股东的误解而导致事态扩大。有时对那些专门闹事的股东，颜惠庆坚持查明其动机，然后行使相应的的权力予以处置。

一般来说，股东无非是要求获得年息收入维持家用，不管公司盈利与否，他一定要得到他的红利，才能够相安无事。这样，就使公司的积累或降低股息遇到了矛盾。颜惠庆体验到，如果公司板起面孔非要减息积累，则必然得不到广大股东的理解与欢迎，公司将陷入困境，经营状况就将如屋漏偏遇连阴雨一样不可收拾。

虽然身为政客，但颜惠庆在创办企业的过程中，总结出两条成功经验，即办企业要尽量避免“资金链不畅”和出现“家族垄断”，实际上，这也是在现代企业经营中容易出现的问题。

颜惠庆认为，观察大多数公司经营失败的原因，可以归结于两类：其一，资本太小无法满足需求，资金周转不利，难有作为；其二，在创立大实业公司的过程中，对家族式管理缺乏有效控制。中国人的家族观念根深蒂固，普遍认为血缘关系是最紧要的团结信任的基础，如果缺少这层关系，任何合作事业的成功都会变得不可靠。但在实际运作中，家族经营的实业必须引入外姓人才，方能使产业发展。因为新的教育、新的思想和新的经验，正迅速地改变着人们的生活方式和传统陋习，单靠家族内部的力量，无法使企业保持长久的活力。

颜惠庆不但在创办实业方面声名远扬，他为保险公司做广告的事更为人所称道。中国人寿保险业的创始人、著名实业家吕岳泉，一手创办了华安人寿保险公司，这在旧中国的金融保险业历史上占有重要地位，开了中国民族金融业之先河。这家公司于1912年创办，到1922年正好10周年了，老板吕岳泉拟在上海《申报》推出巨幅广告，同时发表《颜惠庆博士之人寿保险观》一文，制作一篇软性广告，配上颜的照片，用中英文对照的方式整版推出，也可谓别出心裁。

为了配合这次广告推广宣传，颜惠庆不顾自己曾经拥有的外交总长、国务总理等政治名衔，欣然撰文："闻诸欧美，大保寿公司之设建早者，已历百有余载，国民夸道，以为荣幸。今默察吾国人民之于保寿，与保寿之可发展两项情形，切要胜利，初不亚于他国，则是发挥光大，当亦无难。允宜亟事赞助本国公司，并促保寿专门条例之速行颁布，以为国人投保之保障。若是，则于身受其益以外，必有兼致国家富力增进之效也。"

在保险事业尚处起步时期的当时中国，颜惠庆的这篇文章很有份量，其显赫的身份也产生深远的名人效应。

(4) 敲门之旅向光明

颜惠庆一生经历起伏跌宕，1949年他不惜以年迈多病之躯为北平国共和谈"敲门"，从而为自己的晚年书写下了浓重一笔。

八年抗战，三年内战，饱经战争之苦的全国人民强烈呼吁和平。1949年元旦，处于内外交困的蒋介石为了应付国民党崩溃的危险，万般无奈之下提出和谈建议，企图他日东山再起，卷土重来。中国共产党识破了蒋介石的诡计，于1949年1月14日发表了毛泽东主席签署的《关于时局的声明》，提出和平谈判的八项条件。众叛亲离的蒋介石被迫于1月21日宣布“总统因故不能视事，由李副总统代行总统职权”，蒋把职权交给副总统李宗仁，匆匆飞回了奉化老家。

李宗仁上台伊始即昭告全国，决以“最大努力谋和平”，决定由在上海的知名人士组织一个“和平代表团”，赴北平与中共接洽和谈事宜。

1949年1月底，李宗仁致信颜惠庆力邀其参加“和平代表团”，并概括说明代表团的职责为“前往北平，敦促中共迅速派定和谈代表与决定举行和谈之时间、地点”，这就是所谓的“敲门”任务，意含敲开国共和谈之门。当时的舆论亦美誉和平代表团成员为“敲门使者”。

年逾古稀的颜惠庆虽寓居上海，虽然已经不再担任官方职务，但具有相当的影响力，他对国事仍耿耿于怀，关心民间疾苦。特别是在解放战争的战场上，国民党军队节节败退，颜惠庆反复地思索着，为什么抗战胜利了，等待中国人的仍然是无休止的战争与动荡？为什么和当年军阀混战一样，普通百姓仍在无休止的争战中度日？用什么办法才能给国家带来真正的和平，给人民带来真正的幸福？

接到代总统李宗仁的邀请信后，颜惠庆认为这是为国家谋和平、为百姓谋福祉的难得机遇，不顾在年迈之年饱受心脏病、动脉硬化等多种疾病的困扰，欣然应允，对这一“敲门之旅”，颜惠庆表示愿意成行，作为代表团重要成员赴北平“敲门”。

尤其对于当时的身体状说，颜惠庆确实是心里没底。当时他已经七十有三，并患有严重的心脏病，在接受上海《申报》记者采访时曾说：“以我个人而言，活了七十三岁，还未乘过飞机，而平素间患心脏病，平时总住在楼下，怕爬楼梯气喘，所以是否适于坐飞机大成问题。但想到平生受了国家许多优惠，这次是为国家社会和人民而奔走，就是抱病在身，也是义不容辞的，大不了我请个医生跟我走。”

为此，颜惠庆专门请了一名医生与他同行，他还风趣地对医生说：“有你这个医生在一起，我就很放心了。如果你不答应，不陪我去，我亦不去了。”

按照李宗仁的授意，和平代表团由5人组成：颜惠庆、章士钊、江庸、陈光甫、冷御秋。在这个精干的代表团队中，颜惠庆资历最老，被推为首席代表，对整个代表团的活动负总责。身负“敲门”使命的颜惠庆，深感责任重大，甚至夜深人静时常常辗转反侧地思考，该如何不负重托，完成这一神圣而重大的使命。接下来的几天里，他连续邀请其他代表团成员至家中饮茶，交换看法，一起商讨详细行程。

经过多日磋商，代表团终于成行。正式团员共三位：颜惠庆、章士钊和江庸。多次参加国共和谈的邵力子和为李宗仁担任联络工作的黄启汉，以私人身份同机前往。除此以外，还有随行的相关工作人员、医生等。

临行前，颜惠庆他们接获北平市军管会主任、北京平市市长叶剑英的口信，欢迎他们前去会谈，双方约法三章：（一）未经允可，谈话内容不得向报界发表；（二）新闻记者不准随行；（三）以人民代表资格赴平，不代表政府。

后来证实，颜惠庆严守默约，几十年从来不间断日记的颜惠庆，在赴北平会谈的15天里，日记本内也不曾记载相关事宜。

2月13日，上海外滩阳光明媚。上午9点20分许，一串小汽车穿梭似地从颜公馆开出，20分钟后抵达龙华机场。

代表们在记者簇拥下走向候机室。候机室里人满为患，连送行的亲属都被挤在门外。代表团各成员被中外记者团团围住，颜惠庆更是遭到记者们的围追堵截。早已守候在机场的大群中外记者，像围捕猎物一般“哄”一下包围过来，镁光灯频频闪亮，从各种角度摄下颜惠庆及代表团成员的写照。

颜惠庆面对记者穷于应付，好几家报馆的记者都要求颜惠庆发表感想。

“请问，这次去是否还要同中共讨论南北通航问题?”

“请问，这次有没有可能会见中共毛泽东主席?”

“请问，此次北平之行的主要任务和目标的是什么?”

面对记者们连珠炮般的发问，颜惠庆应接不暇，他向记者简要阐述了此行的主要任务和最终目标，他说“今天，全世界每一个角落里的人都在希望和平而感到和平之可贵，中国人民因为受苦最深，所以渴望更切。我们代表团能够在这种机会里飞向故都，谋求和平，对全国人士的和平渴望，总是算已有了进步。但愿此行能够把共方对正式和谈的时日问题的答案及部分意见带回来，就算圆满了。”

飞机原定10点起飞，由于代表团人员行李超重，延误了一个小时。按照规定，每人只能带40公斤物品，其实，这么多行李并不是代表团成员本人的，也有熟人朋友借便托带给在平亲属或好友的。于是，有的代表戏言，这次飞行打破了国共两党多年没有正式通航的窘境，也算是国共间非正式的一次通航吧！

上海和平代表团的启程为国外新闻媒介所十分关注。当天晚上，英国广播公司和美国之音电台都以“颜代表团”的成行作为头条新闻报道，伦敦的报纸电台还对“颜代表团”飞赴北平一事作了背景分析和深度解读。

11时15分，载着代表及随行人员的飞机腾空而起，直插云霄，驶向北平。

飞机在平稳地飞行，机舱内安静至极。不少随员是第一次乘飞机，怀着惊喜好奇的心情探望舷窗外机翼下变成积木似的田野村舍，首席代表颜惠庆则陷入了深思。他与北京的交往相当久远，1906年第一次光顾这个辉煌古都，从那时起他就与北京有了不解之缘，直到1926年才在奉系的逼迫下辞去国务总理兼外交总长职务，退隐天津而离开这里。光阴荏苒，事隔20多年后，他又回到了这里，“物是人非事事休”，心中自然别有一番滋味，但现在展现于颜惠庆眼前的是人民政权下的北平，它处处洋溢着新生的活力。身负“敲门”使命的颜惠庆迫切希望与中国共产党领导人会面，以传达人民要求和平的希望。

从上海到北平，空中飞行时间不足两个小时，但飞机起飞后，后轮出现故障，只能迫降青岛机场，次日再飞北平。

14日午后4时30分，代表们乘坐的飞机在北平西苑机场降落。中共方面派出王拓代表叶剑英市长和徐冰副市长前来迎接，招待代表团一行下榻由英国人建造的六国饭店。当晚，北平的电台还简短报道了代表们抵北平的消息。

2月15日，即代表团到达北平的第二天，叶剑英拜会颜惠庆等四老。这是颜惠庆第一次见到叶剑英，在颜的眼里，戎马生涯的叶剑英并非他所想象的一介武夫，而是举止文雅，彬彬有礼，和蔼，幽默，一点也不让人感到严厉生硬。在这初次会谈中，颜惠庆向叶剑英表示：人民希望和平，恳请中共领导同意开始谈判。叶剑英答应将信息转达给毛泽东和周恩来，当时他们还在西柏坡。

晚间，叶剑英在六国饭店设宴招待四老及同行人员。设宴的房间原是日本大使馆所使用的客厅，天花板上涂了淡青色细粉，作成一片朗晴的天空，浮雕出许多飞翔的白鹤，壁上悬有大幅名贵的日本画。这客厅正是袁世凯签订二十一条所在地，现在成了中共在京机构联合办公的地方。

董必武、聂荣臻、林彪、傅作义、邓宝珊等多位中共政要都出席了宴会，颜惠庆认识了许多中共领导人，与他们交谈甚欢。尤其令颜惠庆感到高兴的是，他能在这个场合碰到老朋友傅作义，故交相见自是欢叙颇畅。

2月17日，颜惠庆应邀与叶剑英单独会谈。颜惠庆曾于30年代初任中国驻苏大使，对苏联的历史和经验有比较多的了解，因此一开始他就此向叶剑英提出了一些个人建议。颜惠庆出身基督教家庭，对宗教问题很是关心，他向叶剑英询问有关宗教自由的问题。叶剑英坦率相告：中国共产党赞成宗教自由，党的领导人在许多场合都曾提到过这一点。只不过这个自由必须是相互的，就是说，信教者不会受到干扰和迫害，不信教者也同样如此，不得对不信教者施以精神和肉体上的压力，迫使他们信教。

叶剑英诚恳地征求颜惠庆对国内和平的意见，并听取他对解放区见闻的印象。颜惠庆谈到，中国共产党正面临一些他们不熟悉的问题。以前，中国共产党主要处理农村问题，他承认中国共产党为占中国人口绝大多数的农民办了许多事情，但是现在中国共产党必须面对城市问题，他不能确信中国共产党拥有许多富有经验、能够管理好大城市事务的专家，对中国共产党管理好大城市的能力表示怀疑。

叶剑英听后哈哈大笑，承认颜惠庆是对的。叶剑英就北平的情况指出：

迄今为止，只有他及其助手两人作为重要官员参加了市政府，其他重要职位几乎都没有发生变动。

在与叶剑英结束单独会谈后的当日下午，颜惠庆邀请邵力子访问燕京大学和清华大学。在过去的日子里，颜惠庆与这两所大学都有过密切的关系，它们都在北平城外，离颐和园很近。颜惠庆这个时候很想知道，在中国共产党管理下学校的情况如何，以及在战争期间它们是否遭受了损失。

在燕京大学和清华大学，颜惠庆分别拜会了两校校长陆志韦和冯友兰两先生，并与一些教授进行了友好交谈。颜惠庆了解到，尽管人民解放军是从学校附近的西郊包围北平的，可是这两所大学的建筑物都没有受到任何破坏，教学像往常一样进行，学生们在校园内四处走动，仿佛没有发生过任何事情。

2 月 20 日，董必武、叶剑英等在北京饭店举行招待民主人士的大宴会，到会 400 多人，四老也应邀参加，董必武席间致词："希望颜惠庆等南返，向人民传达中共对和平的诚意，一齐为真正的和平努力。"

此后几天内，颜惠庆就静静等待来自毛泽东的消息。然而，对于颜惠庆来说，"敲门"并非是他惟一的目的，而重游故地、参观新北平，通过耳闻目睹来亲身体会解放区的新生活是他内心的另一愿望。颜惠庆正好利用闲下来的几日在北平城内到处走走看看听听。

很快，颜惠庆等人得到了毛泽东要他们前往石家庄的邀请，颜惠庆对能有机会见到并认识毛泽东倍感欢欣鼓舞，"敲门之旅"的重头戏将要开场了。

2 月 23 日，颜惠庆等由傅作义、邓宝珊作陪，乘专机飞往石家庄，受到时任市长柯庆施的热情招待，下午便乘车抵达西柏坡，受到毛泽东、周恩来接见。

在西柏坡逗留的两天里，毛泽东两次接见颜惠庆等人。毛泽东一见到他们，就热情而诚恳地说："你们为寻求和平途径，远道前来；共产党是爱和平的，可以商量，只是地点、时间、人选尚须考虑。"

接着，毛泽东又风趣地说，打牌打了这么久，也该不再打了嘛！

毛泽东、周恩来与颜惠庆等人就南北通航通邮的具体问题和国共和谈的大体原则交换了意见，取得了广泛共识。这次同毛泽东的见面给颜惠庆留下极深印象，颜惠庆惊奇地发现这位著名的共产党领袖原是位友善的、有时甚至是快活的、和蔼可亲的人，而不是他早先想象的一个严厉的苦行者。

2 月 24 日，毛泽东将一封亲笔书信托代表团转交李宗仁，国共和谈的障碍已经基本扫除。27 日，颜惠庆一行结束北平、西柏坡之行飞返南京，完成了这次“敲门之旅”的神圣使命。

回到上海后，颜惠庆应邀发表了总结性讲话：“全国人民都希望和平，政府和共产党双方也都希望和平，我们北上的任务，就是传达人民对和平的希望，目前和平之门已打开，代表团此行任务已告终了，今后一切问题，当由双方开会商讨。我们在平，要见的人均已见过，要讲的话也已讲完，今天要讲的，仍是在平讲过的八个字：困难尚多，希望甚大。”

(5) 老骥伏枥志不移

颜惠庆先生是我国著名外交家，不仅对 20 世纪前半叶中国外交卓有贡献，且学术造诣很深，在发展现代文化事业方面也多有建树。

早年留学美国，获文学士学位。归国后参加清廷毕业授职，获得翻译科进士出身，授翰林院检讨，属于所谓“洋翰林”。颜惠庆以“洋翰林”身份，活跃于中国政坛达。值得一提的是，他与弟弟医学家颜福庆和铁道专家颜德庆皆学业有成，贡献卓著，被誉为“颜氏三杰”，这也是一个学术世家的文化优势具体体现。

颜惠庆的父亲颜永京，是著名教育家，圣约翰大学创办人之一，他曾幼年的颜惠庆说过：“我不能许诺留给你们任何财产，但保证让你们受到最好的教育。”这一点，他说到了，也确实做到了。

童年时代的颜惠庆曾在私塾发蒙，后转入教会所办英华学塾，继而就读于英人所办同文书院。赴美留学，以优异成绩毕业于弗吉尼亚大学，获文学士学位。回国后，先是执教于上海圣约翰大学，并兼任商务印书馆和《南方报》编辑。在上海圣约翰大学执教期间，主持编辑《英华大辞典》，严复为该书作序，由商务印书馆出版。

颜惠庆的一生，适逢一个风云激荡、新旧递嬗的时代；无论中国还是世界，社会环境和世态风俗都处在沧桑巨变之中。颜惠庆终生学习，学以致用，坚持用英文撰写日记，并以此为基础撰就自传《颜惠庆自传——一位民国元老的历史记忆》，丰富而鲜活的内容，使他的自传犹如五彩斑斓的画卷，留住了已经消逝的历史时光。

每天晚上，颜惠庆都坚持记下当日发生的主要事情。有时，对令人兴奋或有趣的事，尤详加著录。此外，他还积累有大量的官方记录和文件，包括他在国内外任职期间制定的工作方案、颁布的法令等。晚年，他对这些汗牛充栋的材料一一披览，爬梳剔抉，取其精要，融入书中，积年累月，方告其成。在史实准确无误的前提下，他则主要依靠尚可依赖的记忆力，把自传写得简明扼要，读来引人入胜。

这本自传最初用英文发表，名为《东西方万花筒》。他在自传的“后记”中写道：“我的这部自传，也许简单平实，但所反映的时代，却是中国历史上一段重要时期，读者不难从字里行间受到启发，纵使不能借此对中国的未来作出判断，也肯定会有助于加深对中国的过去和现在的认识。”

颜惠庆自传所展示的是世间百态剧变，折射的却是重大的历史事件，使人们感觉到的是人类社会前进的沉重步履。自传不仅展现了民国外交史上的重大事件，而且披露了很多不见于史书的细节，是一段娓娓道来的人生历程，使人们宛若走入悲怆的岁月，从那波澜起伏的往事中审视社会的变迁，给人启迪，发人深思。

由此看来，他写日记和自传都是受出身翰林的经历影响，因而日积月累，为后人留下了弥足珍贵的史料。

第 17 任

梁士诒：浮华之后见落寞

他是清末民初中国政坛的重要人物，交通系首领，他大力支持袁世凯称帝被列为帝制祸首受到通缉；政坛生涯中他多次被卷入政治漩涡，他以善于理财、敛财而得“财神”之名，因位高权重信奉政治上的“折衷主义”而被称作“二总统”；梁士诒的一生备受争议，毁誉参半。

小 档 案

姓名：梁士诒

字号：字翼夫，号燕孙

籍贯：广东省三水县人

出生：1869 年 5 月 5 日

父亲：梁知鉴，清朝举人，曾在三水、广州、香港等地书院讲学

逝世：1933 年 4 月 9 日

简 历

1889年，参加乡试，中举人。

1894年，中进士。

1895年，授翰林院编修。

1897年，任国史馆协修。

1903年，应试清廷经济特科，初试获第一名。

1903年，应袁世凯之聘，任北洋编书局总办。

1905年，任京汉、沪宁铁路总文案。

1907年，任京汉等五铁路提调。

1907年，任清廷铁路局局长、交通银行帮理。

1911年，任清廷袁世凯内阁署邮传部大丞。

1912年，3月任民国袁世凯总统府秘书长、交通银行总理，成为旧交通系首领。

1913年，5月担任财政部次长，代理部务。

1915年，9月组织了全国请愿联合会，为袁世凯复辟帝制效劳。

1916年，袁世凯死后，遭通缉亡命香港。

1917年，10月赴日本，同日本财阀、政客商议经办实业问题。

1918年，6月任交通银行董事长。

1918年，8月出任安福国会参议院议长。

1919年，1月任外交委员会委员、战后经济调查委员会委员。

1921年，12月，在张作霖支持下出任内阁总理。

1922年，辞去内阁总理职务。

1925年，任财政善后委员会委员长、宪法起草委员会主席委员、交通银行总理。

1927年，被张作霖任命为安国军总司令部政治讨论会会长、税务督办。

1928年，因反对北伐战争被南京国民政府通缉，再次逃往香港。

1932年，4月在洛阳参加“国难会议”。

1933年，4月9日病逝于上海。

(1) 活学善用有真才

梁士诒出生于书香门第，父亲梁知鉴曾在三水、广州、香港等地方书院讲学；小有名望之后，又先后在廉州、钦州、北海出任商董。幼年的梁士诒与父亲梁知鉴同在本乡、广州、香港一起读书，那个年代学习的主要内容自然还是孔孟之道，四书五经，这使梁士诒具有较深的国文底子。他生活的时代，读书人只有一个梦想，那就是“朝为田舍郎，暮登天子堂”。

青年时代，梁士诒在广州青云书院求学，与著名的戊戌变法领导人之一梁启超是同学，两人一同参加广东省乡试，梁以第36名的成绩中举，梁启超也同时中榜，而梁士诒的父亲梁知鉴却不幸落榜。几年后，梁知鉴参加广东乡试而中举，此时同榜的还有康有为。

梁士诒于1890年和1892年两次赴京会试，想一鼓作气取得功名，结果却事与愿违，铩羽而归。1894年考中进士，以二甲第15名选为翰林院庶吉士。这一年的10月，中国在甲午战争中惨败，对梁士诒震动很大，他与30多人联名上书，批评政府腐败无能。日本帝国主义用武力打破了清政府闭关锁国的政策，随着外国资本主义的侵入，资本主义的一些生产方式也已传入中国，中国也出现了一些近代企业，资本主义的科学、政治思想也逐步传入中国，“中学为体，西学为用”渐渐成为时髦的主张，这对青年梁士诒产生了一定影响，因而他与维新人士梁启超、康有为建立了广泛而深入的关系。

虽然康、梁当时名噪一时，但梁士诒并未趋炎附势，而是有自己的独到的见解。1898年夏秋之间，梁启超来往于京沪之间，二梁不时会晤，自然也谈到变法之事，梁士诒曾对梁启超说，他深知中国的情势非变法不可，但到底如何变法必须慎密考虑与部署，不可轻举妄动。此时梁启超正一门心思想着变法成功，对梁士诒的劝告未加理睬。哪知不幸言中，“百日维新”变法失败后，光绪皇帝被禁，六君子喋血菜市口，康有为和梁启超避走海外。

1903年6月，梁士诒参加清廷在北京举办的经济特科考试，因为他对经济方面的兴趣而读了不少相关书籍，这次考试得以名列前茅，首场点为一等第一。军机大臣瞿鸿禨尤其厌恶经济特科，于是朝野便有“特科品流庞杂，心术不端”的传闻！他还说“一等第一名梁士诒，系广东人，为梁启超之弟。其名末字又与康祖诒（有为）相同，梁头康尾，其人可知。”慈禧听信流言，经济特科开榜，梁士诒自然名落孙山。

此时的梁士诒，在直隶候补，几年过去，还未候补上正式官职。他自认有才，却被闲置，心里很不平衡，但他深知，科举考试毕竟考的是书本知识，而现实世界的打拼是不能单靠书本知识的。名落孙山的梁士诒并未气馁，而是抓住一切有利时机，补充才干。

发奋读书的梁士诒广泛涉猎各种书籍，终于等来了机会。在一个偶然机遇，他见到了权倾一时的直隶总督袁世凯。袁世凯为成其“大业”，正千方百计延揽各方人才，鼎鼎大名的科学家、京张铁路的修建者詹天佑便是袁世凯起用的；而且，1900年，袁世凯任山东巡抚时还创办了我国最早的省立大学著名的山东大学。袁世凯虽说很忙，但梁士诒毕竟是进士出身，不能不见。

袁世凯问道：“有什么特长啊？”

梁士诒答道：“我楷书很好，会教书，能写诗。”

袁不无轻蔑地说：“书奴伎俩罢了，你这种人，我属下多啦，就知道咬文嚼字，没出息。”

梁士诒听罢，惭愧至极。他求助于袁的仆人，望其能指点迷津。仆人告诉他，袁最看重的，是外交和经济人才。梁士诒恍然大悟，随即卖掉衣物，遍购外交、经济书籍，认真苦读，揣摩领会，他特别购买了一些从西方先进国家翻译过来的书籍，并对财政、河渠、道路等方面的技术类书籍特别感兴趣。

几个月之后，梁士诒再次求见袁世凯。

袁世凯不紧不慢地问：“还写诗呢？”

梁士诒镇定自若：“士别三日，刮目相看，我的知识，已然更新。”于是谈起外交和财政两门学问，滔滔不绝，纵横议论，很有新意。这些正是袁世凯急需的，袁世凯惊喜之余，当即聘请梁士诒为财经顾问。以后的事实证明袁世凯还真没有看错人，梁士诒是个人才，特别是经济人才。梁士诒很快成为袁世凯的总统府秘书长，并从此一路扶摇直上。

(2) 劳工事件惹纷争

1914 年，第一次世界大战在欧洲打响。

一战期间，他作为袁世凯的心腹，参与各种机密决策，在政坛纵横捭阖，同时手握财权，有“财神”之号。当时梁所控的“交通一部，实兼有外交、财政两部之执掌”。梁氏虽善弄权术，但目光远大，视野开阔，见解独到，被一些外国观察家称为“中国的马基雅维利”。一战爆发后，袁世凯下令，凡外交重要事件，“梁士诒参与一切”，梁因此有“二总统”之称。、

梁士诒对第一次世界大战的爆发颇为关注，并研究一战对世界格局及中国命运的影响。早在 1914 年 8 月，战争烽火在欧洲刚刚燃起之际，梁便以其独到分析，预测一战对国际格局、中国前途影响深远，呼吁中国应当机立断，主动参战；并预言德国寡不敌众，决不能久胜，中国因此可加入协约国一方，对德宣战，此举一可收复山东，二可帮助中国加入战后和会，分享国际论坛，参与国际新格局的建设，让国际社会听到中国的声音、中国的追求。概言之，参战有利于中国的长远发展及大战略。当一战进入 1915 年，梁氏进一步认为协约国必胜，主张中国绝对应把握时机，毅然卷入。

为了促成中国直接参战，1915 年梁士诒出别心裁地提出派遣华工支援协约国的构想，他称之为“以工代兵”。他以商人的精明、政治家的敏感及外交家的高瞻远瞩，制订了详细的华工参战计划，其意图是在中国正式参战之前，能够同协约国建立更加密切的外交联系。

在第一次世界大战开始时，面积还不到法国的四分之一的中国山东省，

即拥有几乎同法国一样多的人口。而法国早在战前即面临劳工短缺，战争使该问题更加严重。早在1915年3月，鉴于战争进展不利，国内人力资源严重匮乏，法国军方开始考虑寻求外援，使用华工便是方案之一。后因内部分歧，使用华工的动议被搁置。然而，时至1915年夏，随着战争形势越来越严峻，人力资源愈加紧缺，法国国防部再次考虑招募华工的可行性。而到了1915年6月，也就是梁士诒提出华工参战计划的当月，法国军方已经决定向中国求助。法方正式要求法国驻北京公使康德调查招募华工的可行性。

1915年11月11日，法国国防部经过详细讨论，决定实施招募华工计划。12月1日，法国军方任命退役上校陶瑞德率领法国招工团来华招募华工。

梁士诒的基本考虑是，既然法国等非常需要外来劳工补充，而中国政府渴望加入国际体系和协约国，那么中国派遣华工出洋助战，就可以表明中国人有诚意、有能力支持协约国。此外，德国也没有理由指控中国破坏了中立条规，因为这些华工将受雇于“私营”公司。

为了配合法国在华招募工人的需要及避免给德国任何口实，梁士诒与中国实业银行行长王克敏设立惠民公司承揽招募华工的具体事宜，叶恭绰直接参与其中。

为确保华工利益，中国外交部在惠民公司同法方签定合同后，照会法国驻华公使康德，要求法国政府以书面保证严格遵守合同重要三款，即华工不得干预战事，中国可派视察官员驻法，保障华工权益。在法国公使馆以法国政府名义向中国外交部书面承诺遵守后，中国政府批准了惠民公司的合同。

在陶瑞德招工团之外，还有其他机构参与赴法华工的招募事宜。尽管在第一次世界大战期间有多个法国招工团活跃在中国，但是陶瑞德招工团是其中最重要也最有影响的一个招工团体。

首批华工于1916年8月24日抵达法国。法方开始时对招募华工前景颇为乐观，设想到1917年底可招募10万华工来法，甚至提出了如何分配这10万华工的方案。事实是，法国最终招募到的华工远远不足10万人。法国期望落空的一个主要原因是其法国外交、国防两个部门在招募问题上相互扯皮、互不配合。

法国驻华公使馆一手造成的天津“老西开事件”也严重影响了法国在华北的招募工作。1916年10月18日，法国就天津老西开划入法租界向北京政府提出最后通牒，限48小时内答复，否则武力占领。北京政府没有屈服。随后，法国悍然派兵占领老西开。天津人民奋起反抗，举行声势浩大的游行、示威活动，新任外交总长伍廷芳也表示对于老西开案中国决不退让。这一事件直接导致了法国终止在华招募劳工的工作。

对于梁士诒一手参与策划的法国在华招募劳工事件，后人对其众说纷纭。梁士诒的好友叶恭绰曾写道，一战爆发后，梁士诒就中国如何提高国际地位、增加中国在国际上的话语权等提出了许多建议，最靠谱的一项就是中国派遣劳工参战一事，梁士诒的“以工代兵”计划虽有谋取个人名声及私利之嫌，但此一构思的出笼并成功付诸行动，实乃进步的中国人寻求加入国际社会及促进中国国际化的一个创举。

(3) 逼清退位马前卒

梁士诒北洋军阀时期旧交通系的首领，在袁世凯“洪宪帝制”过程中，起了举足轻重的作用，成为袁世凯身边的“大红人”。最终成为“洪宪帝制”的罪魁之一，成为历史的罪人。

武昌起义爆发后，清廷为维护其摇摇欲坠的统治，不得不起用掌握北洋军的袁世凯，幻想袁世凯能为清廷效力，于是被迫请出袁世凯来安定政局。

袁世凯刚一复任，便派人将此消息秘密通知了梁士诒。梁士诒得知袁世凯又重新掌权，不禁窃喜，暗自私忖：“大展宏图的机会终于到了”。

几天之后，袁世凯派人告诉他：“南方军事尚易结束，北京的政治头绪纷杂，正赖燕孙居中策划一切，请与唐少川（唐绍仪）预为部署，居中策划一切。此举足见袁世凯对梁士诒的重视，当然梁士诒更觉得，不能辜负袁世凯的信任。

袁世凯东山再起后，1911 年 11 月 16 日就任内阁总理大臣，很快便任命梁士诒为邮传部大臣。袁世凯一边同南方各省搞关系，加以拉拢，一边加紧镇压滦州、通州起义等北方的革命运动，不少革命首领被杀。

1912 年 1 月 16 日，袁世凯进宫，想以全体国务大臣的名义，逼迫清廷赞成共和，早日退位，却遇到清廷中皇族亲贵等反对退位的强硬派势力强烈抵制。

袁世凯指使梁士诒等大臣等替他上朝逼宫，梁等人先是合奏："君主制度恐难保全，恳赞同共和，以维大局。"接着，梁士诒又单独出马，对清廷摇唇鼓舌，说是财源枯竭，无钱维持军费，大局危在旦夕，对清廷施加压力；又说退位可以给予种种优惠，加以引诱。

梁士诒作为袁世凯的马前卒，为达到袁的政治目的，还指使驻俄公使陆征祥联合驻外使节上书逼宫，可谓机关算尽。

处于风雨飘摇中的清室在内外夹攻下实在无路可走，他们向梁士诒等实力派人物施以恩惠，加以收买，希望他们能忠心耿耿共保大清江山。梁士诒先后得到十多种御赐物品，又被授予紫禁城骑马。

梁士诒挺袁意志坚定，面对清廷的金钱收买不为所动。不仅如此，作为交通银行的帮理，梁士诒利用手中的权力挪用了邮传部存在交行准备用来修黄河铁桥的工程款 600 万元，供袁世凯随意使用。

孙中山在南京就任临时大总统后，南北议和迟迟不能实现，袁世凯对南方和谈有两条线：明线是梁士诒、唐绍仪，和谈事务主要由梁士诒办；暗线是袁克定、汪精卫，凡属幕后交易均由袁克定主办。

梁士诒尽犬马之劳，冲锋在前。袁世凯终于如愿以偿地在北京宣誓就任临时总统，北洋军阀的黑暗统治开始。论功行赏，为袁世凯当上总统立下汗马功劳的梁士诒被任命为总统府秘书长，参与机要，权倾朝野。

袁世凯大位坐定，分配给梁士诒的另一个重要职位是交通银行经理。梁士诒凭借其政治地位不断扩充交行的权力和业务，力图把交行办成为维护袁世凯统治，掠夺人民财富的政治、经济工具。1912 年 9 月，袁世凯政府向比利时借款，比利时第一次贷款 2500 万法郎，由政府规定中国银行、交通银行各收一半，使交行的营运资金大大增加，交行从艰难的困境中走了出来。这一切，很大程度上是梁士诒利用政府权力的结果。

1912 年 8 月 24 日，孙中山到北京，前后与袁世凯会谈了 13 次。袁世凯方面只有梁士诒参加，足见梁士诒地位的重要。孙中山此时已打算致力于铁路建设，梁士诒即奉袁世凯之命与孙中山讨论铁路的历史，并共同拟订未来的计划。梁士诒担任过铁路总局局长，对铁路事宜熟悉，足可应付孙中山。梁士诒既熟悉铁路又与孙中山是广东同乡，袁世凯极力拉拢孙中山，但慑于孙中山的影响，其图谋终未得逞。

(4) 一朝选在君王侧

辛亥革命失败后，袁世凯窃取了辛亥革命的果实，当上了临时大总统。梁士诒被任命为总统府秘书长，受袁信任，参与机密，为袁氏出谋划策。袁世凯时常对前来汇报、请示公务的官员们说："问梁秘书长去！"于是梁士诒被人们戏称之曰"二总统"，由此，梁士诒的政治生涯步入鼎盛时期。

被称为"二总统"的梁士诒，爬上了一人之下、万人之上的权力巅峰，他的权力究竟有多大，香港的《字林西报》曾作过详细的描述。

该报指出，名誉上袁世凯权力最大，而政府实际掌权者是秘书长梁士诒，今日掌握权者是袁世凯，而明日手握权柄者必是梁士诒。梁士诒是中国财政上最有势力的人物，他"赋性坚定，才具极圆滑，不喜大言高论，但求着着踏实，步步为营，以至水到渠成，一举而收其成，此等性格，极似袁总统之生平。"在总统府中，重大财政事项，袁世凯必依赖梁士诒，梁就是袁的左右手。这就好像行军，袁是开路先锋，梁则为其断后。如果论及中国财政上的实权，除梁士诒外，找不不出第二个人。即继袁总统而统治中国者，必梁士诒。此梁士诒所以为中国政治上最有望之才也。该报大胆预测，袁世凯死后，中国掌权者必然是梁士诒。

不管香港报纸预测的是否准确，梁士诒傍在袁世凯身边，成为彻头彻尾的实权派，确是事实。

“火车一响，黄金万两”，以梁士诒的政治经历，他非常看重铁路的重要性。由于南北战争，铁路公司的一些商股感到在这种内乱的情况下，收入是不稳定的，愿意将自己持有的路权交给中央。梁士诒借机以全国铁路协会会长的名义，与当时的交通总长朱启钤，路政司长叶恭绰商议，用赎买的办法收买愿意上交中央的商股持有的铁路权，双方签订章程、合约。用这种办法陆续将湖南、江苏、河南、山西、安徽、浙江、湖北等省的铁路收归中央，这样能使铁路更便于统一管理，他也就掌控了铁路和经营权和收益。

梁士诒本来就有一些交通系的老班底，掌权之后，他迅速将这些力量变成公民党，又采取收买等办法拉拢一些人入党。由梁士诒任党魁，交通部次长叶恭绰为副手。梁士诒利用公民党这个平台，迅速控制了铁路、关税、银行等一些要害部门，自然就变得更加财大气粗。

当然，抓钱最有力、最便捷的途径是操纵货币、控制银行。1913 年 9 月，根据梁士诒的提议，袁世凯下令禁止滥发纸币。仅一个月内，梁士诒从广东省即收回滥发的纸币达 3000 余万元。他又通过袁世凯下达命令：“所有交通银行发行之兑换券，应按中国银行兑换券章程一律办理。”交行根据这个命令，通过财政部、交通部通知各省完粮、纳税、发饷及一切官商交易，交行兑换券一律通用。交行还在船运、铁路、邮政、电力等部门设立兑换机构，在全国铁路各大车站设立兑换处，扩大收付业务，使发行额逐年增加。由于交通银行在袁、梁的控制之下，真是不尽金钱滚滚来，银行遂成了袁世凯、梁士诒的提款机。

捞钱的别一个办法是发行公债。1914 年 8 月，北洋政府成立“内国公债局”，梁士诒出任总理。在两年内发行的三次公债达 2000 万元。近水楼台先得月，梁士诒所控制的交通银行，每次经募债款都居各银行之首。

此外，梁士诒凭借政治权势还争取到“分理金库”的特权。梁士诒规定，交通银行通过船运、铁路、邮政、电力收入的国库金，属于该行的特许业务，设立特别会计，这笔钱是袁世凯的私人金库，不仅财政部，连国务总理都不得过问，而掌管这个金库的是梁士诒本人。梁士诒搜刮来的金钱，变成了袁世凯从事政治斗争的工具，袁将其大部分用来收买反对派重要人物，其中有相当一部分被用于复辟帝制的开销。

身居君王之侧的梁士诒，因其身居高位，常有机会与各省军政大员密切来往，这些军政大员因事进京谒见袁世凯之后，照例也要见梁士诒，当时在北京的官场，如果不走梁士诒的门路，官是当不上。时间长了，难免有声高震主的嫌疑，袁世凯因此敲打梁士诒说："你在中央身居要职，对来京的地方官员不可轻予颜色。"

自恃有一定势力的梁士诒，对袁世凯的告诫根本听不进去，仍然我行我素。有时居然顶撞起袁世凯来了。1914 年 5 月，袁世凯提出废除《临时约法》，改内阁制为总统制，梁士诒则表示改变内阁制；袁提出要扩充总统府以招揽人才，梁又提出扩大总统府不如扩大秘书厅；袁世凯提出要改总理为国务卿，梁士诒又是极力反对。

飞扬跋扈的梁士诒，似乎有点不把袁世凯放在眼里了。但梁士诒并没有改变对袁世凯的忠心，因为他明白，袁世凯可以决定他的命运，他的政治进退完全在袁的掌控之中。

梁士诒虽然位高权重，过于招摇则树大招风，有时已处于危险境地。在错综复杂的人事关系中，高官显位的梁士诒，不可能没有对立面。梁士诒的势力大，反梁士诒的势力也在增大。反对派采取的策略是迎合袁世凯的心理，捧出袁世凯的老朋友徐世昌任新设的政事堂的国务卿，这便大大地架空了梁士诒这个秘书长的权势，给梁士诒以很大的打击。

徐世昌任国务卿后，梁士诒的政敌杨士琦得势，梁士诒被迫辞去秘书长一职，离开总统府，任税务处督办。

（5）拥袁复帝背恶名

袁世凯当上大总统后，政治野心并未就此罢休，这个窃国大盗竟丧心病狂地想复辟帝制，也让自己的子子孙孙继承“大统”。人心不足蛇吞象，社会已经进步到共和时代，利令智昏的他却想逆历史潮流而动。

从 1914 年起，自以为地位已经十分巩固的袁世凯，开始一步步迈向实行帝制之路。忠心耿耿的梁士诒，则开动机器，全力以赴为袁效劳，并以总统代表的身份，到北京的孔庙祭孔，宣讲圣人之道，为袁世凯当皇帝大造舆论。

作为拥袁恢复帝制的第一招，梁士诒带头向参政院提出修改总统选举法，规定总统任期为 10 年，并可连任。还规定总统选择继任人时，可将其姓名“亲书于嘉禾金简”，密藏于室，届时交付选举。按此规定，袁世凯不仅成了终身总统，其职务也可由其一家沿袭下去，这与封建皇帝没什么区别了，只差个名号而已。

梁士诒干的这件事，正中袁世凯下怀，袁颇为满意，不仅恢复了对梁的信任，而且暗示梁，要在复辟帝制的路上走的更远。

从 1915 年 8 月开始，袁公开加紧复辟帝制的活动。8 月 23 日，袁世凯指使杨度纠集一些人组织以复辟帝制为目的的“筹安会”，并在国内主要城市设立了分会。他们大肆活动，串联各省的军政要员派“代表”来京讨论所谓“国体问题”，折腾了将近一周时间，“代表”还未凑齐，筹安会就匆匆宣布：“昨日投票议决，全体一致主张君主立宪。”

精明的梁士诒看到国内反对的人很多，感到复辟帝制这件事不见得成功，因而在是否支持袁世凯称帝的事情上持观望态度，这又使袁世凯大为不满。因为梁士诒是位举足轻重的人物，袁世凯之子袁克定亲自出马，直接找到梁士诒，开门见山地说：“变更帝制，肯否帮忙?”梁士诒连忙答应帮忙。

这才使袁世凯悬着的心，稍稍放了下来。

梁士诒帮袁复辟帝制继续出招，他联络段芝贵、朱启钤等人，密电各省军政要人，假造民意，改变国体。接着，梁士诒牵头组织袁世凯的一帮部下，在北京成立"全国请愿联合会"，要求各行各业的头头，甚至三教九流、黎民百姓主动向袁世凯发出请愿电报，顿时，"请求"袁世凯当皇帝的电报从全国各地纷至沓来。

梁士诒以"请愿联合会"的名义，先后发起三次所谓"全国性的请愿"，吁请袁世凯"应天顺人、早正尊位"，"非速改君主之制，不足以救苍生，保中国"，"父老兄弟苦共和而望君宪"。

"请愿联合会"毕竟是一个群众性组织，"请愿"电报本身也不具法律效力。为了正具正统，梁士诒便纵容"请愿联合会"上书参政院，请求召开国民会议"解决国体问题"。但从法律上来说，国民会议只是国民的约法机构，无法解决国体。于是，梁又促请"请愿联合会"呼吁召开国民代表大会，以推动国体问题的最终解决。为此，梁士诒等以专门起草了《国民代表大会组织法》，并由参政院"通过"，算是完成了法律程序。

梁士诒等又密电各省将军、巡按使，要求这些权倾一方的地方大员向国民大会发出支持袁世凯当皇帝的"拥戴电"，电文须详细载明"恭戴今大总统袁世凯为中华帝国皇帝"字样，且"推戴电"的签名者愈多愈好。

复辟帝制到了紧要关头，梁士诒的工作节奏明显加快，紧张而又忙碌，他与核心骨干和得力干将，日夜集结在一起，进行策划和布置。梁士诒每天早早就起来办公，中午在官府包饭，很晚才回家，十分忙碌。重大的事情由袁世凯定下后，由袁克定与梁士诒、朱启钤等联系，将袁世凯的意图贯彻下去。

在复辟帝制的关键时刻，为防止出现不可预测的紧急情况，在袁世凯的授意下，梁士诒动员朱启钤、周自齐等袁的核心幕僚组成10人团，组成复辟应急工作班子，作为袁世凯的主要参谋团队与袁世凯旨意的组织贯彻者，一旦出现情况，为达目的"尽可以不按国家法律办事"，但同时要求所属成员"必须严守秘密"，以防关键时刻授人以柄。

袁世凯自以为条件已经成熟，便在1915年12月12日发表接受帝位的申令，13日9时多，便在中南海居仁堂接受百官朝贺。袁世凯端坐大堂之上，兴奋与激动之余，心里不能不有几分忧虑和忐忑，因为他特别注意到，重要人物黎元洪没来，握有重兵的皖系首领段祺瑞也没有到场时，这显然表明他们是不支持帝制的。于是，一丝阴云在袁的心头挥之不去。

接下来，袁世凯正式成为洪宪皇帝还剩最后一场大戏，即登基大典，自然更少不了梁士诒的前后张罗。梁士诒作为登基大典筹备处的主要负责人和核心成员，完成了登基大典各项细节的准备。他监督各宫殿的修造工程，确定年号（定为“洪宪”）、国旗、朝服、册立皇后、皇储、皇帝临事等仪仗活动，还马不停蹄地通知各部，自1916年1月1日起，“所有奏咨，一切文牍只署洪宪元年某月某日”。典礼的筹备规格极尽奢侈之能事，单是制作精雕细刻的御座，梁士诒就花了40万元。

天下大势浩浩荡荡，顺之者昌，逆之则亡。历史的车轮是不能倒退，复辟帝制不得人心。在国内外强大的反对势力和众叛亲离的情况下，袁世凯不得不在1916年2月23日宣布从缓实行帝制，一个月后又被迫撤销“承认帝制案”，接着又下令取消“洪宪”年号，一场复辟帝制的闹剧，就此草草收场。

梁士诒为袁世凯加速复辟帝制，可谓竭尽犬马之劳，当时就有人一语破的地评论说：“政界中之请愿者，希望封爵位也。女界中之请愿者，希望为妃嫔也。”这话搁在梁士诒头再合适不过了，这对梁士诒真是莫大的嘲讽。

（6）半生毁誉任凭说

梁士诒是一位颇有作为的政治家，也是一位争议甚多的政治家，他临终前一日，曾留言与家人诀别：“余一生所负毁誉，不可胜计，向不置辩，自信世界上必有深知我者。”

尽管梁士诒一生毁誉较多，也受到不少批评和指责，但作为晚清至民国初期有影响的政治家，他还是做过很多有价值、有意义的事，在推翻帝制创立民国的进程中起过重大作用。

比如他亲手创办了中国交通银行，为此做出的贡献使其在民族金融事业中占有一定的地位。综观其一生，无论是帮助袁世凯篡夺辛亥革命的成果，还是袁世凯死后在官场上的沉浮，都与他在交通银行的地位有密切关系。交通银行在创办发展中的曲折，他都起了至关重要的作用，这又与他在官场中的地位相关。他的一生扮演着亦官亦商的角色，而两者是互动的，甚至可以说官商是一体的。今天人们在交通银行进进出出，办理各种业务，大都不会联想自己的活动与这家银行的创办人梁士诒之间的历史因缘关系。今日绝大多数中国人可能并不知道有所谓“三水梁燕孙”其人。

再比如，他长期主政中国铁路建设，对中国收回铁路主权功不可没。在1921年的华盛顿会议上，中日间就山东胶济铁路的分歧很大，分歧的关键是赎回路权的方式。梁士诒力主中方提出“现款赎路”，或“以国库券形式分期支付”两个方案，其最终目的是收回路权。

梁士诒一生为人谨慎，有其做人的基本原则和底线。梁士诒曾告诫弟子：“做事只凭良心，凭才学，凭知识，而秉之以毅力，把定方针，其成败利钝不必计较也。”

1933年4月9日，梁士诒因病在上海去世，享年64岁。

民国总理档案

MINGUOZONGLIDANGAN

第 18 任

王宠惠：乱世奇才声显赫

他是清近现代中国乃至世界历史上叱咤风云的传奇人物，政、学两界无人不知、无人不晓。为学，则学贯中西，享有盛誉；为政，则身居总理、外交总长、司法总长等要职。他品德清正、学识悠长、仕途通达，其“立德、立功、立言”均达到很高层次，可谓极品达人。

小 档 案

姓名：王宠惠

字号：字亮畴

籍贯：广东东莞人，出生地香港

祖父：王元琛，长于文学笃信基督教义

父亲：王煜初

出生：1881年12月1日

去世：1958年3月15日

职业：法学家

毕业院校：北洋大学堂（天津大学前身）

成就：近现代中国法学的奠基者之一

代表作品：《中华民国宪法之要点》、《宪法之功用》、《五权宪法之理论与实践》等

简 历

1881年，12月1日（清光绪七年十月初十）生于香港。

1895年，考取北洋大学堂（天津大学前身）攻读法律。

1899年，以最优成绩毕业，获中国近代第一张毕业文凭（钦字第壹号）。

1900年，应南洋公学之聘，任英文及地理教员。

1901年，赴日留学，致力于政法问题的研究。

1902年，赴美国留学，就读于加利福尼亚大学和耶鲁大学。

1907年，赴德国柏林比较法学会研修，出版著名译作《德国民法典》。

1911年，在广州加入同盟会，参与筹措经费发展会员的工作。

1912年，1月出任中华民国临时政府外交部长。

1912年，3月任唐绍仪内阁的司法总长。

1912年，任中华监狱改良协会会长。

1913年，任比较法学会会长。

1916年，5月任西南反袁护国军军务院外交副使。

1917年，任民国政府法律编纂会会长。

1918年，出任修订法律馆总裁。

1920年，任北京法官刑法委员会会长、法权讨论委员会会长、大理院院长。

1922年，5月与蔡元培、胡适等在《努力周报》上发表《我们的政治主张》。

1922年，6月任颜惠庆等内阁的司法、教育总长，一度兼代总理。

1922年，9月担任国务总理，11月25日辞职。

1922年，被推选为海牙国际法庭候补法官。

1924年，游历法国时应邀在法国最高法院演讲。

1925年，再次出任修订法律馆总裁。

1927年，9月任南京国民政府司法部长。

1928年，8月任国民政府委员、11月任司法院长。

1928年，主持修订《中华民国刑法》。

1929年，任立法院民法起草委员会顾问。

1929年，任国民党第三届中央监察委员。

1930年，任整理内外债务委员会委员长。

1930年，任海牙国际法庭正式法官。

1933年，奉命出席“国联”大会。

1937年，3月起任国民政府外交部长，一度兼代主持行政院院务。

1941年，任国民党国防最高委员会秘书长。

1942年，主持“建构联合国集体安全讨论会”。

1943年，11月随团出席著名的中、美、英三国开罗会议。

1944年，任国际问题讨论会主任委员。

1945年，出席在美国旧金山召开的联合国宪章制宪会议。

1946年，参与《中华民国宪法》制定，再任司法院院长。

1949年，以养病为名前往香港。

1950年，转赴台湾，再度出任司法部长。

1958年，3月15日在台北病逝。

(1) 学贯中西功底深

王宠惠具有传奇的生活经历，先祖由山西太原府迁居广东省南雄，后迁至东莞，祖父王元琛长于文学而笃信基督教，是广东省首先进教会的信徒，鸦片战争后，国内反教空气渐浓，广东地方反对基督教的势力日益强大，被迫举家移居香港。父亲王煜初于文学也有成就，幼年时即皈依基督教，到香港后被聘任为香港“道济会堂”牧师。

王宠惠出生于香港，6 岁入香港圣保罗学校修习英文课程，在课余时间其父聘请当地的儒学名家周松石讲授国学典籍。1891 年王宠惠 10 岁时，入香港皇仁书院继续攻读英文课程。

甲午战败以后，盛宣怀在天津创办中西学堂（后改为“北洋大学堂”），聘美国人丁家立任总教习，在北京、上海、香港招考新生，王宠惠应试得中，即负笈北上天津求学。

北洋大学堂是一所典型的“洋”学堂，不仅校长和教员多聘自国外，就是所开设的课程也是移植西方国家的设置，所用课本也均为英文版本。创建之初，北洋大学堂以美国名校作为办学规范，从课程的编排、讲授的内容、授课的进度、使用的教科书等方面，都和美国著名的哈佛大学、耶鲁大学看齐，在这里学习，王宠惠真正找到了世界一流名校的感觉。

王宠惠于 1895 年考取北洋大学堂本科第四班法律专业，在校期间，除重点攻读法律课程外，还学习了英语、数学、化学、物理、生理、天文、经济等 20 余门课程。1900 年 1 月，王宠惠以优异的成绩位列第一届毕业生第一名，他也是中国近代以西方模式培养的第一批法律专家，由“钦差大臣办理北洋通商事务直隶总督部堂”裕禄为王宠惠颁发了毕业证书。这是我国的第一张大学本科毕业文凭，形状为上梯形下矩形，最上方有“考凭”（即文凭）字样，文凭的正文被龙蝠图案所包围，图案花纹上方是一个蝙蝠，左右两侧四条大龙，下方为海水波浪，文凭外围左右书有“钦字第壹号”字样，文凭内有对北洋大学堂的简介、对学生的介绍和鉴定、学生所学课程等内容，另外还写有文凭获得者王宠惠的曾祖父、祖父、父亲的姓名。这张“钦字第壹号”文凭原件现存台湾，现天津大学存有该文凭的复印件。

1895年的甲午战争，是中国近代史上的一个分水岭。中国在甲午战争中惨败于日本，被迫签订丧权辱国的《马关条约》，这一事件极大地震动了中国各阶层。其中知识阶层反应尤其剧烈，真的感受到了亡国灭种的危机。《马关条约》签订不久，就在中国兴起了留学日本的热潮，近代中国的不少仁人志士，试图从通过了解有相似历史遭遇的日本，探索西方炮舰政策面前放弃闭关锁国的出路，并语言文字比较接近的日本寻找救亡的良方。

从北洋大学堂毕业后，20岁出头的王宠惠曾在上海南洋公学（交通大学前身）短期任教，旋即远赴日本，积极参加留日学生的革命活动，与沈翔云、冯自由、秦力山等人在东京创办《国民报》，该报以“破中国之积弊，振国民之精神”为宗旨，积极宣传革命。王宠惠担任《国民报》的英文编辑，还不断撰写文章，唤醒国人起来革命。

王宠惠在日本仅仅停留一年时间，1902年冬天又转赴美国留学，先入加利福尼亚大学，后转入耶鲁大学法学院主修民法，获得世界顶尖学府耶鲁大学的法学博士学位。

独特的求学经历，给王宠惠打下了坚实的学术基础。少年时代在香港接受教育，家庭教师传授了很好的国学知识。青年时代赴天津北洋大学求学，这是中国接受西方文明最早的地方，而且从学校学习的科目来看，王宠惠的知识主要是英文和外国法律，其法学知识完全是西方化的，掌握了娴熟英文，为他求学欧美奠定了语言基础。在美国学习期间，王宠惠系统地接受了西方现代法学的训练，深入学习了民商法，攻读博士学位之余掌握了德语。赴欧洲研修法学，被选为柏林比较法学会会员，考取了英国律师资格。他学习西方法律的优异成绩，奠定了他后来跻身民国法律界、外交界、政界高层的成就基础。

1911年9月，王宠惠结束了9年的海外求学生涯，学富五车回到国内。

归国后，他先后写出《宪法刍议》、《宪法危言》、《宪法平议》、《中华民国宪法之要点》、《宪法之功用》、《五权宪法》、《五权宪法之理论与实践》等上乘之作，在理论上奠定了民国立宪的理论基础，也引领了近代中国的宪政风潮。

从学术史的角度审观，王宠惠的一生也无疑是传奇的，他的身上有太多的光环，他保持了太多的纪录。在德国柏林学习期间，最能显示王宠惠学术功底的事，是他完成了精典之作《德国民法典》英译本，并于1907年由伦敦著名的斯蒂芬斯书店出版。

《德国民法典》于1896年8月18日颁布，施行于1900年1月1日。该书一出，立即引起各国法律学界的强烈关注。至1907年，这部世界民法典史上的经典之作已有四个法文译本、一个西班牙文译本、一个意大利文译本、两个日文译本，却没有一个成功的英文译本。王宠惠的译本出版之前，陆续有一些英译本问世，但因有各种缺陷而未被学界所接受。

在此时，精通德、英、日三国外语的王宠惠萌生了攻克英文译本的念头，基于深厚的民法学修养和良好的英语、德语根底，也为了实现自己的学术抱负，王宠惠毅然决定从事德文版《德国民法典》的英译。并立刻开始着手翻译工作，靠着天才与勤奋，在短短的半年多的时间里，他一举拿下了这部弘篇巨著的翻译任务，并在英译本的扉页上自豪地写道："由民法博士王宠惠翻译、注释"。

由一个中国人完成《德国民法典》从德文本到英文本的翻译，在当时的西方法学界引起了轰动。一位传记作家是这样描述的："书印成以后，不到两个月就轰动了，被学者专家公认为是翻译文中最上乘的。"一时间各国学者和读者好评如潮，并迅速成为欧美各大学的通用教材，王宠惠在国际学界声名鹊起。

这一次非常漂亮的"亮剑"，奠定了王宠惠在在欧美法学界和国际学术界的地位。英国各大学都采用王宠惠的译本作为教学通用本，英国法院审理案子，都要引用他的译本中的按语，作判决的根据。在美国，一直到20世纪70年代王宠惠的译本仍然是各大学法学院的经典教材。1972年打开中美关系大门的美国第37位总统理查德·尼克松，对王宠惠的学术造诣极为钦佩，即缘于这部法律译本。尼克松去台湾的时候，一下飞机就提出要探望王宠惠博士，以表示他的敬意，因为尼克松上大学时所用的关于德国民法典的教材就是王宠惠的译本，当年尼克松曾在美国惠特尔学院和杜克大学专修法学，并获法学学士学位。

王宠惠的大名便不胫而走，不光是在欧洲留学的中国人，连黄种人都引为莫大荣誉。作为以英语为“外语”的中国人，王宠惠能够以《德国民法典》的英译本而赢得英美法律界的广泛尊敬，其贯通英美法系和大陆法系的学习经历和成就，中国法律人至今难有与其比肩者。

王宠惠虽非仕宦之家，也没有雄厚的家资，可是他自幼深受基督教的熏染，少年时代曾师从儒学名师，打下了国学的根底，青年时代云游海外，拥有娴熟而深厚的英文修养、亲历西方法治经验和系统的法律知识。王宠惠的才气与学术功力，无论是在民国北京政府时期，还是在南京国民政府时期，其他法律家鲜有能达到他那样的权威地位，即便到了今天，他学贯中西的学术功底和系统丰富的法律经验，又有几个人能与之相比呢？

（2）蜚声国际法学家

民国官场中的王宠惠，是一个裹挟在军阀政客和党国威权中的学者型官僚。

在民国时期众多的法律家之中，王宠惠对近代中国法制的影响可谓巨大。民国初期有学者曾评价称：“国人对于世界法学实际方面之贡献，至王宠惠而登峰造极，不能复加。”清末民初时期的法律转型、法制思想普及与宪政推广，离不开王宠惠等法律精英的强力推动。

王宠惠曾留学美国、德国、法国、英国，饮誉欧美法学界，学成回国之后，开始了他以法律之学报效国家的艰辛历程。以其独特的视角和眼光，致力于国内完善法制、改革司法。他曾出任民国北京政府修订法律馆总裁、大理院院长。南京国民政府时期，曾出任司法部长、司法院院长等要职，堪称中国近代法律的奠基者。但无论官居何位、职掌何事，王宠惠“为人谦和，手不释卷”的学人本色始终如一。

清末民初的特殊时代背景下，社会动荡不安，多重矛盾交织，包括中国与外国的矛盾，传统与现代的矛盾，中央政府与地方军阀的矛盾，各种党派和政治团体之间的矛盾，等等，动荡的社会环境，给王宠惠提供了展示个人能力、追求、抱负、魅力的大舞台。

晚清以来，特别是南京国民政府时期，关于宪法的理论与实践，以孙中山设计的“五权宪法”模式最具代表性，影响也最大。王宠惠不仅是孙中山宪法思想的主要鼓吹者，也是主要的实践者。王宠惠为何与革命先行者孙中山的关系如此密切呢？

其实，自幼年时代起，王宠惠就结识了孙中山。

王宠惠出生在香港，小的时候就居住在父亲王煜初所主持的道济会堂，这里邻近孙中山读书的雅丽西医书院，孙中山及其他思想倾向革命的青年学子经常成为王宠惠家的座上客。王宠惠一家共有兄弟 6 人、姐妹 3 人，王宠惠排行老四，他与三哥王宠佑同时考取北洋大学，王庞佑攻读工程学，此后兄弟两人又同赴耶鲁大学学习，两人留学所需资费基本是靠孙中山给予资助。孙中山一次曾拿出一万大洋资助王宠惠留学，当时革命党人经济拮据，党内一些同志不免有表示异议者，孙中山却解释道：“培植一位国际知名法学家，其重要性要胜过百万雄师”。

有了孙中山的经济资助，王宠惠免去了在国外留学期间的生活之忧，他始终保持着与孙中山的联系，并尽可能地为孙中山所从事的革命事业做些工作。在耶鲁大学学习期间，孙中山抵达纽约从事革命活动，王宠惠经常赶到孙先生的寓所倾听革命思想，还协助孙中山起草了英文稿本的《第一次对外宣言》，即著名的《中国问题的真解决》；在德国研修期间，孙中山于 1905、1910 年两次欧洲之行，皆约请王宠惠探讨宪法问题，并嘱咐他在留学生中发展同盟会会员，并为革命筹款。后来，孙中山所完成的五权宪法理论，在宪法知识方面多借助于王宠惠。

王宠惠在学习西方法学的过程中，同时接受了孙中山三民主义革命思想。孙中山以其革命哲学成为革命的圣哲，而王宠惠将西方法学与“三民主义五权宪法”理论相结合，实现了中国革命哲学、革命的政治理论与西方法学的结合；同时，也为自己的西学在中国的生根找到了理论的落脚点。

不过，对于孙中山的“五权宪法”思想，王宠惠经历了一个从怀疑、批判到认同的复杂过程。1913年王宠惠拟订的《中华民国宪法草案》，把国家权力分成行政、立法、司法、会计四个部分，并没有“五权思想”的影子，其后草拟的1914年《天坛宪草》和1923年《中华民国宪法》，虽在不同程度上折射出对宪法和宪政的渴求，但也与“五权宪法”思想相去甚远。

南京国民政府成立之后，王宠惠等在创制宪法、倡行宪政方面逐渐体现出“五权思想”，南京国民政府的五院制就是王宠惠等根据“五权宪法”思想设置的。1931年王宠惠等拟订《中华民国训政时期约法》，是“五权宪法”的具体实践。1936年颁布的《中华民国宪法草案》则是根据孙中山的“人民有权、国家有能”而起草的，贯彻了孙中山的三民主义精神，王宠惠是这部宪法的实际“捉刀者”和“把关者”。这部法律草案能够在短短两年之内就完成起草，并在相当程度上达到“中西合璧、兼容无碍”，王宠惠有很大贡献。1946年体现孙中山“五权思想”的《中华民国宪法草案》经由制宪大会通过，王宠惠功不可没，他担任国防最高委员会的秘书长，是这部宪法的具体拟订者及负责审查者。在王宠惠看来，1946年的《中国民国宪法》最为完整详备，在很大程度上融进近代了民主宪政精神要旨。王宠惠称这部宪法“是具有特性的民主宪法”，甚至说“世所称道的魏玛宪法也望尘莫及”。

1929年，王宠惠任南京国民政府的司法院长，大刀阔斧地全方位推进司法改革。提出了保障司法独立、采用陪审制度、筹设幼年法院、改良看守所及监狱等13项计划。这是国民政府以来，第一次系统提出司法改良方针。此后，国民政府的司法改革基本上沿着王宠惠提出的方针进行，并取得了一定成效，如设立县院、解决司法经费、改良监狱等。

不可否认，王宠惠作为特别历史条件下的司法精英，也有其历史的局限性。他谙熟西方宪法体系及宪法精髓，却又难以摆脱司法党化的困扰。他身为国民党控制的司法院长、外交部长、国防最高委员会秘书长，并非纯粹的法律人，面临着追求司法独立与为国民党服务的两难选择，有时还为国民党实现一党专政、违背法治精神而推波助澜。他也经常把法治与政治混为一谈，在法治理想与政治现实中彷徨摇摆，从而丧失了法律精英应有的精神风范。在合法性的名义下，依附于国民党的政治统制，进而沦为政治的附庸。

(3) 涉外交往争权益

除了是公认的杰出的法学家以外，王宠惠作为外交家，在民国的外交舞台上也是声名赫赫。在国际外交上，王宠惠是忠贞的爱国主义者。王宠惠于1912年出任南京临时政府外交部长，当时年仅31岁，在极为艰难的国际国内局势中，他以娴熟的外文和广博的法律知识，争取西方主要国家对革命政府的承认，办理保护侨民等对外交涉事务，在国际上维护国家之权益。

在1919年的巴黎和会上，中国代表曾提出“废除在华领事裁判权”，列强借口该议题不在会议讨论范围之内而加以回避。巴黎和会确立的凡尔赛体系为法国称霸欧洲大陆和英国巩固在中东、地中海的优势创造了条件，又使日本在远东处于优势地位，以至美国国会反对和约，非另开一会议，无法解决这一国际僵局。在此背景下，美国提议在华盛顿召开太平洋会议，讨论远东、太平洋问题及限制军备问题。

王宠惠把这种爱国主义的气节带到了国际外交上，在外交场合，他为了维护民族和国家的利益，决不妥协。1921年7月华盛顿会议召开，时任大理院院长的王宠惠作为中国外交代表赴美出席会议。为争取国际同情、挽回国家权益，王宠惠在会议上义正辞严地提出关税自主、交还山东、取消“二十一条”、废除列强在华领事裁判权等8项要求，并将“废除领事裁判权”作为重点议案。王宠惠详细列举了领事裁判权给中国带来的种种危害，详述了中国司法进步的现状，最后郑重提出："余仅以中国代表团之名义，请求到会各国定一期限，撤废在华之领事裁判权。与会各国现应指定代表，协定日期与中国交涉，拟具一计划，以逐渐修改并最终撤废在华之领事裁判权制度，以便于上述所定期限内完成。"

列强不肯放弃在华之领事裁判权，却又不能不对王宠惠代表中国政府所提合法、合理的要求做出回应。列强原则上虽表示赞同，却借口对我国司法状态还有不明了的地方，决定闭会后3个月，各派委员来中国调查后，再作决定。后来，国联组织调查法权委员会到中国巡回考察并形成《法权会议报告书》，在该报告上签字的中方代表仍是王宠惠。签字以后，王宠惠发表声明并同时发布《中国委员宣言书》，进一步阐明了中国政府的立场，对外国未能即时放弃在华领事裁判权深表失望，同时敦促列强早日满足中国人民的这一愿望。

王宠惠在华盛顿会议上所提"废除在华领事裁判案"，虽未完全达到目的，终获得美国和英国在该问题上对中国的同情，并促成了列强各国组成法权委员会来华考察。同时，王宠惠还巧妙借助国际外交压力，以"废除二十一条案"，迫使日本政府声明放弃在我国东三省的特权；以"废除势力范围案"，促使华盛顿会议通过了"禁止创设势力范围之决议案"。尽管这次会议取得的成果有限，但它终究是一次维护主权的外交胜利。

关于华盛顿会议的是非功过，历来众说纷纭。当会议结果传回国内时，北京政府总统徐世昌下令授于王宠惠为一等文虎章，以酬劳他谈判《中日解决山东悬案条约》的功劳，而国内舆情则是一片愤怒声讨之声。从中国的期望和会议结果的角度来看，中国的大部分要求未能实现，"中国又回到了几个帝国主义国家共同支配的局面"，可以看作是一次失败。王宠惠也称中国参会的目的均未达到，但是他又指出以当时中国之国情"非外交所能收回已失权利"，实有赖国家之进步，才能收回国权。

从历史的角度看，王宠惠作为出席华盛顿会议的中国外交代表，为恢复中国久已丧失的国权进行艰苦努力是值得肯定的，他所提出的废除各国在华特权的议案，大部分内容都以签署条约或协议书的形式形成了文件，为以后中国的废约运动提供了法理基础，朝着中国恢复主权的方向迈出了一大步。

在华盛顿会议上，王宠惠以务实的态度，利用列强间的矛盾，力图通过艰辛谈判收回早年丧失的国权，表明他具有强烈的爱国意识，虽身处弱国逆境，却敢于不惧列强欺凌而奋力拼搏，尽管取得的外交实效并不令后人满意，却使名声大震，不仅在国内受到广泛的尊敬与推崇，而且成为国际知名的外交家。

“九·一八”事变之后，日本竭力扶植“伪满”政权，妄图分裂中国。在这种情况下，王宠惠奉命出席“国联”大会。会上，骄狂的日本代表以轻蔑的口吻挑衅王宠惠：“你是代表南京国民政府呢，还是代表东北满洲国政府？”王宠惠立即站起来，慷慨激昂地大声回答：“我代表贵国承认的那个中国政府。”一时，各国代表掌声雷动，日本代表自讨了个没趣，悻悻而退。

1943 年 11 月，美国总统罗斯福、英国首相丘吉尔和中国国民党政府主席蒋介石，在埃及名城开罗举行会议，讨论与中国和亚洲有关的重大军事、政治问题，包括联合对日作战计划和战后处置日本问题，会后发表了三国签署的“开罗宣言”。这是第二次世界大战期间，同盟国十几次最高级会议中唯一有中国参加的一次，中方代表团由 18 人组成，大多是陆海空军高级将领，王宠惠以国防最高委员会秘书长身份参加会议。

在拟定开罗宣言过程中，英国代表首先提出了一个草案文本，关于战后中国收复日占领土的表述，引起了王宠惠的极大愤慨，因为这事关中国的领土完整和国家权益。王宠惠旗帜鲜明地表示要在“开罗宣言”中写明“战后，满洲、台湾、澎湖当然归还中国”，英国代表则认为：“对于日本其他占领地区既皆未说明归属何国，独对满洲、台湾、澎湖，声明应归还中国，似不一律”，再者，“日本放弃以后，当然归属中国，不必言明”。于是英国代表将“满洲、台湾、澎湖当然归还中国”改为“满洲、台湾、澎湖当然必须由日本放弃”。

王宠惠立即向英国方面提出交涉，他强调指出：“如此修改，中国不能赞成，世界各国，亦将引起怀疑。世人皆知此次世界大战，由日本侵略中国东北而起，而吾人作战的目的，也旨在贯彻反侵略主义，若如此含糊，只说日本应该放弃而不说应归何国，则中国人民乃至世界人士，皆深感困惑；故中国对此修改文字，碍难接受。……措辞如果如此含糊，则会议公报将毫无意义，且将丧失其价值。”

王宠惠的观点既符合国际法的基本原则，更关乎中国的主权与利益，同时表明了决毫退让的态度。王宠惠又利用美国、英国、苏联之间的微妙关系从中斡旋，在美国方面的支持下，迫使英国做出妥协，会议公报最终载明：“使日本所窃取于中国之领土，例如满洲、台湾、澎湖群岛等，归还中华民国”。这一条款具有重大意义，它谴责了日本自甲午战争和“九·一八”事变以来对中国的侵略，承认了东北和台湾、澎湖都是中国固有领土，肯定了中国收复包括上述领土在内的全部失地，恢复国家领土主权完整的正当权利。后来，1945 年 7 月的波茨坦公告再次重申“开罗宣言之条件必将实施”。

王宠惠的据理力争，为战后中国顺利收回被占领土确立了国际法依据，为维护中国权益及奠定远东格局发挥了关键作用。他在在民国时期的外交场合应对迅捷，词锋机敏，以他忠贞的爱国主义精神，机敏的词锋，为中国在国际外交舞台上争得了尽可能大的尊重。

王宠惠在国际法方面的贡献，则主要体现在他在海牙国际法庭供职时的杰出表现，及他在联合国宪章制定过程中所做的开创性工作。1923 年，王宠惠受北洋政府的委派，出任海牙国际法庭大法官。在海牙，他处理国际纠纷时的公平与适当，他的深厚广博的法学素养和他的绅士风度，都使得各国的学者和政治家们为之叹服，并为祖国争得了巨大的荣誉。

1942 年，王宠惠主持“建构联合国集体安全讨论”，他逐步形成了国际集体安全的 15 点建议；至 1944 年在美国顿巴顿橡树园会议和 1945 年旧金山会议上，中国对联合国宪章的意见均出自王宠惠的 15 点建议，并有多项为联合国宪章所接受，从而确立了中国为联合国创立国之地位。

1945 年，王宠惠代表中国政府出席旧金山会议签署联合国宪章，中国共产党代表董必武作为中国代表团的成员之一参加了会议。50 个国家的 153 名代表在宪章上签字，第一个签定的即是中国政府代表团。王宠惠对联合国宪章的制定提出了富有建设性的建议，《联合国宪章》共有中、法、俄、英、西5种文本，王宠惠负责润色和审定中文版本，其卓有成效工作受到出席会议的各国代表的好评。

(4) 谦谦君子重品行

王宠惠是蜚声海内外的学问大家，待人接物极为谦和，立身处事极具克己和自制能力。

在日本东京留学期间，他与赴日的中国留学生租屋同住，王宠惠住在楼上，其他学生住在楼下。为了生活方便，他们雇了一个日本女佣，容貌艳丽，举止妖冶。当时王宠惠只有20多岁，年少英俊，日本少女对他一见倾心。那个日本少女常常向他献媚，并且常以语言对他进行挑逗，可是他不为所动。

王宠惠曾请求中国留学生劝告日本少女，以后不要再骚扰他，可是这个日本女人不听劝告。一天清晨四点左右，天还没有亮，那位春意荡漾的日本少女，赤身裸体地进入王宠惠房中，向他求欢。王见状大为惊骇，急忙大呼："不可，不可！"少女只得狂奔而走。住在楼下的其他几位留学生，听到王宠惠在楼上大叫，都从梦中惊醒过来，他们都跑到楼上，询问发生了什么事，可是王宠惠当时坚持不肯说。后来他们知道详情，对于王宠惠见色不淫的定力，十分钦佩。

这则故事是根据《革命逸史》所记载，真伪已无从考，但是王宠惠一生个人品格清高，仁慈爽直，淡于名利，不好女色，却是事实。在这个意义上，说明王宠惠不是那种沽名钓誉之徒，而是真的"尊德性，道问学"的谦谦君子。

王宠惠治学范围广泛，除政治、法律、外交以外，又涉猎群书，注重个人修养。他自己曾说："发怒、使气、骂人、此太容易，人人会得，用不着学，连小孩子也用不着教，要发怒而能不发怒，要使气而能不使气，要骂人而能不骂人，那才是难，那才要学。”这是他的修养之道，于大处着眼、小处着手，而臻炉火纯青境界。一次，王宠惠以外交官身份出使英国伦敦，参加外交界的宴会，席间有位英国贵妇人问王宠惠：“听说贵国的男女都是凭媒妁之言，双方没经过恋爱就结成夫妻，那多不对劲啊！像我们，都是经过长期的恋爱，彼此有深刻的了解后才结婚，这样多么美满！”王宠惠笑着回答：“这好比两壶水，我们的一壶是冷水，放在炉子上逐渐热起来，到后来沸腾了，所以中国夫妻间的感情，起初很冷淡，而后慢慢就好起来，因此很少有离婚后事件。而你们就像一壶沸腾的水，结婚后就逐渐冷却下来。听说英国的离婚案件比较多，莫非就是这个原因吗?”

由于独特的历史环境和个人的价值取向，王宠惠的最终选择不无遗憾。日本战败后不久，蒋介石悍然发动内战，王宠惠于1947年出任司法院长，为蒋介石的反动行为，在法统上予以狡辩和背书，从而走向了人民的反面。最终，民心尽失的国民党政权被赶出大陆而退居台湾，失意的王宠惠于1949年以养病为名前往香港，次年春天转赴台湾，曾一度出任台湾当局的“司法部长”，1958年3月15日因心脏病复发在台北病逝，结束了他传奇的一生。

第19任

王正廷：奥运先驱强国梦

他是近代民国史上一个声名显赫的人物，一生经历丰富，涉猎政治外交、宗教慈善、文教体育、实业交通等多领域。在民国政坛纵横打拼，与两个重要人物孙中山、蒋介石均关系密切；在民国外交界纵横驰骋并卓有建树，成为风云人物，致力奥林匹克运动在中国的开展，因其对中国体育事业的贡献，被誉为“中国奥运之父”。

小 档 案

姓名：王正廷

字号：字儒堂，号子白

籍贯：浙江奉化人

祖父：王世官

父亲：王际唐

母亲：施爱丽

妻子：施美利

叔父：王际汉

出生：1882 年 9 月 8 日

出世：1961 年

著作：《王正廷博士演讲集》

简 历

1882年，9月8日出生于浙江奉化。

1888年，进入宁波三一书院（时为小学，1916年改为三一中学）读书。

1892年，到上海进入英国传教士办的中英学校就读。

1896年，考入了北洋大学堂二等学堂（预科）。

1900年，升入北洋大学堂头等学堂（本科）。

1901年，北洋学堂停办而辍学，返回上海进海关任职。

1905年，赴日本筹设中华基督教青年协会分会，加入同盟会。

1907年，赴美国留学。先入密歇根大学学习法律，次年秋天转入耶鲁大学法学院。

1910年，毕业于耶鲁大学法学院，后留耶鲁大学研究生院深造。

1911年，武昌起义爆发后，任黎元洪都督府外交司司长，12月任临时参议院议员。

1912年，任唐绍仪内阁工商部次长兼代总长，7月任中华基督教青年会全国协会总干事。

1913年，4月当选为参议院议员及副议长，一度代理议长。

1916年，袁世凯死后，国会恢复，继任参议院副议长。

1917年，赴广州参加护法运动，9月署理军政府外交总长。

1919年，任中国出席巴黎和会全权代表之一，坚持拒签对德和约，获国内好评。

1921 年，到北京就任中国大学校长，这一职务长期连任。

1922 年，3 月任“鲁案”善后督办，12 月同日本签订“鲁案协定”。

1922 年，12 月 11 日被黎元洪任命为代理国务总理兼外长，至月底结束。

1922 年，被选为国际奥委会委员。

1923 年，3 月任中俄交涉督办，至 1924 年 5 月与苏联代表签订“中俄协定”。

1924 年，被推选为“中华全国体育协进会”名誉会长。

1927 年，夏天任陇海铁路督办。

1928 年，6 月任南京国民政府外交部长、国民党中央政治会议委员及中央执行委员。

1933 年，任“中华全国体育协进会”主席董事。

1936 年，8 月出任驻美大使。

1936 年，担任第 11 届奥运会中国代表团总领队。

1938 年，9 月奉调回国，任国民党中央执行委员和国民政府委员。

1948 年，担任第 14 届奥运会中国代表团总领队。

1949 年，去香港，任太平洋保险公司董事长。

1961 年，5 月 21 日在香港病逝。

(1) 奉化少年爱体育

谈起浙江奉化，都知道那儿是蒋介石的老家。谈起奉化名人，大都离不开蒋介石，甚至蒋家的后代。很多人没有想到另一位奉化名人，那就是比老蒋资历更老，比老蒋出道更早的王正廷。翻开民国外交历史，几乎每个重大历史事件都有王正廷的名字出现。在中国近代史上，王正廷是一位可圈可点的人物。

王正廷出生在一个农民家庭，祖上几代信教，他的曾祖母任氏、祖父世官、父亲际唐都是皈依基督的信徒。王正廷的父亲王际唐娶宁波庄桥施爱丽为妻，夫妇共生育五子六女，王正廷在男儿中排行第三。王正廷从小就受到基督教的洗礼，少年时期所受的教育便是在教会学校完成的，其间的学业也得到过教会资助。

王家世代务农，家庭长期过重的生活负担，造成债务累累，经济无力偿还。王正廷在四、五岁的时候，因家庭生计所迫，全家迁往外婆家慈溪庄桥定居。年幼的王正廷被一只小小米箩筐挑着来到慈溪。

王正廷少年时接受教会学习，青年时学法律，接受新学。那时候，他刚二十出头，风华正茂，血气方刚。封建王朝摇摇欲坠，苦难民族前景暗淡，国家兴亡，匹夫有责，社会现状迫使他苦苦思索救国道路。

王正廷十分热爱体育，不仅仅出于个人爱好，更是希望通过发展体育事业来提高国民身体素质，洗刷“东亚病夫”的耻辱，最终实现强国富民的奋斗目标。

1900年，王正廷考入北洋大学堂的头等学堂。北洋大学堂原名天津北洋西学学堂，是中国近代史上的第一所大学，诞生于中国历史上不寻常的1895年，创办人是鼎力协助李鸿章发展洋务运动的实业派人物盛宣怀。创建之初，设立头等学堂和二等学堂，头等学堂为大学本科，二等学堂为预科。著名经济学家马寅初、海牙国际法院大法官徐谟和著名诗人徐志摩等，都是王正廷在该校的校友。

王正廷入学的时候，正值中国政局动荡的特殊日期，但校园时的新式体育活动非常活跃。第二年，全校举行了首次赛跑比赛，王正廷积极参加且从此成为校内体育运动的骨干。1899 年他参与了由北洋大学主办的全国首次校际体育运动会——天津学堂联合运动会的组织工作。此后的 1902—1904 年，他组织了天津基督教青年会第一、第二次全市年度运动会、天津中等以上学堂联合运动会和北洋大学堂暨新学书院两校运动会。

王正廷对体育的兴趣，就是从进入北洋大学堂的时候开始的，后来他致力于中国体育运动的发展，都与在北洋大学学习期间的经历密不可分。经过这些历练，王正廷对体育活动的驾驭、组织能力得到了充分的锻炼和展示。

王正廷于 1916 年回乡时，出资建造了一所小学，名曰“务本学校”。学校建成后，孙中山应王正廷要求题写“务本学校”匾额。王正廷把学校命名为“务本”，其初衷是“视教育或体育为强国之本”。当时的宁波《时事公报》进行报道时，称赞王正廷开办了一所“模范小学”，实施最新的教育方法。所谓最新教育法之一，便是开设体育操练一课。根据村民的回忆，那时学校体育设施比较齐全，有木球、乒乓球、排球、铁饼、铅球、吊环等。同学们经常在课上课下娱乐、锻炼。

学校开设体育操练课，在当时小学中是很少见的。但对于王正廷来说，却是理当如此的事情，他也是他一生爱好体育的集中体现。

（2）纵横政坛锋芒露

20 世纪初，大批中国青年飘洋过海来到日本留学，中华基督教青年会在留日学生中筹建“中华基督教留日青年会”，于 1906 年 4 月任命王正廷为总干事，派他去日本主持。在日本，王正廷加入了同盟会，迈出了走向政坛的关键一步。

王正廷在民国政坛纵横打拼，与两个重要人物关系密切，非同一般，一是孙中山，另一个是蒋介石。

王正廷最早结识孙中山是在日本，1905 年他来到日本，以教友身份登门拜访孙中山，受到孙中山的热情接待，他向孙中山请教了革命与信教的关系问题。孙中山勉励王正廷敦品励学，以尽当代青年之责任。

1906 年初冬，同盟会在东京举行的《民报》创刊周年大会，王正廷出席会议并亲耳聆听了孙中山在会上对三民主义思想的系统阐述，从此，王接受了孙中山的革命思想，申请参加资产阶级政党同盟会。1907 年春天，由孙中山亲自主持入会仪式，王正廷在东京的同盟会总部宣誓入会，开始了由基督教徒向为民主革命志士的转变，也有了更多的机会了解和追随孙中山。

1911 年，从美国学成回国的王正廷，在上海基督教青年会任职，并参与同盟会的活动，把孙中山的思想贯穿于政治活动。武昌起义成功后，中华民国军政府湖北都督府成立，革命党人胡瑛被推为外交部长，急需会讲外语、精通法律、有国际交往经验的外交人才。经过推荐，王正廷任湖北军政府外交部副部长。上任后，王正廷参与起草了《中华民国鄂军政府改订暂行条例》、《中华民国临时政府组织大纲》等重要文件，12 月就升任湖北军政府的外交部长。同年 12 月 29 日，在南京召开由 17 省都督府代表参加的联席会议，投票推举孙中山为中华民国临时大总统。17 省代表中有 16 人投了赞成票，王正廷是投赞成票的其中之一。

孙中山在南京就任临时大总统，组建临时政府内阁，成立临时参议院，推荐王正廷任副议长兼法律审查委员会会长，参加起草并主持通过了《中华民国临时约法》。

孙中山辞去临时大总统之后，王正廷曾任袁世凯北京政府的工商部次长、代理总长，辞职以后加入国民党，后随孙中山巡视江、浙、赣、皖四省。1913 年和 1916 年，王正廷两次任北京参议院副议长，因遭袁世凯迫害，郁郁不得志，遂于 1917 年 7 月离开北京南下，经上海赴广州，参加孙中山领导的护法运动，任南方非常国会参议院副议长。同年 9 月 1 日，王正廷代表非常国会，将象征中华民国行政权的大元帅印，亲手授予孙中山。

孙中山就任大元帅的就职典礼上，大元帅印就是从王正廷手里接过的。在王正廷的从政生涯中，对于向孙中山授印这件事，他最引以为光荣和自豪，也表明了他与孙中山关系的密切程度。这年的9月10日，孙中山正式提出军政府组成名单，首先任命王正廷为中华民国军政府外交次长、代理外交总长。

除了孙中山之外，王正廷与中国历史上另一位重要人物、奉化老乡蒋介石的关系也非同一般。王正廷与蒋介石初次相见是1912年，南北议和的会议之后，王正廷到上海拜访沪军都督陈英士，恰逢蒋介石在场。陈向王特意介绍这位小同乡，要王正廷留心关照。那个时候，王的资格要盖过蒋，所以才有“关照”一说。4年之后，王正廷赴美之前向孙中山辞行，又在广州大元帅府遇见了蒋介石，那时的蒋介石也还没有出人头地，只不过是大元帅府的一名军事幕僚，而王正廷已经是特任外长、国会议长，因为几年前的相识，两人只是简单地攀谈几句，并没有深入的交流与沟通。不料10年后蒋主动找上门来。

时间一晃就是10年，1927年1月，已是北伐军总司令的蒋介石攻占南昌，北有北洋军队阻挡，西有武汉政府牵制，列强兵舰游弋长江，外交和财政，成为亟待解决的两大问题。蒋介石采纳其盟兄黄郛的主意，请王正廷出山，与外国驻沪领事团协调谈判，以求得列强的支持。王正廷接受委托，以蒋介石私人代表身份，与各国驻沪领事团接触，力争达到蒋要求的“友邦谅解”。到了这个时候，两人的关系有了更深一步的发展。

刚刚过去3个月，发生了“四·一二”政变，国内一片讨蒋之声。蒋介石为摆脱困境，急于争取冯玉祥，又派与冯玉祥交情深厚的王正廷到郑州。王正廷先在冯的第2集团军当上了总司令部参赞，随即又兼任陇海铁路督办，在他的积极斡旋下，蒋冯终于与6月19日在徐州黄口车站会面，联名通电“中正、玉祥并肩携手”，迫使汪精卫政府迅速右转，发动“七·一五”政变，实现了宁汉合流。

这两件事，让蒋介石对王正廷刮目相看，敬重有加，1927年12月，蒋介石和宋美龄在上海举行婚礼，代表男方的证婚人有两位，一位是国民党元老吴敬恒，一位就是王正廷，可见蒋待王之殊遇。从此，王正廷与蒋介石就在政坛上走的越来越近了。

(3) 维护尊严强外交

王正廷就学的天津北洋大学堂，因在国内外享有崇高声誉，毕业生可免试进入美国哈佛、耶鲁等著名大学学习深造。王正廷从北洋大学堂毕业后赴美，先后在密歇根大学、耶鲁大学学习法律，回国后进入政界发展。

有了美国著名耶鲁大学留学经历这块金字招牌，英文好，懂法律，加上当时的中国闭关锁国，外交人才奇缺，王正廷进入政界、外交界后，多次担任重要职务，先后担任南京临时政府参议院副议长，北洋政府工商部次长、外交总长等职，国民政府时期曾任外交部长和驻美大使，他在政府、外交两界如鱼得水，纵横自如，几乎参与了民国史上几起重大的外交事件，并卓有建树，成为民国时期的外交风云人物。

1919年1月，第一次世界大战结束，中国作为“战胜国”派出5名全权代表出席在凡尔赛宫举行的巴黎和会。这5名代表并不是来自一个政府，有时意见未必完全相同，首席代表陆征祥是北京政府外交总长，二号人物王正廷则是南方军政府外交部长。在巴黎和会上，山东问题成为焦点之一，美、英、法三国首脑将德国在山东的权益全部转让给日本，写进“凡尔赛和约”，中国外交失败。5月1日，消息传到国内，反帝爱国的“五四运动”由此爆发，席卷全国。

王正廷作为出席巴黎和会的中国代表团二号人物，是第一个坚决提出拒绝签字的，其后其他代表才随之表态拒签，使反对签字的代表数量占居了多数。中国拒签“凡尔赛和约”，让山东问题成为悬案，打击了日本独占中国的野心。也为中国的外交开创了一个敢于抗争强权，独立自主的先例。这是王正廷外交生涯中，最为得意的一笔。

1921年11月“华盛顿会议”召开，中国代表团向大会递交要求废除不平等条约、取消列强在华特权及争取国际平等地位的“十原则”提案，同时把因拒签“凡尔赛和约”成为悬案的山东问题提出。中日经过36轮会谈，签订了《解决山东悬案条约》。根据这一条约，北京政府于1922年3月任命王正廷为鲁案善后督办，围绕山东权益的交还，与日本进行了长达5个月，共71次会议的激烈争辩。驻守胶州湾的日军不得不于1923年1月撤退回国，中国终于收回了山东主权。这是近代中国重要的外交成就，王正廷功不可没。

1922年12月10日，举行青岛交接典礼，时任北洋政府外交总长的王正廷，代表中国政府收回青岛政权。大总统黎元洪为表彰王正廷交涉收回青岛主权和胶济铁路的贡献，下令颁授一级大绶宝功勋章一座。同日，还特任王正廷兼代国务总理。

另外，王正廷在处理中苏关系中，坚决维护中国权益，也是重要的外交成就。1917年十月革命后，新生的苏维埃政权急于谋求与中国建立外交关系。1919年7月15日，苏联政府发表宣言，表达了与中国北南政府建立外交关系的强烈愿望，宣布废止以往沙俄与中国订立的一切条约，把沙俄掠取和侵夺中国的领土与财产全部交还中国。

对于新生苏维埃政权的积极态度，社会各界反响很好，民众也热烈赞扬，各群众团体纷纷表示支持，但中国当时的南北两个政府不大积极，不理不睬，在舆论压力下，北洋政府才派人到莫斯科，做非政治性接触。1920年9月27日，苏俄又发表第二次对华宣言，进一步阐明立场，表明态度，但仍然没有实质性进展。取得实质突破，是在1923年1月，北洋政府指派王正廷筹办中苏交涉事宜。

王正廷代表中国政府，与苏俄政府代表加拉罕就外蒙问题、中东铁路问题、庚子赔款用途问题、松花江黑龙江航行权利问题、华侨损失赔偿问题等，进行了为期一年的会谈。1924年3月14日，王正廷和加拉罕以政府全权代表资格，在《解决中俄悬案大纲协定草案》、《暂行管理中东铁路协定草案》及7种附件上非正式签字。

中俄大纲协定等相关文件的草签，得到中国各阶层民众的热烈赞同。王正廷认为，北京政府的拖延，丧失了最佳时机，使得苏俄的态度比两次宣言多有倒退。但这份协定“完全立于相互平等之基础上，为互惠之协定”，也是自1921年《中德协定》后，中国与外国签订的第二个平等条约。李大钊也有评论：“王正廷博士与加拉罕先生所达成的协议草案，是中国外交史上最好的协议”。

1928年6月，王正廷任南京政府外交部长，积极推行改订新约运动，就是要把1840年以来列强与中国签订的一系列不平等条约废除、解除。在这方面，最让中国人印象深刻、备感屈辱的，就是外国列强在中国土地上建立租界和拥有治外法权。王正廷任外交部长时，在中国拥有租借地、享有治外法权的国家共有16个，在王正廷的努力下，中国先后收回了天津比利时租界、镇江英国租界、厦门英国租界和威海卫的外国租借地。为纪念中国收回威海卫租借地，王正廷亲自为屹立在市中心的“收回威海卫纪念碑”题写了碑文大字。

(4) 现代体育创始者

王正廷在政治、外交界纵横驰骋，他也积极关注和参与中国的体育事业，当年国际奥委会菲律宾籍委员瓦加斯来华考察体育，与王正廷相识，随后一起联络东亚各国，发起组织远东体育协会。远东运动会被后人视为“亚运会”的前身，王正廷也自然成为了现代亚运会的创始者之一。

众所周知，亚运会的前身是远东体育协会主办的远东运动会，由菲律宾、中国和日本3国发起并轮流举办。1913年第1届远东运动会在马尼拉举行。在王正廷的直接组织下，中国运动员参赛并取得了总锦标赛第二的好成绩。这届远东运动会，成为了现代体育运动在亚洲的先驱，有助于增强中国人的体育意识，促进了现代体育运动在中国的初步开展。随后，中国又以积极参加远东运动会为契机，这是中国发展现代体育运动结出的第一个硕果。

1915 年第 2 届远东运动会在上海召开。这是中国首次举办大型国际运动会，社会各界为之瞩目。1915 年 5·月 14 日上海《申报》发表评论说：这是“开中国自古以来未有之奇观”。但当时处于内忧外患的中国政府无暇顾及，筹备运动会的重任落在会长王正廷身上。王正廷四处筹资，好在大总统袁世凯、副总统黎元洪以及政界名流孙宝琦、熊希龄、萨镇冰、唐绍仪等人皆慷慨捐款相助，在王正廷的精心组织下，运动会才得以如期举办，外交部特派员杨小川和参议院副议长王正廷分别代表大总统袁世凯和副总统黎元洪宣读祝词。

在这届运动会上，东道主中国代表团以总锦标第一的成绩大获全胜，来自南开中学的郭毓彬选手获得田径比赛 1 英里和半英里两项冠军。尤其值得一提的，中国足球队在那个时候就荣获了冠军，这个不俗的成绩让一个世纪后的我们也倍感扬眉吐气。

作为运动会的主要组织者，王正廷后来忆及这段往事时百感交集：“说来惭愧，偌大一个上海，居然没有一个中国人自己所有的像样的运动场，我只好向外侨借用虹口靶子公园充数。”因为王正廷在组织和筹备首届中国体育赛事的突出表现，1924 年他被推选为新成立的“中华全国体育协进会”名誉会长，1933 年任该会主席董事。王正廷虽然身在政界，但对体育却痴心不改，后来，在全国性体育组织和国内、国际大赛中充任多个要职，并始终关注和参与现代体育运动在中国的发展。

(5)“奥运之父”留英名

追溯中国的奥运历程，不能忘记那些曾经为奥运精神在中国传播竭尽心血的有志之士，这其中人们首先应该记住中国第一位国际奥委会委员王正廷，他是近代中国奥林匹克事业著名领导人，因他对中国体育事业的卓越贡献，被誉为“中国奥运之父”。

1894 年 6 月，国际奥林匹克委员会正式成立，标志着现代奥林匹克运动已走过一个多世纪的历程。伴随着这一世界性体育盛会日益受人瞩目，“更快、更高、更强”的现代奥林匹克精神也为世人所熟知，激励着世界各国人民奋勇拼搏，向辉煌的目标迈进。

中国人最初是通过了解奥运会来认识奥林匹克运动的，1896 年，第一届现代奥运会举办前，国际奥委会向清政府发出邀请。处于内忧外患、不知奥林匹克运动为何物的清政府与奥运会“擦肩而过”。

1904 年，腐败的清政府处于风雨飘摇之中，国力的衰弱难有体育的强盛，许多中国报刊曾报导过当年第 3 届奥运会的消息，但是未能在社会上引起反响。1907 年以后，一些基督教青年会和教会学校人士开始在社会上宣传奥林匹克运动。同年 10 月 24 日，著名教育家、体育家张伯苓先生在天津青年会第 5 届学校运动会的演说中指出：虽然许多欧洲国家获奖机会甚微，但仍然派出选手参加奥运会，凸显奥运会重在参与的基本宗旨。

1922 年，国际奥委会增选远东体育协会的发起人和赞助人之一入选国际奥委会委员。结果，当时任北京中国大学校长的王正廷入选，成为第一位中国籍和远东地区的国际奥委会委员。这样，中国与国际奥委会建立了直接的联系，炎黄子孙首次与国际奥委会“亲密接触”。

1924 年，中国政府派出 3 名网球运动员，参加了第 8 届奥运会表演赛，在这届巴黎奥运会的赛场上，世界人民第一次看到了黑头发、黄皮肤的中国人，他们分别是中国留美学生吴仕光、韦荣洛、徐恒。3 个小伙子不是运动员，却上了场，在场上不是争夺分数，而是进行网球表演赛。他们懂得，表演赛虽然不是比赛，却起到了参与的目的，这对在奥运会大门外观望的四万万中国人来说，意义重大。

中国人之所以能在奥运场上表演，是因为中国人王正廷入选了国际奥委会委员。在这之后，王正廷又派宋如海观看了 1928 年荷兰阿姆斯特丹第 9 届奥运会，同样未参加实际比赛。

中国的体育组织正式与国际奥委会发生联系是在1931年，当时中华全国体育协进会被国际奥委会认同为中国国家奥委会。1932年，刘长春克服重重障碍，独自代表中国参加美国洛杉矶第10届奥运会，刘当时是东北大学的学生、全国百米纪录保持者。几十年来，大家都记住了刘长春，多数人未曾留心当年在码头出征那一幕，代表祖国为他壮行的人，正是王正廷，他是当时中华全国体育协进会名誉主席董事。王正廷送别刘长春时，向他赠送国旗和体协会旗，说道："予今以至诚之心，代表中华全国体育协进会授旗与君，愿君用其奋斗精神，发扬于洛杉矶市奥林匹克运动场中，使中华民国国旗于世界各国之前，是乃无上荣光也。"

刘长春成为中国参加奥运会第一人，王正廷也成为国内第一个派人参加奥运会的官员。

1935年11月，王正廷向国家行政院正式提出的参加第11届柏林奥林匹克运动会的计划获得批准。在这届奥运会上，由140人组成的中国代表团、考察团历经磨难抵达德国柏林，参加了田径、游泳、篮球、足球、举重、拳击、自行车等项目预赛，仅有撑竿跳高取得了比赛资格，但武术表演却极为出彩，大扬中华精神，让全场观众看得目瞪口呆。王正廷除了做好运动员、教练员慰问、鼓励工作之外，还开展了一系列体育外交、参观活动。在他的推荐和外交斡旋下，这届奥运会决定由中国的舒鸿担任首次设立的男子篮球项目决赛的执行裁判。

随着奥林匹克运动在中国的发展和国际影响的日益扩大，1939年国际奥委会增补了孔祥熙为国际奥委会中国委员。孔祥熙是一个与中国体育事业毫无关联的人，他出任国际奥委委员，很多人感到不可思议，就连体育界圈内人士也都莫名惊诧。那么，孔祥熙究竟是如何当选为国际奥委会委员的呢?

按照《奥林匹克宪章》的规定，一个国家可以有1至3名国际奥委会委员。但是否拥有奥委会委员席位以及拥有多少，要视各国的综合国力、国际地位与在世界体育界的影响力而定。另外，当选国际奥委会委员，除个人的能力威望之外，也与推荐者的影响力与话语权有关。另外，按照宪章规定，国际奥委会委员的产生，需要一名现任的国际奥委会委员推荐，奥委会执委会最后审核批准。

王正廷是当时唯一的国际奥委会中国委员，也是社会名流，具有一定的知名度和影响力，在参与国际奥林匹克事务中，王正廷明显感觉到中国话语权的单薄，中国体育运动接轨国际的步履艰难，他迫切希望在中国能够再产生一名国际奥委会委员，以便形成合力，共同应对相关问题。王正廷便广泛游说国际奥委会执委会成员，在对增加一名中国委员基本达成共识后，王正廷便在 1939 年英国伦敦的国际奥委会成员会议上，正式推荐孔祥熙出任国际奥委会委员，并得到执委会批准。这样，孔祥熙便成为继王正廷后中国第二位国际奥委会委员。

那么，王正廷为什么选择了与体育毫无关系的孔祥熙呢？这应该从王正廷选派刘长春两次参加奥运会说起。我国第一次参加奥运会，就只有唯一一个选手刘长春。因为当时赴美参加比赛的旅费需要不少钱，当时教育部又没有经费支援，幸好时任东北大学校长的张学良出面，资助经费共 8000 银圆，约合美元 1500 元，才解决了燃眉之急。刘长春在经过 23 天的海上漂浮，又因为营养不良，体力早已大受影响，原来报名的 3 个项目只参加 2 项，都是名列分组预赛的最后一名，未能晋级决赛。比赛结束后，刘长春因路费不够，而无法回国，后来是在当地华侨的捐助下，才回到中国。1936 年刘长春第二次代表中国，参加第 11 届奥运会，同样由于 28 天的海浪颠簸，体力消耗较大，而未能取得好的成绩。

由此，王正廷深切感到最发展体育必须有足够的经费支持，换句话说，他感觉到了金钱对体育的重要性。孔祥熙时任国民政府行政院院长并兼财政部长和中央银行总裁等要职，是中国行政和经济事务的最高长官，他的职位、经历虽与体育事业毫无关联，但发展奥运事业必须有像孔祥熙这样的“财神”鼎力支持。正如多年后王正廷对中国体协董事会总干事董守义所云：“中国参加奥运会的经费来源都是依靠政府补助，国际奥委会中国委员中必须找一个能向政府说话的人，有找钱能力的人才行。”

当然，也有人指出，王正廷推荐孔祥熙也还掺杂着个人因素，孔是王当年在美国耶鲁大学的同学，两年的关系极为密切，恐怕不能说与这个因素毫无关系。

孔祥熙当选为国际奥委会委员后，并没有表现出对体育事业以及奥林匹克运动的足够兴趣，但对体育事业的支持还是做了一些工作。1935 年，王正廷向行政院正式提交参加第 11 届柏林奥运动会经费预算，80 名运动员和 20 名工作人员组成的代表团，往返车船、制装及训练等费用约需 17 万，孔祥熙在审核预算清单时，非常爽快地答应了。

1948 年 7 月，王正廷率团参加在英国伦敦举行的第 14 届奥运会，当时国内战事正酣，运动员谈不上什么正规的训练，最后没有取得任何名次，甚至国内的关注度也不在高。运动会要结束时，代表团已不够回程旅费，王正廷向国内求援遭到拒绝。教育部复电“政府不能追加预算，请代表团自行解决”。王正廷只得利用自己的关系，请英国的朋友捐款，东拼西凑，仍然是杯水车薪无济于事。王正廷除了自己掏腰包垫支少量经费外，又一次向孔祥熙求援。闻知中国代表团的窘迫境遇，又碍于王正廷的特殊关系，孔祥熙随即指令财政部有关方面给王正廷汇款 3000 美元，中国奥运代表团的归国经费这才有了着落。

也正因为如此，王正廷感觉心灰意冷。这一年的年底，他便离开大陆移居香港。1955 年 6 月，74 岁的王正廷参加了国际奥委会在巴黎举行的第 50 届年会。1957 年，他在保加利亚索非亚国际奥委会第 53 届年会上辞去了国际奥委会委员职务，应聘为名誉委员，逐渐淡出了他为之奋斗大半生的奥林匹克事业。

王正廷为中国体育事业的发展立下了汗马功劳，所作出的贡献和取得的成就，奠定了他在中国近代体育史上的重要地位。1961 年 5 月 21 日，王正廷在香港病逝。

第 20 任

张绍曾：宦海沉浮不由己

他是民国前期的重要人物，军衔至陆军上将，曾出任北洋政府三届内阁的陆军总长，一任国务总理兼陆军总长；为逼清廷立宪，发动滦州兵谏与起义，以失败告终；他支持蔡锷组成反袁讨逆军，反对袁世凯复辟帝制，在直系倒黎斗争中被迫辞职下野；夜赴鸿门宴遇刺殒命，成国民国史上一大谜案。

小 档 案

姓名：张绍曾

字号：字敬舆

曾祖：张德宽

祖父：张植

父亲：张汝封

出生：1879 年 10 月 9 日

去世：1928 年 3 月 21 日

籍贯：河北省大城县

简 历

1879年，10月19日出生。

1895年，报考北洋武备学堂。

1900年，被选派到日本士官学校留学，学习炮兵科。

1902年，2月回国，光绪帝诏令觐见。

1903年，到北洋速成武备学堂任教职。

1905年，入直隶督练公所教练处任总监督，陆军第五镇正参领官。

1906年，9月新军参加彰德秋操，被派为北军第5混成协正参谋官。

1907年，与吴禄贞、蓝天蔚一同加入同盟会，调到奉天任职。

1909年，调任陆军贵胄学堂监督。

1910年，随贝勒载涛出洋考察欧美陆军，任陆军部右侍郎兼陆军贵胄学堂总办。

1911年，任新军第20镇统制，驻守奉天新民屯

1911年，11月7日吴禄贞被袁世凯暗杀后，调任长江宣怃大臣，未赴任，潜至上海。

1912年，被袁世凯任命为长江宣抚大臣。

1913年，被袁世凯任为绥远将军兼垦务督办。

1914年，4月曾奉调回京，加封“树威将军”称号。

1917年，年底被任命为陆军训练总监。

1922年，在唐绍仪、王宠惠、汪大燮三届北洋内阁中连任陆军总长。

1923年，1月4日组阁，出任北洋政府第23届总理，并兼署陆军总长。

1924年，1月被曹锟解除陆军总长职务，授为“树威上将军”名号。

1928年，3月21日在天津遇刺身亡。

(1) 立志振武救国家

张绍曾系直隶省津海道大城县张思河村人，出生在一户贫苦农民家庭，父亲张汝封先给地主当长工，后来刻苦自学考中秀才。张绍曾随父亲读书，他天资聪明，“幼即岐嶷秀颖，有异常儿”。

幼年之时，张绍曾的父亲为邻村抗粮斗争书写呈文遭官府通缉，携张绍曾全家逃到天津，住在西门里任家胡同，父亲在天津设私塾收徒授课，以此维持生计，后来到一户姓王的人家教家馆，母亲干些缝补浆洗的零活，贴补家庭生活。幼年的家庭生活，锻炼了张绍曾坚强的性格。

1894 年，17 岁的张绍曾奉父命回籍应县试名列前茅，中国在甲午战争中的惨败刺激张违背父愿，弃文习武。他从小立志振武救国，于次年秋天打破重文轻武的成见，毅然报考北洋武备学堂。

北洋武备学堂于 1885 年由李鸿章创建，是中国近代最早的一所新式陆军学校。因学校早期建于天津，也算是与张绍曾有缘。这所学校位于天津白河下游东岸，唐家口子以南，对河西岸为海大道及英租界紫竹林码头，1900 年学校被八国联军摧毁，1903 年袁世凯在保定接续开办北洋武备速成学堂。当年武备学堂采用北京标准音标文字进行教学，用近代军事知识和技能培训学生。袁世凯十分重视选用军事学堂出身的人担任军官，1896 年在新建陆军中任职的武备学堂的毕业生达 130 多人，奠定了北洋军阀集团的基础。历史上有名的“北洋三杰”王士珍、段祺瑞、冯国璋都毕业于北洋武备学堂，北洋将领的崛起与北洋武备学堂有着直接的关联。

张绍曾在北洋武备学堂期间，刻苦学习，成绩优秀，“每试学术，课冠侪辈”。在校三年成绩优良、出类拔萃，学监亲自为他颁奖。从武备学堂炮兵科毕业，张绍曾被湖广总督张之洞选做官费留学生，派到日本留学。那年他才 19 岁，成为中国第一批学习陆军的留日学生。

中国选派留日陆军士官学生，开始于 1900 年，至抗战时期中止，中间共历经 36 年，总计派遣 29 届学生，总人数达 1400 余人。在他们中间，人才辈出，名重一时，与中国历史有密切关系。民国前后，中国军界有不少人物毕业于日本陆军士官学校。号称“士官三杰”之一的张绍曾就是其中佼佼者。

1900 年 12 月，张绍曾进日本士官学校第一期炮兵科，在日本和同期同学吴禄贞、二期同学蓝天蔚志同道合，结下了深厚友谊，他们三人学业优异，在留日学生中被称为“士官三杰”。他是士官生中第一个陆军上将，第一个也是唯一一位国务总理。由此，成为这批留日士官生的骄傲。张绍曾在日本学习期间，深受孙中山民主革命思想的影响，反对军阀割据，主张国家统一，为他日后发动著名的滦州兵谏和滦州起义，奠定了思想基础。

1901 年 11 月，张绍曾以名列第一成绩结业。1902 年 2 月回国，光绪帝诏令觐见，这在当时是一殊荣，正值袁世凯在保定成立练兵营训练初级军官，张绍曾被委派为炮队队官。

(2) 喋血兵谏谋共和

张绍曾在任陆军第 20 镇统制官时发动“滦州兵谏”，为支持辛亥革命、推翻清政府作出过重要贡献。

张绍曾 1902 年回国后，在保定速成武备学堂任教官，在北洋陆军中历任陆军第 2 镇帮统、统带，第 5 镇炮兵 5 标统带官、北洋督练公所教练处总办。1907 年初，张绍曾与吴禄贞、蓝天蔚被东三省总督徐世昌调到奉天任职，此时宋教仁以创办实业为名到奉天发展同盟会。4 月，宋教仁、张绍曾等在东北成立中国同盟会辽东支部，张绍曾为支部负责人之一，关注全国政治形势的军中政治力量状况，待机行动，准备策动新军革命。

1911 年，清政府决定在直隶永平府举行第三次秋操，张绍曾任陆军第

20镇统制（相当于师长）。“秋操”就是军事演习，是锻炼部队、检验军事训练效果和作战实力的一种形式。张绍曾对这类演习已经有了实际经验，1906年9月他参加过新军彰德秋操，被委派为北军第5混成协正参谋官。

操演军队沿北宁铁路（今京山铁路）东西会进。东路是以汉人为主的新建陆军，军咨使冯国璋为总统官，第6镇统制吴禄贞和第20镇统制张绍曾为副总统官。东路军包括第4镇、第6镇第13混成协（旅）和第20镇，自东北开拔驻山海关至滦州一线。西路军是以满人为主的宫廷禁卫军，皇族大臣舒清阿为总统官，军咨官田献章、哈汉章为副总统官。西军包括禁卫军的第1、2、3混成协，由通州开拔驻丰润开平一线。双方兵员共7万多人，清廷高贵载涛为秋操大元帅，就是演习总指挥。

按照原定计划，“秋操”的大致过程是这样的：10月10日两军开操，初战西军“败”退却至石佛庄。12日两军再战，西军仍败，退却到古冶。14日西军转守为攻，战胜东军，东军退却到坨子头、柏树庄。15至17日两军“议和”，18–19日举行阅兵式，20日罢操。以此显示“满强汉弱”，为满清专制统治打气。

参加演习的第6镇统制吴禄贞和第2混成协统领蓝天蔚，分别是兴中会和同盟会成员，两人都是张绍曾的密友，又是军中的实力派人物。第6镇统制吴禄贞认为，举行秋操是推翻清王朝的天赐良机，便派人与张绍曾联系。张绍曾邀蓝天蔚一同与吴晤面，三人秘密商定，演习时新军以实弹射击，先扫除西军的近卫军，再驱兵进京，直取首都，一举推翻清廷。并密约武汉同时举兵，使清廷首尾难顾。随后，三人立即分头行动。

正当各路参加秋操大军开赴防地时，不曾料想，10月10日武昌首义成功，成立了湖北军政府，黎元洪被推为大都督。清廷上下惊慌失措，10月13日急令永平秋操停止，并调集各部南下武汉，镇压起义。西路军陆续回京，东路军倡兴革命的计划也被清政府得知。

这时，第20镇中的基层军官王金铭、施从云、冯玉祥（均为管带）等人，敦促张绍曾即刻举兵，响应南方革命。而担任第20镇标统的潘榘楹和范国璋等人，则主张赴湖北镇压起义。

关键时刻，张向全镇官兵宣告："湖北革命为除专制主共和……，名正而言顺。专尚征讨不合人情，况以同类相残，世界无比野蛮，所有军队均不前进。"遂回电清廷，拒不受命。张绍曾最后作出决定："拥兵抗命"，拒绝南下。

清廷见张绍曾拥劲旅于滦州，控制京东大门，十分恐慌，因此不断派人游说于张绍曾，同时还通过 20 镇中的保守势力对张施加压力，进而监视。

此时张绍曾收到彭家珍的急电，要张在滦州扣留由彭负责押运支援南方清军的军火。彭是四川金堂人，曾任新军第 19 镇随营学堂管带兼教训官、天津兵给司令部副官，秘密任京津同盟会军事部长。

张见电即刻行事，共截获枪 5000 支，子弹 500 万发。

张绍曾截获军火后，清政府更加惊慌失措，命令吴禄贞急驰滦州，去"抚慰"第 20 镇官兵，以缓解危局，哪知昔日的"士官三杰"早有密谋。吴禄贞到滦州后密招蓝天蔚来议大计，计划以张部为第一军，蓝部为第二军，吴部为第三军，张自滦州而西，吴自保定而北，蓝则为张之后援，左右会迫，会师北京，颠覆清朝。

令他们没有想到的是，此重大秘密计划已经泄露，被随吴禄贞来滦州的清廷官员陈其采得知，立即密报清廷。清政府将京汉、京奉火车停运，下令队伍暂驻滦州。因此张绍曾等策划的兵变流产。

张绍曾获知清廷早有防备，持重而不敢发难；则以"扶危定倾，首重人心"为名，于 10 月 29 日电奏清廷，实行兵谏，提出"废除内阁，速开国会"，表示只要"实行立宪"，即可"停军不发"，同时提出改革国体、政体的 12 条政纲。

在滦州兵谏的同一天，山西民军杀死巡抚陆钟奇宣布独立，给清政府以极大威胁，于是清廷不得不把"严惩"改为"嘉奖"，说张绍曾"忠勇体国"赏给"侍郎衔"，并以皇帝名义下《罪已诏》，宣布开放党禁，释放政治犯，撤销皇族内阁，维新更始，实行立宪，并于 11 月 2 日命资政院以滦州兵谏的"12 条政纲"为蓝本起草宪法，公布《宪法信条》十九条，承认"皇帝之权以宪法所规定者为限"。

清廷一方面假意加快“立宪”，暂避兵锋；一方面紧张部署，露出杀机。将第3镇由东北调至廊坊，切断了张、吴二队会合的可能；将滦州以西的车皮全部集中于京，以防滦军乘车西进。

同时，清廷加紧对第6镇和第20镇的分化，6日下令解除张绍曾第20镇统制官职改为兵部侍郎长江一带宣抚大臣，以调离滦州，削去兵权，由潘榘楹接任第20镇统制，把20镇分散调开，化整为零，分散革命派骨干。

11月6日当吴禄贞行至石家庄时，被清政府派人暗杀。“士官三杰”中损失一员大将。张绍曾感到吴禄贞已死，自己身单力孤，“应援断绝”，“尽成泡影”，“铤而走险，徒取败亡”。另一方面，他又轻信于清廷所颁布的《十九信条》，认为“朝廷锐意维新，定卜可达希望”，因此交出兵权，乃于19日借口养病避往天津租界，临行前对军官们说“望诸君仍本前旨，继图大举”。至此，滦州兵谏以失败而告终。

1911年12月31日，留在滦州第20镇部分官兵，在王金铭、施从云、白雅雨等领导下，发动滦州起义，宣布成立“北方革命政府”，并通电全国，发兵西进直取津京。参加“滦州起义”的官兵，很快即遭到血腥镇压，张绍曾闻讯“痛哭悲戚”。

对此，冯玉祥总结了张绍曾在滦州兵谏中的四大功劳：“当辛亥驻军于滦州也，一师长之职耳，武昌役起，命其南征，而按兵不动，违抗朝旨，一也；截留大宗军火，使清廷抵革命之势顿消，二也；电请实行立宪，以十九信条相要胁，迫其宣誓太庙，三也；朝命任为长江宣抚大臣，乃弃而不顾，四也。凡此，皆足以干专制之诛而反幸免。此于清廷为有大罪，于民国则有伟功。”

虽然“滦州起义”被袁世凯派重兵绞杀，但因其发生在京师，对摇摇欲坠的清政府是极其沉重的打击。滦州兵谏与滦州起义是武昌起义后以新军第20镇等革命官兵为主体在滦州发动的重大历史事件，该事件对资产阶级革命的发展和清王朝的瓦解产生了巨大影响。

(3) 镇守边陲建功勋

张绍曾在任“绥远将军”期间为维护国家统一有重要功绩，是内蒙古历史上不可不说的人物。

滦州兵谏及滦州起义失败后，1912 年 3 月袁世凯就任临时大总统，任张绍曾为参议。袁世凯利用张绍曾与国民党的旧关系，复派他为长江宣抚使，奔走于津、沪之间，参与南北和议，被选为进步党名誉理事。9 月 29 日授张绍曾为陆军中将。10 月 12 日张绍曾任署理绥远将军兼垦务督办，全权处理西北边务。

早在 1737 年的时候，清政府出于保卫北部边疆的目的，在位于归化城（今呼和浩特市旧城）东北 2.5 公里的地方营建了绥远城（今呼和浩特市新城），其最高军政长官绥远将军的衙署始建于此。

张绍曾是中华民国首任绥远将军，到任之时，绥远形势动乱，社会秩序相当混乱，警匪勾结、抢劫讧争事件时有发生，民族情绪对立尤为严重。外蒙古借辛亥革命时各省纷纷独立之机，公开宣布脱离清朝，成立大蒙古国，并向内蒙古渗透，妄图挟持内蒙古也脱离中国。

张绍曾到任后，大力宣传汉、满、蒙、回、藏五族共和，旗帜鲜明地反对分裂，对上层封建王公采取“以诚相感、恩威互用”之策，对下层地方官吏、各界名流赤诚相待，耐心宣传民国五族共和的宗旨以及汉、满、蒙、回是一家的民族政策，积极整顿地方军警，惩治土匪恶棍，使绥远的社会秩序很快安定下来。

同年 11 月，俄国与外蒙地方当局私订《俄蒙协约》，其目的就是帮助外蒙“自治”。由于沙俄侵略分子和外蒙分裂主义分子的煽动，绥远将军管辖的乌兰察布盟和伊克昭盟，一直不同绥远将军往来，对立情绪和离心倾向很大。张绍曾为了尽快安抚两盟，决定召开“西盟（两盟通称）会议”。

1913年1月23日，张绍曾用“武装邀请”的方式邀请乌兰察布盟、伊克昭盟派遣代表来绥远城召开西盟会议。会议从召集到结束共计90多天，700多人参加，动用骆驼、骡马过千。最后，西盟会议通过了《西盟王公会议大纲》，共5条18款。其主要内容是：赞助共和；不承认《俄库协约》；请民国正府派兵保护西盟；筹划蒙民生计；振兴蒙人教育等。会议的成功举行，维护了国家统一和民族团结，避免了内蒙分裂，这是张绍曾的一大历史功绩。

外蒙古见分裂不成，就派兵侵犯内蒙古。外蒙库伦集团派重兵分三路大举南侵，张绍曾临危镇定自若，亲率全城团警固守待援，援军第20师80团赶到绥远投入战斗后，他指挥三路军队抗击入侵的外蒙古库仑军队，击败蒙军，取得了“百灵庙大捷”，其他部队在其影响下也先后收复失地，把外蒙古军队赶了出去，维护了国家的统一。

出征将士凯旋之时，张绍曾率众出城迎于城北公主府，举行隆重的欢迎仪式。为表彰张绍曾的功绩，大总统袁世凯授予他勋四位，并授一等文虎章。

虽然袁世凯对张重奖抚慰，但张仍受到袁世凯的猜忌。1914年4月张绍曾被夺实权调回北京，授总统府顾问，张闲居天津，理佛诵经不问世事。

1915年8月，袁世凯积极进行复辟称帝活动，张绍曾看到袁世凯公然背叛民国非常气愤，经常与好友蔡锷私下议论时政及袁氏的阴谋。12月25日讨袁护国之役起，张绍曾在津门曾与段祺瑞密议组织讨逆军响应，张的行动被袁的走狗雷震春察知，雷派人一天夜里将张秘密逮捕进行审讯，要其承认是蔡党，张绍曾据理力争，雷恐怕事情闹大了不好收场，最后只好放人而不了了之。

(4) 退而不休思国事

张绍曾官场沉浮，几起几落，退职后寓居天津，虽未置身官场争斗的漩涡，但仍未远离政治的纷争。

1920年7月直皖战争以直系胜利告终，张绍曾因与吴佩孚、冯玉祥有姻亲关系，转而归附直系。张绍曾为谋求南北统一，承吴佩孚之命通电发起"庐山国是会议"，张绍曾为该会议奔走呼号，但最终没有取得成果。

1921年，张绍曾出任黎元洪政府的内阁总理，两年后受"贿选总统"曹锟的排挤而又回天津作寓公。张绍曾寓居之初，大力支持旧部冯玉祥发动北京政变。次年6月黎元洪复职，张绍曾也随之复出，先出任汪大燮内阁的陆军部长。后在1923年1月4日组阁，出任了北洋政府第23届总理。但不到半年他被迫辞职，只得到天津"闲住"。

1924年10月，冯玉祥回师北京，推翻了曹、吴控制的北京政权。事先，冯曾征求张绍曾的意见。张绍曾在回信中提出24个字的方略为其出谋划策："死中求和，只有如此。事成之曰，善后须图，究是故人，毋为已甚。"

1925年初，孙中山途经天津北上时，曾和张恳谈多次。到段祺瑞组织执政府，请张绍曾出山时，张称已对政事不感兴趣了，基本整天寓居家中。据说，张绍曾除时刻关心政治以外，也培养了自己的爱好，他喜欢练武、写字，还有一手针灸绝活。他的针灸与众不同，针并不扎到肉，而是悬在皮肤之上，利用气功等来帮人治病。

1926年，南方革命运动兴起，张绍曾的政治立场转向广州国民政府，并以亲家的身份规劝冯玉祥"加入革命军，借谋出路"，直接促成了冯玉祥、阎锡山更弦易帜，在混战割据的中国形成了南方革命军和奉系军阀两大力量的对垒，为国民政府统一中国发挥了积极作用。北伐战争时期，他以在野之身积极支持冯玉祥将军率部北伐，并为之秘密收集情报，以致引起军阀张作霖的嫉恨。张绍曾的所作所为对奉系政权造成极大威胁，也给自己引来了杀身之祸。

（5）黑夜赴宴遇刺亡

1928年3月，南方的北伐军发动"第二次北伐"，先头部队已抵近山东，奉系军阀张作霖控制下的北京、天津气氛紧张。

1928年3月21日下午，直隶督办公署总参议赵景云，在天津南市天和玉饭庄大宴宾客，所请的都是在野的达官贵人和社会名流，督省两署的重要人物被邀作陪。

张绍曾早早就收到了请柬，他下野隐居多日，本不想在大众场合抛头露面，对赴宴之事不想去理会，下午族弟张会卿来了，再三劝他去赴宴，张绍曾见盛情难却，只好应允，于是就让司机把自己平时使用的小汽车准备好。

凡事似乎冥冥之中都有先兆。司机把小汽车缓缓开出车库，张绍曾还未登车，只听到“咔嚓”一声，小汽车的一只前轮坏了，张绍曾一惊，莫非有不祥之事？

已寓居天津几年的他历来十分谨慎，又觉身体不舒适，遂吩咐差役打电话向赵景云辞谢。张会卿本是给督办公署做说客的，急忙劝道：“赵总参议叫我代表他来专程奉请，你如不去，我怎么对得起人家。”张绍曾为族弟的话所打动，只好让司机赶快给车换上新轮，随后登车前往赴宴。

张绍曾怎么也不会想到，夙敌正用计把他诱向死亡之路。

宴会上宾朋满座，北洋系统的靳云鹏、李厚基、张文生等头面人物悉数出席，大家推杯换盏，觥筹交错，热闹非凡。

宴罢，赵景云又邀请包括张绍曾在内的10多个人，到天津南市高等妓院彩凤班饮茶。彩凤班位于天津日租界旭街，离天和玉饭庄很近。这时已是晚上8点多钟。刚喝了一会儿茶，有个仆役模样的人手持信件，说有函件面交张绍曾总理。

张绍曾闻讯从内屋走出，边问：“哪里的信？”边伸手去接，猝不及防送信人掏出手枪迎面便射。第一枪穿过张绍曾手掌，第二枪穿过耳部，第三枪击中肺部。张绍曾当时血流如注，昏倒在地，他的大夫人、小夫人闻讯赶到现场，哀声痛哭。后急送回张府。第二天早晨，在昏迷一夜之后，张绍曾在其寓所二楼故去，年仅49岁。

据事后家人介绍，张绍曾从遇刺现场被带回家之后，全家上下惊慌失措，看到老爷全身是血，很多家人吓得惊声尖叫。当时，张绍曾两个成年的儿子都不在身边，三儿子年仅3岁，老父亲又已过花甲。张绍曾正值壮年，本是家中的顶梁柱，忽然发生变故，令家中一些女眷不知所措。“因为害怕、惊慌，家人一时间忘记了应该把这样一个重伤的人送进医院，而是直接放在了二楼张绍曾的卧室里，任他这样躺着。家人曾经回忆说，当时很多女眷吓得都不敢出屋，慌作一团，只想着等大少爷赶回来处理。可是病人根本等不到这个时候，在家里躺了一夜，第二天一早就死了。现在想想，如果当时稍微镇定一些，立即将他送进医院，说不定还有抢救回来的可能。

案发后天津县知事兼督署军法官王中申把彩凤班的老鸨、妓女、下人全部逮捕，逐个刑讯，下狱多日，最后又全部释放。这起轰动朝野的政治谋杀案，就这样不明不白地收场了。

张绍曾被暗杀究竟是谁所为？据传，张绍曾的被刺，源于与张作霖的多年积怨。张作霖因嫉恨他与冯玉祥及北伐军往来，指使奉系将领、时任直隶军务督办的褚玉璞派刺客暗杀。

张作霖对张绍曾的多年积怨由来已久，早在辛亥革命时期，“士官三杰”之一蓝天蔚在沈阳任第3混成协协统，为响应武昌起义，准备在沈阳起事，不料被任巡防营统领的张作霖逼走，故张绍曾的“滦州兵谏”失去了支持，从此二张之间产生芥蒂。张绍曾回津寓居，虽然表面对政治不感兴趣，但对国家命运依然记挂于心。多年的宦海沉浮，使他对北洋政府失去了信心。他了解到冯玉祥与孙中山等国民党人士有联系，就与冯玉祥加强了来往，并与冯玉祥结为儿女亲家，与冯玉祥等频繁联系。张作霖对此十分不满，联系过去的矛盾，有了杀害张绍曾以绝后患之意。

但推测终归是推测，此案一直未破，遂成了民国史上一大谜案。

著名爱国将军冯玉祥在《我的生活》一书中，对张绍曾曾作出这样的评价：“公公道道地说，张先生实为革命最忠实的朋友。他身冒危险，大量地垫钱，什么也不图，只要助成北伐革命。张先生之死，系为革命牺牲，他的功绩是值得纪念的”。

张绍曾安葬于北京西山，如今的北京西郊植物园，就是这位民国显赫人物的长眠之地，墓地旁边的石牌坊上刻着："故国务总理张上将军之墓"。在西风中飒飒作响的古树，无声地诉说着这个被遗忘的历史人物。

第 21 任
顾维钧：民国第一外交家

他是民国时期外交界的领袖人物，响誉世界的职业外交家，被誉为“民国第一外交家”。上世纪 30 年代，一家英国报纸的专栏作家写道：“中国很少有比顾维钧博士更堪作为典型的人了。平易近人，有修养，无比耐心和温文尔雅，没有哪一位西方世界的外交家在沉着与和蔼方面能够超过他。”

小　档　案

姓名：顾维钧

字号：字少川

英文名：Wellington

出生地：江苏嘉定 （今属上海嘉定区）

父亲：顾晴川

出生日期：1888年1月29日

逝世日期：1985年11月14日

毕业院校：美国哥伦比亚大学

著作：《顾维钧回忆录》（13卷、600万字）等

简 历

1888 年，1 月 29 日生于嘉定县（今上海市嘉定区）。

1892 年，进私塾读书。

1899 年，进基督教会所办中西书院读书。

1901 年，考入基督教会所办的上海圣约翰书院。

1904 年，赴美留学，入纽约州库克学院读英语。

1905 年，入哥伦比亚大学，专攻国际法及外交，获博士学位。

1908 年，与张云骧之女张润娥结婚。

1912 年，4 月回国任总统袁世凯英文秘书兼国务总理唐绍仪秘书。

1912 年，8 月兼任外交部秘书。

1913 年，6 月与唐绍仪之女唐宝玥在上海结婚。

1914 年　升任外交部参事。

1919 年，1 月 28 日作为中国代表团成员出席巴黎和会。

1920 年，10 月调任驻英国公使。11 月与华侨富商黄仲涵之女黄蕙兰结婚。

1920 年，12 月兼任国际联盟中国代表。

1921 年，11 月作为中国代表团成员出席华盛顿会议。

1922 年，8 月任王宠惠内阁外交总长，11 月辞职。

1923 年，7 月任高凌蔚内阁外交总长。

1924 年，1 月任孙宝琦内阁外交总长。

1924 年，9 月任颜惠庆内阁外交总长，10 月弃职离京。

1926 年，5 月任颜惠庆内阁财政总长。

1926 年，7 月任杜锡内阁财政总长。10 月代理国务总理兼外交总长。

1927年，1月署理国务总理兼外交总长。6月张作霖组织军政府，顾内阁总辞职。

1928年，7月被南京国民政府通缉，离国赴欧洲旅居。

1931年，“九·一八”事变后，任“国民党特种外交委员会”委员。

1931年，11月任国民政府外交部长，12月辞职。

1932年，8月任驻法国公使，10月任国联中国代表。

1933年，5月任日内瓦裁军会议中国代表，9月出席国联第14届大会。

1936年，2月任驻法国大使。

1937年，10月任中国出席布鲁塞尔会议代表。

1941年，5月调任驻英大使。

1944年，8月任中国首席代表，赴美国参加敦巴顿橡树园会议。

1945年，6月出席旧金山会议，参加《联合国宪章》起草工作并代表中国签字。

1948年，12月被中国共产党宣布为战犯。

1954年，11月和叶公超一起与美国谈判“共同防御条约”。

1956年，4月被聘为“总政府”资政。

1957年，1月当选国际法院法官。

1959年，与黄蕙兰离婚，与严幼韵结婚。

1964年，当选为国际法院副院长。

1967年，定居纽约，开始退休生活。

1985年，11月14日于纽约寓所无疾而终。享年98岁。

(1) 远渡重洋苦求学

顾维钧在光绪末年出生，由家乡江苏嘉定来到上海。顾的父亲到上海作小吏，家庭生活殷实而安详。顾维钧出生于一个特殊的年代，鸦片战争以后，积贫积弱的中国，像风雨飘摇中的一艘破船，正在一步步陷入列强的侵略包围之中。顾维钧6岁读私塾时《马关条约》签订，台湾割让给了日本。12岁时义和团运动失败，清王朝在外国侵略者的威逼之下，山河破碎，摇摇欲坠，这些耻辱的记忆在顾维钧的脑海里留下了不可磨灭的印象。

顾维钧的出生地上海，是洋人恣意横行的天堂，顾维钧从小就看到了很多中外不平等的状况，也因此从小就有着通过自己的努力来改变中国积弱状况的理想。在顾维钧的回忆录里，曾经记载了一件他亲自经历的往事：一次，学生时代的顾维钧经过上海外滩的外白渡桥，看见一个英国人坐着黄包车，急着要去看跑马。中国的车夫在拉车上桥时，本来就累得快要走不动了，这个英国人还用鞭子抽打车夫。顾维钧很愤怒，于是用英文斥责这个英国人说："你还算是个绅士吗？"后来，顾维钧在重提这段往事时说"我从小就受到这些影响，感到一定要收回租界，取消不平等条约。"

1904年，年仅16岁的顾维钧，剪辫易服，远渡重洋，留学美国。他选择了在哥伦比亚大学主修国际法和外交。顾维钧的老师约翰·穆尔曾担任美国助理国务卿，有丰富的外交实践经验，他以一个外交官的标准来要求、培养顾维钧。

毫无疑问，顾维钧在外交上杰出的成就得益于他出自哥伦比亚大学这个著名的母校。哥伦比亚大学不仅有名而且还坐落在交通便利的纽约市，因而成为中国留学生们向往的学术殿堂，为刚刚摆脱满清帝制的中国培养了一批学术上或政治界领军人物，包括南开大学创始人张伯苓、北大校长蒋梦麟、新文化运动旗手胡适等，还为中国培养了一批国务活动家，包括唐绍仪、宋子文等。

顾维钧在美国留学的生活充满着乐趣和挑战，好酷爱读书学习，但绝不是一个书呆子。他平常喜欢体育，划过赛船，搞过田径，打过网球，还擅长演讲，曾率领本校的大学生辩论队，参加常春藤盟校校际辩论赛获得大奖。顾维钧在学校成绩非常优秀，曾担任了哥伦比亚大学校刊《嘹望者》的主编，这对于一名留学生是非常难得的。在校的学习，为顾维钧日后成为一名优秀的外交官打下了坚实的基础。在导师约翰·穆尔的帮助和支持下，顾维钧顺利拿到了博士学位。多年后，顾维钧回忆起导师时说：“约翰·穆尔是对我一生影响最大的人”。

顾维钧赴美留学时，还是一个年仅 16 岁的弱冠少年，而 8 年后他回到中国时，已是一位风度翩翩的英俊青年。此时的顾维钧，已经跃跃欲试，等待的只是一个能把知识转化为能力的机会。

清朝的灭亡为顾维钧施展才华提供了宝贵机会，当时的中国急需这样年富力强、中西合璧的专门人才。果不其然，由于他留学美国打下的扎实学术功底和获得的渊博知识，创造了中国外交史上的多项“之最”：24 岁时他出任中国最年轻的外交部秘书；27 岁时他成为有史以来最年轻的中国驻美公使；31 岁时他是巴黎和会上最年轻最有魄力的中国外交代表；34 岁时他出任外交总长；48 岁那年他成为中国第一任驻法大使；56 岁时他以中国首席代表名义赴美国参加敦巴顿橡胶园会议，与其他国家外交代表商讨建立联合国事宜；57 岁时他代表中国第一个在联合国宪章上签字并任中国出席联合国第一届大会代表……

从踏入外交界那天起，顾维钧的杰出表现一直证明着他的母校哥伦比亚大学校长对他的评价———“这所大学有史以来最有才华的学生”。

(2) 亮剑巴黎震四方

1905年考入美国哥伦比亚大学攻读国际法和外交学，获哲学博士学位和荣誉法学博士后返回祖国。1912年，开始担任北京政府国务秘书兼外交部秘书，开始其外交生涯。

自学成归国踏上外交之途，然而，弱国无外交。从事外交职业不久，顾维钧就发现，要为一个灾难深重的国家在国际间争得自己应有的权益是多么的艰难。顾维钧就以谋求改变中国在国际上的屈辱地位为己任，殚思竭虑，不辱使命，从总统府秘书到驻美公使，从巴黎和会到华盛顿会议，从北京政府的外交总长到南京国民政府的外交部长，从支持国际联盟到筹组联合国，以及与日本侵略者、美国等西方列强的反复较量，顾维钧所在任上，所到之处，无不浸染着他弥久弥深的民族忧患意识和炽热的爱国情怀。

顾维钧登上外交舞台的首次亮相，是参加巴黎和会。顾维钧的成名，也是在巴黎和会。这次引发了著名“五四运动”的外交活动，除了丧权辱国的对德和约之外，还有许多外交斗争的辉煌。

第一次世界大战结束后，顾维钧作为中国政府代表团成员出席巴黎和会，这一年，他年仅31岁。据史料记载，全世界只有两个人同时参加了第一次和第二次世界大战之后的“和会”，一位是南非的一个首脑人物斯考特将军，另一位便是顾维钧。

在巴黎和会上，年轻气盛的顾维钧，当时是一位仪表堂堂、风度翩翩的美男子。他穿着得体、行为儒雅、言谈幽默，勇敢而坚定地站出来为中国山东主权问题据理力争，

当日本代表牧野要求无条件地继承德国在山东的利益时，顾维钧站起身来，面对其他四周代表问道：“西方出了圣人，他叫耶稣，基督教相信耶稣被钉死在耶路撒冷，使耶路撒冷成为世界闻名的古城。而在东方也出了一个

圣人，他叫孔子，连日本人也奉他为东方的圣人。牧野先生你说对吗?”

牧野不得不承认：“是的。”

顾维钧微笑道：“既然牧野先生也承认孔子是东方的圣人，那么东方的孔子就如同西方的耶稣，孔子的出生地山东也就如耶路撒冷是东方的圣地。因此，中国不能放弃山东正如西方不能失去耶路撒冷一样!”

顾维钧30分钟的精彩发言，以恳切言语打动了西方代表的铁石心肠，致使“全场鼎沸，掌声如雷”。美国总统威尔逊、英国首相劳合·乔治和法国总理克里孟梭——巴黎和会的三巨头，听完顾维钧掷地有声的发言，纷纷离开座位，一齐走上前握住他的手，称他为中国的“青年外交家”。

顾维钧针对难以纠缠的日本代表所提“将原德国在中国山东的各项权利，无条件让与日本”的无理要求，给予严辞驳斥，他剖析清楚，论证有力，言词得体，使日本代表陷于理穷词尽的境地，甚至日本首席代表西园寺公爵也心服口服前来握手，并鞠躬致意。法国总理克莱蒙梭事后评论道：“顾维钧之对付日本，有如猫之弄鼠，尽其擒纵之技能。”因此有评论这样说：“日本在政治上胜利了，但在外交上却失败了。”

5月20日，北京政府电令出席巴黎和会的中国代表团：“对于此项草约，大体应行签字，惟山东问题应声明另行保留，以为挽救地步”。当保留签字的要求被拒绝之后，北京政府24日训令：“如保留实难办到，只能签字。”但顾维钧在因病住院的陆徵祥支持下，违抗北京政府训令，拒绝出席6月28日对德和约签字仪式，完成中国近代史上有划时代意义的壮举，赢得国际舆论的广泛同情和国内舆论的热情支持。英国驻北京公使艾思顿在给本国外交部的年度报告中写道：“尽管内部可悲的困难，中国赢得外国更高的尊敬；当中国拒签凡尔赛和约时，国际尊敬的高潮开始涌起。日本虽然取得当时政治上的胜利，中国赢得道德上的胜利，并在赢得国际行政院席位时达到巅峰。”

因为自清末以后，无论是别人打上门来的鸦片战争，还是所谓的主动“向八国联军宣战”，中国都只有一个“败”字可言，要么割地赔款，要么赔礼道歉，利益难保，颜面俱失，中国外交何时敢说个“不”字?

顾维钧代表中国政府拒签对德和约，不但维护了国家尊严，还首开拒绝签字之先河。成为当地以及世界许多地方报纸的轰动新闻。顾维钧在巴黎和会上对世人说的最后一句话："请你们记住，请你们记住，中国人永远不会忘记着沉痛的一天!"，即使在今天听来，仍然振聋发聩。

近代史专家唐德刚曾经评价，中国百年出了两个半外交家，李鸿章、周恩来各算一个，顾维钧算是半个。能与另两位位高权重的外交大家并列，美国因其 1919 年在巴黎和会上与列强争锋并拒签损坏中国利益的和约。唐氏指出："细察全部近现代中国外交史，我国外交人员，真正出了大风头，也只此一次。"

当然，唐氏所言顾维钧奉旨行事，无决策之权，故只得半个之誉。则属于仁者见仁、智者见智了。也有人认为，仅凭巴黎和会的表现，顾维钧实为中国百年一"完整的"外交家，岂能只算半个？

正是因为有了巴黎和会上精彩亮剑的外交胜利，在国联中，顾维钧不失时机地向国联大会提交废除二十一条、归还山东权益的"鲁案"，迫使日本表示只要日中开始单独商议，愿意归还山东权益。

顾维钧指出，不许有条件地归还，拒绝单独开议。最终于 1921 年 11 月 12 日由美国发起华盛顿会议，中国在会议上提出废除二十一条的要求，日本迫于美、英压力，终于在 1922 年 2 月 4 日与中国签订《中日山东悬案条约及附约》，二十一条及山东问题的换文、对德和约关于山东的条款被推翻；并于 6 日签订了《九国公约》，强调尊重中国的领土完整和主权独立。

(3) 外交奇才受人敬

顾维钧参加了 1922 年的华盛顿会议之后，中国方面将山东胶州湾的主权争了回来，顾维钧也因之名声赫赫，那时他三十四岁，年富力强。外交经验逐渐丰富，外交能力逐渐增强。

1922年4月，顾维钧就先后出任北京政府王宠惠、张绍曾、高凌珪、孙宝琦、颜惠庆、杜锡珪等内阁的外交总长、财政总长等职。在此万花筒般、走马灯式的政府内阁更迭中，虽然一顶顶桂冠戴到了他的头上。但他的内心里很清楚，他的优势与特长在外交领域，他努力保持着自身的独立地位，而不去直接卷入国内的政治斗争，他出任外交总长，把全部精力和智慧用于处理国际关系事务。

1924年5月31日，顾维钧不辱使命，代表中国政府与苏俄政府代表加拉罕针锋相对，经过多轮谈判的艰苦努力，依照苏俄政府三次"对华宣言"废约还地、取消在华特权的承诺和中国政府寸土必争的严正立场，在北京达成中俄间第一个平等条约《中俄解决悬案大纲协定》，喜讯传来，举国欢腾。顾维钧对祖国统一、领土完整的伟大贡献就在于此次签订的《中俄解决悬案大纲协定》，这是其外交生涯的光辉顶峰，其影响已经超过在1919年"巴黎和会"上的拒签之举。

作为一个政治人物，顾维钧能在民国风雨飘摇的政坛上始终屹立不倒。其原因，除了他有才，知道从政的价值外，也在于他坚持了极为珍贵的人格独立。这种人格独立相当程度上体现于利益中立。"问题很简单，我从不介入派系之争，纯以国家民族利益为依归。"他曾说。

不介入政治纠葛，并不是不需要政治头脑，外交与政治从来都是不可分割的。

1926年10月，正当南京国民政府誓师北伐即将攻克武昌的时刻，顾维钧接替辞职的杜锡珪出任北京政府代理国务总理兼外交总长。顾维钧出任北京政府代理内阁总理时，他以其政治敏感性已经发现，北洋军阀必然阻止不了北伐军的挺进，南方国民政府以其迎合民心的政策主张，即将开始主宰中国的命运，改变中国政局的走向，那他为什么还在捆绑在北京政府的战车上呢？

他说："这只不过是为了中国的国际声誉而维持一个政府而已。"在他看来，尽管北京政府是一个违背民意的政府，但从一个政治家、外交家的角度来看，他所能做的，就是力图在形式上维持一个中国的状态，而不让中国处于一个四分五裂的状态。

在顾维钧的回忆录中，有下面一段精彩的话。

我谈到中国有一句为大家普遍接受的谚语："宁为玉碎，不为瓦全。"在外交上却不能接受这条成语，因为国家是不能任其破碎的。但在外交上也不能指望百分之百地成功；如果你想达到百分之百成功，而对方也这样要求，那就不可能有成功的外交，因为这样就无法达成协议。……如果你的目标是要达到百分之七十，就应特别小心，以便在可能的情况下实现那百分之七十的目标，取得谈判成功，这时你应该感到满足。

这是他一贯的外交思想，也是他在处理是否继续担任北京政府的代理内阁总理问题时，所坚持的一个基本观点。

"九·一八事变"后，日本帝国主义把侵略的魔爪伸向中国东北，退出政界的顾维钧虽表示无意再从政，但作为国内外公认的反日领袖人物，他没有置身事外，而是以敏锐的洞察力注视着东北局势的发展，随着局势的恶化，无不忧心如焚。

国民党政府请求国联出面调解，但国民党政府当时没有合适的外交人选参与这一国际性的外交调解工作，顾维钧遂成了中选角色。当南京国民政府决意起用他时，顾维钧只有共赴国难之想，决无退避却步之念，民族忧患意识使他腾身而起，挺身而出。这位本是国民党通缉令上的人物，于1931年11月23日竟成为国民党政府的代理外交部部长。这正如顾维钧所说："我自担任公职以来的一贯方针是在接受任何指示或建议采取这种或那种步骤时，先问问自己，这样做是否在为中国服务，并对国家有好处。"

在二战即将结束时，顾维钧代表中国政府，在美国旧金山签订《联合国宪章》，使中国正式加入联合国并成为其常任理事国之一。1945年6月26日，在宪章签字仪式上，中国代表团因在发起国中按字母顺序列于首位，故代理宋子文担任首席代表的顾维钧第一个在《联合国宪章》上写下了自己的名字。历史定格在那一刻，《联合国宪章》上签署的第一个名字是三个汉字："顾维钧"。

在无数次中华民族面临外敌凌辱的非常时刻，这个人总是会挺身而出，在国际社会为维护国家利益和民族尊严而奔走呼号。因此，在这一时期，顾维钧被国共两党公认为“一代外交奇才”。

但是，在抗战胜利后，国民党政府不顾全国人民对和平、民主与团结的渴求，发动全面内战。顾维钧在命运抉择的十字路口，却倒向了反共反人民的国民党政府，走向了人民的对立面。他出任中国驻美大使，为蒋介石政府游说美国争取军援打内战，使国民党军队取得了大量的贷款和战略物资。解放战争胜利后，中共以战争罪下令通缉的 43 名战犯名单中，顾维钧作为唯一的外交使节而榜上有名。蒋介石国民党政府败退台湾之后，顾维钧继续以驻美大使的身份，争取美国援助国民党政府与大陆对抗，一代外交家的政治品格已彻底扭曲。

客观地讲，顾维钧是近代中国外交史上不多见的杰出外交家，他一扫晚清和民国初年中国外交官在列强面前通常的唯唯诺诺、无所作为的表现，以他炽热的爱国情怀，强烈的历史责任感和杰出的外交才华，令世界瞩目，赢得了广泛的尊敬。在长达 55 年的外交生涯中，顾维钧显示出非凡的民族气节。尽管荣获终身国际法官等众多荣誉称号，离职后侨居美国，顾维钧却始终未加入美国国籍。

1971 年，中华人民共和国政府恢复在联合国的合法席位，毛泽东主席特委托中国代表团外交人员，向寓居美国纽约的顾维钧致以问候，并邀请他适当的时候回大陆看看。顾维钧逝世后，中华人民共和国的许多外交界人士致电表示哀悼。1998 年，上海嘉定区在嘉定法华塔院内修建了一座小楼，专门陈列顾维钧的生平事迹。2006 年，上海福寿园为顾维钧铸成纪念铜像，迎接其“魂归故里”。所有这些，都充分显示了新中国政府对顾维钧的宽容和谅解。

（4）几度婚姻留佳话

民国年间有“三大美男子”之说，分别是汪精卫、顾维钧、梅兰芳，顾维钧位居其中。在顾维钧的一生中，官运与桃花运并享。回首纵观，顾维钧百年人生情感之旅，先后娶的四位夫人，虽非都是出自名门望族、权贵显要之后，但其趣味，其传奇，也令人拍案称绝。顾维钧的婚姻充满着悲喜色彩的转换，但婚姻总是给顾维钧带来好运。他一生的四次婚姻，每一次都促成了他人生的转机。

顾维钧的第一次婚姻经历，是在上海与张云骧之女张润娥结婚。

顾维钧 12 岁那年跟随着父亲来上海读书。因为父亲的关系，得到中医世家张云骧的资助，张虽非名门大户，但头脑机灵，善于识人观相，他见顾维钧青年时便眉清目秀，气度非凡，料其日后绝非等闲之辈，必将富贵双全，使有意将侄孙女张润娥许与顾维钧，并尽其所能资助顾维钧入上海圣约翰大学读书，又不惜血本供顾维钧赴美留学。此事均得到双方父母的认可。

顾维钧未置可否，前来拜见未来的岳丈大人时，想看看未来的妻子究竟长得什么样。哪知，在风气初开的民国初年，这位大家闺秀意见不肯抛头露面，即使有父亲的敦促，仍旧羞答答地躲在房内不肯出来。顾维钧大为失望，他觉得他的未婚妻太不大方，将来不能在交际场中在显身手，配不上他这位深怀抱负的雄才少年，顿时兴趣索然，匆匆告辞。两人仅是按照媒约之言，婚后并无夫妻之实，而且很快协议离婚。这段算不上艳遇的奇遇，在顾维钧的感情世界里，像流星一般划过，几乎没有留下任何印痕。他真正意义的爱情生活，始于第二次婚姻。

顾维钧的第二次婚姻经历，是从结识民国外交宿将唐绍仪之女唐宝玥开始的。

顾维钧留学美国哥伦比亚大学主修政治和国际外交之后，其才华一直受到当时北京政府总理唐绍仪的赏识。就留学美国的经历而论，唐绍仪是 1872 年清政府派遣的首批中国公费赴美留学生之一。1908 年，为美国退还中国部分庚子赔款一事，唐绍仪使美。在一次中国使团为欢迎中国在美留学生而举行的宴会上，顾维钧与唐绍仪相识了。当时，正在哥伦比亚大学攻读哲学博士学位的顾维钧被学生代表们推举出来致答谢词。当热情的青年走下讲台的那一刻，作为中国使团团长的唐绍仪急速走了过来，两双手紧紧地握在一起。这使顾维钧激动不已，对外交感兴趣的他早就对这位中国外交界老前辈心存仰慕。通过席间交谈，唐绍仪也非常赏识这位有志向、有见解的帅气小伙，并建议他毕业后回国效劳。也许是命运使然，也许是志趣相投，两人竟成了忘年交。

如唐绍仪所约，1912 年顾维钧学成归来，满怀一腔报国热情，经过 20 多天的长途奔波，从万里之外的美国来到北京，追随自己的忘年交、晚清著名外交家唐绍仪而来。此时，唐绍仪正担任北洋政府的第一届国务总理，经过唐引荐，顾维钧做起了总统袁世凯的秘书，同时兼理总理府秘书之职。

唐绍仪在北京做国务总理时，唐绍仪的大千金唐宝玥（又名唐梅）长期生活在天津的唐家寓所。唐小姐因念父心切，时常从天津到北京去看望父亲。有一天，顾维钧在去总理府的时候偶然遇见唐小姐，后者虽无倾国倾城之貌，但其良好的修养、大方的言行还是给顾留下了非常深刻的印象。之后，两人在天津、北京之间经过多次接触，两颗年轻的心彼此吸引。这也正合了唐绍仪的心意，唐绍仪觉得，女儿若能有这样一个好归宿，他也心满意足了。唐绍仪便想方设法刻意为两位年轻人营造单独见面的机会，两人的恋情逐渐白热化，几乎到了形影不离的程度，遂于 1913 年成婚。

婚后二人感情甚笃。但天有不测风云，在巴黎和会即将召开之前，唐宝玥染上重度流感，不幸因病去世，留下了一儿一女。顾维钧陷入深深的痛苦之中。

顾维钧的第三任妻子黄蕙兰，是华侨巨富有“亚洲糖业大王”之称的黄仲涵的千金。

顾维钧对于黄的追求一直犹豫不决，他请英国著名占星家算命，说此段婚姻顺应天时，顾维钧信天命而娶了黄蕙兰，获得了 500 万英镑的财产继承。

黄蕙兰从小受过良好的教育，精英语、法语，还会荷兰语、马来语；在文艺方面，音乐、舞蹈、书法面面俱到，是位浑身充满灵气的女孩。她样子摩登，但举止文明，婚后可以帮助顾维钧在国际舞台上施展身手。

1920 年 10 月 21 日，他们在布鲁塞尔中国使馆举行了婚礼。

黄蕙兰成了外交官夫人后，陪伴顾维钧频频出现在外交场合，周旋于欧洲国家的王公伯爵左右。因为她年轻貌美，气质典雅，又谙熟欧洲风俗和各国语言，在外交舞台上如鱼得水，左右逢源。

顾维钧回忆说：“她很帮忙，昔在巴黎时，帝俄时代的王公伯爵都逃亡法国首都。他们虽失政权，但在法国的高级社会里拥有势力。她喜欢和他们结交。在使馆里常三日一大宴、五日一小宴招待他们。”黄蕙兰不仅成为顾维钧得力助手，还成为一道亮丽的中国风景，在西方国家树立了中国人的良好形象。

此时的顾维钧，正处于事业的顶峰，整日忙碌，无暇在生活上更多地顾及妻子。所以黄蕙兰则说：“他对待我，就是忍让，供吃供住，人前客客气气，私下抛在一边。”对于黄蕙兰而言，顾维钧“是个可敬的人，中国需要的人，但不是我所要的丈夫”。两人共同生活了 30 多年，直至顾维钧 1956 年卸任驻美“大使”，到了有缘无趣的境地，便平静地分手了。

顾维钧退休后在联合国工作时认识了严幼韵，也就是他的第四任妻子。

1959 年，72 岁高龄的顾维钧，在经历了 3 次婚姻的洗礼之后，已入老境之年，恰在此时，他有机会结识了小他 20 岁的严幼韵。这是一段没有任何功利色彩的婚姻。老来之伴，相濡以沫，严幼韵给予顾维钧的爱，更多的是生活上的体贴与照顾。

严幼韵原来是上海南京路上一家绸布店老板的女儿，传说当时上海有 100 辆轿车的时候，她即拥有一辆，可见其家庭之富有。严幼韵曾在上海著名学府复旦大学求学，还是该校的校花，是众多男生倾慕和追求的对象。毕业之后，严幼韵与美国普林斯顿大学的法学博士杨冠笙结婚，这位杨博士与顾维钧的经历颇为相似，留学美国，回到中国后当上了外交官，不幸的是，杨在出任驻菲律宾总领事时因日军占领马尼拉而丧生。

尽管有年龄的差别，但两的感情甚笃，顾维钧晚年的生活基本上依靠严幼韵的精心照料。严幼韵是位善于理家、精于治家和好客的女主人，与顾维钧结合以后，充当了“好管家、好护士、好秘书”的角色。顾维钧在 96 岁高龄时，还完成了庞大的口述回忆录工程，耄耋之年的顾维钧与哥伦比亚大学合作，用了 17 年的时间，在参考本人多年日记、会议记录、信函文电、政论报告等书面材料的基础上，用英语口述历史达500小时，这与严幼韵的精心照顾分不开的。

顾维钧晚年在谈到长寿秘诀时，总结了3条：“散步；少吃零食；太太的照顾。”顾维钧的大儿子顾德昌也曾经感动地说：“如果不是她，父亲的寿命恐怕要缩短20年”。

1985年11月，即将迎来97岁华诞的顾维钧，仙逝于纽约寓所之中。他一生最后一天的日记只有一句话：“这是平静的一天。”

回顾顾维钧的一生，正如有学者所指出的，他贱而不肆志，富贵不骄人，立足于国家、人民。他是那个时代真正做到“双赢”的人，既为国家做了贡献，又成全了自己。

2006年8月，时年101岁的严幼韵，在为《一代外交家顾维钧》撰写的序言中，称赞顾是“一个一丝不苟的人”，他为顾的成就而自豪，因为顾“自青年时代起，无论处于怎样的政治环境中，他致力于为中国人民的权利和中国在世界上的正当合法地位而奋斗。”

第 22 任

黄　郛：谤誉参半受争议

民国云谲波诡的政坛上，黄郛无论是在政治或是外交上都是一个举足轻重的人物。在他短短 57 年的生涯里，参与了从民国肇兴、军阀纷争到“七七事变”前中日交涉的很多重大事件，同时也是一位备受争议的人物，获誉不少，但又谤满天下，这在民国的政客中确实不多见。

小 档 案

姓名：黄郛，原名绍麟

字号：字膺白，号昭甫，别字天生，笔名以太

出生：1880年3月8日

籍贯：浙江绍兴百官镇

妻子：沈亦云，原名沈性真，浙江省嘉兴人

著作：《欧战之教训与中国之将来》、《战后之世界》等

简　历

1886 年，进私塾读书。

1896 年，补钱塘县学生。

1904 年，春天入浙江武备学堂。

1905 年，赴日本留学，入东京振武学校。

1905 年，秋天加入同盟会。

1907 年，在日本振武学校结识蒋介石。

1908 年，转学入日本陆军测量局地形科。

1910 年，毕业后归国，在清廷军咨府二厅、筹办军事官报局任职。

1911 年，策应陈其美在上海参加起义。

1911 年，11 月 4 日任沪军都督府参谋长兼沪军第 2 师师长。

1912 年，兼任南京临时政府兵站总监。

1913 年，改任江苏都督府参谋长。

1916 年，由美国返回上海，在浙江策划反袁军事行动。

1921 年，“华盛顿会议”中国代表团的顾问。

1922 年，由美国经欧洲回到北京。

1923 年，2 月，入张绍曾内阁，署理外交总长。

1923 年，9 月，出任高凌尉内阁教育总长。

1924 年，9 月，出任颜惠庆内阁教育总长。

1924 年，10 月参加冯玉祥等发动的“北京政变”。

1924 年，10 月 3 日代理内阁总理，11 月 3 日代总理摄行总统职权，11

月24日辞职。

1925年，9月，被聘为广州政府关税特别委员会委员。

1927年，7月任上海特别市首任市长，8月下台。

1928年，2月，任南京政府外交部长。

1931年，6月在上海组建“新中国建设学会”，任理事长。

1933年，5月任蒋介石设立的“行政院驻北平政务整理委员会”委员长。

1934年，12月，调任南京政府内政部长。

1936年，9月任国民政府委员。

1936年，12月6日因患肝癌病逝于上海，终年56岁。

（1）趣味相投忙结拜

黄郛年幼时候家贫，父亲早逝，母亲对他要求严格，家道中落迫使他发奋读书，学习成绩一直名列前茅。1904 年他报考浙江武备学堂，以第一名的成绩被录取。应该说，幼年的黄郛，是一个爱读书、肯学习的青年，但与蒋介石的结识，改变了他的人生轨迹。

可以说，黄郛一生与蒋介石关系密切。

1905 年，黄郛被清廷选派赴日，成为当年 8000 名留日学生中的一员。黄郛先入东京振武学校学习军事，而此时，蒋介石也在该校读书，他们是先后期校友，并一同创办反清杂志《武学》。那时候的黄郛是个热血青年，反清情绪激昂，常对众人说："满洲政府非我族类，其心必异，国人应起而推翻之。"接着黄郛与李烈钧等人又发起组织"丈夫团"，砥砺意志，排满抗清。该组织取孟子"富贵不能淫，贫贱不能移，威武不能屈"之义，是紧接同盟会而成立的组织，团员中有蒋介石、张群、李烈钧等 20 余人，主要人物后来都成了辛亥革命后各省的都督或军政头目。黄郛参加了同盟会后，负责掌管会员名册。在发展会员的过程中，他发现与蒋介石、陈其美是同乡，三人又年龄相近，彼此甚是投缘。

1911 年辛亥革命风暴席卷全国，陈其美作为孙中山的得力助手，主持光复上海。黄郛和蒋介石分别从北京和东京赶到上海去帮助陈其美，三人指天盟誓，结拜成兄弟。陈其美比蒋介石大十岁，居长，为大哥；黄郛比蒋介石大八岁，居次；蒋介石最小，排老三；黄郛就有了一位义兄和一位义弟。他们三人相约"安危他日终须仗，甘苦来时要共尝"，蒋介石还把这句誓言刻在两柄宝剑上，分别送给两位义兄。

南京临时政府成立后，黄郛被委以兵站总监之职。孙中山辞去临时大总统，黄郛所在的沪军都督府并入江苏都督府，黄郛改任沪军都督陈其美的参谋长，负责处理留在津浦铁路沿线的北伐军诸路的遣散工作。而蒋介石更是仗着陈其美的扶持，接近并步入了以孙中山为首的领导核心。

此后，黄郛就与蒋介石的命运紧紧地捆绑在了一起，几升几降，共荣共损。

1924年，黄郛被段祺瑞从内阁总理的宝上赶下台后，虽然蛰居天津，但对南方革命阵营中的起伏变化密切注视，并和他的一些老关系蒋介石保持着联系。1926年11月，蒋介石以“北伐军总司令”率军进入南昌，随后就派张群持密信约黄郛南下，黄郛义无反顾地投奔了义弟。这时蒋介石决心投靠帝国主义，其反革命趋向已日益明显。1927年1月，黄郛到南昌与蒋介石见面密商，受蒋指派潜往上海，纠集反动势力，为迎蒋入沪作准备。

在蒋发动“四·一二”政变中，黄郛是蒋身边最重要的谋士和策划人。其作用正如黄自己在给蒋表功的电报中所说：“兄南归五阅月，自问未尝避艰险，辞劳苦，表面虽未居名受职，实际上苟能力之所及，几乎无职不居，无事不做。”蒋对黄郛“二兄”的谋略也几乎是言听计从。“四·一二”事变后，蒋介石在南京建立起反革命政府，立即任命黄郛为上海特别市市长。为便于黄在上海为蒋开辟外交通道探路，蒋让黄郛随身带上空白委任状一册“嘱遇机密酌填发”，赋予黄“全权处理”的大权。由于黄郛其时并不是国民党员，为“方可办事”起见，蒋并派人给黄郛送去入党志愿书，在志愿书上，蒋介石、张静江作为介绍人都已签好字，只等黄郛自签。从这里也能看出蒋、黄之间“结党营私”之一斑。1927年8月，武汉发生“七·一五”事变，蒋介石下野，蒋介石以退为进，宣布下野，黄与蒋同进退，也随之宣布辞职。黄下台后也没闲着，利用他自己与日本帝国主义分子的关系，在日蒋之间牵线，替蒋出访日本作准备。

1928年1月蒋介石重新登台，马上任命黄郛为南京政府外交部长。但好景不长，同年5月国民党军“北伐”途中，日本军队炮轰济南，制造“五·三”惨案时，黄郛与蒋介石都在济南。蒋下令撤军，黄陪同蒋介石逃出济南，任凭日军继续在济南屠杀，并将济南及胶济路占领。日军的暴行激起中国各阶层人民的强烈反对。黄为逃避舆论指责，不得不赶快引咎辞职，跑列浙江莫干山，过起“读书学佛”的生活来。黄郛这一退就退了6年，他在莫干山过了6年隐居的生活。而莫干山也见证了黄郛与蒋介石难解的情缘，蒋介石与宋美龄曾在新婚之后来莫干山欢度蜜月。

黄郛下台后居莫干山，虽人不在位，但蒋介石并没有忘怀了他，在内政外交上仍多有垂询。1933年春，日军势力进逼平、津，华北危机加重，蒋介石在火烧眉毛的时候，仍坚持“攘外必先安内”的反动政策，为谋求与日妥协，黄郛被作为贯彻蒋对日方针的最佳人选。在蒋的一再恳请下，黄郛再次出山，担任蒋设立“行政院驻北平政务整理委员会”委员长。黄也知道此行无异于“跳火坑”，但抱着为“三弟”分忧之心，仍然为实现蒋的“和日”政策竭尽其最后之力，及至耗尽心力。1935年春，蒋介石到北平视察政委会，黄郛在外交大楼设宴欢迎。宾主尽欢之后，蒋介石专门召黄郛于别室晤谈，可见其关系非同一般。

20世纪20年代中期，迅速崛起的蒋介石曾多次邀请黄郛担任政府职务以作襄助，黄郛则作为蒋介石“高级幕僚和咨政”是蒋政治棋局中一颗关键的“棋子”，更是蒋推行对帝国主义妥协外交的同盟。

(2) 蛰居天津图再起

1913年，黄郛随孙中山、陈其美在上海参加反袁起义，“宋教仁被刺案”发生后，黄认为“国家不堪有内战”，对支持陈其美等继续从事反袁活动有所动摇，与陈发生了意见分歧，陈对黄郛的劝告也听不进去，无奈之下黄郛离开日本，先到新加坡，后又到美国，潜心考察第一次世界大战对东西方的影响。

1916年，黄郛从美国回到上海，后移居天津。

在天津做“寓公”的这几年，黄郛声称“闭户读书，潜心研究”，标榜“不加入任何团体，不附和任何主义，不闻窗外之事而专心潜研”，实际上他选择在天津蛰伏，就是积蓄力量准备再涉政坛。这期间，他和一些北洋政客来往不断，密切注视着时局的发展。

1918年10月，徐世昌上台后，英美政府曾提出南北议和的“劝告”。当时已经打了4年的第一次世界大战即将结束，中国国内确也出现了要求和平的呼声。黄这时一度与张耀曾、张绍曾等以“促进南北统一”为名，搞“和平运动”。他根据自己对第一次世界大战的考察体会，出版了《欧战之教训与中国之将来》和《战后之世界》两本书。与此同时，他还接受了徐世昌的嘱托，代徐起草了《战后中国》一书。在这些书中，他提出，民国以来屡丧自强之机，其因皆在于内战，所以他“尤痛心疾首于内战”。他认为，第一次世界大战结束以后，全球范围内的经济战必然打响，中国将成为众矢之的，国人如果不觉觉醒，必将自取必亡。

黄郛的书引起了一定的社会反响，他应当时国内要求结束混战、实现和平的呼声，积极参与组织全国和平联合会，大谈“和平”。

黄郛在天津断断续续居住了10年左右。从他年轻的时候投身革命，到革命失败远走异国，黄郛始终壮志难酬。直到他携家迁居天津，他的政治人生才开始有了起色，张绍曾、徐世昌这些仕途上的“贵人”，也都是在天津相识的。在那段以天津为“大本营”的岁月里，黄郛迎来了他人生中最得意的辉煌时期。1924年10月3日起，在直系势力的支持下，黄郛代理内阁总理，11月3日起又以代总理摄行总统职权，但这个摄政内阁不为奉系所欢迎，11月24日段棋瑞再次上台后，黄郛被迫辞职，仍然返回了天津。对黄郛而言，天津与他结下了不解之缘，也是他的“福地”。

(3) 短命内阁未长久

黄郛是民国政坛的政治流星，在能够作主的关键岗位上几乎是一闪而过。

袁世凯洪宪称帝失败后，黄郛于1923年署理张绍曾内阁外交总长和高凌尉、颜惠庆内阁的教育总长，期间还前往北京大学教书，几乎没有什么政治建树。

1923年，黄郛经张绍曾介绍，与冯玉祥相交并成为知己。第二次直奉战争期间，冯玉祥策划北京政变，冯玉祥与第15混成旅长兼京畿警备副司令孙岳通电主和，要求曹锟下令停战，免吴佩孚本兼各职，曹锟下野。此时，黄郛坐镇北京，为冯玉祥联络各种力量，传递信息，直至亲自起草通电文稿，为参加军政会议出谋划策，从头至尾参与了这次政变。

冯玉祥控制了北京政府后，黄郛组成摄政内阁，代理内阁总理，兼任交通、教育两部总长。1924年11月5日，他主持国务会议，通过了《修正清室优待条件》的议案，鹿钟麟据此将溥仪逐出紫禁城，黄还参与将紫禁城建为故宫博物院。这件具有进步意义的事，被周恩来称赞为"人所不敢为"，完成了辛亥革命应该完成而一直未能完成的大事。

但黄郛的摄政内阁仅仅是一个过渡，冯玉祥为时局所迫，不久就与张作霖一起迎接段祺瑞出任中华民国临时执政。从民国成立到北伐前的十数年间，北洋政府的政坛人事更迭如走马，黄氏所担任的职务也频繁变更，在位的时间都很短，很难有伸展政治抱负的机会。

黄郛政治生涯中"最辉煌"的时光转瞬即逝，他不得不辞去所有职务，重回津门。

（4）屈辱外交酿惨案

蒋介石在外交上最为倚重之人是他的把兄弟黄郛。

1928年1月蒋介石重新登台后，黄郛被任命为南京政府外交部长。黄上台不久，即秉承蒋介石的意旨，推行对帝国主义屈辱妥协的外交方针，着手与美国驻华公使马慕瑞、英国公使蓝浦生就"南京事件"进行屈辱的谈判，

所谓"南京事件"，是1927年3月北伐军进入南京，出于对帝国主义的痛恨，对外国领事馆和外国人住宅、教会进行了冲击，杀死英、美、法、意

等国6人。日本领事馆也受到冲击，领事馆官员遭到枪击，在领事馆避难的日侨被打伤。英、美派出在长江上的军舰，对南京进行了报复性炮击，炸死众多南京居民，中方死伤共计约2000人。

遭到英、美等国对“南京事件”的问责后，蒋介石将其归罪于共产党。同时派黄郛与帝国主义列强进行外交谈判，于3月30日首先与美国公使马慕瑞达成了解决此案的协议。这一协议，除将事件的原因与“罪责”诬加在中国共产党人的身上外，还承认双方调查南京美领事馆及美侨损失，由中国赔偿、道歉和惩凶，而对中国军民两千余人的重大死伤，则一字不提。协定成立之后，南京国民党政府和黄郛为首的外交部竟把这种媚外投降的行径，无耻地吹嘘成是外交上的一个“胜利”。

这个投降媚外的外交协定，带来了“五·三”惨案的严重恶果。

在所谓“南京事件”这个背景下，日本以保护本国侨民为由出兵山东，支持张作霖北洋军阀政权，1927年6月17日日军占领济南。当时日本的出兵得到了欧美列强的赞同，因为欧美人也希望日本出兵震慑国民党北伐军，希望北伐不至于发展成杀洋人的义和团运动。英国和美国的纵容，使得日本更加肆无忌惮。

1928年1月4日，蒋介石再任国民革命军总司令，4月7日开始第二次北伐。为了不引起日本对北伐的干涉，蒋介石在出兵前，特地邀请日本记者，宣布北伐的范围将不包括日本的“特殊利益”地区。北伐军逼近济南时，北洋军阀的军队开始败退，当时济南城中有日本侨民不到2000人，但日本却以保护日侨为由再次出兵山东，连续在青岛登陆，沿胶济铁路向济南市运兵，驻济南的日本军队猛增至3000余人，远远超出了所谓“保护侨民”的需要。

5月1日，北伐军攻入济南，由泰安匆匆赶到的蒋介石，在督署旧址设立总部，把外交部长黄郛也召到济南，以商埠区津浦路局为外交部临时办公地点。

3日上午，日军故意挑起事端，突然向济南城内中国平民开枪，击毙军民十余人。蒋介石得到消息后，下令禁止中国军队开枪还击，派出外交部长黄郛负责交涉日军停火。日军蛮横地将黄郛赶了回去，同时黄还被逐出津浦路局的办公地点，命其迁往督署旧址总部办公。

傍晚，日军借口交涉在督署门外发现日侨尸体两具，突然拥入署内，将当天前往进行事故调查的济南特派交涉员蔡公时及所属职员10多人集体屠杀，并将蔡的耳鼻割去，导致事态急剧恶化。

蒋介石在第二次北伐出师以前任黄郛为外交部长，蔡为战地政委会外交部主任、山东特派交涉员。

蔡公时于2日晚抵达济南车站，次日上午到交涉公署开始办公。

蔡刚刚坐下来，忽听到外面枪炮声大作，随行人员颇显惊慌。蔡公时安慰大家："此乃日兵示威，不要紧，请大家安心办事。"他自己则给日本领事馆打电话，对日军的非法行为提出质问，可交涉署的电话很快被日军切断了。蔡公时意识到问题严重，急作三函，一封转呈蒋总司令；一封给外交部长黄郛；还有一封给战地政委会主席蒋作宾。但他派出的外交信使，因日军的武装阻拦，上述公函一封也没有转递出去。

此时外面枪炮不绝于耳，到了3日晚上9时，枪声更密。日军闯进交涉署，声称两个日本兵是由交涉署发射的枪弹所打死，要搜查枪械。蔡公时阻止他们："我们是外交官，不带武器，没有搜查的必要。本人是交涉员，此事可由贵国领事馆约晤洽商。"

日本兵毫不理睬，声嘶力竭地喊着："你不配讲这些，不必多说，有枪械快拿出来！"

日兵不由分说，将蔡公时等从床上拖下，然后用绳子将几个人捆在一起，日军的指挥官坐在中间，命令蔡公时跪下。蔡公时的双臂被反绑在背后，动弹不得，拼命大喊："你就是杀了我，我也不能跪在侵略者的日本军阀面前。"

在中国，自古以来，只有上跪天子，下跪父母，被人当面强迫跪下，无疑是最大的屈服与耻辱。他挣扎着站起来，想扑过去，并不是想杀日本人，这不可能。他只想把自己撞昏，以便失去知觉，来减少痛苦和维护自己的尊严。但这一步也无法做到，日本兵把他看得死死的。

蔡公时仍然拒绝。15名外交人员已被依次杀害。日本兵就上来死死地按蔡公时的背部，割他的鼻子，伤他的耳朵，又用枪托将他的腿骨打断。

4日清晨，早有预谋的日军，并未停止其野蛮行径和侵略步伐。日本政府继续从关东、朝鲜等处调兵到山东来。黄郛虽向日本兼外相田中提出抗议，但措词非常软弱，仅仅要求济南日军停止炮击，并将该军撤退。黄郛再次搬出洋人，英、美两国领事也出面调停，但日军置之不理。增派10余架飞机飞抵济南，投弹阻止南方北伐军继续开入济南。

蒋介石则下令各军一律从济南城退出，又以防共为名，下令阻止人民举行反日运动，严厉取缔一切“有碍中日邦交”的标语和宣传文字。蒋命令黄郛先回南京，催促南京政府将日军强占济南事件提交国际联盟解决。情急之下的黄郛，匆匆逃离济南，返回南京。

蒋介石怕自己的妥协退让遭别人攻讦，在5月10日致电黄郛，要他转告日本福田：“不妨碍我军北伐，则对于反日运动，中正可以极严厉手段阻止之……中正为增进睦谊计，亦可以向日军道歉表示真诚也”。

可第二天一觉醒来，蒋介石就觉得太有损个人形象，连忙再次致电黄郛：“黄外交部长，前上一电，既请托矢田或汝耕转达之意，最好以兄之名义电告，可代表弟办到多少程度，不必用弟名义，如何！请酌，总之速了为宜也。中正灰未。”

黄郛只得暗地叫苦，在涉及有损国格和名誉的外交事务上，他不仅不能作主，还要为三弟蒋出面挡驾，而且还要代之受过。

11日北伐军撤离济南，继续北上北伐，日军占领济南城，杀死杀伤中国民众数千人。狂妄骄横的日军整队入城，公然在城楼上升起了太阳旗。据事后调查，中国军民共死亡6000余人，伤1700余人。这就是史称“五·三”惨案，又称“济南事件”或“济南惨案”。

“济南惨案”之后不久，黄郛因对日外交处理不当备受各方指责。黄郛则认为是代蒋受过，受足了窝囊气。他曾对张群吐露苦衷：“济案所受刺激，公私两项皆为生平未有之伤心事”，多次发出“事理人情，余勇两无可鼓”之叹，最后不得不电呈国民政府引咎辞职。

蒋介石立即接受了黄的辞呈，正式任命王正廷为外交部长。王正廷接替黄郛之后，继续与日本人进行交涉。交涉过程多次发生变化，以后改为外交部亚洲司司长周龙光与日本驻沪总领事重光葵秘密会谈，到由外交部长王正廷和日本公使芳泽谦吉终于签订协定，则是翌年3月28日的事了。

王正廷以十分屈辱的条件，和日本人达成了“和解”的协议。这个屈辱协定并没有追究日本方面的政治与军事责任，而只是决定了，自签订日起两个月内，日军在山东的驻军全部撤退，共同组织调查委员会对双方损害情况另行调查等。中国外交官蔡公时之被残杀，不再追究，赔偿损失问题实际也予以搁置，这是由于中国方面片面让步而告终结。

然而，济南惨案在中国民众中，无疑是一把烈火，抗日情绪燃遍了全国每一角落。在日本，则敞开了军阀专横干政的道路。同时，更是在日本昭和时代将中日关系搅拌上火药、涂满了鲜血的最初一个里程碑。

(5) 投降媚外惹众怒

1931年“九·一八”事变后，4个多月的时间，我国东北三省政权悉被摧毁，沦为日本帝国主义的殖民地。次年，日本关东军伙同汉奸举行东三省最高行政会议，发表独立宣言，成立所谓“满洲国”。1932年秋，日军向我热边、榆关进犯，均未得逞，遂采取政治攻势，放出和谈烟幕。蒋介石密派曹汝霖常驻东京，与日本有关方面进行秘密和谈。曹汝霖与日本密商决定了屈辱条件如下：(一) 中日双方撤军；(二) 承认伪满 (由中国给以“统监”名义)；(三) 日后得以部分日军留驻“满洲”，并监督发生意外；(四) 关于编遣伪军，接收平东、滦东行政，由于学忠主持的“战区行政接收委员会”进行。

蒋介石几经考虑，最终同意了上述条件，并决定派外交部长黄郛出来对日协商程序，组织机构，安排人事。黄郛早年留学日本，参加同盟会。在东京振武学堂学习时，与蒋介石、张群相结识。曾在北洋政府任外交、教育等总长。黄和蒋介石关系至密，同张群也很要好。他与日本帝国主义分子有着广泛联系，并被看作是“日本通”的人物。

1933年1月，日军攻陷山海关，情势危急。由于蒋介石出卖了长城各抗战部队，日军大举进攻长城各要隘，古北口、南天门等先后失守。日军以优势兵力强渡滦河，攻陷唐山，迫近通州，进击密云，严重威胁平津。此时，蒋介石于北平筹备成立“行政院政务整理委员会”，派黄郛任委员长，令其“安定华北人心”，授权办理对外交涉和谈。

蒋介石认为，黄郛具有“忍辱负重，诚非常人所能堪”的性格，最能领会和执行“委曲求全”的外交方针。而黄郛自己也知道北上“不光是跳火坑，简直是拆火巷”。

黄郛奉命后表示：“此次中日停战和谈之动机，实以外交使团为原动力，本人对此问题，曾加以详细考虑，是以受命于危难之际，毅然北上，首以安定平津人心为前提。其进行预定计划，外交使团斡旋于外，本人运筹于内，并希望与使团方面密切联系，争取在停战和谈中，发挥正义，抑制日寇野心，自矢不负同人期望，希望一切商讨，能逐步顺利完成。”

未就职前，曾在上海通过秘密牵线，获知日方“愿意让步”的暗示。他得此底蕴，“毅然北上”，按其“预定计划”，率领殷同、袁良、殷汝耕、李择一等一批亲日分子到北平就职。车至天津近郊，有一爱国青年向他投了一弹，几乎丧命。

刚到北平，黄郛马不停蹄，即主持召开行政院驻北平政务整理委员会成立大会，他以委员长的身份发表讲话：“山居六载，息影林泉，守拙安常，无心问世。比以国难日亟，内外交煎，目睹艰危，难安枕席，是以勉承中央之命，急遽成行，耿耿此心，但冀为国民，有所努力，成败毁誉，匪我思存。……郛以菲材，负兹艰巨，处心衔虑，朝夕筹维。……以将来实施步骤，条绪纷繁，决非一手一足之劳所能擘画周详。…自当随时秉承中央政府，商同地方长官，……以期适应环境，迅予推行，…更当尽其能力，以赴时机。”

上述言辞是他对停战谈判的宗旨和出山做官的志愿。黄郛既取得中央授权“节制华北五省两市地方行政”以后，野心更大，为迎合日本帝国主义阴谋，促成华北特殊化，自己可以跃登高位，雄峙一方。黄在口头上表示：“一切政务须俟战争缓和后，再为进行”，实则与日方频繁应酬。

行政院驻北平政务整理委员会成立以后，委员长黄郛首先擢用和任命一伙亲日分子盘踞要津，黄郛重用的北平市长袁良，在日俄战争时曾任日军川村大将部下，与日军关系密切；天津市长程克，曾任北洋政府内务总长，与日本上层人士关系密切，是黄郛的重要智囊和谋 士。

成立大会召开不久，黄郛就亲自与日本驻北平使馆代办中山进行密谈，达成了妥协性的原则方案，签订《停战案概要备忘录》。另派殷同赴长春面晤日本关东军副参谋长冈村宁次，会商停战准备工作，对日方提出的通航、通商、通车、通邮等具体要求，也拟展开商谈工作。同时，派殷汝耕经常与平津日本使领及驻屯军各方面保持联络，替黄郛沟通交涉管道。

虽然黄郛奔走接触，与日本人多方会谈，而日军的战争行动仍在继续。敌人逼近通州后，飞机成群侵袭北平领空，投下重磅炸弹，市民极度恐慌。日方不理会黄郛的奔波忙碌，反而向中方提出四项条件：（一）中国军队撤退黄河以南；（二）长城八十里附近，不得驻华军；（三）华方军事当局，须向日军道歉；（四）华现驻平津军队，须完全撤退。

无奈之下，黄郛游走于驻北平的英、美、法、德、荷等外交使团公使们之间，企业通过洋人出面会商解决办法。英使蓝浦生等均不愿事态扩大，极力向双方疏通调解，于是停战和谈初步定为：（一）须日军撤至宝坻等地，方能谈判；（二）我国派高级专员赴东北与日军当局会商；（三）日方派军事专员来平与我方军事当局会商；（四）双方会商交换意见后，约定塘沽作为总协商地点。

日本仰仗武力，不给英国人面子，对英国人的斡旋不予理会，宣称“决心继续采取军事行动，中日决无任何之妥协及停战可言。”后来经蓝浦生奔走的结果，日方略表同意。接着即电关东军停止前进，同时并派有吉来平晤黄郛，商谈休战办法。

蒋介石把黄郛作为最后一张牌来打，先派出外交部次长刘崇杰到密云和有吉会晤，双方开始非正式谈判，日方提出了极为苛刻的条件，如取缔抵制日货、停止抗日等都作为停战条件提出。蒋介石指示刘崇杰“只谈军事，不谈政治”，于是双方的谈判很难接近。

黄郛接到刘崇杰的报告后，召集人员彻夜研讨停战谈判内容，不得要领，自己又拿不定主意，便飞往庐山，派人向蒋汇报谈判经过及准备作出的让步内容，蒋介石辞色温和、频频点头说：“办得好，办得好!”

黄郛得到蒋介石“准予照办”的恩准后，遂通知日方派代表在塘沽开始停战谈判。5月31日，日本关东军副参谋长、陆军少将冈村宁次和中国陆军中将熊斌，作为双方首席军事代表在《塘沽协定》上签字。

《塘沽协定》签字之当日，汪精卫在南京发表书面谈话：“此次河北停战谈判，限于军事，不谈政治……，故在外间揣测谓将有订约及承认割让之举动，敢为国内外担保其必无。至于局部缓和，不影响于领土主权及在国际所得之地位，则为久战之军队，穷困之人民，得所休息计，政府得毅然负责而为之。以是非利害诉于国民忠实及悠然之判断可也。”

接着，汪精卫又以行政院长名义，向全国通电停战协定之经过，仍强调“河北停战条约……核其文字，陈义甚深，唯仅属军事不涉政治，于政府向来所持根本方策，不生影响……”。

难道真的是“不影响领土之主权，容许为局部之休战”吗？中国签订丧权辱国的《塘沽协定》，表明国民党政府承认了日本占领长城及山海关以北地区的合法化，并把长城以南的察北、冀东二十余县成为不设防地区，使整个华北门户洞开，平津有随时被侵占的危险，使中国“穷困之人民”更加陷于水深火热之中。

此后黄郛又与日方进行了接收区及相关的关内外通车通邮的《塘沽协定》善后谈判。谈判中，黄郛曾坚持“不签字，不换文”，企图逃避国人指责，他也曾一度要求日方取消《塘沽协定》，但终究在“委曲求全”的总方针下未能达成心愿。

黄郛在华北的一系列媚日投降外交，遭到了全国人民的唾骂，他只好于1935年春托病辞职。第二年12月，黄郛因肝癌在上海去世。

第 23 任

许世英：三朝重臣铸英名

他是清末遗臣、北洋要员、国民党元老……，他以七品京官发迹，从此跻身官场；长达近一个世纪的时间里，他宦海浮游 60 余年；在变幻莫测的世事风云中以其卓越的从政才能，纵横捭阖，随波起伏，始终位居高官，实为旧式官场中的神奇人物。

小　档　案

姓名：许世英

字号：字俊人，号静仁，晚年别号双溪老人

籍贯：安徽东至县官港镇许村人

出生：1873年

去世：1964年10月13日

著作：《治闽公牍》、《黄山揽胜集》、《闽海巡记》、《天南鸿雪》等

简 历

1873年，出生于安徽至德。

1885年，中秀才，后拔贡。

1897年，就职于刑部。

1899年，升刑部直隶司主稿。

1902年，任刑部六品主事。

1905年，任巡警总厅行政处佥事，次年春升四品。

1907年，任奉天高等审判厅厅丞。

1908年，任奉天高等审判厅厅长。

1910年，被清政府派赴欧美考察司法制度，任副代表。

1911年，春天回国，奉调往山西任提法使、布政司使。

1912年，后任大理院院长、司法总长，奉天民政长、福建巡按使等。

1916年，任段祺瑞内阁内务总长、交通总长，后因受贿案去职。

1917年，由大理院长转任司法总长、中意合办华意银行总裁。

1918年，任安福国会参议院议员。

1921年，9月出任安徽省省长和黄山建设委员会主任。

1922年，因坚持裁撤安武军，被迫卸去省长职，改任航空署督办、司法总长。

1924年，任善后会议筹备处长及秘书长。

1925年，12月至次年3月任段祺瑞执政府内阁总理兼财政总长。

1926年，辞职去上海，反对孙传芳。

1927年，遭孙通缉，逃往香港。

1930年，任全国赈务委员会委员长兼全国财政委员会主席。

1932年，组织上海战区难民救济会，救济“一二·八”事变中受灾难民。

1936年，出任驻日本大使，翌年回国，重掌财务委员会。

1938年，初奉召回国，任内政部禁烟委员会委员、行政院政务委员及水利委员会委员。

1944年，复任全国赈务委员会委员长，长驻香港。

1945年，后任国民政府高等顾问。

1947年，后历任国民政府委员、蒙藏事务委员长、总统府高级顾问等职。

1949年，移居香港。

1950年，赴台受聘“总统府资政”。

1964年，10月13日，病逝于台北，终年92岁。

(1) 护驾有功得擢升

1900年是庚子年，在清朝的历史上，是一个屈辱的年份。这一年，义和团运动方兴未艾；朝廷对义和团的态度由“剿”改“抚”，想和列强赌一把。到了6月，八国联军向中国开战，开始大举进攻北京。

面对外国列强的进攻，慈禧集团乱了阵脚，既没有认真的防御部署，也没有积极应对之策。慈禧指挥无方，对抵抗充满幻想又摇摆不定，战争必败无疑。

1900年7月15日，天津陷落的消息传到京城的皇宫里，慈禧害怕了。她宣布停止进攻位于北京东交民巷的各国驻华使馆，还正式任命李鸿章为北洋大臣和直隶总督，准备议和。

8月12日，八国联军自天津一路长驱直入，迅速攻占通州。通州是北京的门户，当日军把通州的城门炸开时，联军居然没有遇到任何抵抗。联军在通州召开了进攻北京城的军事会议，将各国军队的攻击目标作了分配：俄军攻击东直门，日军攻击朝阳门，美军攻击东便门，英军从南面攻击宣武门。

慈禧立刻慌张了起来，京城大规模调集军队的行动仓促开始。由于慈禧毫无军事经验，她的军事调动十分混乱。

8月15日晨，八国联军中的美军部队，首先占领正阳门。皇城仅剩下最后一道门：午门。就在守卫天安门的清军与美军激战时，慈安、慈禧两宫皇太后带着光绪皇帝、皇后和一批王公大臣仓皇从西华门逃至德胜门，转经西直门逃出北京城。

1900年8月15日，这个令中国人永远难忘的日子，八国联军最终占领了北京。

北京陷落后，慈禧、光绪出逃西安。那时许世英正在老家探亲，得到通知后，星夜启程，赶赴西安。之后，奉命兼任四川司正主稿，在半年之内清理了四川司积压下来的案件达5000余件，因此被人称为“能干之才”、“能干之官”。

1901年，慈安、慈禧两宫皇太后和光绪回銮时，许世英升任刑部六品主事，随驾护行，一手承办沿途刑案。由于护驾有功，1906年年终考绩时，许世英被列为京察一等，得以四品任用资格。

据史料记载，许世英因护驾有功，曾得到慈禧、光绪皇帝称赞。一次慈禧、光绪召见许，当慈禧看到许世英在西安供职的履历后，笑着对光绪说：“许世英还是跟咱们共过患难的哩！”许引为殊荣，因此也就成了他官运亨通的契机。

(2) 官场腾达任驰骋

为通仕显达，必先有求学之苦，许世英也不例外。

许世英自幼聪颖好学，8岁入私塾，从学业12年。1891年，许世英19岁的时候，应县试，适逢首届县试，计世英深得主考官青睐，中了秀才。

受家乡条件的限制，许世英中秀才后，其父把他送到望江县童家冲，拜晚年中举的童船山为师，负笈进修。其间两次赴南京参加乡试，均名落孙山。1897年清廷颁旨选保学行兼优的在学生员送往京师，由礼部奏请廷试。像这样的机会，12年才得一次。许世英有幸碰上了，由于他学识丰厚，廷试时选考为一等，掣签分发刑部任事。1898年5月报到，学习法律，帮办刑案。虽是七品小京官，但他勤奋、干练，5个月内竟协助清理积案800余件，还平了一大冤狱，从此为刑部高官所器重，一步一步迈向仕途之路。

很快，许世英便坐上了福建巡按使的位置。

许世英个子不高，当他以福建巡按使的身份，跨上自己的宝坐之后，便有了白马王子之相。1914年的许世英，时年41岁，正是年华英盛、精力充沛的人生鼎盛时期。且看他足登乌靴、身穿西式文官大礼服、胸佩总统勋章、戴白手套的双手紧握马缰，目光炯炯立于官署望厦之阶，在“洞察”之际，于潇洒中又凭添了几分威严。此时此刻，许世英的惬意心境真可用“春风得意马蹄疾，一日看尽长安花”来形容了。

1921年夏秋之交，48岁的许世英，携一纸北洋政府“特任状”，踌躇满志的莅临安徽省城走马上任，在安徽省政府大堂坐上了第一把交椅，从现存的照片来看，这位留着平头、罩黑长衫、面目清癯的省长许世英，给人留下了目光炯炯、善于思考、城府较深的形象。

要走通仕途，必须得结交大官，许世英得到革命先行者孙中山的教诲，是他走红官场的一大机遇。认识孙中山以后，许世英还深得孙先生赞许，在辛亥革命时，许与山西巡抚张锡銮联名呼请清帝退位，就是一个积极的行动。

1924年，北方军队酝酿倒曹拥段，许世英认为曹锟必倒，但应对纷争之局有予筹，于是密陈段氏非取得孙中山合作不可，并自任密使，南下广东与孙中山密谈。孙中山面允许世英，候曹锟退位，段祺瑞入都，朝电相邀，夕即北上，共商国事。许在广东期间与孙中山先生“反复谈三民主义、五权宪法、孙文学说、建国方略数日夜”。

后来孙中山曾对人说：“老许俊人者，则亦可称通阴阳，知未来之六耳猕猴。俊人与予研究主义、学说、方略，处处有远大理想，咀嚼精华，决不是猪八戒吃人参果。”孙中山称许为“猴”，是喻其矮小而举动灵活，是昵称；说他“不是猪八戒吃人参果”，更是赞美的口吻。许世英离别之前，孙中山挽留他多住一天，同游南华寺，并对他说：“这次你南来，值得纪念，我们就同游南华，纪念你的南来，我也重游旧地。”许世英由韶关返上海时，孙中山亲自送至车站，在车站等候了6个小时，又畅谈了6个小时。

许世英对孙中山发动辛亥革命极为敬佩，认为“天下为公”，定能团结民众，唤起民众，成为中华的支柱，还密带数十册《三民主义》回到北平，传播孙中山的理论及学说。

此后，许氏作为皖系重要人物活跃于政治舞台上，直至1925年12月出任段祺瑞执政府的国务总理，达到他政治生涯的巅峰。

除了孙中山之外，许世英结交折另一大大物是蒋介石，只不过有所不同的是，他走到了官场的另一条路而已。

蒋介石在政坛树起自己的旗帜是在1927年，那时，许世英就对蒋在南京成立国民政府表示支持。第二年东北张学良易帜统一于南京政府，10月份，蒋介石把持的南京政府请许世英主持直、鲁两省赈务，随北伐军推进，将直、鲁赈务扩组为国民政府赈务委员会，许任委员长，时间长达8年之久。

抗战胜利后，国民政府“还都”南京，1947年4月，国民政府力邀许世英出任行政院政务委员兼蒙藏委员会委员长，同年，许世英在原藉安徽至德县当选中华民国的“国大”代表。1948年行政院改组，许世英随同张群一道辞职。

1951年，蒋介石派飞机将许世英从香港接到了台北，遂被蒋介石聘为“总统府资政”。许世英由港去台时，蒋介石当即在官邸接见共餐，餐后蒋邀许参观其卧室，蒋问道：“你看我的卧房缺少什么?”许说：“总统的卧房非常整洁，样样都好，并不缺什么。”蒋说；“我看缺少一个座右铭”。许回家后，即作四首诗，并写成条幅送给了蒋介石，蒋把许写的四首诗裱成四幅屏，挂在他的卧室内，以供欣赏。

由此可见，如果从许世英为慈禧太后和光绪皇帝护驾有功算起，直到晚年他与蒋介石的交往，许世英在仕途上一路攀升，总是和通天式的大人物紧密联系在一起的。

(3) 司法专才权位重

许世英是清末司法改革的积极参与者，任职年余里，对司法各项改革多有创获，使得许世英除政治生涯以外，又攀上司法生涯的顶峰时期。

1907年4月，清廷宣布东三省改行新制，设省建置，任徐世昌为第一任东三省总督，许以随员身份同往东三省，许世英筹备东北各级审判厅，后被任命为奉天高等审判厅厅丞，许氏在清末筹设、组建司法中，不遗余力地引介西方司法制度，其主持下的奉天司法筹设建制模式成为清末司法改革的“模范”。此后，许世英在全国司法界崭露头角，并被视为司法专才。

1910 年清廷委任徐谦为正代表，许世英为副代表，赴美国华盛顿参加万国司法制度及改良监狱会议，会后考察欧美十国司法制度，回国后，任山西提法使，旋任布政使。接下来他所推行的各项司法改革，都体现了他对民国司法改革的基本取向，即以西方国家司法框架为标准，用西方法制来改造中国社会。

1912 年 5 月，许世英被任命为大理院院长，7 月出任司法总长。许世英颇具雄心壮志，试图用法律改良和广设司法机构等方式，来废除领事裁判权和改造中国社会，以期建成“法治中国”。他在出任司法总长不久，即抛出《司法计划书》，规划民国法治的蓝图，计划书提出：“司法独立为立宪国之要素，亦即法治国之精神。然必具完全无缺之机关而后可立司法之基础。……外人领事裁判权所以绝对不肯让步者，大抵以吾国法律、裁判、监狱三者均不能与世界各国平等，故常籍为口实，实吾国之莫大耻辱。”

许世英抛出的《司法计划书》，是在出席万国司法制度及改良监狱会议并考察欧美各国司法制度后，就中国的司法改良而撰写的。他根据自己考察欧美司法制度的经历体会，结合中国的实际，提出自己关于在中国实施司法制度改革的计划设想。着重指出司法改良应循序渐进，不可一蹴而就。

这份《司法计划书》详细论述了实行司法改良的必要性和必然性。同时论证了在中国实施司法制度改革，诸如经费的筹措、人才的选拔培养、监狱制度的改良、审判制度的更新、财产登记制度与律师制度的建立等的可行性。

在司法总长任内，许世英大刀阔斧地推行司法改造，诸如普遍任用法政毕业生，废除旧式刑幕人员，广设监所，推行律师制度等等。特别是在废除旧式刑幕人员出任新政权司法官的问题上，许氏表现出了与“旧中国”决裂的果断态度。所以，当孙中山谈及许世英在司法界的成绩时，就称之为“司法革命”。

许世英设想的初衷是谋求司法独立，废除领事裁判权制度，而终获民族独立、国家富强。其设想，切中时弊，与当时国际上先进司法制度相接轨。然而在特定的历史环境下，这些美好的设想就如空中楼阁，无源之水，但并不能因此而否定这些设想和探索。

晚年的许世英对他的上述思想也多有反思，许多东方传统、法律之外的东西，越来越引起他的重视。许世英深刻体会到，现代社会的法律越多，而秩序就越少，法治不可能仅仅是法律，而只有与本国的传统、民族特点相衔接，并在对现存秩序改良的基础之上，才可能产生适合中国的法治社会。许世英早年的司法实践与改革，多半是用法律来改造中国社会，而晚年则转向对东方情理、礼教、习俗的强调，多半是对中国现存社会秩序的回归和完善。

(4) 爱国忠贞守气节

作为一代政治家和外交家，许世英爱国忠贞，保持民族气节，可圈可点。

1936年，正值日本侵华气焰嚣张之际，许世英负重出任驻日大使，赴日就任前，曾赋诗明志，以晏婴、相如自许。他据理力争、怒降国旗、题字警告的传说，充分体现了他的爱国主义精神和崇高的民族气节。

许世英抵日后，首先去见日本首相广田弘毅。其实，早在1907年许在东北筹建司法机构时，就认识了时任日本驻奉天领事的广田弘毅，包括当时的副领事有田八郎。时隔几十年再次相见，彼此身份都有了变化，寒暄之后，许世英单刀直入：“予未习外交，不擅词令，所知者，公理与强权之分，强权固可逞一时，公理则永垂千古，理之所在，予必辩争到低”。而广田却回避外交事宜，重在叙旧，他笑着说：“吵嘴打架，又何伤焉，益争吵之后，仍不失其友谊。”暗示友谊与国交是两回事。许世英坚决表明态度，即肯定公理，反对强权。

接下来去见日本天皇，许针对天皇爱好花草农林、喜欢钻研生物的特点说：“天皇为生物学之权威者，一国君主，又为人类幸福之主宰，稍有摧残之念，则群伦生命，世界和平，皆受影响。”天皇附和道：“当如言尽心，还期大使努力。”许当即赋诗一首“同根双护惜，煮豆莫燃萁”。希望天皇在开始中日平等外交方面发挥作用。

许初到日本任职，当年的日本驻奉天副领事有田八郎，已经成了新任日本外相，阔别三日当寡目相看，此有田已非彼有田了。担任外相的有田，军国主义的外交思维更加顽固，不得不使许世英抛弃幻想。许与有田多次谈判，毫无结果。许世英深知，日本的穷兵黩武，已一发不可收拾。

1937年3月8日，许世英自日本返回国内述职，他面见蒋介石时，直言相告中日两国关系“积薪必焚，实非口舌所能争”。他向蒋介石及政府有关部门报告，对于日本军国主义愈演烈的政策走向，理应未雨绸缪，严加防范。而蒋介石一味强调缓和，奉行不抵抗政策，许世英只好提出了辞职的要求。

事态的发展令许世英不幸言中，时隔不到半年，芦沟桥事变发生。日本华北驻屯军第一联队，以进入国民党军驻地宛平城搜查失踪士兵遭拒为由，向国民党军第29军芦沟桥驻地发起猛烈炮击。7月8日，蒋介石致电29军军长宋哲元、副军长秦德纯（兼北平市市长）等人“宛平城应固守勿退”。许世英深夜获此消息，民族面临生死存亡的危急时刻，他即刻放弃辞职，决心继任。

7月16日许世英由上海启程返日，19日抵达东京。他立即举行记者招待会，严正申明：我政府对芦沟桥事件的立场“中国希望和平，而不求苟安；准备应战，而决不求战。”，同时警告日本政府“悬崖勒马”，并书写“悬崖勒马”四字分赠各报记者。

从20日起，许世英频频与日本内阁改组后复任外相的广田弘毅接触，严正要求停止战争，撤退在中国领土上的全部日本军，依外交途径进行谈判。广田虽有决不扩大的表示，然终于坚持中、日两国军队已经对立，当由就地解决，迫胁中国承认地方协定，藉口延宕。

12月13日，日军攻陷南京，对手无寸铁的平民展开疯狂杀戮，华北出现伪政权于北平。日本政府作出“不以国民政府为对手，是以战争为国策，是以战争解决争执”的基本政策，实际上就是宣布与中国断绝邦交，扩大在华侵略战争。许世英电告南京政府，与日已无外交可言，请求准其回国。

国民政府外交部还抱着不切实际的幻想，要求许暂缓回国，等待德国居中调停，天真地以为德国人会替中国说话。其间，许的同乡，汉奸王揖唐两次派人至大使馆劝许飞回北平，均遭许严厉斥责，他说“事至今日，唯战可以复仇，唯守可以制胜，决不事难而自取其辱。”

1938年1月10日，德国宣告居中调停失败，许接到外交部准予回国的指示后，遂怒降国旗，愤然离开日本回国，表现出决不自取其辱的豪迈气概。

许世英身为国民党元老，在抗日战争期间，他就与我党及进步人士有过接触和联系，南京解放前夕，他拟移居香港，正在观望以待抉择。新中国成立时，他决定客居香港，但仍成为中国共产党的统战对象，在港时许曾是共产党的统战对象，不断有人去许宅做工作，北京中央人民政府曾邀许参加新政协。

许世英接到周总理发来请期参加新政协的邀请电后，先派儿子许华从澳大利亚使馆辞职回港赴北京。临行前，带有他致周恩来等人名片，嘱许华面陈致意。后因年事已高，从生活等诸多方面考虑，最终去了台北。

(5) 造福百姓受人尊

安徽是许世英的家乡，曾经在此作为地方要员主政一方。此前，许世英担任过的另一个重要地方职务是福建省省长，他治闽三年，亲自巡视福建沿海各县，为地方兴利除弊，有颇多建树。

许世英因参与制定新约法受到袁世凯的青睐和赞赏，1914年5月被袁委以封疆重任，任命为福建省民政长，不久改称巡按使，1916年后改称省长。

许世英到达福建省后，遵照袁世凯“上为大总统宣布恩德，下为各地方兴利除弊”的指令，大兴调查研究之风。

1915年5月24日，许世英一行离开福州，当地举行了隆重的送行仪式，福州政、商学各界人士到南台江边送行。巡视团队一行乘旗舰从福州出发，沿马尾、连江北行，过罗源、宁德至福鼎后折回向南，沿平潭、福清、莆田、惠安、晋江、厦门、龙溪、东山后折返经金门、晋江于同年7月4日回到福州。

许世英连续巡视历时42日，跑遍了三闽大地。，在当时那种军阀当权，官场腐败的形势下，能够如此事必躬亲，亲自深入基层调查研究，着力解决百姓关心的实际问题，是十分难能可贵的。

许世英一行在福建沿海视察军队、学校、厂矿，瞻仰文物古迹，接见绅商，听取地方官员的汇报。每到一处，许世英都能了解各地的历史沿革、人文特色。在漳期间，许世英走访了江东、龙溪、石码、南靖、东山等地，对漳州的风土人情可谓了如指掌，对漳州的社会现状与发展也多有剖析指点。在龙溪暨南分局百余华侨聚会上，许世英鼓励侨商回国投资，发展实业。考察东山岛时，他认为“由司法、地势、教育、实业各方面而言，俱有设治之必要。”回福州后俱文呈报内务部查核，遂批准设立东山县。

许世英的每到一个地方，都要现场办公，为当地办好事、办实事、解难事。为了接待来访群众和批复上访信件，他吃住在“建宁”舰上，常常连夜办公至天明。对于乱作为和不作为的当地官员，现场给予必要的处罚，轻则批评教育，重则撤职查办。许世英巡视福建沿海的42天里，除了路途、食宿时间外，几乎都用在政务上，由此可见许世英还是一位勤政的官员。

许世英把到福建沿海各县巡视，途中所见所闻，以日记的形式记录，结合在福建任职期间的考察所得，按照物产经济、风俗人情、山川形势、名胜古迹等几个部分，整理成了洋洋数万言的《闽海巡记》一书，书中还收录了巡视各地时所拍的照片38幅，给后人留下了宝贵而丰富的史料。

这部书以作者的视角，记录了当时福建社会、经济状况，表达了许世英视察各地的许多观感，其饱学之才及踏实的作风由此可见一斑。他在这个大部头著作的序言中说："足迹所至，凡山川险要，人情风俗，悉备记之，约数万言。不敢谓利病成书，上拟顾氏，然躬身亲历，当亦异于影响之谈，关心民瘼者，或有取于斯。"即使在今天看来，这部书对于了解清末民初福建社会历史，对研究福建的民俗、经济、社会、地理、名胜古迹等，仍极具参考和使用价值。

许世英在福建当了三年的省长，时间不算长，但留下的政绩是值得后人铭记的。仅以福州的市政建设为例，就足以说明这一点。据《福州交通志》记载，1914年许世英到福建任巡按使时，"修筑了水部门经王庄至台江福新街马路，是福建省的第一条马路。"马路的建成，推动了福州道路交通的发展进程。有了马路，逐步淘汰了轿舆，出现了由国外进口，后由上海生产的人力车、马车、脚踏车应运而生，经许世英亲自拍板，开始修建延平经福州至泉州的省级公路。

除上述大力发展道路交通外，许世英还对福州西湖进行了扩建、浚治。为整治西湖，他任命林炳章为水利局总理，兼管治湖工程。经过两百多天的挖湖清泥，西湖的面貌焕然一新。但后人很少提及，以致鲜为人知。不过，至今还立在西湖的"击楫"的碑刻表明，这是西湖浚治竣工时许世英的得意之作，碑上落款清楚地载明"民国四年，许世英"。

许世英离开福建后，后人对他的政绩以各种形式多有记载。当年许世英到平潭县视察时即兴挥毫书写了"明镜"两字，以警示各级官员要为政清廉，不得鱼肉百姓，这两个大字刻在该县北厝镇小湾村的北山顶巨石上，当时的该县县长戈乃康也作了记事石刻，至今清晰可见。

据许世英自己说，在20年以后的1942年，当他到福建旧地重游时，沿途百姓听说当年的老省长来了，都以鞭炮、鲜花相迎。

许世英在安徽省省长和黄山建设委员会主任期间，也为家乡做了不少好事和实事。

1921年，许世英出任安徽省第7任省长，他到任后，截去武军48营，宣布军阀操作贿选的省议会选举无效，创办安徽法政学堂，资送数人赴日留学。后来由于马联甲拥兵驻蚌，另派劲旅坐镇省会，对许世面掣肘威胁，他愤而辞职。

在家乡安徽，许世英担任的另一个重要职务是黄山建设委员会主任。黄山归来不看山，许世英对黄山的治理和建设可谓殚精竭虑。任职期间，他亲自察看黄山灾情，规划景区建设，具体落实以工代赈事宜，为宣传黄山、建设黄山作出过重大贡献。

上个世纪30年代初，黄山因交通不便，游人稀少，再加之连年灾害，户鲜盖藏，人民生活苦不堪言。1934年春，许世英接到报告后，先期派员到黄山勘查。得知灾情确实严重后，即从上海启程，专赴黄山察看灾情，具体落实以工代赈，建设黄山事宜。许世英连续在黄山考察10余天，所见所闻，心情不能平静。回到上海后，他按照自己在山上的设想，尽其所能，不辞劳苦，多方奔波，筹款筹物，为黄山的建设作出了不懈努力，在黄山建设史上留下了美好的一页。

规划建设黄山的过程，也是许世英欣赏和理解黄山的过程。许世英通过视察灾情，游览黄山，感慨万千，亲笔撰写了游黄山日记，其中写道“黄山之胜未尽什一，憾何如之！惟是尝鼎一脔，朵颐足快。”后来，他将自己的日记汇集成册，题名《黄山揽胜集》，成了人们争相阅读的传世之作。

许世英造福百姓的另一大功劳是赈济灾民，施善四方。许世英在国民党政府中长期担任赈济委员会委员长，主持全国的救灾事务，在任期间，他亲赴山东、河南、安徽等地视察灾情，在京沪等地募捐款物，支援灾区人民渡过难关。

1927年10月，他正式出任南京国民政府赈务委员会的委员长，开始统统筹全国救灾事务。1929年河北、山东等遭受大旱灾，许世英亲赴山东兖州勘灾，提出：“救灾如救火，救人须救彻；查灾要查明，放赈要放活。”的明确要求。

1931年“九·一八”事变后，全国的多种灾害更是连续不断，长江、淮河、黄河流域连续发生大水灾，灾民不可胜计，政府所能提供的救济费有限，许世英亲赴勘察，四处奔走，筹募款项及物资，用于根治水患。

特别是战争期间，战区不断扩大，敌机空袭频仍，军民死伤惨重。由于财力物力缺乏，赈济工作比以前更加困难。他穿行于枪林弹雨之中，积极筹措救济工作，使不少因受战争摧残的难民得到救助。针对日机对重庆狂轰滥炸，他组织重庆空袭防护委员会，每当空袭来临，许都亲自指挥防救。针对滇缅边境受灾严重，许亲赴缅甸，赈济该地华侨，资助难民经商谋生，使一些难民能度过生活难关。

(6) 为人处世重品行

许世英辞世后，有人饶有兴致地研究起他的处世哲学，说像他这样的清末遗老，一般为人所不齿，而他却能为各派政治力量所容纳，且新旧咸宜，左右逢源，甚而得膺重任，其中必有奥秘。

其实，许世英生前就有曾透露过他从政的“秘决”是“顺正理行事，重多数利益”，以“清、慎、勤”三字律己律人。“清”为洁己奉公，不受人一钱；“慎”则小心从事，不任意所为；“勤”即吃苦耐劳。有人由此把他的处世哲学归结为“儒为其表，法为其理”，兼以黄老之道及西洋逻辑方法，深晓趋避的分际，这就是许世英“外柔内刚立身大本”的哲学注释。

许世英还有一个极其可贵的优秀品质，就是勤政为民，严于律己。他在安徽省长任上，曾向全省60个县的大小官员发出训令：“知事为亲民之官，与民亲者，民情必不疏，与民近者，民心必不远……”

他还在公开场合下宣称“凡事公为先，私为后”，并对其知己者说“我五十年从政，从不曾取过公家一分一毫非分的钱财，这是我心里一直觉得安宁的。”

由于许世英严于律己，所以他无论服务于哪个政权，都能奉公守法，深得民心，做到常游宦海而不翻舟。许世英的堂弟许世杰曾经撰文追忆他的这位堂兄，说他“一生自律严谨，生活朴素，不置田产，遇友人求助，总是倾囊相助，有时用度拮据即典当衣物，一块金表曾入当铺数次之多。晚年寄居香港，因生活困难，还曾一度卖字为生……”。所以后人称他是“一袭布衣、一双皂鞋闯天下”。

许世英豁达大度的性格，机智幽默的谈吐，还给后人留下不少趣闻。

许世英不吸烟，不喝酒，某日与曾任民国政府外交部部长、行政院代院长的王惠宠闲谈，王惠宠指着手中的雪茄说，自己吸一辈子烟，这点星星之火，烧掉几幢房子和几部汽车。许世英接着说，我从不吸烟，但至今仍没有房子，也没有汽车。两人相对大笑。

1910年，许世英奉命到欧洲考察司法制度，一次在巴黎被邀请看脱衣舞，未完，记者上前问他的观感，他踌躇一下，笑笑说：“这是很好的娱乐，同时也可以有助于增加贵国的人口。”记者大为满意，第二天巴黎的报纸刊登中国许代表的讲话：脱衣舞可以增加人口。

许世英几十年人生旅途中，博学多才，还练得一手好书法，1926年登九华山时，曾为九华山写下了“江南第一山”，此书后来镌刻于翠云庵前路边的巨石上，至今犹存。喜欢作诗和撰写题联，也是他的一大特长和生活乐趣。

他所写福州西湖李纲祠堂的题联：“十里湖光比西子，千秋事业忆南朝”，给四川省南川县蒋公馆息心亭所题“水清石出鱼可数，花落鸟啼人不知”，都是脍炙人口的佳作。晚年到台湾以后，他写了一首贺赠联：“洞天一品元章石，明月三人太白盏”，更具深刻的思想内涵。当时国民党政府懦弱无能，腐败成性，乐虞我诈，相互排斥，大势已去，不得人心的局面已逐渐形成，许世英却以一种比兴的手法，运用书法这一特有的形式，抒发了世人皆浊我独清，超凡脱俗的思想，因而这副对联是他当时内心的真实写照。

更表达了他身处乱世，超俗的良知，确实难能可贵。

1964年10月13日，许世英因并发心脏病在台北寓所逝世，终年92岁，安葬于阳明山第一公墓。

第 24 任

胡惟德：外交英才名声鹊

他是中国近代著名的外交家，曾多次担任驻外使节，后任民国外交总长兼代国务总理。他参与并见证许多重大外交事件，是书写晚清与民国外交史不可或缺的人物。胡惟德干练持重，处理外交事务稳妥得当，深得清廷及民国政府赏识。

小 档 案

姓名：胡惟德

字号：字馨吾

籍贯：浙江吴兴

父亲：胡世华，著名数学家

出生：1863年

去世：1933年11月24日

毕业院校：上海广方言馆

简　历

1863年，出生。

1888年，中举人。

1890年，随薛福成出国，任驻英国使馆翻译学生，继升随员。

1893年，任驻美国使馆参赞。

1896年，任驻俄国使馆参赞。

1899年，代表中国出席第一次海牙和平会议。

1902年，2月任代办使事，同年7月以三品卿衔派充出使俄国钦差大臣。

1907年，9月内调外务部右丞。

1908年，3月任驻日本公使。

1910年，派兼任海牙国际法院中国委员。

1910年，5月再度内调升外务部右侍郎。

1910年，7月迁左侍郎，兼税务大臣帮办。

1911年，10月任袁世凯内阁外务部大臣兼帮办税务大臣。

1912年，3月底任北京政府税务处督办，唐绍仪内阁外交部次长。

1912年，11月任驻法国公使兼驻西班牙、葡萄牙全权公使。

1914年，专任驻法国公使。

1918年，任海牙国际法院常设仲裁法院仲裁员。

1920年，9月任驻日本公使。

1922年，任毛革改良会会长，外交部太平洋会议善后委员会理事。

1926年，3月出任贾德耀内阁外交部总长，兼关税特别会议全权代表。

1926年，4月兼署国务总理并摄行临时执政，5月免职。

1927年，1月任顾维钧内阁内务部总长，6月免职。

1927年，6月代理国务总理。

1927年，11月任平政院院长及高等文官惩戒委员会委员长。

1928年，四次连任海牙国际法院常设仲裁法院仲裁员。

1933年，11月24日病逝于北平，终年70岁。

(1) 力挽狂澜赴国难

胡惟德，字馨吾，1863年生于浙江吴兴一贫寒之家。出于谋生需要，少时被父母送入上海广方言馆就学，主修算学，兼习法文。修业十年后，胡惟德获准进入京师同文馆深造。1890年，为清政府出使英、法、意、比四国大臣薛福成选中，随同赴英实习。此后，先后随驻外大臣杨儒赴美、驻俄，官至二等参赞。

令胡惟德永生难忘的，是他作为驻俄参赞随杨儒出使俄国的经历。杨儒是清末中国著名外交家，1892年出使美国、西班牙和秘鲁，3年后转任驻俄国、奥地利、荷兰三国公使。杨儒出任驻俄公使期间，胡惟德任驻俄参赞，此间正是沙俄侵华史上的一个重要时期。沙俄在鲸吞了中国黑龙江以北、乌苏里江以东以及西北地区150多平方公里领土以后，又把掠取整个中国东北作为它的侵略目标。以助华抗德为名，强租旅大；又乘八国联军侵华之机，出动17万军队公然占领了中国东北三省，叫嚣要用刺刀把满洲变成第二个布哈拉。

正是在这样的形势下，1901年1月1日，杨儒被任命为驻俄公使，作为特命全权大臣，他与胡惟德等一起，与沙俄谈判交收东北三省问题。

谈判从1月4日开始，沙俄财政大臣维特向杨儒口头提出约稿13条，后俄方正式提出议款12条，未经讨论便要杨儒签字。杨儒表示条款须有损中国主权，拒绝签字。清政府命奕劻、李鸿章商请各国公使，劝阻俄国的强行霸道行为。列国各国不愿俄国独吞东北，接连向俄国施夺。杨儒与维特谈判7次，与外交大臣拉姆斯道夫谈判14次，都没有结果。

2月下旬，俄国再一次企图出重金收买李鸿章，并提出“逾期即决裂”的威胁。3月26日，拉姆斯道夫提出最后约稿11条，压迫杨画押，不能更改一字。杨儒一针见血地指出：“这是想借谈判把霸占合法化。”

狂妄的沙俄侵略者在谈判中要尽了手腕，先是使用欺骗、贿赂的手法，维特和拉姆斯多夫以和杨儒交情甚密进行笼络，后来进行威逼恫吓，企图迫使杨儒就范。维特恫吓说：中国刻下只有两条路可走，或赶速画押，得俄国之帮助；或与俄决裂，听俄国之自便。拉姆斯多夫蛮横地称，对“条款”一字不得再易，倘15天清政府不肯画押，则我等不便见面。杨儒毫不示弱，愿“束装以待”，宁肯与俄决裂，被清廷治罪，也不出卖祖国权益。

3月22日，年已古稀的杨儒回使馆时不幸雪滑坠地，跌伤了左臂和右腿，沙俄仍步步紧逼，强迫杨儒签约。签约限期只剩最后两天了，步履艰难的杨儒，强忍伤痛，在别人的搀扶下去沙俄外交部谈判。

拉姆斯多夫威胁说：“不愿画押，只有从此不提此事了！”并限次日早晨9点20分之前作答。杨儒顶着寒风冒着漫天飞舞雨雪返回公使馆，不料再次滑跌坠地，从此一病不起。

1902年2月17日，大清驻俄使馆沉浸在悲痛之中，杨儒因与俄交涉交还东三省时，受沙俄权臣威逼羞辱，跌伤患病卧床一年而病逝。

杨儒因伤不治死在俄国，其子伤痛不已，自杀随父而去，父子相伴长眠于异国他乡。史书记载：杨儒为官时“清正廉洁，刚直不阿”；出任公使时“大义当前，凛然不屈”。

杨儒不幸罹难于公使任上，此时，使馆一切事务落到了参赞胡惟德身上。

1902年7月，清政府正式任命胡惟德为驻俄公使，清廷处理对沙俄关系面临强大的外交压力，胡惟德被推到外交一线，成为独当一面的外交重臣。自从1900年俄军侵占我国东北三省以后，俄国依靠军事实力，不把国力衰弱的清王朝放在眼里，俨然成为东北三省的实际统治者，它利用这种特殊地位，极力扩大侵略权益，1903年竟公然对外宣称哈尔滨市已“不在中国政府完整而不受约束的法权范围之内”。胡惟德任驻俄公使期间，俄国霸占中国领土、践踏中国主权的行径，是继《辛丑和约》签订后达到了又一高峰。

胡惟德身负使命，在对俄交涉过程中，反映全民族的强烈愿望，要求俄国从中国东三省撤军。胡惟德在感到“俄焰稍衰”的时机，抓住机会促使中俄签订《交收东三省条约》，俄国终于同意从东三省撤军，尽管某些条件仍是苛刻的，但条约首先肯定东三省各地“仍归中国版图及中国官治理”的原则，规定俄国在一年半内分三期全部撤退其驻军。后来，随着形势的变化，俄国冒天下之大不韪，彻底破坏《交收东三省条约》，不仅停止撤军，甚至重新进行军事调动，标志着俄国侵华政策的进一步加强，它不但要继续控制东三省，而且要控制蒙古地方等整个中国北部。

就在《交收东三省条约》所规定的撤军最后期限已到之时，胡惟德突然接到俄方通知，俄方决定停止与中国的谈判，更借故于派兵重新进占了奉天。这是俄国在东三省所进行的一次新的军事威胁，它给了中国朝野上下一个新的巨大的刺激，激起了东三省人民的巨大愤慨，拒俄、反俄之声又一次响彻中国大地。

清政府传光绪皇帝谕旨，命令驻俄公使胡惟德“觐见俄皇，陈达一切情形，照约办理”。胡惟德马上就此与俄国外交部联系，得到的回答是“觐见谈公，即专使头等亦无此例，碍难实现。”直到1904年1月，胡惟德才因“俄元旦朝贺”的机会，仓卒间同沙皇谈了几句“请照约从速撤兵”的话，结果也完全落空。

1904年，日俄战争爆发，这是日本和俄国为争夺我国东北及邻国朝鲜而进行的一场帝国主义战争，这场战争在中国东北土地上进行，直接损害中国权益，无力抗拒的清政府只能宣告中立。战争之所以终于发生，就在于这两个帝国主义因争夺我国东北和朝鲜而引起的矛盾十分深刻，外交官们无法调和，只能诉诸武力，它们争夺的关键在于我国东北。胡惟德奉命与俄方交涉中国中立事宜，并援引海牙和会章程和红十字会条款，筹组红十字会在战区救助中国民众。然而，日俄无视清政府要求，拒绝中方要求。“弱国无外交”的千古名言，在胡惟德身上得到了极好的印证和体现。

此后，胡惟德先后担任外务部右丞、驻日钦差大臣、海牙国际法院中国委员、外务部左侍郎兼税务大臣帮办等职。辛亥革命爆发后，胡惟德出任袁世凯内阁外务部副大臣署理外务部大臣，位居外交决策中枢地位。

(2) 清廷退位见证人

1912年1月，中华民国临时政府成立。

袁世凯唆使各地亲信纷纷发出通电，要求清帝退位，宣布共和。河南巡抚齐耀琳、山西巡抚张锡銮、署直隶总督张镇芳、署山东巡抚张广建等各地实权人物，先后发通电要求袁内阁代奏，两湖总督段祺瑞更是率北洋将领46人联名通电声：“共和国体，原以致君于尧舜，拯民于水火。……瑞等不忍宇内有此败类也，谨率全军将士入京，与王公剖陈利害。”

袁世凯看到火药味已经越来越浓了，便授意外交大臣胡惟德、民政大臣赵秉钧、邮传大臣梁士诒等人，不时入朝对隆裕太后进行恐吓，向隆裕太后陈明利害，否则“母子二人性命难保!”

隆裕太后眼看大势已去，只得授权袁世凯与临时政府磋商退位条件。袁世凯立即与南方代表伍廷芳电文文驰，往迫磋切。

2月6日，由临时政府参议院通过了优待皇室的8项条件。

2月12日，在北京故宫的养心殿，举行了清王朝也是中国封建王朝的最后一次朝见仪式。实权在握的袁世凯，称自己有病不入朝，只是委派了外交大臣胡惟德作为自己的代表，让他领着民政大臣赵秉钧、陆军大臣王士珍、海军大臣谭学衡、司法大臣沈家本、邮传大臣梁士诒、度支大臣绍英、工商大臣熙彦、理藩大臣达寿等前去朝见。

此时，胡惟德既是清王朝政府的外务部大臣，又是袁世凯的私人代表，身兼两方重任。因具有的特殊身份，成为清廷退出历史舞台的见证人。

胡惟德率领的这个庞大的工作班子，肩负重大使命和历史责任。天空刚刚微亮，清王朝的最后一班大臣，仍旧像以往一样，头戴翎顶，衣冠楚楚，冠带一新，一大早就来到乾清宫东南角上的廊子里等候降旨。

北京的冬天，常常刮起呼啸北风，气温骤降，胡惟德与众大臣胡乱凑在一起，大家各怀心事，都低着头不说话，气氛凝重得透不气来。

“太后驾到！”

一个小太监的通报声打破了尴尬的沉默：“太后已到，请各位大臣上殿！”

胡惟德闻听，条件反射似地整了整冠帽朝服，率先站起身来，习惯性地左右看了一眼，随后由领着众大臣走向养心殿。

到了大殿之后，胡惟德发现宝座上空无一人，唯有内务府大臣世续和内阁协理大臣徐世昌早早的在殿中等候。那些带刀的侍卫倒像往常一样站在那里，依旧威风凛凛。

胡惟德恭敬地站在殿内一侧，隆裕太后与皇帝溥仪转身进殿，慢慢走向宝座。

胡惟德还没有回过神来，也就顾不上率众臣向皇帝三叩九拜，只是简单地鞠了三个躬，就算是给太后和皇上行大礼了。

隆裕太后和宣统皇帝刚刚坐定，胡惟德上前启奏：“内阁总理大臣袁世凯因病不能上朝，特委托臣等前来向皇上和皇太后请安。”

隆裕太后面无表情地点点头，说：“袁世凯为国家鞠躬尽瘁，为皇室也出了不少力。他能为皇室争取到如此的优待条件，也实在不容易。今天我就按照南北议和的条件，颁布诏书，实行退位，让袁世凯去做好善后事宜。”

说到此处，隆裕太后禁不住老泪纵横，不停地抽泣起来。

大臣们也被感染，跟着一起呜咽和抽泣，好几个人还真的动了感情，不光是用朝服的袖子抹泪，而且开始嚎啕。

胡惟德毕竟是见过世面的大臣，这么哭下去肯定不是事，径直走向前去对隆裕太后说：“太后，如今大局已经如此，还望太后保重。太后英明睿智，顾全天下百姓，保全皇室上下，臣等深感太后恩德，一定不会辜负太后和百姓的期望。如今优待条件已定，还请太后放宽心，安心退养。”

说到这里，胡惟德又想起他袖里还有一份南方议和代表伍廷芳发来的电报，于是急忙从袖中取出，故作惊慌的奏道：“太后，你先别哭，我这里还有南方革命党发来的一份紧急电文，要向太后奏报！”

胡惟德清了清嗓子，展开电报念道："万急。南方伍廷芳代表电：今日经参议院同意，如15日下午12点之前清帝不逊位，则收回优待条件。此布，即转北京。"

隆裕太后听出了其中带有威胁的语气，最后抹了一把眼泪，便把退位诏书交出，命世续和徐世昌赶紧用御玺用印，生怕晚了真的要收回优待条件。

胡惟德看到大印已经盖好，捧起清帝退位诏书，将内容一字不落地大声念了一遍。凝重的空气中，只有胡惟德略显凄凉的声音在轻轻回荡。

念完诏书，清王朝最后一次朝见仪式便宣告结束，胡惟德拿着诏书，领着各大臣向隆裕太后和宣统皇帝再次三鞠躬，随后便退出殿外，从此就不再是清朝的大臣了。千秋万代终是梦，大清王朝269年的历史宣告结束，封建帝王的旧时代已经一去而不复返了。。

如释重负的胡惟德，走出故宫后，便直奔外务部大楼，向大臣袁世凯复命去了。

早已做好接受诏书的准备袁世凯，心中窃喜。在外交大楼正厅里，静静地摆着一条长长的大条案，条案中间，放着一个紫檀镂花的帖架。

胡惟德率众捧着诏书走进大厅，大厅里百余人哑口无声，甚为静穆。袁世凯从内室走了出来。胡惟德率领同去朝见的各内阁大臣，在大厅中央列队肃立，接受袁世凯的检阅。

袁世凯走到大厅正中的位置，一脸虔诚地轻整衣冠，面朝胡惟德，恭恭敬敬地向诏书鞠过躬，双手从胡惟德手里接过诏书，把它放在大条案上的大帖架上陈列起来，然后转身站到了一旁。

胡惟德大声地宣布："太后把国家大权交给了宫保，请宫保早日组织共和政府，以不辜负太后的愿望。"

这时的袁世凯声音响亮而清晰，恭恭敬敬地回答："是！"

接受诏书仪式至此完毕。袁世凯转过身来，异常兴奋地对胡惟德等人说："你们辛苦了，到后厅里休息吧！"

第二天，北京各家报纸都全文发表了《清帝退位诏书》的详细内容。于是，北京城内街头巷尾，人们拱手相告："共和了！""改了朝代了！"

(3) 出使欧洲重维权

清廷退位，换了人间。3月份，袁世凯就任中华民国临时大总统，以唐绍仪为内阁总理的第一届北京政府成立。胡惟德因与袁关系密切，且曾是清廷外务部大臣，遂被袁世凯任命为总统府外交顾问、税务处督办，并兼任外交次长，在外交总长陆征祥到任前，兼代外交总长职务。

在当时的外交圈，陆征祥的名气和声望显然在胜过胡惟德。陆会好几国外语，尤其精通俄文，早在1893年就担任中国驻俄罗斯大使馆翻译官，3年后升任中国驻荷兰特命全权大使。袁世凯当上临时大总统后，首先想到的，就是立即电令陆征祥从驻俄大使任所返国，出任中国华国临时政府的外交总长。

陆征祥到任后，旋即刮起中国外交机构改革之风，将清代“外务部”改为外交部，裁减人员，清除积弊，建章立制，也是中国外交建制和管理走向现代化的开始。他凭借多年在欧洲工作时积累的经验，着手革除清朝官场遗留下来的陈规陋习，引进较富科学性的管理制度。按照西方资本主义国家外交机构模式，制定了《外交部官制》。

由于胡惟德观念保守，在外交部一切沿用前清旧习，自然不为刚刚到任且主张仿照西方模式实行彻底改革的外交总长陆征祥所容，陆征祥便把胡惟德派到国外任职。1912年11月，陆先把胡外派任驻法国公使兼驻西班牙、葡萄牙全权公使。1914年起，胡惟德改为专任驻法公使。

在胡惟德使法期间，欧洲一战爆发。受困于战时环境，胡惟德随时与外交部、驻英公使施肇基、驻德公使颜惠庆等互通信息，交换对形势看法，但难有作为。1917年8月，中国加入协约国集团，宣布对德奥宣战。中国参战目的只限于取消德奥在华的领事裁判权、没收敌产、废除条约等，不派军队而是提供民役。期间，先后有约15万华工赴法参战。胡惟德身为驻法使馆公使，为维护华工利益做出了不懈努力。

第一次世界大战的战火是在欧洲燃烧，与中国相隔十万八千里，那里发生的战争又与中国并无直接的关系，那么中国的华工又怎么会到那里去呢？

在长达4年多的第一次世界大战中，以德国和奥匈帝国为首的同盟国和以英法俄为中心的协约国集团，不仅双方死伤1600万人以上，而且经济受到重创，因而劳力供应空前紧张。为了寻找人力补充，1916年初法国派人来华洽谈招工事宜，并在天津、香港、上海、浦口、青岛等地招募华工。随后，俄英两国也纷起效尤。据有关资料记载，俄国、法国、英国共在华招募劳工40万之多。

赴欧战场的华工，主要负责装卸军用物资，修筑战壕和在军工厂当工人。他们的报酬很低，但工作量很大。在俄的华工，有的发配到黑海边的港口、乌拉尔的铁矿、顿巴斯的矿井去当苦力，也有的被送往前线修筑工事、运输弹药、抬送担架。法国北部的加来港与英国隔海相望，是重要的交通枢纽，因而时常遭到德军的狂轰滥炸。为了保住这条重要的补给线，英国曾派4500多名华工日夜战斗在加来码头，承担修复、加固码头和装卸军用物资的工作。

欧战华工的伤亡率很高。据有关数字累计相加，大战期间葬身异国或失踪的华工将近5万人。大战结束后，胡惟德率驻法公使馆人员，协调当地劳工部门，妥善处理劳工遣返事宜，除少数留居当地外，大部分陆续乘船回国。

欧洲人民对华工的贡献并未忘记。1988年在第一次世界大战停战70周年之际，巴黎市政府在里昂火车站立了一块纪念铜牌，上面用中法两种文字写道："公元1916年至1918年，14万华工曾在法国参与盟军抗战工作，有近万人为此献出了宝贵的生命。战后，其中3000人定居法国，并在巴黎市里昂车站周围形成了第一个华人社区。"

(4) 获塑铜像享殊荣

胡惟德任驻法公使期间，还广泛开始民间外交，他与法国艺术家布德尔的交往，还留下了一段故事。执著于中法艺术交流的中国艺术家杨成寅，就曾在文章里披露了相关内容。

布德尔享誉欧洲的法国雕塑家，是法国 19 世纪到 20 世纪之交的大师之一，为记载布德尔和时任中国驻华公使胡惟德的友好交往，他亲自为胡惟德雕刻了一座铜胸像，这座铜像至今还陈列在法国布德尔博物馆。

胡惟德的这座铜像雕塑，陈列在布德尔博物馆进口大厅楼上的露天平上，栩栩如生，生动传神，雕像右边衣衫上有布德尔 1919 年的签字，以及左边衣袖上有中文签字——蒲台儿作于己未夏日。这座雕像本身在艺术上颇有特色。他不同于布德尔其它作品强调“建筑性”，人物形象极其个性，东方人的特点，表现得非常充分。除这座铜像雕塑之外，博物馆还收藏有胡惟德自 1917 至 1919 年期间写给雕塑家布德尔的 9 封法文书信。

世界著名雕塑大师布德尔为一个中国资深外交家和学者塑像，在法国雕刻史上独一无二的，体现了那个时期中法人民之间的可贵友谊。

（5）两次会议做贡献

第一次世界大战结束后，在对外交往领域，中国参加了两次重要会议，即巴黎和会和“华盛顿会议”。胡惟德不是这两次会议的主角，但也做出了贡献。

一战结束后，中国作为协约国的一员，是战胜国，被邀请出席巴黎和会。中国政府便派出外交总长陆征祥、驻美公使顾维钧、南方政府外交部长王正廷、驻法公使施肇基、驻比利时公使魏震组等五人为代表，组成中国代表团，并任命陆征祥为代表团团长。

但是，代表团在任命全权代表时，因人选和席次问题引发了内部争执。一度传言胡惟德将出任全权代表，但却未能成为事实。因全权委员名额有限，北京政府任命其为“欧会襄办委员”。

身在巴黎的驻法公使胡惟德极为忙碌，一方面为举办庆祝欧战胜利活动而忙碌，另一方面承担了中国参与巴黎和会的筹备工作。

胡惟德曾接洽安排陆征祥与法国总理克里孟梭会面，还亲往伦敦活动。胡惟德更联合颜惠庆等人，说服北京政府同意组成由全体公使在内的委员会，讨论和会事宜。虽然权限所限，胡惟德还是尽力参与了和会中国代表团召开的75次会议，特别是极力调和代表团内部矛盾，为中国的和会外交作出了贡献。

由于和会完全操纵在英、法、美、意、日五大国手里，4月30日，中国争取山东回归的外交努力遭遇失败。代表团内部围绕着是否签字问题发生争执，最后，中国代表团选择了拒签。

6月27日晚，在对德和约签字前的最后时刻，顾维钧拟定了最后一个妥协方案。方案提议在和约签字之前，由中国代表发表一个口头声明，声明签约之后，不得妨碍将来重新提议山东问题。声明如下："今日在签订对德媾和条约之前，中华民国全权代表因该约第一五六、一五七及一五八款竟使日本继承在山东之德国权利，不使中国恢复其领土主权，实不公道，兹特以其政府之名义声明：彼等之签字于条约，并不妨碍将来于适当之时机，提请重议山东问题。因对中国不公道之结果，将妨碍远东永久和平之利益也。"

中国代表团团长陆征祥当即批准了这一声明。

6月28日，举行对德和约签字仪式。6月28日晨，胡惟德将中国这一声明带至和会磋商，该会秘书长以函稿送还，仍完全拒绝。中国代表团随即"共同决定，不往签字"。

当日，陆征祥等中国代表团成员联名致电政府，报告拒约情况，指出："此事我国节节退让。……大会专横至此，竟不稍顾我国家纤微体面，曷胜愤慨！弱国交涉，始争终让，几成惯例。此次若再隐忍签字，我国前途将更无外交之可言。……不得已，当时不往签字。"

由于拒约决定关非来自政府的指示，因此，中国代表团当即又发表声明，保存我政府对于德约最后决定之权，以便留有余地。最后，四位全权代表以"奉职无状"为由，请政府罢免职务，"交付惩戒"。

1920年9月，巴黎和会结束约一年后，胡惟德转任驻日公使。一战时，日本借机对德宣战，强行将德国的中国胶州湾租借地据为已有，又提出臭名昭著的"二十一条"要求。巴黎和会期间，更运用卑鄙手段，迫使其他列强同意，由日本继承德国在山东的侵略权益。日本的倒行逆施，激起了中国人民的极大愤怒，掀起了声势浩大的“五四”爱国运动，维护中国山东主权。悬而未决的山东问题犹如一枚炸弹，使处理中日关系如履薄冰。此后，“安福祸首引渡事件”、“福州事件”、“庙街事件”又火上添油，使中日关系更形紧张。在此种情形下，驻日公使一职如烫手山芋，总统徐世昌数度觅人接任，胡惟德在北京政府允诺“于外交各案，仍请中央负责，个人决难单独进行，并要求关于驻日使馆之公费，亦须按月拨发，以免无法筹措时发生困难”的任职条件后，同意履新。胡惟德到任后，随时留意日本国内动向，不时向北京政府提供日方愿与中方交涉的消息，还出面与泰国驻日公使洽谈中暹通使问题。恰在此时，美国主持召开“华盛顿会议”，胡惟德充当了“幕后英雄”的角色。

巴黎和会虽然解决了欧洲列强间的分赃问题，但远东地区特别是中国问题，各国之间尤其是美、日之间利益划分问题却没能解决。于是，在美国操纵下，1921 年 11 月~1922 年 2 月，在美国华盛顿召开了著名的“华盛顿会议”。北京政府派出了以施肇基为首席代表、顾维钧与王宠惠为全权代表、有 130 余人组成的庞大代表团。胡惟德虽未与会，但作为与当事国日本联系的官方代表，他及时将日本关于华盛顿会议的态度、政策电告政府，有助于形成北京政府的对日决策。而且，他还随时向政府就中日问题提供建议和咨询。中日最终就山东问题签署《中日解决山东悬案条约》，使拖延八年之久的山东问题得以解决。

1922 年 6 月，北京政局变故，胡惟德被免职回国待命。1923 年 5 月，北洋政府任命胡惟德为外交委员会副委员长。

(6) 政治生涯达顶峰

上世纪 20 年代中期，南方的国民革命军展开北伐，北洋政府的统治处于风雨飘摇之中。在谢幕前的一刻，军阀、政客拼命抓住机会，争相亮相，造成北洋政府内阁更替频繁，也为胡惟德这样的外交官登上权力顶峰提供了机会。

1926年3月，新上任的北洋政府国务总理贾德耀组阁，胡惟德再次担任外交总长，并兼任关税特别会议全权代表。就在贾德耀组阁之时，1926年3月12日，冯玉祥的国民军与奉系军阀作战的枪声打响。期间，两艘日本军舰护卫奉系军阀军舰进入天津大沽口，炮击国民军守军死伤10余名。国民军开炮自卫还击，将日本军舰逐出大沽口。事后，日本认为国民军破坏了《辛丑条约》，竟联合英、美等8国向段祺瑞执政府发出最后通牒，提出拆除大沽口国防设施的无理要求，并限令48小时内答复。

列强的强权与蛮横，引发了北京学生、市民等在天安门举行声势浩大的国民大会，声讨列强的罪行。3月18日，北京群众5000余人，由李大钊主持，在天安门集会抗议，要求拒绝8国通牒。段祺瑞执政府丧心病狂，竟下令开枪，当场打死47人，伤200余人，李大钊等在斗争中负伤，这就是血腥的“三·一八”惨案。3月20日，贾德耀内阁对“三·一八”惨案引咎辞职。

4月9日，冯玉祥领导的国民军驱逐段祺瑞，北京政府处在混乱之中，由外交总长胡惟德、财政总长贺德霖、教育总长胡仁源三人暂时维持局面。

4月20日，段祺瑞因“三·一八”惨案在一片声讨声中宣布下野，任命胡惟德兼署国务总理并摄行临时执政职权，从而胡惟德达到了政治生涯的顶峰。但胡惟德以年事已高，只同意以代理身份维持局面。5月13日颜惠庆组阁，他辞去了一切职务。

1927年1月，胡氏复任顾维钧内阁内务总长，但到3月底便拒不到部办公，自行宣告辞职。同年6月18日，张作霖以陆海军大元帅主持北京政府，顾维钧内阁随之解体。其后，胡惟德先后任平政院院长及高等文官惩戒委员会委员长。

1928年5月，胡惟德第四次连任海牙国际法院常设仲裁法院仲裁员，为他外交职业生涯画上了句号。

1933年11月24日，胡惟德在北平去世，终年71岁。

第 25 任

杜锡珪：政坛强人驰海疆

他是近代中国海军的重要人物，早年就读著名的南京江南水师学堂；他从普通水兵，一路升至海军司令；他辛亥革命高举义旗，护法讨袁功不可没；他四次出任海军总长，官至民国政府内阁国务总理；他终年驰骋海疆，致力近代中国海军建设。

小 档 案

姓名：杜锡珪

字号：字慎臣、慎丞，号石钟

出生：1874 年 11 月 12 日

去世：1933 年 12 月 28 日

籍贯：福建省闽侯县 (今福州市) 人

父亲：杜吉甫

母亲：王氏

兄长：杜逢时

著作：《欧美日本海军报告书》

简 历

1902年，毕业于南京江南水师学堂第二届驾驶班。

1902年，赴英国见习海军，后任“海圻”巡洋舰驾驶大副。

1906年，任“辰“字鱼雷快艇管带。

1907年，任“建安”兵船管带。

1909年，任“甘泉”炮舰管带，“江贞”炮舰管带。

1911年，参加攻打革命军的长江战役。

1912年，12月30日授海军上校。

1914年，5月25日晋升海军少将。

1914年，任“海容”舰长。

1915年，2月授予一等轻车都尉。

1915年，12月任“肇和”舰舰长。

1917年，7月23日任民国第二舰队司令。

1919年，8月20日特授勋五位。

1921年，8月30日晋授勋四位

1921年，10月17日晋升海军中将。

1922年，4月，第一次直奉战争，助直攻奉。

1922年，6月获授“瀛威将军”。

1923年，11月任海军总司令。

1924年，3月25日晋升海军上将。

1924年，10月任海军总长，段祺瑞执政内阁易人，遂下台。

1926年，2月任海军总长。

1926年，6月任代理国务总理，8月辞职。

1926年，10月被免去兼代国务总理职务，仍留任海军总长。

1927年，3月正式宣告加入国民革命军。

1929年，11月任国民政府考察欧、美、日海军专员。

1931年，7月以海军上将衔出任马尾福州海军学校校长。

1931年，12月任国民政府海军部高级顾问。

1932年，1月应聘为国难会议委员。

1933年，12月28日在上海病逝。

(1) 早年结识萨镇冰

杜锡珪是福建省闽侯县人，幼年家庭贫困，9岁到当铺充当学徒，协助父兄维持生计。后其兄杜逢时从南京江南水师学堂鱼雷班第一届毕业后，鼓励杜锡珪树立大志。杜乃考入江南水师学堂第二届驾驶班。

中日甲午战争中，北洋海军舰艇全部丧失，广东海军也失去了仅有的3艘巡洋舰。从此，中国海军元气大伤，清末中国海军的复建经历了一个相当长的过程。1896年1月21日，直隶总督王文韶调黄遵宪总办北洋水师营务处，开始复建海军，他建议从培养海军人才做起，创办海军学堂是重要举措，在陆军学堂只有2个的情况下，清廷一口气建了9个海军学堂。

南京江南水师学堂是清末中国海军9个海军学堂之一，于1890年创办，设在南京仪凤门内，有驾驶、管轮、鱼雷3个专业，学堂办到1911年，共培养212名学生。由于杜锡珪勤奋学习，1902年3月以优异成绩从南京江南水师学堂毕业。

经短暂的见习后，杜锡珪被派往“海圻”巡洋舰上任哨官。“海圻”号原名为“海地”号，排水量4300吨，是1899年清政府向英国订购的2艘巡洋舰之一，另一艘被命名为“海天”号，取天、地融合之意。在此前一年即1898年，清政府还向德国订购了3艘巡洋舰，分别命名为“海筹”、“海容”、“海琛”号，排水量均为2950吨。这5艘舰是继甲午海战北洋水师几乎全军覆没之后，清朝政府重建中国海军时最早的舰船，构成了当时清政府海军的主力阵容。

杜锡珪初次登舰，训练非常刻苦，加上善于学习，进步很快，后来担任驾驶三副、二副、枪炮大副等职务，不久升任“建安”号的代理管带，1908年又升为“辰”字鱼雷艇管带。此时，正值美国舰队约期游历厦门，杜锡珪奉命驾驶“甘泉”号由上海开赴厦门，负责给美国海军供应和补充淡水。杜不畏“甘泉”舰小而路遥，战险风斗恶浪安抵厦门，并圆满完成任务，此后不久杜锡珪调任海军警卫队管带。

1911 年 7 月，杜锡珪以海军副参领充“江贞”兵舰管带，深受海军统制萨镇冰的器重。萨镇冰是原北洋海军将领，清末重建海军的重要人物，1899 年清政府任命叶祖珪为北洋水师统领时，萨镇冰即为帮统，全面负责整顿北洋海军。叶祖珪于 1905 年在上海去世后，萨镇冰接任提督职务，成为清末中国海军的最高级别的军事指挥官。

杜锡珪结识萨镇冰，是其海军生涯中的一大机遇，也影响了他仕途生涯的发展。

(2) 追求革命举义旗

辛亥革命武昌起义爆发后，杜锡珪所在的清廷海军先后起义，成为推翻清朝封建统治的一支生力军和辛亥革命的重要组成部分，同时也是民国海军的光荣开端。

1911 年 10 月 10 日，湖北新军中的革命党人发动了震惊中外的武昌起义。湖广总督瑞澂逃上了“楚豫”号炮舰，驶到汉口外国租界的码头边停泊。当时在武汉江面停泊着清政府海军的“楚豫”、“建威”、“湖隼”、“湖鹰”等 4 艘舰艇。为了反攻武昌，瑞澂致电清内阁、军谘府和海军部，请求速调兵轮数艘来鄂增援。

12 日，革命军渡江攻占了汉阳、汉口，清廷大为震惊，命令陆军大臣荫昌和海军统制萨镇冰，率海军主力舰艇及长江水师，共同赶赴武汉镇压革命党人。

根据海军统制萨镇冰的命令，杜锡珪率“江贞”号炮舰，由上海溯江而上直驶武昌，配合清陆军炮轰武昌，起义军受挫，双方形成对峙。

31 日起，清军见起义军节节抵抗，难于长驱直入，竟纵火焚烧民房，却激起了全国民众的强烈愤慨。杜锡珪等广大海军官兵，本来就不满清政府的黑暗统治，不愿为清廷镇压起义军，有的舰艇把炮弹都打到江堤边和稻田里。当时，英国驻汉口领事朱尔典在给英国外交部的电文中就明白写道："水师提督萨镇冰所统之舰队，自始至今对于清军行为殊淡漠。"

杜锡珪目睹起义军英勇顽强、前仆后继，深为敬佩，清军攻下武昌后又占领汉阳，放火焚烧，滥杀无辜，对此暴行极为愤慨，思想上转而同情革命，并与海军中有识之士加强联络决定分头进行活动，开展策反工作。各舰群起响应，广大海军官兵纷纷倒戈。

在战斗中，杜锡畦驾"江贞"舰至汉口刘家庙附近江面停泊，负责给养，他就利用"江贞"舰代为各舰艇收发邮件和购买菜蔬之便，四处串通联络，汇聚官兵们的意见。

杜锡珪充分利用与海军统制萨镇冰私交甚好的条件，不断向萨动员，希望萨出面率舰队易帜起义，同时联络"海筹"舰舰长黄钟瑛，希望能分头劝说萨镇冰率海军起义。

海军实权掌握在萨镇冰手里，他的向背，对海军关系甚大。此前，湖北军政府都督黎元洪即以师生关系（黎在天津水师学堂时，萨为教习），数次写信劝萨镇冰及各舰管带脱离清政府。萨镇冰目睹清政府摇摇欲坠，各省纷纷独立的局面，既不愿为清廷殉葬，也不愿公然易帜加入革命军，乃回信说："彼此心照，各尽其职。"

萨镇冰作为当时的海军最高指挥官，其思想倾向和行动影响巨大，在杜锡珪等人的鼓动下，萨虽不愿率部起义，但也不愿继续为清廷效力，于是以"年老有病需到上海医治"为由予以推却，随后登上英国"太古"号客轮潜返上海。

萨镇冰离开舰队后，杜锡珪立即与毗邻停泊的"楚豫"、"江利"、"湖鹏"等舰艇聚会，商议行动方略，并确定"各行所愿"原则。众人推举黄钟瑛为临时海军司令官，随即通电海军起义。

11 月 11 日，各舰同时宣布起义，都降下了清朝龙旗，悬挂起白旗，表示归顺革命。杜锡珪率领"江贞"舰，随"海容"、"海琛"、"海筹"等舰离开武汉下驶，次日到达九江。

因杜锡珪在海军起义中功绩卓著，被任命为“海容”号巡洋舰管带，连升二级。

杜锡珪刚刚晋升为“海容”号管带，就发生这样一件事。11月13日清晨，“海容”舰因江水急湍移动锚位，九江金鸡坡炮台以为“海容”舰逃跑，遂发炮射击。“海容”舰不明情况，不敢贸然还击，经过调解才平息下去。

参加起义的海军舰艇在九江进行整编，遂分成2个舰队，由黄钟瑛、汤芗铭分任第一、第二舰队司令。第一舰队“海筹”、“江贞”、“湖隼”等舰艇去安庆，第二舰队“海容”、“海琛”、“湖鹗”等舰艇则回湖北作战。

(3) 保卫武汉立战功

为配合革命军收复汉口，截断清军向南的运兵线，新上任“海容”管带杜锡珪，积极主张兴师北上，协助革命军保卫武汉。

11月19日黎明，杜锡珪率“海容”舰驶回阳逻，与留在武汉的舰艇汇合。武昌军政府派一名参谋携军用地图前往舰队，传达截击由京汉铁路南下的清军，控制武汉江面交通的命令。杜锡珪与“海琛”管带林永谟督领“海容”、“海琛”两舰率先驰援武汉，打响了易帜海军直接参加保卫武汉的战斗。

次日，杜锡珪率“海容”舰与“海琛”舰一起，向汉口二道桥、三道桥等处清军炮击。“海容”、“海琛”两舰到达武汉下游之青山后，泊在阳逻、刘家庙一带，截击清军增运援兵，每天炮击京汉铁路刘家庙的第一、二、三道桥梁或车辆，使清军无法增援武汉地区。时值深秋，上游水位下降，两舰无法驶近武汉助战，偶遇上游下雨而水涨，杜锡珪毅然冒险驱舰孤军突入，炮轰江岸清军炮台，并缓缓驶进武昌鲇鱼套抵黄鹤楼下，将舰上之机关枪等武器用舰舢板运入武昌，以援助城内的革命军。

22日至24日，武昌革命军从青山渡江袭击汉口清军侧翼。“海容”等舰出动为登陆革命军护航，并用舰炮火力支援革命军作战。革命军进攻失利后，亦在海军掩护下安然撤回。此役，清军被海军舰炮击毙400余人。之后，各舰在阳逻一带巡逻，保卫武昌下游。

不日，“湖鹏”号鱼雷艇随后而来，被江岸上清军炮击而中弹起火。杜锡珪即驾“海容”舰下驶予以掩护，顿时清军炮火全力倾注于“海容”舰，杜临危不惧，令舰冒炮火冲驶而过，同时指挥全舰官兵协力发炮，猛击江岸清军炮兵阵地。

11月27日，清军攻入汉阳后，革命军仍坚持抵抗，杜锡珪又驾“海容”舰配合革命军分数路袭击清军左翼、后路，用舰上炮火猛轰清军阵地。“海容”舰在战火中虽被击伤多处，死伤官兵多人，但杜锡珪临危不惧，带领全舰官兵英勇作战。

此后长江水位下降，南北酝酿议和，战事暂停。南北议和开始后，长江水位也日见下降，不利于军舰航行，武昌革命军政府命令海军，除留下“江贞”等舰在武昌附近江面担任警戒外，大部分舰艇顺江东下休整，杜锡珪的“海容”舰因阳逻之战中受伤多处而进入上海高昌庙修理。

(4) 反袁护法志不移

1912年1月，中华民国临时政府在南京成立。

杜锡珪向政府建言献策，主张筹组海军北伐舰队以协助光复沿海各地，政府认为此建议可行，予以采纳，遂任命汤芗铭为北伐舰队司令，杜锡珪任北伐舰队“海容”巡洋舰舰长。

杜锡珪走马上任，以“海容”舰为旗舰，率“海筹”、“南琛”、“通济”共4舰由南京下关出发经上海开赴烟台。抵达时，烟台已宣布光复。

杜锡珪等奉派督带舰艇到鸭绿江口、营口、秦皇岛、大沽口、登州等地游弋示威，截击由海外运来接济清军的军火给养等，并协助光复了登州等沿海许多地方。

同年3月南北议和，袁世凯派刘冠雄到“海容”舰，请汤芗铭、杜锡珪二人到北京议事，参与南北海军统一问题商讨。随着南北议和，北伐舰队完成使命南返。

1912年4月，孙中山辞去临时大总统职，袁世凯继位，民国临时政府迁往北京，民国海军部也从南京迁到北京石驸马大街办公。

3月30日和4月6日，袁世凯分别任命刘冠雄为海军部总长，汤芗铭仍任次长，蓝建枢为第一舰队司令，徐振鹏为第二舰队司令。杜锡珪仍任“海容”舰舰长，隶属第一舰队。

12月30日，杜锡珪授海军上校，驻泊于马尾，并兼闽江要塞司令和福建省防军代理司令。

袁世凯在北京登上民国临时大总统的宝座后，全面改组了临时政府，排斥、拉拢收买革命党人。1913年3月20日，袁世凯派人刺杀了国民党的重要活动家宋教仁。袁世凯的倒行逆施警醒了革命党人，孙中山号召革命党人起来讨袁。

1913年7月爆发了二次革命，江西都督李烈钧首先举起武装反袁的旗帜，各地纷纷起来讨袁。由于袁世凯仍保留了刘冠锥和汤芗铭的职位，并授予海军上将和中将军衔。海军总长刘冠雄率北洋舰队前往协同弹压反袁军，杜锡珪奉命督率“海容”舰参战，并于1914年5月25日晋升海军少将。

在镇压“二次革命”的战争中，海军充当了袁世凯北洋军的急先锋。由于海军的介入，使双方力量对比发生了重大变化，最终导致了讨袁军的失败。此后，由于军阀内部分裂日益加剧，海军也随之不断分化，再也不能作为一个整体来镇压革命了。

1915年12月，杜锡珪任练习舰“肇和”舰舰长。

1916年4月中旬，袁世凯派兵南下镇压护国运动。6月6日，袁世凯一命呜呼，黎元洪当上大总统，任命程壁光为海军总长。这时，北洋军阀政府总理段祺瑞独揽大权，拒绝各省护国运动首领要求恢复旧约法和国会的建议。双方僵持不下，一时难决胜负。

可是，半个多月过去了，段祺瑞丝毫没有恢复旧约法和国会的打算。在唐绍仪等人支持下，李鼎新以海军总司令名义与第一舰队司令林葆怿、练习舰队司令曾兆麟及各舰长联合通电全国，决定于6月25日加入护国军，要求恢复约法和国会，并拒绝执行北京海军部的命令。6月29日，杜锡珪随第一舰队司令林葆怿和前海军总司令李鼎新等宣告海军独立，加入护法军的行列，随后，杜锡珪率领“肇和”号，与“海容”、“海筹”、“海琛”号等一起，冲破福建军阀李厚基的重重阻挠，北驶上海。7月2日，停泊在淞沪一带的海军舰艇已有10多艘，包括杜锡珪率领的“肇和”号练习舰，和“海圻”、“海容”、“海琛”、“海筹”号巡洋舰等。次年，杜锡珪又率“肇和”舰从福建驶抵广东，加入护法舰队。

海军护法南下，鼓舞了正在苦斗中的孙中山，震慑了段祺瑞的北京政府，也大大激发了人民的革命热情，壮大了西南护法运动的声势。

(5) 军阀混战互断杀

杜锡珪任内，军阀混战连绵不断，海军也随波逐流，四分五裂。

1917年7月，护法海军南下广东之后，北洋军阀政府的海军实力所剩无几，人心浮动，一度陷于混乱状态。海军部进行了改组，刘冠雄重任总长，萨镇冰为海疆巡阅使，刘传绶为次长，饶怀文署总司令，林颂庄署第一舰队司令，杜锡珪升任第二舰队司令。

杜锡珪掌管北京政府海军第二舰队期间，正值军阀混战，当时海军粮饷严重匮缺，杜锡珪只得分配各舰必均，是以士卒归心，为之效命。

此间，北洋军阀海军参加了第一次世界大战的军事行动。北洋军阀政府正式对德、奥两国宣战，下令海军扣押在长江流域的德奥战舰与商船。杜锡琏奉命没收了德、奥两国在华的舰船10余艘，俘虏敌舰、巡视海防“居功最多”，而受到北洋政府的表彰。

在中国军阀混战的独特时期，北洋军阀政府所辖的海军，内部纷争频繁，派系相互厮杀，各自依靠实力参与军阀之间的混战。

1918年2月，北洋军阀曹锟、张怀芝等率军向湖南发起进攻。杜锡珪率第二舰队的“楚观”、“江鲲”、“江利”、“江犀”、“江贞”5舰从水路开进，策应陆路攻势。湘桂联军没有海军，处于不利地位。3月16日，北洋军一个团在海军舰炮支援下，攻陷江防要隘城陵矶。18日，北洋军占领岳阳。26日，杜锡珪又率各舰过洞庭湖沿湘江进犯，配合吴佩孚的北洋军第三师占据了长沙，南军不战而退。

1920年直皖两系矛盾激烈，杜锡珪效忠直系，派遣舰艇驻泊江淮与长江各埠，监视皖系与南方革命政府的行动。

1921年8月，“湘鄂之战”爆发，杜锡珪督率6艘战舰协助新任两湖巡阅使的直系军阀头目吴佩孚参战。16日，杜锡珪指挥“建中”、“江元”等舰艇协助吴佩孚的2个旅向驻在鄂西嘉鱼、簰洲、宝塔洲一带的湘军出击。出兵当日，海军攻下白螺矶。28日，杜锡珪又率军舰7艘，护送北洋军4个混成旅，紧跟日本军舰之后，由螺山向岳州上驶。湘军无海军，江防炮兵也很薄弱，又怕开炮误伤日舰，致使北洋军舰船直抵岳阳楼下。当天下午4时，海军舰炮猛轰岳州，南津港铁路等重要设施均被击毁，湘军头领赵恒惕只得落荒而逃，杜锡珪因战功卓著被授勋四位。9月1日，吴佩孚乘“江贞”舰到达岳州，借助英领事的联络，逼迫赵恒惕签订城下之盟，湘军让出了岳州地区。10月，杜锡珪再次被授海军中将。

1922年，直奉战争爆发，杜锡珪部署第二舰队攻奉。但依附于皖系的第一舰队司令林建章以中立自居，号召海军各舰队不参战，与杜对峙。杜为扩大参战海军力量，先派杨砥中为说客，到第一舰队策动“海筹”、“海容”、“永绩”等主力舰参战；失败后，又以闽系“海军不能再分裂“、“大局为重”为词说动萨镇冰。在萨镇冰的鼓动下，三舰终脱离第一舰队归杜锡珪指挥。5月2日杜即派“楚观”、“楚有”、“楚泰”等舰协同三舰北上，开赴秦皇岛炮轰山海关之奉军阵线，切断奉军供应补给线，加速了奉系的失败。杜锡珪因助战有功，于1922年6月升任海军总司令，并被授将军府“瀛威将军”。

1923年4月，被北洋政府免去第一舰队司令的林建章，在皖系钱财资助下，利用海军将士对北洋政府拖欠粮饷的不满，策动“海筹”、“永绩”两舰离青岛南下上海，与正在江南造船修理的“建康”号舰长及造船所所长等联名发出通电反对“武力统一”，反对杜锡珪，拥护林建章为海军领袖，号召各舰来沪会集，并宣布上海“海军领袖处”和海军沪队成立。这就是令人瞩目的“海军沪队独立”事件。

杜锡珪闻悉极为震怒，为进一步协助直系抗击皖系，正当“齐卢战争”进入紧张阶段，杜命令第二舰队沿江而下，并命驻闽厦的海军练习舰队司令杨树庄率舰队北上人吴淞口，以监视林建章海军沪队；同时直接派陆战队协助齐燮元攻击卢永祥，命令舰队炮轰浏河前线卢永祥阵地，加速了皖系卢永祥部溃败。9月21日，又借“海筹”、“永绩”两舰长离舰上岸之际，发动夺舰行动，控制了沪队主力战舰，进而重新夺取“靖安”、“建安”、“辰”、“列”等沪队舰艇，迫使林建章“领袖处”解散，闽系海军重归统一。

后来，卢永祥的江浙联军失败，第一舰队司令周兆瑞被收买，率沪队的“海筹”等舰驶出吴淞口，投奔杜锡珪，林建章随即下野，“海军沪队独立事件“结束。

杜锡珪为缓解海军粮饷、给养不足之困难，亲自赴闽与练习舰队司令杨树庄商讨在福建扩张和建立厦门要港事宜，使长乐、连江、东山、平潭、金门等成为独立的海军势力王国。1923年6月，为了根本解决海军经费问题，练习舰队司令杨树庄力主攻占福建沿海地区收取税款。当时，杨树庄选定了厦门，得到了杜锡珪的默认，其它舰队的部分舰艇及陆战队也暂归杨树庄节制。

1924年9月，第二次直奉战争爆发。吴佩孚在北京组织“讨逆军总司令部”，自任总司令，以杜锡珪、温树德为讨逆军海军正副司令，向奉军反击。杜锡珪虽任“讨逆军”海军总司令，但他没有及时把留于长江攻击卢永祥的海军主力北调。吴佩孚令温树德率渤海舰队在秦皇岛集结，曾2次出击袭扰葫芦岛和营口等地，还准备用军舰护送骑兵在营口登陆奔袭沈阳。但是，沈鸿烈也加强了东北沿海防务，占优势的奉军空军将渤海舰队赶了回去。

10月，冯玉祥回师北京，发动政变，与奉军联合作战，直军主力大部被歼，直系溃败。11月3日，四面楚歌的吴佩孚，乘坐海军部军需司长刘永谦为他准备的“华甲”号运输舰，在“永翔”、“楚豫”、“肇和”等舰陪同下，从塘沽南驶长江，于15日到达南京。此时，段祺瑞以临时执政的名义组成北京政府，由林建章任海军总长，杨树庄出任海军总司令，杜锡珪遂通电辞职。

(6) 爬上政坛最高层

1925年12月，北京政府改组，杜锡珪在直系的支持下东山再起，为海军总长。广东革命政府发动北伐战争，杜锡珪权衡局势，感到北洋军阀大势已去，因此积极促成海军加人国民革命军。

1926年6月，在奉系压力下，颜惠庆辞职，杜锡珪以海军总长代国务总理，并兼摄行大总统职。杜锡珪自知乃奉直各派争执不下风云际会之事，自称此为过渡的“搭浮桥”内阁。杜锡珪主政北京政府百余天，备受奉系将领颐指气使之辱。直鲁联军总司令张宗昌并发动其亲信宪兵司令王琦率军警数百人包围国务院及财政总长顾维钧住宅索饷，杜与顾东拼西凑筹得七八十万元始获解围。10月1日杜锡珪辞去国务总理职务。

1927年1月12日顾维钧组阁，杜锡珪再任海军总长。

杜锡珪任海军总长兼代国务总理时，正值南方国民革命军大举北伐之时。北伐军相继攻克湖南、湖北等省后，东路军直逼福建，海军陈季良所部首当其冲。为保存闽系海军实力，杜锡珪前往上海与杨树庄商讨对策，并决定各舰队“自由行动”，支持驻闽厦的海军舰队在陈季良率领下易帜起义。

随后在长江的第一、第二舰队也于 1927 年 3 月 4 日宣布加入国民革命军。

1927 年 6 月，张作霖在北京就任海陆军大元帅，另组军政府，顾维钧辞去阁揆职务，杜锡珪随之下台。北京政府将海军部、陆军部合并为军事部，担任海军总长的杜锡珪因此去职，成为北京政府最后一任海军总长。

杜锡珪宣布归隐山林，寓居天津，终日以读书、下棋自娱。1928 年从天津迁居上海。国民党政府曾多次以要职请杜出山，杜坚辞不就。杜与冯玉祥私交甚好，曾暗中与陈季良密议准备策动海军支持冯玉祥反对蒋介石，事为杨树庄所查觉，不得不于 1929 年 10 月接受国民党政府委派为考察日本及欧美各国海军专员。

1929 年 11 月初，杜锡珪与秘书董显光等由上海出洋，历时一年余，1930 年 10 月返国，撰写了《欧美日本海军报告书》，全文洋洋洒洒数共 30 余万字。杜锡珪将考察报告呈送国民政府、行政院及陆海空军总司令部，他根据在各国考察时所听取的日、英、德、美人士对中国建设海军的意见，结合个人的体会，对振兴和建设中国海军，提出许多建设性意见，对各国海军教育、组织、装备等记载特别详细，所提建议涉及海军建设诸多方面，“富有参考价值”。

1931 年 7 月，杜锡珪担任马尾海军学校校长，据传，任职期间他还留下一段看手相分专业的故事。当时，马尾海校规定，已被录取的新生要经校长侧试后划分专业。这是一件棘手的事，因为大家都认为学航海专业（清末称驾驶班）将来能当官，所以趋之若鹜。而轮机专业（清末称管轮班）却少有问津。如何公平合理的分配专业，的确需要动一番脑筋。杜锡珪任校长时，却有他独特、快捷的“测试”方法。他让每位新生伸出左手，由他来看相。他认为是将军材料的，就分到航海专业，否则就分到轮机专业。这样，每次近百名学生，他只需一个上午就能轻松“测试”完毕。

这个故事发生在近代中国海军的高等学府，其真伪值得考证。马尾海军学校的前身是“福州船政学堂”，系 1866 年由左宗棠、沈葆桢在福州马尾创办，是近代中国的第一所军事海军学校。学堂分为前、后两部分，前学堂用法文教授，专门学习舰船制造，后学堂则英文讲课，初设驾驶班，后又增加了管轮班。学生所学的内容很多，有数学、物理、化学、天文、地理、外语、军事、航海、船艺等几十门课程。学生们通过刻苦钻研，掌握了先进的科学校术，成为中国海军建设的骨干。清末，该学堂共毕业 510 人，近代中国海军的大部舰艇管带，许多海军学堂的教习及造船厂的技术人员，都出自这个学堂。中法马江之战中，福建海军 11 艘参战舰艇的管驾，有 8 人是“福州船政学堂”毕业生，其中 5 人壮烈牺牲。中日黄海大战中，10 艘最初参战的军舰管带，有 6 人为“福州船政学堂”毕业生，邓世昌等英勇献身。

杜锡珪担任马尾海军学校校长以后，大力整顿学校纪律，上任之初，杜锡珪对学生几点起床、几点熄灯，都规定得非常严格。学生们反映，晚上没有办法到教室学习，就跑到路灯底下念书。有的学生到晚上休息后，被子一盖，点上蜡烛在被窝里面念书，也是常有的事。

杜锡珪对学校的教学工作倾注了大量精力，大胆对教学内容和方法进行改革，对培养近代中国海军人才发挥了重要作用。“九一八”事变之后，杜锡珪要求学校加强爱国主义教育，教育学生掌握现代航海知识和技术，早日奔赴海疆，投身于抗击日本帝国主义的侵略。

1933 年 12 月 28 日，杜锡珪因病医治无效逝于上海，终年 60 岁。

第 26 任

潘　复：乱世官场善融通

论才论学论名气，潘复在清末民初政坛都算不上突出，然而就靠了自己的聪明和悟性，不论是直系、奉系还是其他任何派系当政，他都能左右逢源；这样一个既无政治背景，又无军方强人支持的小人物，竟然成为民国政府任职时间最长的国务总理，能耐不可谓不大。

小 档 案

姓名：潘 复

字号：字馨航，原名贞复

籍贯：山东济宁人

出生：1883 年 11 月 22 日

父亲：潘守廉，字洁泉，别号对凫居士

去世：1936 年 9 月 12 日

简　历

1911年，6月随陆钟琦升山西巡抚，随陆赴晋。

1912年，赴南京临时政府财政部任司员，后在江苏都督程德全府下供职。

1913年，1月任山东实业司司长。

1914年，11月任山东南运湖河疏浚事宜筹办处总办。

1915年，任财政部参事。

1916年，任全国水利局副总裁。

1917年，任全国水利局总裁。

1918年，与马丹铭、靳云鹏等创办济宁电灯公司。

1919年，9月任财政部次长。

1920年，8月代理财政部务兼任盐务署督办。

1921年，12月，辞职移居天津。

1925年，被张作霖任命为山东督署总参议。

1926年，潘复任财政部总长。

1927年，1月任交通部总长。

1927年，6月任内阁总理兼交通部总长。

1928年，任“关税自主委员会”主席。

1936年，9月12日在北京逝世，终年53岁。

（1）“江北才子”办实业

潘复，字馨航，是山东济宁人。父亲潘守谦，曾在河南省任知县及邓州知州，历职20余载。辛亥革命后引退，在家赋闲。潘复自幼从父读书，家训甚严，学业颇有成就。幼年时代的潘复，倜傥不羁，但机弩颖悟，颇有才华。除平日课读外并博览群书，涉猎报刊杂志。故而深通时务，常被邻居赞许为将来必有出息之人。

潘复在实业界初试身手，是从清末洋务运动修筑铁路开始的，那时的潘复还很年轻。当时，清政府曾议借外债修筑天津至镇江的津镇铁路，原定由济南经泰安，越大汶口达济宁，再东折入滕县境。后因列强各为其利，只好改道天津至浦口，不再经过济宁。消息传到济宁后，各界民众哗然，因济宁为鲁西南重镇，工商业繁盛，交通运输至关重要，于是公众推举潘复等人赴京请愿，据理力争，后经议决，既定路线不再改动，另修一条兖州至济宁的支线作为补充，因为潘复力主其事，奔走上下，从此名声大振。

潘复与山东都督周自齐关系密切，1913年便被委任为山东实业司司长。任职期间，他热衷于工业救国，买机器、办工厂，所买英国机械，途中因故沉没于海中，众闻异常惊愕。他却说：“不必担忧，叫英方赔偿就是。”潘复对英索赔谈判时，陈词慷慨，据理确凿，结果英方全部赔偿了所有损失。

潘复不仅倡导办工业，还鼓励发展加工业和农业、水产业等，并提出创优等产品，与国内外竞争的建议。

1914年6月，潘复在济南主持举办了山东省第一次物品展览会，会上评选出237种、682件优质产品，10月，潘复派人把这些名优产品送到巴拿马万国博览会参展，不少产品获得金奖。在当时的社会环境下，潘复能举办这样的物品展览会，的确是一个创举。

治理鲁西南湖河水灾，也是当时潘复值得称道的方面。因为在清朝末期，国内运输逐渐以铁路代替舟楫，鲁西南一带运河湖泊失于治理，河道淤塞，吐纳宣泄不灵，汶河、泗水经常泛滥，东平、济宁、鱼台等县7000万亩土地连年水灾，百姓饱受其苦。潘复据实向政府当局陈述灾情，于1914年11月成立了“南运湖河疏浚事宜筹办处兼山东水利局”，潘复任总办，机构设在济宁城里塘子街，培训技术人员，派员实地勘察，拟定疏浚工程计划。后因筹借款项，遭到日美等国财团的反对，中途只好停办。

潘复办实业的能力为周自齐所看重，1915年，周担任内阁财政总长，任命潘复为财政部参事。其间，潘复又与同乡靳云鹏筹资开办济南鲁丰纱厂，经过苦心经营，结果使靳云鹏大发其财，自己也大沾其光。

潘复和靳云鹏的关系，还曾有过不少的传说。潘复和靳云鹏是同乡，后来又结成儿女亲家，除此之外，他们二人之间，还有一段更深的因缘。原来潘的父亲潘守廉，在河南任州官时，其夫人生下潘复，那时靳云鹏的母亲，在山东济宁家乡里刚生了三儿云鹤不久，因家境贫苦，被潘家雇来给儿子当奶母，靳母便带着云鹤随潘家到河南任所，同时哺养云鹤和潘复，以致后来有“一个妈妈，奶出两个总理”的传说。

1916年，潘复调任全国水利局副总裁，同时又与济宁刘韵樵、靳云鹏等8大家合股投资30万元创建了济宁济丰面粉厂，日产46.2吨，畅销京津。1918年3月，他又与马丹铭、靳云鹏等14家合资2000多万元，创办了济宁电灯公司。

除大办实业以外，潘复还涉足金融领域，他创办的山东丰大银行非常有名。1919年11月，潘复等人在济南发起成立了丰大商业储蓄银行，计划资本总额100万元，实收20万元，经营普通银行业务兼办有奖储蓄，后在上海、苏州等地设立分行。1921年至1928年是民国历史上金融业繁荣时期，在山东省内，当时除国家银行外，较为知名的就只有山左、丰大等20余家私营、外商银行了。

（2）善钻官道奔仕途

想要在官场上飞黄腾达，除有靠山外，广结人脉也是相当重要的。潘复的为官之道是从结识陆钟琦开始的。

潘复的父亲潘守谦，与时任江苏布政使的陆钟琦是同科进士，得到陆钟琦的厚爱，遂将潘复选为幕僚。1911年6月，陆钟琦升任山西巡抚，潘复随陆到了山西。辛亥革命爆发，陆钟琦全家被杀，潘又回到了济宁家乡。

辛亥革命后，潘复在江苏都督程德全府上任秘书，程因军饷多次上书未批，后交潘复专理此事。潘复在书上改动18个字，呈报上去，饷钱当即拨下。此事轰动一时，潘复被誉为“江北才子”，此事潘给程留下了深刻印象。

有一次山东都督周自齐与程德全会于徐州，周为联络感情，对程说：“尊处如果有人需要安插，可到敝处来！”程回南京后，问属下谁愿意去山东，可以推荐。由于江苏的生活比山东舒适，所以大家皆无去意，只有潘复是山东人，萌生回乡念头，被荐到周处。

周自齐对潘非常优待，委其为劝业道道尹，旋即改任山东实业司司长。周自齐调任内阁财政总长后，潘复随周去财政部任参事，这为潘复后来在财政部的提升打下了基础。1919年11月，北洋政府总统徐世昌任命靳云鹏为国务总理，靳组阁时，任命潘复为财政次长。

潘复出任山东省实业司司长，也是山东第一任实业司长，当时潘复年刚30岁。至1916年任职全国水利局副总裁之前，这3年时间，潘复凭借自己正处于盛年时期，企图造就一番宏图大业，以便为今后的荣升砌好坚实的阶梯。

为了在政界广植人脉，增加仕途的政治资本，潘复于1913年3月加入了统一党，7月，统一党与山东共和、民主两党并为进步党，成为一支与国民党分庭抗礼的重要政治力量。潘复与周自齐、靳云鹏同为该党山东支部负责人，潘为该党山东支部副部长，靳云鹏是名誉部长，两人因是同乡，气味相投，潘复对靳云鹏竭尽献媚吹捧，靳也认为潘是一位不可多得的人才。1914年6月，靳云鹏以“泰武将军”督理山东军务，因靳以军人初管政治，需要助手，便首先选中了潘复，两人结为金兰之好。

1919年9月24日，靳云鹏受总统徐世昌之命组织内阁，举荐潘复为财政部次长。翌年8月9日，靳再次组阁，潘复代理部务兼任盐务署督办。他位尊多金，生活更加豪侈。

1920年1月，潘复当上了财政次长兼盐务署长，是靳云鹏组阁任国务总理后一手提拔起来的。从此以后，潘复利用靳云鹏的社交关系多方结纳，左右逢迎，奔走于北洋军阀各派系之间，寻找更多的政治靠山。

1921 年山东省第三届议会选举竞争激烈，潘复便假借国务总理靳云鹏的职权，企图操纵山东的议会选举，把省长的职务抓到手。结果因遭到反对派的攻击，激起学生们的强烈反对，而未能得逞。

1921 年 12 月，靳因财政困难辞去总理职务，潘也随之去职，移居天津。同年，潘复又在济宁开办“慈善院”，拨款 5000 元为办院经费，后与其父多次捐款，累达万元。潘复下台后表面看来有点销声匿迹，不见动静。但其政治活动从未间断。他利用直、奉、皖各派系之间忽而合作、忽而分裂的局面，巧于周旋，伺机东山再起。

潘复到天津后，张宗昌、李景林、张学良、褚玉璞等人常聚于潘宅。潘宅成为朝野官僚的俱乐部，潘复也从此与奉系拉上了关系，在官场上逐渐活跃起来。

(3) 攀附奉系求腾达

1924 年，直奉战争中，张作霖获胜入关。潘复抓住机遇，把大注押在奉系张作霖一方。因为靳云鹏与张作霖是儿女亲家，所以张作霖对靳云鹏的亲信潘复，也自然就倍加赏识。张作霖任命奉系重量级人物张宗昌为山东督军，潘复见时机已到，对张宗昌竭尽逢迎之能事，被张委任为山东督署总参议。

军阀张宗昌当上了山东督军，他念念不忘 1920 年曾被陈光远打败的事，此时陈光远已经下台了，虽无权无势，但非常有钱。头脑灵活的潘复，看出张宗昌想趁机敲陈光远的竹杠，便从中调停，在家中布置了一个饭局，邀请张宗昌和陈光远前来聚餐，结果张宗昌和陈光远尽释前嫌，各得其所，皆大欢喜，张宗昌得赠款 20 万元，陈光远得到了平安，而潘复也从中获利不薄。

为了追附奉系，潘复除通过靳云鹏接近张作霖外，还紧紧抓住孙传芳这条线，想办法接近张作霖的公子张学良。号称“五省联军总司令”的孙传芳，在江西被国民革命军打败，仓皇逃到天津，暂在潘府住下。因潘与孙是同乡，潘复不仅对孙好吃好喝好待承，还为其找出路。潘复通过张宗昌，结交了正在势头上的张作霖，又由孙传芳发起，与张学良、张宗昌、潘复等人结了金兰之好。而由于有了这股人脉，潘复紧紧与奉系捆绑在一起，由此才能在 1927 年被张作霖任命为内阁总理。

1926 年，潘复随张宗昌进京后，先是获得了全国河道督办的职位，主管全国水利事宜，后来出任财政部总长，把财权紧紧攥在手中。

国民革命军从广州出师北伐，势如破竹，不可阻挡，北洋政府已处于风雨飘摇之中。张作霖在沈阳指挥张宗昌、孙传芳、吴佩孚、阎锡山等人对抗北伐军，潘复则穿梭于沈阳、天津、济南之间，电报联络于千里之外，成为张作霖的最高谋士和高参。

为挽救其即将垮台的命运，张作霖欲最后一搏，他携总部人员进关，在天津召开军事会议，张宗昌和孙传芳、阎锡山等人拥戴张作霖为安国军总司令，张作霖成为北京军政府的元首。此时，潘复仍为内阁的财政总长。顾维钧组阁后，潘复改任交通总长。

1927 年 6 月 18 日，张作霖组织了中华民国军政府，就任陆海军大元帅职，在北京中南海怀仁堂宣布就职。张作霖身边的一些老派人物主张请靳云鹏再次组阁担任总理，但实力派人物张宗昌却坚决反对，念及多年的交情，张宗昌邀集孙传芳等一同推荐潘复组阁。张作霖则未表反对，两天之后即任命潘复为内阁总理兼交通部总长。由此，潘复的官场之中达到了顶峰，在“安国军政府”的地位仅次于张作霖，真可谓一人之下，万人之上。

国民党军北伐的步伐不断加快，使张作霖北京军政府辖地日益缩小，财政困难。当时这个军政府的统治区已经小得非常可怜，哪还有什么款项可筹？潘复任命老朋友阎泽溥为内阁的财政总长，就是要靠他解决军政府的筹款问题。除此之外，潘复还召集外交、财政、海关等各界开会，成立“关税自主委员会”，自兼主席。并派员赴南京政府洽商，关税自主前，通知驻华使团，开始征收海关过渡税，使税银有所增加。

步步进逼的国民党军已进入山东滕县界，张宗昌退至山东邹县。1928年5月3日，日军在济南奸淫掳掠，屠杀中国军民万余人，制造了骇人听闻的“五三”惨案。孙传芳致电潘复说：“南北于争，济南事变，日人侮我太甚，本人受良心之督责，不愿再事内争。”潘复同意孙传芳之举，下午即向张作霖汇报，并劝张顺应潮流，通告停战。5月30日夜，张作霖召开军政府最高级紧急会议，接纳潘复、孙传芳等人的劝告，以大元帅名义下退却令，并指定退至的具体地点。

6月2日，张作霖通电宣告退出北京。同时，北京军政府召开最后一次国务会议，潘复看到大势已去，不可挽回，遂表示“退让贤能，即日出京，院中事务交许宝蘅暂时负责”。

6月3日3日晚6时，潘复与张作霖一起，乘坐在英国定做的黄色大型厚钢板防弹汽车，开往火车站，汽车由奉天迫击炮厂厂长沙顿驾驶，随行的人员除潘复以外，还有靳云鹏、阎泽溥、日籍顾问町野等人。张作霖乘坐的专车共22节，张个人专用的80号包车在中间，包车厢后是餐车，前边是两节蓝钢车，潘复等人在两节蓝钢车中，专车前面还有一列压道车。

6月4日，张作霖的专车在皇姑屯被日军预埋的炸弹炸坏，张被炸死。潘复因随张的首席日籍顾问町野等已在天津下车，得以幸免。潘复与奉系军阀共荣共损的关系，就此了结。

(4) 寓居天津未清闲

潘复于1928年随奉系失败而下台，到天津英租界当寓公。在他的豪华公馆里，整日里高朋满座，热闹非凡。美国驻华大使司徒雷登来津时，潘复就是在府上会见了他。潘复请司徒雷登带话给蒋介石，愿在军政方面效力，还为燕京大学捐了2万元，把支票交给了司徒雷登，但潘复始终没能出山。

潘复寓居天津的时候，结交广泛，经常与当时的北洋军阀政要在一起打牌、听戏，在家中大宴宾客，广结各方人士，几乎每星期必在潘家聚餐一次，潘复的私家别墅是朝野官僚政客们的聚会之地，也成了在津朝野官僚的“俱乐部”。

潘复下野之后，经常出入他家豪宅的有张学良、李景林、张宗昌、吴毓麟、张廷谔等。和他往来最密切的是吴毓麟。吴毓麟是北洋水师学堂毕业生，曾留学欧美，历任候补知府、海军练习舰教习、水师提督署洋务委员、京榆铁路监工员、陆军部考功官、邮传部帮办、海军视察等职。潘复和吴毓麟一直来往密切，几乎每周都要聚餐。除了聚餐，还要打牌和听戏。通过吴毓麟，潘复结识了时任大总统曹锟秘书长的王兰亭，以至于王兰亭成了潘府的常客。后来潘复逐渐与曹锟有了来往。后来曹锟重组内阁，潘复有意出任财政总长，但不知为什么，最后竟没能如愿。

下野之后，潘复就在天津做起了真正的寓公，晚年的日子虽然热闹，但显然不再像从前那样奢华了，只是作为张学良的顾问，每月有一些工资，另外就是包下了长芦盐业的业务。昔日的官场生涯，整日忙忙碌碌，晚年做寓公的日子却简单多了，他在天津也常做慈善事业，30年代天津发大水，因为他家地势比较高，所以全家人都准备了开水，给因发水而无家可归的难民喝，无论怎样，他还是常怀一颗悲悯之心的。

在北洋政府的32任国务总理中，潘复在任时间最长，却也是最后一位。这位生于山东济宁的清末举人，历经北洋时期中国的政坛风云，在最后一位内阁总理任上，书写了人生最复杂、最起伏、最鲜活的一段岁月。

潘复在北洋各派系人物中，他资历不深能力不强，但却多年身居要职，于政坛风云变幻中游刃有余如同那段复杂的历史一样，在后来人的记载和评论中，潘复也是一个复杂的人。其在北洋政坛上的翻云覆雨，及所做之事皆真真假假，充满争议。

1936年9月12日，潘复在北京逝世，后葬于天津，终年53岁。

附：
北洋政府历次内阁变化简表

1.唐绍仪 1912.03.13—1912.06.27 袁世凯

2.陆征祥 1912.06.29—1912.09.22 袁世凯

3.赵秉钧 1912.09.25—1913.07.16 袁世凯

4.段祺瑞 1913.07.19—1913.07.31 袁世凯 陆军临时内阁

5.熊希龄 1913.07.31—1914.02.12 袁世凯

6.孙宝琦 1914.02.12—1914.05.01 袁世凯 外交总长临时内阁

7.徐世昌 1914.05.01—1915.10.27 袁世凯 不设内阁总理，改称呼为“国务卿”。

8.陆征祥 1915.12.21—1916.03.22 袁世凯

9.徐世昌 1916.03.22—1916.04.22 袁世凯

10.段祺瑞 1916.04.22—1916.06.29 袁世凯

11.段祺瑞 1916.06.29—1917.05.23 黎元洪

12.伍廷芳 1917.05.23—1917.05.28 黎元洪 外交总长临时内阁

13.李经羲 1917.05.28—1917.07.02 黎元洪 1917.06.13 江朝宗代

14.段祺瑞 1917.07.02—1917.11.22 黎元洪 1917.07.30 冯国璋任总统

15.汪大燮 1917.11.22—1917.11.30 冯国璋 外交总长临时内阁

16.王士珍 1917.11.30—1918.03.23 冯国璋

17.段祺瑞 1918.03.23—1918.10.10 冯国璋

18.钱能训 1918.10.10—1918.12.20 冯国璋 内务总长临时内阁

19.钱能训 1918.12.28—1919.06.13 徐世昌

20.龚心湛 1919.06.13—1919.09.24 徐世昌 财政总长临时内阁

21.靳云鹏 1919.09.24—1919.11.05 徐世昌 陆军临时内阁

22.靳云鹏 1919.11.05—1920.07.02 徐世昌

23.萨镇冰 1920.07.02—1920.08.09 徐世昌 海军总长临时内阁
24.靳云鹏 1920.08.09—1921.12.18 徐世昌
25.颜惠庆 1921.12.18—1921.12.24 徐世昌 外交总长临时内阁
26.梁士诒 1921.12.24—1922.01.25 徐世昌
27.颜惠庆 1922.01.25—1922.04.09 徐世昌 外交总长临时内阁
28.周自齐 1922.04.09—1922.06.11 徐世昌 教育总长临时内阁
29.颜惠庆(署理) 1922.06.11—1922.08.05 黎元洪
30.唐绍仪(署理) 1922.08.05—1922.09.19 黎元洪 (未任)王宠惠兼代
31.王宠惠(署理) 1922.09.19—1922.11.29 黎元洪
33.汪大燮(署理) 1922.11.29—1922.12.11 黎元洪
34.王正廷 1922.12.11—1923.01.04 黎元洪 外交总长临时内阁
35.张绍曾 1923.01.04—1923.06.06 黎元洪
36.高凌霨 1923.06.14—1924.01.12 曹锟 摄行总统职权
37.孙宝琦 1924.01.12—1924.07.02 曹锟
38.顾维钧 1924.07.02—1924.09.14 曹锟 外交总长临时内阁
39.颜惠庆 1924.09.14—1924.10.31 曹锟
40.黄郛 1924.10.31—1924.11.24 曹锟 摄行总统职权
41.(不设总理) 1924.11.24—1925.12.26 段祺瑞 段祺瑞临时总执政
42.许世英 1925.12.26—1926.03.04 段祺瑞
43.贾德耀 1926.03.04—1926.04.20 段祺瑞
44.胡惟德 1926.04.20—1926.05.13 段祺瑞 临时内阁(摄行执政)
45.颜惠庆 1926.05.13—1926.06.22 缺位
46.杜锡珪 1926.06.22—1926.09.20 缺位 海军总长临时内阁
47.顾维钧 1926.10.01—1927.01.12 缺位 外交总长临时内阁
48.顾维钧 1927.01.12—1927.06.20 缺位
49.潘复 1927.06.20—1928.06.03 陆海军大元帅张作霖任免内阁